太古普愚 臨濟宗 研究

眞 寬
志 源 共著

경서원
2010

머리말

태고보우 임제종 연구를 통해서 고려 말의 불교계에 대한 연구를 알 수 있는데 대한 기쁨이다. 그동안 불교계에서는 태고보우에 대하여 비판적인 면도 없지 않았다. 태고보우는 원나라의 석옥청공으로부터 임제종의 禪脈을 전수해왔다고 하였다. 원나라 석옥청공으로부터 임제종 법을 받았으면 임제종의 법이지 조계종의 법은 보조지눌 이라고 말해야 한다. 그러한 면에서 본다면 태고보우는 임제종의 종지를 전승해야 함에도 불구하고 조계종이라는 종파를 선양하게 한 이유에 대하여 근거 없는 주장을 제기하고 있다. 주장한 한다고 하여 인정되는 것이 아니라는 사실을 망각하고 있다.

특히 대한불교조계종의 종정을 역임한 성철 종정은 태고보우를 임제종이라는 승려로 확신하고 있다. 그러함에도 성철종정은 조계종 종정을 역임하였다. 이러한 모순을 비판 없이 조계종단의 종지를 선양한다는 것은 참으로 어리석은 일이 아닐 수 없다고 본다. 고려 말 태고보우는 임제종 승려임에 틀림이 없는데 무엇 때문에 태고보우를 조계종의 종주로 인정하려고 하는 것인지 알 수 없다. 그들에게 있어서 오류적인 면이 없지 않다.

현존하는 조계종의 종주는 분명히 태고보우가 아니라 고려중기 지눌보조 임에 분명하다. 그런데 무엇 때문에 태고보우를 조계종의 종주로 고집하려는 것인가. 태고보우가 출가본사가 회암사라고 말하지만 태고보우의 출가본사는 회암사가 아니라는 점을 태고보우 연구를 통해 분명히 밝혀졌다. 태고보우는 1301년에 태어나 1313년에 출가를 하였는데 회암사의 창건은 1329년 지공에 의하여 창건이 되었다. 회암사는 조계종 지공 나옹이 거주했지만 태고보우는 회암사에 거주한 적이 없다. 그러므로 태고보우는 조계종 종조가 될 수 없다.

금번 태고보우 임제종 연구를 동국대학교 선학과 박사과정을 끝내고 또한 기쁜 마음으로 동국대학교 불교대학원에 입학한 지원 스님과 공동으로 연구하면서 불교 학문연구를 통해 연구함에 있어 세삼 즐거움 이라는 공동의 언어를 생각하게 되었다. 학문을 한다는 것은 불교의 깨달음과 같은 의미로 도반과의 연구학문의 힘을 얻을 수 있다. 태고보우에 대하여 연구를 행함에 있어 조계종의 종주는 보조지눌이라는 사실을 알게 되었다는 점을 밝히면서 학문을 통해 깊은 인연은 더욱더 기쁘다.

지원 스님과 인연을 맺은 인연은 전생에 맺은 인연이라고 말하지만 거북이 등살에 난 연꽃을 어루만지면서 정각의 도량을 거닐며 새로운 세계 희망의 언덕 동국을 거닐며 학문의 길에 들어선 것은 누구보다도 마음 가운데 새기고 또 새겨 본다. 불교학문이라는 것은 자기와의 철학을 탐구하는 진리의 학문이지 남을 미워하고 시기하고 질투하는 이들에게 있어서 학문은 죽은 학문이라는 것을 알았다. 불교학문을 연구하는데 우리는 다소 늦었지만 용기를 잃지 않고 격려해주는 도반들이 있기에 행복한 학문을 한다고 생각하자. 불교학문을 연구 하는데 있어 진솔해야지 거반하고 자기만의 최고의 학문을 한다고 생각하지 말자. 대학에 먼저 들어와 불교학을 탐구하는 이들에게 주어진 시간은 그리 길지 않는 기간이다. 시간은 영원한 것이 아니라고 말하자 시간은 언제나 자신들의 삶의 종말을 경고한다. 불교학문을 시행하는데 있어 늦깍이로 참여하였는데 선행자들의 횡포가 있다는 것을 알았다. 민주화 운동에 참여한 공덕이 그래도 있지 않을까를 생각하면서 민주화 운동에 헌신한 공덕을 바라지 않지만 그래도 민주화 운동에 참여한 역할은 있었다고 자부하자. 우리가 비록 불교학문에 참여한 것은 늦었지만 우리들의 불교학문의 열정을 토끼와 거북이를 생각하게 하자.

『거북이 등살에 칼날을 세우고 바다를 항해 파도를 헤치는데 천둥벼락은 천상의 바위 턱에 꽃바람을 몰아치고 수미산 구름위에 천둥번개는 천상을 항해 노래하고 구름 꽃은 바위 언덕에 꽃향기 가득하게 하네.』

불교사 연구에 대한 관심을 가지고 고구려 불교 수용사연구, 한국불교 정화운동연구, 근대불교 정화운동사연구 라는 연구서를 발간하고 이번에 태고보우 임제종 연구서를 진관,

지원 공동으로 발간하게 되었다는 것은 불교사학에 관심 속에 연구를 계속할 것을 다짐해 보기도 한다. 이제 불교사학 연구에 대한 연구의 토대를 마련했다고 본다.

이러한 연구의 성과를 바탕으로 좀 더 깊은 사고와 역사를 탐구하는 불교사학자가 될 것을 다짐해보면서 불교사학 연구에 불모지였던 조계종단에 터 밭을 일구는 심정으로 이번 태고보우 임제종 연구를 발간하고 앞으로 신라불교사, 발해불교사, 가야불교사, 고려불교사, 조선불교사, 개화기 불교사, 근대불교사 연구에 매진할 서원을 세우고자 부처님 전에 발원하며 우리들과 뜻을 같이하는 인연이 있는 모든 이들과 함께 하고자 한다.

2010년 5월 21일

부처님 오신 날을 맞이하여

진관 · 지원 합장

太古普愚 臨濟宗 研究

한글요약

본 논문은 역사를 전공하지 않는 연구자로서 불교학 다시 말해서 선학을 전공하는 선학자로서 고려중기 이후 고려 무신시대 전 과정을 통해서 선불교의 전승과정(신라 하대, 고려 초기 고려 중기 고려 말기)을 선종의 형성에 의한 선종의 전승의 역사성을 연구함에 있어 새로운 학문의 장을 마련하는데 그 의미가 있다고 생각한다. 한편 태고보우 임제종 연구는 고려 무신집권 이후 전개되었던 고려불교 사상적 빈곤과 고려국의 사회적 혼란기를 통해 불교가 존재했던 시작인 모습을 바르게 성찰할 수 있는데 그 의미를 두고자 한다. 또한 고려말 태고보우 임제종 연구는 선불교 다시 말해서 선종의 역사적인 전승의 의미를 전승한 역사적인 의미를 담고 있다. 고려 무신시대 이후 고려 불교사 연구에서 가장 중요한 역할을 하였던 태고보우 고려임제종 연구이기도 하다. 태고보우의 생애에 대한 역사를 조명해보고자 한다.

고려 말기 태고보우(1301~1382)가 살았던 고려 말 고려 왕조의 역사를 고찰하고 고려말 왕조사와 태고보우가 선종에 출가행자로서의 고려 불교를 전승하려고 하였던 임제종 계통의 대혜종고의 간화선의 수행법을 전승하였던 선종 5가 7종의 선종 가운데 임제선종의 선법에 인연을 맺었던 것은 우연이 아니다. 원나라 임제종 임제선법의 18대 원나라 석옥청공의 임제종 선법을 고려에 전하고 고려 불교계에 전승하였던 수용사 연구이기도 하다. 고려선불교 임제종을 전승한 태고보우의 탄생과 더불어 고려 무신시대의 역사와 무신시대가 남긴 고려왕조의 변천과정을 바르게 조명함에 있어 고려태고보우를 고려선종 임제종의 종지를 실천 수행한 고려임제종 선승이다는 점을 강조하고자 한다.

고려시대의 변천과 고려시대의 불교의 전승 과정에서의 역사와 고려무신 시대의 외침 특히 거란의 침략시기를 거처 금나라의 찬양에서 몽고의 침략과 고려의 수도 강화도 이전 과정에서 100년간 도읍을 강화도에 둔 고려는 본토의 수복을 위하여 고려 백성들이 싸웠던 시대 강화도 도읍을 본토로 이전할 시기 원나라와 고려는 부마국이 되었다. 원나라와 고려와의 부마국이 된 시대의 역사를 조명하고 그 가운데 고려의 불교의 역사관을 성찰함에 있어 태고보우의 탄생 이전의 고려무신 시대의 불교 전승 과정에서 원나라 석옥청공의 법을 받은 임제종의 법을 전승한 고려의 고승 태고보우의 생애와 수행과정을 고찰하는 연구이기도 하다. 태고보우는 고려 말에 살았던 공민왕 왕사 국사를 역임하였던 최고의 고승이고 우왕 시대 국사를 역임한 정치 승이었다. 그러한 정치적인 입지를 누리고 있었는데도 불구하고 태고보우에 대한 불교학계나 일반 학계에서는 그리 중요하게 여기지 않았고 연구의 대상으로 삼지 않았다. 태고보우를 연구함에 있어서 고려 말에 시대사를 연구함에 있어서 매우 중요한 승려라는 사실에 놀라지 않을 수 없는 시대사의 증인이기도 하다.

태고보우가 고려 중기 이전 고려왕조 시대는 몽고의 침략을 고려가 받았고 고려를 침략한 몽고는 고려를 지배함과 동시에 제국으로서의 변모를 시도하여 몽고를 지국인 원나라로 탄생하게 하였다. 몽고는 원나라로 국호를 변경하고 고려를 부마국으로 만들어 버리고 말았다. 고려는 원나라를 섬기는 나라가 되었고 원나라는 불교를 통해 고려를 다스리고 있을 무렵에 태고보우가 탄생하여 가지산 보림사를 창건하여 구산선문의 형성기를 통해 전승하였던 선종 조계종 계통의 회암사 광지선사에 의하여 출가를 하게 된다. 고려 태고보우에 대한 연구는 저서가 없기에 태고보우에 대하여 알 수 없다. 그러나 태고문손 유창의 태고행장에 대한 기록을 참조하고 있는데 태고보우를 연구함에 있어 유창의 태고보우 행장기록을 중심으로 연구를 하게 된다. 문제는 유창이 태고보우의 출가한 시기와 출가하여 수행하게 되었던 사찰에 대한 연도의 기록을 바르게 기록하지 않았다.

태고보우가 탄생한 해는 1301년이고 태고보우가 출가한 해는 1313년이다. 그런데 태고보우가 출가한 해의 회암사의 존재여부다. 회암사는 1328년 인도승 지공에 의하여 창건되었다고 한다. 이러한 역사적인 사실이 왜 중요한가에 대하여서는 태고보우가 출가 하였을 때에는 가지산 보림사 조계종 소속 승려였는데 출가하여 수행한 기간에는 종파를 벗어나 華嚴選에 합격을 하였고 비교적 늦게 원나라에 석옥청공의 법을 받았다고 기록하고 있다. 태고보우에 대한 행장의 기록을 참조한 결과 태고보우는 계단에서 비구계를 수지하지 않았는데 이것은 당시 고려 선종에서는 구족계에 대한 의미를 부여하지 않았던 것이 아닌가 하고 태고보우는 분명히 말하자면 조계종 승려가 아니라 고려 임제종 승려였다는 사실이다.

태고보우는 출가하여 선종에 입각한 간화선 수행과 원각경을 학습하고 華嚴選科에 합격하여 출가수행자로서의 역할을 다하였다. 태고보우는 고려 정승인 최하중의 도움을 받아 원나라 석옥청공의 18대 임제종의 5가 7종의 소속인 임제종의 선법을 전해 받고 고려에 돌아와 공민왕의 최고의 정치적인 힘을 부여받아 왕사・국사에 등용된다. 태고보우는 고려의 불교를 통치하는 권력을 장악하였다. 그러나 공민왕의 정치적인 빈곤으로 인하여 고려 공민왕의 저항세력인 원나라를 고려로부터 분리하려는 시기에 노국공주의 죽음으로 인하여 방황을 하였던 시대 신돈을 만나 고려를 개혁하려고 하였으나 원나라에서 반란 세력이 고려를 침공하는 홍건적의 침략으로 인하여 고려는 시련을 겪게 된다. 태고보우도 그 시대에 정치적인 힘을 상실하고 있을 무렵에 화엄종의 승려 신돈을 공민왕이 친근하여 정치를 하게 된다. 태고보우는 신돈에 의하여 속리산에 연금되기도 했던 고려 말 공민왕, 우왕 때에 왕사 국사로 봉했던 최고의 정치승 태고보우의 생애를 연구하는데 있어 고려 말의 시대적인 배경을 고찰할 수 있었다.

공민왕, 우왕 시대 왕사, 국사를 연구함에 있어 태고보우는 조계종의 종지를 수용한 것이 아니라 원나라 석옥청공의 임제종을 수용한 임제선종 승려였다. 태고보우는 고려 말 고려 불교계는 신라 말에 전해왔다고 하는 구산선문이라는 집단적인 이익의 산문집단이 아니고 항몽 시대 몽고에 저항했던 조계종의 승려가 아니다. 지눌 보조계통의 조계종은 고려를 침략한 몽고에 저항했고 조계종의 종도로서 고려를 지키려고 전 종파가 나서 저항했던 조계종 종파였다. 태고보우 시대에 지눌 보조 계통의 고려 조계종 선승들은 원나라 시대의 지배를 받았던 시대는 조계종 종파로서의 역할을 전혀 할 수 없던 시기였다. 몽고의 지배하에 있던 지눌보조 조계종 계통의 조계종 선종파는 강화도에 고려 수도를 옮겨감에 고려국의 존재성을 상실한 시대에 있었다. 지눌 보조계의 조계종은 조계종이라는 이름으로 고려 불교를 지도할 수도 없었을 뿐만 아니라 강화도에서 고립된 상태에서 조계종 파로서의 명맥만을 유지하고 있었을 뿐이다. 그러함에도 지눌보조 계통의 선종승려들에게 있어 조계종의 종주로 여기고 있음에 대한 것도 또한 문제 이지만 태고보우를 조계종의 종주로 여기는 것도 또한 문제라고 말할 수 있다. 분명히 말하자면 태고보우는 석옥청공의 임제종의 전법을 받았다. 태고보우의 생애와 수행과정이라는 의미에서 태고보우를 고찰한다면 태고보우는 분명히 불교적 수행자가 아니라 고려 시대 최고의 정치 승이라는 점이 적절한 표현이라고 말할 수 있다. 태고보우야 말로 출가하여 승려가 된 이후 고려에서 최고 국가의 덕을 입었고 그 왕명을 추종했던 고승이다.

본 연구에서 유창이 쓴 태고보우의 행장에 대하여 수정해야 한다고 말하고자 한다. 특히 유창이 태고보우의 행장에 대하여 찬양하는 일면이 없지 않지만 그 가운데 태고보우가 출가하여 수행한 사찰에 대하여 회암사에 대한 중요한 비중을 두었던 사찰이 아닌가 한다. 그것은 바로 태고보우를 조계종의 전승자임을 강조하기 위한 조작적인 면이 없지 않다. 태고보우가 조계종의 법을 전승하지 않았다는 것이 바로 행장에 나타난다. 태고보우가 1301년에 태어나 1313년에 출가를 하는데 출가한 사찰인 회암사의 창건연대다. 회암사는 1328년 지공이 창건하였다고 하는 기록은 태고보우가 출가한 시기는 1313년이다. 라고 행장에 기록한 대로라고 하여도 회암사 소속 광지선사를 스승으로 출가하였다는 행장의 기록에 대하여 신빙성이 전혀 없다. 그러한 결과로 광지선사는 회암사 출신 선승이라고 말할 수 있는 근거가 전혀 없다.

태고보우는 출가하여 간화선을 통해 깨달음을 이루었는데

간화선은 분명히 임제종의 수행법이다. 임제종의 수행법을 통해서 1700공안을 타파하는 수행법이다. 그러한 수행법이라고 말한다면 임제종의 수행법을 택한 면이 없지 않다. 그리고 고려는 원나라의 지배하에 있었기에 원나라의 종파인 임제종을 선양했을 것이며 조계산 수선사파에 대하여 제약을 두었을 법하다 그것은 몽고의 고려 침략시기에 강력하게 저항했던 수선사파 조계종이기 때문이다. 수선사가 몽고에 저항했던 요인은 물론 최충헌 계통의 지지를 얻었던 요인이기도 하다.

태고보우에 대하여 가지산파인 보림사에서 정진한 것을 조계종이라고 말한다면 잘못이라고 보는 점이 여기에 있으며, 설사 가지산파가 조계종의 정신을 이었다고 하여도 태고보우를 가지산파의 종파라고 말할 수 없다. 분명히 말하지만 지눌 보조가 조계종의 전승자임에 틀림없는 사실은 지눌보조는 송나라에 유학을 가지 않고 고려에서 조계종의 전법을 실천 수행했고 조계종의 종주로서의 역할을 다하였고 몽고와의 저항에 참여했던 저항의 정신을 전승하게 하였던 조계종 계통의 승려였다.

태고보우시대의 고려는 원나라의 속국이었고 원나라에 아첨한 기득권 세력만이 존재했고 조계종은 종파로서의 기능을 정지당했고 원나라는 특히 천태종을 수용했고 태고보우로 하여금 원나라에 入元의 계기로 원나라 불교인 임제종을 전승하였다. 원나라는 석옥청공을 통해서 태고보우에게 임제종을 전하는데 그것은 바로 원나라의 이름으로 국가의 명령이라고 말할 수 있다. 그런 의미에서 본다면 태고보우는 원나라의 임제종을 고려에 전한 초조가 된다.

태고보우는 임제종의 법을 고려에 전하고 고려에 귀국하여 공민왕의 왕사가 되고 고려불교를 통치한다. 고려 불교를 통치한다는 것은 태고보우에게 주어진 권한이었으며, 고려 불교 사원의 주지 임명권이 주어졌다. 고려시대에 사원의 주지 임명권은 국왕에게 있었는데 태고보우에게 임명권을 부여하였다. 태고보우는 고려불교를 통치적 차원에서 관리 하였다. 그러한 관계로 태고보우는 거대한 농장을 소유하게 되는 우를 범했다. 태고보우가 신돈에 의하여 속리산에 구금을 당한 이유도 그러한 이유라고 말할 수 있다. 태고보우가 신돈에 의하여 왕사 직을 내놓음으로써 임제종 시대가 막을 내리고 신돈에 의하여 화엄종 시대 열다. 공민왕의 정치적인 지도력의 상실로 인하여 등장한 신돈은 임제종의 태고보우를 권좌에서 끌어내리고 정치 승의 권력남용의 비판을 받았다. 한편 신돈의 무리한 정치적인 행위로 인하여 공민왕은 신돈을 주살하게 되고 신돈의 주살로 말미암아 태고보우는 다시 복권하여 국가로 봉하지만, 소임을 다하지 못한다. 신돈의 죽음과 공민왕의 정치 공백으로 인하여 고려 말 국가의 위기를 맞이하고 공민왕 자신도 측근들에 의하여 죽임을 당함과 동시에 태고보우는 우왕에 의하여 국사로 봉했다. 하지만 태고보우의 실권은 상실되고 만다. 분명히 말하고자 하는 것은 태고보우는 원나라의 추종세력이고 원나라를 받들었던 세력이며 정치 승이고 조계종의 선승이 아니라 고려 임제종 승려였다. 태고보우가 탄생하여 출가한 시기의 고려는 몽고와 원나라의 속국이기에 고려 국가의 역할을 할 수 없었다. 태고보우는 그러한 시대에 출가하여 수행을 하였지만 친원파라는 사실이다. 태고보우의 행장을 쓴 유창의 행장 조작에 대하여 비판하며 태고보우를 너무나 미화하였다. 태고보우의 행장을 쓴 유창을 비판하고자 하며 태고보우의 행장에 대하여 다시금 수정되어야 한다.

태고보우는 원나라 임제종 석옥청공의 법을 전승한 고려 임제종이며 원나라임제종의 선법을 전승한 고려 임제종 선승이다. 태고보우는 고려 임제종의 정통성을 전승하였던 임제종 선승이고 조계종의 승려는 아니다. 태고보우 고려 임제종의 연구에 대한 역사성을 고찰하는데 있어 하나의 역사적인 사실을 새롭게 연구하게 되어 참으로 기쁘다. 고려 임제종에 대한 전승의 역사성을 바르게 전함에 불교의 역사적인 의미를 탐구할 수 있다.

太古普愚 臨濟宗 研究

차 례

太古普愚 臨濟宗 硏究

1, 서 론

1. 연구의 목적 및 문제제기

본 연구에 있어서 태고보우(太古普愚 : 1301~1382)가 출가하여 승려가 되었던 시대 이전의 고려 무신정권의 왕조사와 고려불교 시대사를 통해 고려시대사와 고려 불교사에 대한 연구를 고찰하고자 하며 태고보우는 공민왕, 왕사, 국사 우왕의 왕사, 국사를 역임한 고려 말의 최고의 친원적 승려이고 정치 승 이었다. 태고보우의 출가와 그 이후 고려 불교계의 시대적 상황과 태고보우가 활동하기 이전의 고려 무신정.권 이전에 고려 불교계를 고찰하고 자한다. 고려는 역사적으로 외부로부터 침략을 막지 못하고 굴복하고 말았다. 특히 요나라 금나라 몽고의 고려 지배 하에서의 활동했던 불교교단은 교종과 선종이 있다. 고려 불교는 이자겸의 불교지배와 무신 정권 시대 고려불교와 최충헌 시대 고려 불교의 시대적 활동상이 연구되지 못했다. 고려 불교는 몽고의 고려 침략에 대한 저항에서 황룡사 법당이 불에 타고 구인사 팔만대장경이 불에 탄 시대이기도 하다. 최충헌 고려 통치 하에서 지눌보조 계통의 조계종인 선종불교의 저항정신이 있었다. 고려에 원나라가 성립되면서 조계종의 종파의 기능과 수행의 활동이 중지되었다. 몽고의 고려 침공으로 인하여 조계종 소속의 승려 승군들이 저항하였는데 그 저항 정신은 원나라 시대에는 찾아볼 수 없다.

「무신정권 이후 각 종파의 동향으로서 조계종이 부상하는 가운데 상대적으로 화엄종 유가종 및 천태종의 교종세가 악화될 수밖에 없었다. 이 같은 교종의 약세는 그 세력 및 사회적 활동의 위축만을 의미하는 것이 아니라 교리의 새로운 해석이나 저술 면에 있어서도 거의 활동을 찾아 보기 어려웠다 이러한 현상은 당시대 고려의 사상계 전반에 침체해 있던 시대 분위기와도 무관하지 않다. 무신정권 종료이후 원나라의 간섭기에 접어들면서 1283년(충렬왕 9)에 조계종 가시산파의 일연이 국존(국존)에 책봉된다. 또한 개경에 세워진 묘련사(妙蓮寺)에 백련사계 인물들이 주지로 초빙되면서 지방의 천태종이 중앙무대에 진출하게 된다.」[1)]

고려 말의 고려 불교는 오래 동안 유지되었던 불교 교학적인 불교사상과 불교 이론을 전개하였던 시대적인 전승의 과정에서 신앙적 연구적 수행적인 면에서 승가의 질서가 무너진 상태의 고려 불교 교단이었다. 고려 말은 원나라의 건국과 더불어 고려를 원나라의 식민지 국가로 통치하던 시대, 가지산 보림사 소속 선승 회암사 광지선사를 스승으로 출가하여 자력으로 오도한 이후 원나라에 선승을 찾아 석옥

1) 대한불교조계종 교육원 불학연구소, 『조계종사 고중세편』, 대한불교조계종 교육원, 2004, p, 229.

청공의 임제종의 임제종 임제 선법을 받아 고려에 전승하고 활동하였던 임제종의 종주다. 태고보우의 고려불교의 활동은 조계종 교단의 승려가 아니다. 고려 말에 원나라로부터 전해 받은 임제종은 태고보우에 의하여 고려에 전래되었다 신라에 전해진 많은 종파 가운데 고려에서 그대로 수용하여 전래하였지만 고려 말에 전해졌던 임제종은 고려시대 한 종파로서 역할을 하기도 했다. 원나라 시대 석옥청공 선사로부터 태고보우에게 전했던 임제선 법, 고려말기에 원나라에서 고려에 전해졌던 임제종의 선종은 태고보우로 하여금 원나라로 하여금 정치적으로 최고의 명성을 얻게 하였던 원나라 임제종을 통해 정치적으로 활용하였고 원나라에서는 유일하게 임제종만을 인정하였다. 원나라에서 그 맥을 이었던 임제종, 선종인 임제종을 인정 했기에 고려 말에서는 임제종을 선호했다. 태고보우가 임제선을 선호했기에 원나라로 가서 원나라 임제종의 법을 받았던 것이 아닌가 한다.

「태고보우(1301~1382)는 고려 말의 불교계를 대표하는 승려였을 뿐만 아니라 나아가 오늘날까지 한국불교의 종조로서 크게 추앙되고 있다 그러나 하계나 불교계에서는 태고보우에 대한 높은 평가에도 불구하고 학계 일각에서는 그의 불교사상의 내용이나 사회적 성격에 대하여 부정적인 견해를 가진 사람도 없지 않은 것이 사실이다」[2] 태고보우는 왕사, 국사를 역임하였으나 그 명성에 비하여 불교사상에 의

---

2) 최병헌.「태고보우의 불교사적 위치」,『태고집』,서주 편,김달진 역주, 세계사, 1991, p, 287

한 임제종에 대한 회암사에 대한 기록과 저서를 남기지 않았다. 이것만으로 태고보우의 학문적 역사적인 평가를 하는 것은 부족한 면이 있다. 공민왕・우왕 시기에 왕사・국사를 역임 하였음에도 불구하고 저서가 없다는 것은 그만큼 교학에 있어서 탐구를 하지 않았던 것 같다는 생각이 든다. 고려 말 공민왕의 왕사, 국사 우왕 시대 왕사 국사를 역임하였다면, 많은 저서를 남겼을 것으로 생각하게 된다. 태고보우국사는 또한 간화선을 택하여 萬法歸一이라는 화두를 타파하려는 선승 이면서도 華嚴選에 합격을 하였다고 하는데 화엄학에 대한 연구도 전혀 없다. 임제종의 선사로서의 저서가 없는 관계로 現在 태고보우에 대한 학문적인 연구논문이 그리 많지 않은 편이다.

태고보우에 대하여 학자들이 연구를 하지 않았던 것은 친원파적인 사대주의 역사관에 의하여 연구자들이 관심을 가지지 않았고 고려 말에 고려 불교사상적으로 본다면 고려 말 친원파였기에 연구를 하지 않았다. 또한 고려자체가 혼란기였기에 고려 말의 불교사상을 바르게 성찰하지 못한 이유가 있다고 말할 수 있다. 고려 말 고려는 친원파에서 친명파로 국가가 고려에서 조선으로 국가의 명칭 변경과정에서 태고보우에 대한 사상성을 논할 가치에 없다고 보았을 것이며, 고려불교사상에 대한 연구에 대한 필요성을 느끼지 못한 이유라고 말하고자 한다. 태고보우를 600여년이 지난 후 조계종의 종주와 태고종의 종주로 추앙하고 있다는 점에 대하여 역사성을 바르게 고찰하지 못하고 있다고 말할 수 있다.

태고보우는 조계종의 사상을 지닌 것이 아니라 석옥청공의 법을 받은 임제종 선승의 역사성을 전승한 선승이라고 보아야 한다. 조계종이라고 말한다면 지눌 보조의 역사성이 있으며 지눌 보조를 버리고 서야 고려 불교사를 부정하는 면이 없지 않다. 고려 초기부터 고려에서 활동했던 종파 가운데 구선선문이라고 말하고 있는 선종의 승려들과 임제종과는 무관하다고 말할 수 있다. 구산선문에 참여하였던 천태종을 창종 할 때에 선종의 선사들이 참여하였던 선종은 태고 보우가 전승하였던 5가 7종 가운데 임제종뿐이다. 태고보우는 고려 말에 고려에 전승한 임제종의 유일한 합법적인 임제선종의 역사성을 담고 있으며 태고보우는 조계종 선종의 종주라고 하지만 석옥청공의 임제선종의 법을 받아 고려 말에 전했던 임제종의 선승이다. 태고보우에 대한 연구를 하지 않았던 것은 태고보우의 역사성 때문이다. 태고보우는 친원파라는 점이며 친원파에 대하여 연구를 하지 않았다고 본다. 태고보우에 대한 연구를 하기 위해서는 먼저 연구의 가치가 있어야 했다. 태고보우에 대한 연구는 조계종에서 종조로 추앙을 하였는데 문제가 있다. 태고보우는 조계종의 종주가 아니라 임제종의 종주라고 보아야 한다. 임제종의 종주를 조계종이라고 한다면 불교역사를 잘못 판단한 역사 인식 부족이라고 말할 수 밖에 없다. 태고보우가 임제종이라는 결론적으로 정리하는 것은 바로 지눌보조의 정통성에 대한 문제가 거론 된다. 지눌 보조는 조계종의 종주가 확실하다.

이러한 관점에서 본다면 태고보우에 대한 연구의 부족은 태고보우가 고려 말의 최고의 정치 승이었는데 태고보우 자신이 저서를 남기지 않았다는 점을 들어 연구대상에서 제외되었다고 말할 수 있다. 하지만 태고보우는 연구의 가치가 충분히 있다는 점을 발견한 학자들에 의하여 태고보우가 새롭게 학문적으로 등장하게 하였고, 태고보우연구를 통해 고려 말의 불교사적인 시대적인 변천과정을 성찰할 수 있다고 판단하여 태고보우 연구의 실존성을 느꼈고 태고보우의 불교사상의 필요성을 학자들[3]이 제시를 하였다. 불교학자들이

---

3) 저작 : 태고화상어록(太古和尙語錄) 2권. 태고보우의 법어와 가송(歌頌)을 문인 설서(雪栖)가 엮은 것이다. 상하 2권으로 되어 있다. 권상에는 상당(上堂), 시중(示衆), 법어(法語), 가음명(歌吟銘)이 수록되어 있고 권하에는 게송 및 현릉칙간백장청규발(玄陵勅刊百丈淸規跋), 중간치문경훈서(重刊緇門警訓序)가 수록되어 있다.

연구성과

석사학위논문:

송윤주, 「태고보우대사연구」, 동국대학교 대학원, 2002.

김효원, 「태고보우의 선사상연구」, 원광대학교 대학원, 1995.

단행본:

서갑생, 『태고보우국사의 종지와 종풍, 그 수행법』, 서울, 대륜불교문화연구원, 2006

서갑생, 『태고보우국사』, 서울, 대륜불교문화연구원, 2005

보우, 『태고보우국사법어집』, 서울, 대한불교종계종수선회, 1993

연구를 한다고 하여도 관념적인 연구라고 말할 수 있다.

고려 중기 시대 몽고의 고려침략 시대 조계종 선승들의

대륜불교문화연구원,『태고보우국사연구논총』, 서울, 대륜불교문화연구원, 1997

이영무,『太古普愚國師の人物と思想』, 서울, 영등사, 1977

일반논문:

한태식, 「高麗太古普愚の念佛禪について」,『印度學佛教學研究』53.1, 동경, 일본인도학불교학회, 2004

박문기, 「태고보우의 사상과 현대적 의미」,『한국불교학』31, 한국불교학회, 2002

차차석, 「석옥청공과 태고보우의 선사상비교」,『한국선학』3, 한국선학회, 2001

김방룡, 「태고보우국사와 보조지눌국사의 사상과 수행」,『태고사상』1, 서울, 태고학회, 2001

강문선, 「太古普愚の禪思想と大慧禪の關係性」,『印度學佛教學研究』48.1, 동경, 일본인도학불교학회, 1999

이영무, 「한국불교사상 태고보우국사의 지위」,『태고보우국사』, 서울, 대륜불교문화연구원, 1988

한기두, 「태고보우연구」,『태고보우국사논총』, 서울, 대륜불교문화연구원, 1997

최병헌, 「태고보우의 불교사적 위치」,『태고보우국사논총』, 서울, 대륜불교문화연구원, 1997

서정문, 「태고보우의 선풍에 관한 연구」,『태고보우국사논총』, 서울, 대륜불교문화연구원, 1997

권기종, 「태고보우의 선사상과 그 사적 위치」,『태고보우국사논총』, 서울, 대륜불교문화연구원, 1997

황인규, 「조계종 중흥조 태고보우와 14세기 불교」,『고려후기·조선초불교사연구』, 서울, 혜안, 2003

항몽시대를 조명하지 않고 조계종의 탄압을 성찰하지 않고 태고보우의 친원적인 임제종의 전승에 대한 연구를 하지 않고 공민왕 시대 우왕시대 왕사 국사를 역임한 정치 승의 관점을 비화하려는 것을 잘못이라고 말할 수 있다. 태고보우는 초기에는 수행을 전재로 한 수행승이었으나 수행을 최고의 목포로 정하지 않고 백성들의 고통을 함께하지 않고 거대한 농장을 소유하였던 공민왕 우왕 시대 왕사 국사로서의 정치 승이었다. 왕사나 국사가 된다는 것은 그만큼 국가관이 있어야 한다. 그러나 태고보우는 국가관이 없는 것 같이 보인다. 그 이유는 신돈에 의하여 탄핵을 당하고 속리산에 유배를 당하는 비극적인 모습을 보면 알 수 있다. 태고보우는 원나라에 대하여 비판적인 면이 전혀 없다.

「보우의 불교 가운데 주목되어 온 또 다른 문제는 선문구산의 통합에 관한 것인데 이 문제에 대하여서는 그동안 학계에서 원융부의 설치와 구산통합의 노력이 강조되어왔다. 보우는 공민왕 5년 왕사가 되자 개경의 광명사에서 원융부를 설치하고서 이 원융부를 중심으로 하여 선문구산의 통합을 주장하였다고 하는데 오늘날 학계에서는 이러한 이해에 대해 별다른 이의 없이 교단 통합의 노력으로 높게 평가하고 있다. 그런데 왕사인 보우가 원융부를 설치하고 승직의 임명관을 장악하게 되었다는 것은 원래의 교단 운영 원칙이 무너졌던 것이고 나아가 고려의 전통적인 5가 7종의 교단체제도 붕괴되었던 것을 의미하는 것이었다. 그 결과 교단체제의 개편을 가져왔던 것이었으나 그 개편이 사상적인 발전에 의하여 이루어진 것이 아니고 사상적인 발전의 길이 막힌 채 현실적 이해관계에 따라 승도들이 보우에게 모여듦으로써 이루어진 것이였기 때문에 교단의 정비는 커녕 오히려 더욱 혼란을 가져왔던 것이다」[4] 태고보우가 공민왕의 왕사로 있으면서 고려 말기 불교의 발전에 영향을 준 것이 아니다. 고려 말 불교는 원나라의 종파인 임제종이라는 또 하나의 종파를 전래하여 종파의 논쟁인 또 하나의 종파적인 파벌로 인하여 더욱 더 불교에 혼란을 주었고 정치적인 혼란기에 종파별로 친 원적인 불교로 변질되고 말았다. 원나라시대 임제종의 고려 전래는 또 다른 친원적인 불교가 되었다. 친원적인 임제종의 종파인 태고보우에 대한 고려 말기의 불교를 바르게 성찰해 보고자 하는 것이 그러한 결과로 본 연구이며 고려 말기에 불교의 역사관을 고찰하고자 한다. 고려 후기는 원나라의 지배 하에서 조계종을 표방한 지눌 보조의 조계종의 선은 친원 시대에 위축되어 활동을 전혀 하지 못했다. 그것은 바로 최충헌 무신시대에 국가로부터 보호를 받았던 조계종 지눌 보조계통의 선불교가 퇴보했다는 것을 말해주고 있으며 천태종 계통과 태고보우의 임제종 계통의 임제종 계보가 활동 해 공민왕으로 부터 지지를 받았다는 점이며 원나라로부터 지지를 받고 있었기 때문이다. 태고보우가 활동시대적인 국가의 상황을 고찰한다면 고려 말기시대 원나라의 석옥청공 임제종의 고려수용의 역사

---

4) 김방용,「보조지눌과 태고보우의 선사상 비교연구」, 원광대학교 대학원, 불교학과,철학박사 학위논문, 1999, pp, 46-47.

관을 고찰할 수 있다.

「고려 말기 불교계에서의 태고보우의 중흥조로서의 위치는 인정하되 그 불교의 법통은 중국 선종인 임제종 계통이 아니라 구선선문의 하나인 가지산파의 계통으로 보아야 한다는 주장이다.」[5] 태고보우에 대하여 이설이 있는데 그것은 바로 조계종의 종주에 접목하려는 뜻에서 그러한 문제점이 발생했다고 보는데 그러한 이론은 다소 문제가 있다는 점을 지적하고자 한다. 비록 구산선문의 일파라고 하여도 태고보우는 구선선문의 사상을 전승했을지는 몰라도 조계종의 종주는 아니라고 말할 수 있다. 태고보우는 원나라 석옥청공으로 부터 임제종을 고려에 최초로 전했고 임제종의 임제선을 수용한 수행하였다. 태고보우는 임제종의 임제선을 고려 말 공민왕 시대 우왕 시대 정치 승 이었다. 태고보우는 임제종의 종주이어야 한다. 그러한 면에서 본다면 임제종의 종주이지 조계종의 종주는 아니다. 조계종이라는 조계종의 종주는 지눌 보조이다. 고려 중기 조계종을 일으켰던 조계종의 종주는 지눌 보조이어야 한다. 고려 말 공민왕 시대 우왕 시대는 조계종의 활동이 정지되고 태고보우가 전승한 임제종의 활동 시대였다. 고려 중기에 활동했던 수선사계통의 조계종은 원나라가 건국되면서 고려에서는 조계종의 활동이 정지되고 그 대신 임제종이 고려 불교를 주도했다. 그러한 시기 활동이 중지되었던 조계종을 보조 지눌의 역사성

5) 최병헌.「태고보우의 불교사적 위치」,『태고집』, 서주 편,김달진 역주, 세계사, 1991, p, 288.

을 무시하고 태고보우의 임제종의 옷을 입힌 결과로 밖에 보이지 않는다. 조계종의 지눌 보조의 역할에 대하여 소멸하려고 하는 것은 친원파들의 준동이라고 말하지 않을 수 없으며 친원파들의 존재를 은폐하려는 작태가 아닌가 한다. 원나라 시대 조계종의 지눌 보조 계통의 조계종을 인정하려고 하는 면이 없지 않다. 태고보우는 임제종의 활동을 통해서 고려 말에 최고의 영광을 누렸던 임제종 승이다. 태고보우가 활동하던 시기는 조계종 소속인 지눌 보조의 계통인 조계종 교단은 물론 선승들의 활동은 정지 되었고 태고보우의 임제종 선승들은 고려 말에 최고의 권력을 누렸던 것이며 친원세력이었다.

「결국 보우에 의한 임제종 수입의 강조는 수선사의 전통불교하의 단절을 의미하는 것이며 일연 단계보다도 그 전통과의 연결이 더욱 멀어지고 있었던 것을 나타내는 것이라 보지 않을 수 없는 것이다.」[6] 최병헌 교수는 태고보우와 임제종의 수입은 수선사의 조계종의 단절을 이미 한다고 하였다. 태고보우는 임제종의 종주라고 보아야 한다는 점에서 본다면 문집을 참조할 수밖에 없다. 그런데 왕사 국사라는 명성에 비하여 문집이 부족한 면이 없지 않다. 적어도 불교사상에 대한 저서가 있어야 했다. 유창이 쓴 태고보우의 행장에는 최영. 이성계까지 기록을 하였던 것으로 보아 태고보우에 대한 정치적인 면이 고려 말에서 최고의 가치를 인

---

6) 김방용, 「보조지눌과 태고보우의 선사상 비교연구」, 원광대학교 대학원, 불교학과,철학박사 학위논문, 1999, p, 47.

정했다고 보아야 한다.

「普愚(虛) 法語와 詩文을 모는 太古集(2券)이 전해져 있으며 그의 門下에는 正辯智雄尊者 普覺國師 混修(1320~1392). 妙辯智圓應 尊者 智鑑國師 璨英(1328~1390)內願堂 妙嚴尊者 祖異內願堂 國師 一都大禪師元珪 등 당대의 쟁쟁한 禪匠을 망라한 천 수백명의 제자가 있었다고 한다.」[7] 태고보우는 고려 말에 가장 많은 제자와 고려국의 힘을 의지하였던 태고보우였다. 태고보우는 조계종이 아니라 임제종이라는 사실을 연구를 통해 논증하려고 한다. 고려 시대 태고보우가 활동하던 시대는 태고보우는 임제종의 승려가 틀림이 없다.

「보우가 한국불교의 중흥조로서 조계종의 始祖가 되며, 그 법통은 중국 선종의 五家 七宗 가운데 일파인 臨濟宗을 이은 것이라는 주장이다. 이러한 주장은 조선 중기 光海君 때에 西山大師 休靜(1520~1604)의 제자인 鞭羊彦機. 中觀海眼 등 에 의해서 재기되어 이후 불교계의 공식적인 견해로 확립되었다.」[8] 태고보우는 원나라 임제종의 석옥청공의 법을 받아 고려 말에 전하였던 임제종의 전승자이다. 당나라 시대 선종의 발전을 시작으로 특히 마조 도일 이후의 선종의 성립과 발전에 의하여 전승된 임제선의 임제종의 역사성을 전승한 원나라시대 임제종의 석옥청공의 법을 전승한 고

7) 김영태, 『한국불교사사상』, 경서원 1997. p, 524.

8) 최병헌. 「태고보우의 불교사적 위치」, 『태고집』, 서주 편,김달진 역주, 세계사, 1991, pp, 287-288.

려 말 전승한 태고보우로 보아야 하며, 태고보우에 대하여 문제점을 지적한다면 태고보우가 출가한 출가시기, 1313년 화암사 광지선사에 출가하였다는 설에 대하여 정확한 기록이 있어야 하는데 그러한 기록이 없다. 태고보우를 통해서 고려 불교계의 역사성을 고찰하려는 것이 또한 중요한데 태고보우는 고려계단의 역사에 대하여 기록을 하지 않고 있는데 대한 문제를 지적하지 않을 수 없다. 특히 태고보우에게 있어서의 문제점은 계단의 존재다. 비구계를 수지하려면 물론 계단이 마련되어야 만 비구계를 설할 수 있는데 태고보우의 행장에서도 태고보우가 계단에서 구족계를 수지한 기록이 전혀 없다. 태고보우의 행장을 기록한 유창에 의해서도 구족계에 대한 기록이 없는데 문제가 아닐 수 없다.

고려 불교계에서 계단의 활동이 어떠한 의미를 부여하고 있는지에 대한 연구를 행해야 한다고 보는데 태고보우에 대하여 고려 불교계의 금강계단에 대한 기록이 없다는 것에 대한 문제를 제기하고자 한다. 태고보우의 연구를 통해서 태고보우의 사상과 태고보우의 불교사상을 고찰하는데 있으며 태고보우는 원나라시대 석옥청공의 임제종 선법을 고려에 전승한 임제선의 전승자라는 사실을 인정하고자 한다. 또한 한국불교의 전통성을 논하는데 있어 임제종을 고려에 전한 전승이라는 점을 바르게 인식해야 한다. 태고보우 국사는 임제종 선종의 종주임에도 불구하고 조계종의 종주로 추앙하고 있다. 고려 말 고려 불교사에 대한 이해를 돕기 위해서는 태고보우가 살았던 시대 이전의 무신시대 이후 출가수행의 역사관을 바르게 성찰해야 한다고 생각한다. 분명히 말하자면 태고보우는 조계종의 종주보다는 5가 7종의 선종인 임제종의 종주라는 점에 대하여 생각해 보려고 한다.

본 연구에서 고찰하고자 하는 것은 태고보우 출가 이전의 고려 무신 시대의 고려 왕조 역사관을 고찰하고 태고보우가 출가 이후에 고려 시대사를 바르게 고찰할 수 있는 시대사의 연구이기도 하다. 태고보우에 대한 연구를 통해서 고려 무신 시대의 역사관과 태고보우의 활동시기에 대한 역사성을 새롭게 인식하고자 하는 것은 고려의 멸망의 시대 태고보우의 법은 우왕시대 종결되고 원나라의 멸망과 함께 원나라의 임제종은 종결되고 명나라의 지지를 통해 새롭게 등장한 조계종 세력인 무학의 시대로 전승된다. 무학은 바로 나옹의 제자이며 원나라 시대 종결되었던 조계종이 등장하고 원나라 시대 융성하게 지원을 받았던 태고보우의 임제종은 우왕 9년에 막을 내리고 고려 또한 새로운 시대에 고려 멸망의 역사에 합류하고 말았다.

2. 연구의 범위 및 연구방법

본 연구의 논문의 범위는 고려 무신정권 이후 태고보우 임제종을 중심에 두고 고려의 역사적인 변동과 고려불교사에 대한 조명을 바르게 탐구함에 있어 지눌 보조국사와 고려 말의 태고보우 국사의 수행관이 필수적이다. 지눌 보조의 연구에 있어서는 본 연구 에서는 제외하고 고려중기 무신정권 이후에 전개되었던 고려시대사의 관계와 요나라 금나라 몽고 원나라 시대에 고려국왕의 불교사상과 무신정권하에 있던 고려 저항기의 고려 불교와의 관계에 입각하여 고려 중기 시대사를 조명하고 특히 몽고 지배하에서 원나라의 고려 지배하에 활동하였던 고려 말 원나라 석옥청공의 법인 임제종을 고려선승 태고보우에게 전하고 임제종의 역사성을 바르게 고찰하고 공민왕의 왕사 국사 우왕 시대 국사를 지낸 고려 최고의 고승 태고보우 국사의 수행의 실천관 바르게 성찰하고자 한다.

태고보우가 활동하던 시대는 고려 말 몽고의 지배에서 원나라의 지배를 받았고 고려 불교 정통성을 실천했던 조계종 선승들의 집결처인 수선사 계통의 조계종에서 몽고와의 저항을 시도했던 시대 태고보우는 원나라시대 고려 불교 임제종을 중심으로 한 원나라시대 임제종과 고려 임제종이 주도했던 시대이기도 하다. 고려 말의 임제종의 활동과 정치적으로는 공민왕, 우왕 시대의 고려 불교를 중심에 두고자 한다. 또한 문제를 제기하려 것은 태고보우의 출가 시 회암사 선승인 광지를 스승으로 하였다고 하는데 있어 회암사의 창건과 태고보우의 출가의 기록과 우창이 쓴 태고보우의 행장에 대한 기록의 오류를 바르게 잡고자 한다.

본 연구에서는 원나라의 고려 지배하에 활동했던 태고보우를 중심에 두고자 한다. 태고보우는 공민왕 시대 우왕시대 왕사 국사를 역임하고 고려말기에 고려의 최고의 정치승이었다. 태고보우에 대한 전생에를 통해 태고보우에 대한 불교사적인 면과 고려 말의 시대적인 상황에 대한 연구를 하려는 목적은 태고보우는 고려 말기에 자력으로 깨달음을 얻은 이후 원나라 수행처를 옮겨 원나라 석옥청공으로부터 법을 받아 고려의 임제종을 전승한 고려 임제종의 종주이며 고려 지눌 보조가 실천 수행했던 간화선 수행법과 같은 수선사파인 지눌 보조를 종주로 추앙받고 있는데 보조지눌과 같은 임제종 승려다. 태고보우와는 염연히 다른 면이 있으며 지눌 보조는 조계산 조계종을 전승한 역사성을 부여하고 있다. 보조지눌은 조계산 조계종의 선승임에는 분명하다 그러함에도 불구하고 논자들 가운데 태고보우를 조계종의 종주라고 말하고 있는데 이러한 논리는 지눌 보조를 무시한 행위라고 말할 수 있다. 태고보우는 조계종의 선승이 아니라 원나라 석옥청공의 임제종 법을 전승한 임제종 고려 임제종의 종주라는 점을 분명히 밝히고자 한다. 연구의 목적을 정하고 그 동안 연구되었던 자료를 검토분석하고 논증하는 방법을 취하고자 한다. 공민왕과 신돈과 태고보우국사의 정치적인 관계에 대한 역사성을 조명하고 고려 말기 몽고의 지배에서 원나라의 지배 그리고 명나라 시대 살았던 태고보우 국사의 불교사상을 탐구하고자 한다.

「원증국사 태고보우(충렬왕 27년-우왕 8년 1301~1382)는 고려 후기를 대표하는 라말 삼사 중의 한 사람이다 특히 보우는 고려가 원의 간섭에서 벗어나고자 자주적인 개혁정치를 추진했던 공민왕 시대에 왕사로 책봉되어 불교 교단을 이끌어 간 지도적인 승려다. 또 그가 원에서 법을 받아온 임제선은 조선시대 선불교로 이어져 오늘날까지 한국 불교사에서 빼놓을 수 없는 중요한 위치를 차지하는 인물이다.」[9] 태고보우와 보조 지눌은 한국불교의 분쟁에서 가장 중요한 인물이었다. 조계종 종주문제로 인하여 한국불교는 분열되었고 불교발전에 역행해 오고 있다. 이러한 관점에 자료는 분석하고 새롭게 제안하고자 한다. 지눌 보조와 태고보우와의 종주문제로 한국불교에서 연구되어야할 과제도 1961년 통합종단이 탄생했음에도 불구하고 분열되었다. 이것은 한국불교의 발전상에 커다란 문제를 일으켰다. 한국불교의 바른 관점은 조계종의 종주로 태고보우로 정했다면 한국불교정화문제는 일어나지도 않았다. 1961년 통합종단에서도 조계종의 종주는 태고 보우였다는 사실이다. 통합종단의 조계종의 종주는 지눌 보조였다. 태고보조라고 말한다면 보조 지눌을 부정하게 된다. 조계종의 종주에 대하여 태고보조로 정한다면 한국불교에 있어 정화운동은 무효라고 말할 수 있다. 태고보우는 고려시대에는 분명히 지눌 보조 조계종 선승이 아니라 원나라의 임제종 석옥청공의 법을 받은 임제종 19대다.

「태고는 개당염향에서 자기가 이은 사승이 석옥 임을 항상 분명히 했으므로 6백년이 지난 오늘날 누구도 입을 댈

---

9) 유영숙, 「고려 후기 선종사연구」, 동국대학교 대학원 박사학위논문, 1994, p, 71.

수 없는 염연한 사실이다. 하물며 태고 이전의 득도사 전등설은 절대로 성립될 수 없는 것이 확실하니 누가 감히 쓸데없는 망설을 하겠는가. 태고의 법통은 태고 자신이 밝힌 대로 석옥에 있다. 따라서 태고의 법손으로 이루어진 현재 조계종의 법맥은 임제→ 석옥→ 태고. 이다」[10)]태고보우에 대하여 석옥청공의 임제종 법인데도 불구하고 조계종의 법을 받은 태고보우라고 기록을 하였는데 조계종이라는 말에 대하여 부정적이다. 태고보우는 조계종이 아니라 임제종이라는 사실을 부정하려고 하는데 문제가 있다. 분명히 고려후기 시대에 태고보우는 조계종의 법통일 이은 것이 아니라 석옥청공의 임제종의 법통을 이었다. 물론 석옥청공이 조계종승려였다고 한다면 조계종의 법통을 이었다고 하나 석옥청공은 조계종이 아니라 태고보우는 임제종의 임제종 18대 석옥청공의 법을 받았다. 이러한 기록을 바르게 연구하지 않고 태고보우를 조계종의 선승리라고 말할 수는 없다.

「오늘날 태고보우에 대한 평가가 얼마나 엇갈리고 있으며 심한 혼란을 빚고 있는가를 짐작할 수 있을 것이다. 그런데 이 문제는 태고보우라고 하는 한 사람의 승려에 대한 평가 문제만이 아니라고 고려 말기의 불교계 상항을 이해하는 데에도 직접적인 관련이 있을 것이며 그리고 나아가 한국불교사 전체의 이해문제에도 커다란 영향을 미칠 수 있기 때문에 학계나 불교계의 어느 면에 있어서도 결코 소홀히 지나

---

10) 김방용, 「보조지눌과 태고보우의 선사상 비교연구」, 원광대학교 대학원, 불교학과,철학박사 학위논문, 1999, p, 48

쳐 버릴 수 없는 문제라고 아니할 수 없다.」[11] 태고보우에 대한 연구의 과정에서 살펴보면 선종의 계보에서 본다면 조계종과 임제종은 5가 7종의 맥락이라고 말할 수 있지만 엄연히 종파로서의 수행의 방법에 있어서는 다른 면이 있다는 데도 불구하고 고려 말의 불교 상황을 전혀 고려하지 않고 조계종의 종주가 태고보우라고 하는 오류에 대하여 본 연구에서는 다루지 않고 또한 태고보우가 구선선문에 대한 통합의 노력을 하였다고 한다.

「태고보우가 살던 고려 말기의 정치나 사회경제적인 상황이 전연 고려되지 못한 것은 말할 것도 없고 당시의 불교계 상황조차도 간과됨으로 새로운 철학 계발의 길이 완전히 막히면서 윤리적으로 타락하였고 사회경제적으로 농장의 확대라고 하는 모순이 극심화 되어가던 당시의 불교계 상황과는 유리시켜서 실제 그 불교계를 대표하고 영도하던 태고보우만을 완전히 성승으로 이해하고 평가하려는 주장들만이 나오고 있는바 이것은 분명히 객관성이 결여된 주장이며 논리적으로도 모순 된 주장이라고 아니할 수 없다.」[12] 최병헌 교수의 지적을 바탕으로 태고보우를 보고자 한다. 태고보우가 살았던 고려 말의 시대상과 불교혼돈의 역사를 바르게 규명하고 태고문인 유창이 쓴 태고보우의 행장에 대하여 비

---

11) 최병헌.「태고보우의 불교사적 위치」,『태고집』, 서주 편,김달진 역주, 세계사, 1991, pp, 288-289.

12) 최병헌.「태고보우의 불교사적 위치」,『태고집』, 서주 편,김달진 역주, 세계사, 1991, p, 289.

판적인 면이 있어 이것을 바르게 잡고 태고문손인 유창에 대하여 비판하고자 한다. 태고문손인 유창을 태고보우가 출가한 해를 기록하면서 회암사의 창건을 바르게 기록하지 않았다.

「태고보우 전후의 승려 가운데 지눌 이후 修禪社 계통의 승려로서 復丘 元珪 衍昌 覺雲 禪顯 尙聰 등을 들 수 있고 보우와 전후하여 중국에 가서 새로 임제종을 전해온 선승으로서는 冲鑑 景閑 惠勤 등을 들 수 있으며 그밖에 華嚴宗 승려이면서도 중국에 유력하여 임제종을 전해온 千熙 宗황 등을 둘 수 있다. 그리고 普愚 惠勤을 이어 고려 말기의 불교계를 영도하던 混修 粲英 無學 智泉 등의 승려들도 빠뜨릴 수 없다.」[13] 태고보우를 연구함에 있어 태고보우의 전후의 불교의 승려들을 탐구해야 한다. 하지만 태고보우를 연구함에 있어 태고보우와 반대적인 입장에 있던 신돈에 관한 연구도 바르게 고찰해야 한다. 또한 태고보우를 바르게 고찰하기 위해서는 원나라 시대 임제종의 활동상에 대하여서도 고찰해야 하지만 그러한 연구를 한다면 너무도 방대한 자료를 수집해야 한다. 하지만 태고보우에 대한 연구를 한다고 하여도 오류적인 면이 없지 않다는 점을 지적하면서 태고보우가 살았던 시대의 역사관을 바르게 고찰하기 위하여서는 먼저 태고보우의 시대적 상황을 바르게 탐구해야 한다.

태고보우가 출가한 해는 1313년이고 회암사의 창건의 해

13) 최병헌.「태고보우의 불교사적 위치」,『태고집』, 서주 편,김달진 역주, 세계사, 1991, p, 292.

는 1328년이라는 사실에 대하여 확인을 하지 않고 회암사 광지선사를 스승으로 출가하였다고 기록하고 있다. 태고보우의 구족계문제를 거론하지 않는다면 구족계를 수지하지 않을 시에는 명자비구다. 이점을 바르게 규명해야 한다. 이러한 오류적인 행위는 당시 회암사에 대한 사찰의 역사성을 말하고 있다는 것을 알 수 있다. 회암사의 정치적인 위협적인 사찰이었다는 것을 말하고 있다. 유창의 태고보우의 출가사찰이 회암사로 기록한 시대를 규명해야 한다. 이러한 연구가 후학의 마음자세가 아닌가라고 가슴깊이 생각하면서 학승의 입장에서 태고보우가 살았던 시대의 역사관을 바르게 고찰하고자 한다. 태고보우의 출가이후에 고려의 변화는 몽고의 지배 하에서 원나라의 지배로 고려는 자주권이 없었던 시기이기도 하다. 또한 원나라가 망하고 명나라가 중국대륙을 장악하여 명나라의 내정 간섭기에 태고보우는 공민왕과 우왕 시대 살았던 고승이다. 공민왕 시대 신돈에 의하여 고난을 당하기도 하지만 공민왕은 신돈을 주살하고 다시 복권이 되어 우왕 시기에 왕사로 복귀한다. 태고 보우 시대는 불교의 존재란 있을 수 없고 오로지 명맥만을 유지하면서 조계종이라는 선종은 잠정적으로 정지되었고 원나라 시대는 그 대신에 임제종이 태고보우의 협력으로 고려에 전해졌다. 고려의 무신 시대는 선종인 조계종이 활발하게 항몽의 선종이지만 항몽시대가 종결한 이후에는 원나라를 섬기던 고려에서는 임제종이 하나의 종파로서의 기능을 대신했다. 그래서 임제종을 조계종이라고도 하는데 이러한 조계종은 몽고의 고려 침략에 저항하여 원나라시대는 활동을 정지시켰다. 그러한 역사적인 관점을 고찰하지 않고 일방적으로 조계종의 전승인 태고보우로 규정한다면 불교사를 왜곡하는 행위로 보아야 한다. 분명히 말하자면 태고보우는 고려 조계종의 전승이 아니라 고려 임제종의 전승이며 고려조계종의 전승자는 아니다.

고려 조계종의 전승은 지눌 보조계보로 보아야 하고 태고보우는 5가 7종 선종 가운데 임제종인 임제종 선승이라고 보아야 한다. 임제종의 본래 사상은 선종의 뿌리를 두고 있지만 5가 7종 가운데 임제종은 그 하나의 뿌리에 불과하다. 고려 태고보우는 고려 공민왕 고려우왕 시대는 고려 조계종의 승려가 아니라 석옥청공의 임제종 고려 임제종 승려이며 고려 조계종 소속의 선승이 아니다고 보는 점이 여기에 있다. 고려 공민왕 고려 우왕 시대 왕사 국사의 역사적인 시대사를 연구를 통해 고찰해 보고자 한다. 고려임제종 태고보우의 종파적인 고려 임제종 연구를 함에 있어 고려 무신시대의 역사관을 바르게 고찰하고 금나라 시대 몽고의 고려 침략시대 강화도 수도이전 시대 원나라 부마국의 고려시대를 통해 태고보우의 불교 원나라 석옥 청공의 임제종 고려 전승의 역사과정을 성찰함이 여기에 있으며 태고보우는 고려조계종의 선승 계단이 아니라 원나라의 석옥청공의 선종인 임제종 고려임제종 승려이다. 그러므로 태고보우는 고려 조계종 선승이 아니라 고려 임제종 선승이다. 본 연구를 통해 조명해보았는데 이점에 대하여 다른 이론이 있으면 연구자들과 토론해보고자 한다. 또한 태고보우에 대하여 연구의 부족함은 미래에 연구하는 연구자에 의하여 바르게 정립될 것으로 본다.

본 연구에서는 고려 조계종의 종주에 대한 종주논쟁에 대한 문제점에 대하여서는 학문적인 성과를 바탕으로 연구를 피하고 태고보우 국사의 수행관에 대한 행장을 쓴 태고문손인 유창이 작성한 태고보우의 행장을 중심으로 태고보우 연구를 하려고 하며 태고문손인 유창의 행장을 참조하고 고려 말 원나라로 부터 석옥청공의 임제종법을 받은 점을 깊이 성찰하고 태고보우는 고려 조계종이 아니라 석옥청공의 임제종 임제사상을 고려에 전승한 고려 임제종 불교의 역사성에 대하여 바르게 조명해 보고자 한다. 태고보우 연구에 있어서 고려임제종의 역사성을 고려에 전승했다는 사실을 바르게 논증하고자 한다. 태고보우에 대한 역사성을 부정할 수 없다고 기록을 하고 있는 성철의 주장을 인정해야 한다고 보면 태고보우는 분명히 원나라의 석옥청공의 임제종을 고려에 전했다고 말하고 있다. 태고보우를 통해 연구에서 보면 고려조계종의 종주가 아니라 고려 임제종의 종주로 보아야 한다는 점을 밝히면서 고려 말의 태고보우는 승려이면서 공민왕 왕사 국사 우왕시대 국사로서의 명성은 바로 정치승이었다. 태고보우는 고려 말 혼돈의 시대에 살았던 비운의 정치승이며 정치승의 말로에 있어 얼마나 비참한 것임을 여실이 보여주었다고 말할 수 있다. 고려 조계종의 종주를 지눌 보조로 보지 않고 태고보우로 보는 것은 잘못이다.

2. 太古普愚의 行障과 碑文의 性格

1. 태고보우의 행장의 문제점

고려중기 고려불교사를 연구하기 위하여서는 고려 중기 시대사의 역사관을 바르게 고찰해야 하며 그러한 연구의 자료를 참조하는데 있어 고려사와 고려사절요와 태고문손이 쓴 유창의 태고보우의 행장의 기록을 통해 태고보우의 연구의 과정에서 필수적으로 참조하여야 할 자료이기에 태고문손인 유창이 쓴 태고보우의 행장의 기록이 중요하다. 태고보우는 명성에 비하여 저서가 많지 않다.

태고보우에 대한 자료가 없기에 유창이 태고보우의 행장을 참조할 수밖에 없다. 태고보우의 행장에 관한 연구는 비판적인 면을 논할 수밖에 없다고 말할 수 있는데 그 이유는 유창이 기록한 태고보우의 행장에 대하여서는 논쟁이 되지 않지만 태고보우의 출가시기에 출가 사찰의 기록인데, 회암사 광지선사에게 출가를 하였다고 하는 기록이 잘못되었다고 지적하고자 한다. 고려 중기 시대사의 역사관을 기록하지 않더라도 고려중기 무신정권하에 역사관을 기록했어야 했다. 유창의 태고보우의 행장 가운데 비교적 자세히 기록을 하였으나 태고보우가 출가하여 구족계에 대한 기록을 하지 않았다. 이점에 대하여 논한다면 고려 말의 계단의 붕계를 말할 수 있다. 계단이 성립되지 않고서는 승려가 아니다. 그런데 문제는 계단이 소멸되었던 시대로 보지 않을 수 없는 것은 불교계단의 비 存在 시기라고 보는 점에 여기에 있다. 태고보우가 구족계에 대한 의미를 부여하지 않았던 것은 태고보우는 계단이 없이 화엄선의 합격으로 구족계를 면했다면 문제가 없지만 화엄선을 선종에서 인정하지 않는다면 구족계를 수지하지 않았다는 문제를 벗어날 수 없다. 이 점을 바르게 규명하는 것이 태고보우의 출가한 이후의 고려 불교에 대한 시대적인 변화를 고찰할 수 있다고 본다.

「보우는 13세 때에 檜巖寺의 廣智禪師에게서 출가하였으며 이로써 그의 소속종파는 일단 禪門九山(고려 말 당시는 조계종) 가운데 가지산파로 결정된 것이었다. 그 뒤 그는 가지산의 총림에서 수행 하였는데」[14] 라고 최병헌 교수의 논문에 기록을 하고 있다. 그러나 최병헌 교수의 논문에서는 유창이 태고보우의 행장의 기록을 참조하여 쓴 논문이라고 말할 수 있다. 또한 유창이 쓴 행장의 기록에는 출가시기에 회암사의 창건에 대한 기록을 하지 않았다.

유창이 태고보우의 행장을 기록할 때에는 회암사의 사찰에 대한 중요성의 의미를 부여하지 않고 그 당시에 기록으

14) 최병헌.「태고보우의 불교사적 위치」,『태고집』, 서주 편,김달진 역주, 세계사, 1991, p, 294.

로 보아 회암사의 역사성에 대한 의미를 부여하였고 회암사는 태고보우의 존재론에 역사적인 사찰이라는 점 특히 태고보우에게 원나라 임제종의 모습에서 명나라 임제종의 옷을 입히기 위하여 회암사를 기록하게 하였던 것이 아닌가 한다. 태고보우가 열반하였던 시기는 원나라에서 명나라로 나라가 교체되던 시기 유창이 회암사의 존재를 기록하였다고 보아야 한다. 그러한 면에서 본다면 태고보우에게 조계종 승려라는 사실을 기록한 것은 다소 무리가 있다고 보아야 한다. 태고보우에게 회암사의 승려라고 칭한다면 태고보우가 회암사에 거주했어야 한다. 유창이 쓴 태고보우의 행장의 기록으로 보면 국왕의 명으로 회암사에 주지로 명받은 적이 한번도 없다는 점에서 볼 수 있다.

태고보우가 활동하던 시대는 원나라의 불교를 고려에 전하여 임제종이라는 선종를 전승한 시기였다. 선종이라고 말한다면 5가 7종의 선종을 통칭하여 말함이다. 특히 임제종은 5가 7종의 일파이기에 선종이라고 말하고 있다. 그러나 조계종은 지눌보조가 발전시켰던 선종이다. 또한 조계종이라는 종파에 대해서 태고보우 시대는 원나라 시대이기에 조계종이라는 종파의 명칭을 사용하지 못했고 조계종은 정지된 생태였다. 이름이 선종인 임제종을 사용하였을 가능성이 있다. 조계종은 원나라에서 탄압을 가한 이후이기에 선종이라는 이름으로 임제종을 태고보우가 활발하게 선종의 입장에서 활동하였다고 말할 수 있다. 분명한 것은 태고보우는 선종이라고 말한다면 5가 7종의 종파에 속한 통불교적인 선종의 통

합을 말했어야 한다. 그런데 그러한 언설이 전혀 없다

태고보우는 1301년에 출생하여 1313년에 출가를 하게 된다. 이러한 사실에 대하여서는 문제가 아니지만 태고보우가 출가한 사찰이 회암사의 광지선사에 의하여 출가하였다고 기록을 하였던 것이 문제가 될 수 있다. 태고보우가 출가한 해는 1313년이고 회암사의 창건의 해는 1328년이다. 태고보우가 출가한 이후에 창건한 사찰의 소속으로 기록한 것은 잘못이기도 하다. 회암사의 창건의 역사의 시기는 1328년에 창건한 회암사의 창건의 역사다. 태고보우가 석옥청공의 법을 받았는데 석옥청공은 임제종이다. 임제종의 역사성을 기록하지 않고 태고보우를 조계사로 기록한 것은 의문이다. 고려말에 임제종 말고 조계종이 있는지에 대한 기록을 하지 않고 대조계로 기록한 것이 어떠한 의도인지 알 수 없다.

태고보우국사를 〔고려국 대조계 전불심인이라고〕 하여 조계종의 종주로 받들고 있다. 이름만 대조계의 기록이지 실지로는 조계종이라는 종명이 아니다 조계종이라고 종명을 기록하지 않고 대조계사라고 기록한 것을 조계종 승려로 볼 수 없다. 태고보우 국사가 조계종이 아니라는 점을 밝혀내기 위하여 행장을 검토하고, 유창이 기록한 행장의 전문을 기록하고 내적인 분석을 하고자 한다. 유창이 쓴 비문에는 조계종의 선승이라는 기록은 없고 태고보우의 임제종 석옥청공의 법을 받은 임제종에 대한 칭송만이 기록을 하였다. 태고보우가 왕사 국사로 역임하면서 고려 말의 불교를 바르게 지도하였어야 한다.

태고보우는 왕사로서 국사로서 고려 말의 국가와 불교를 지켜내지 못했다. 고려 말의 국토를 바르게 지켰다면 원나라의 멸망에 있어 고구려의 옛 국토를 회복할 수 있는 국가적인 단결과 국가 불교로서의 역할을 다했어야 하는데 그러한 비전을 갖추지 못했다. 또한 문제는 태고보우는 고려시대의 전승되어야 할 금강계단과 금강계단에서의 구족계를 수지했다는 기록이 없다. 고려 시대 종파불교의 시대에 구족계를 중시하지 않을 수도 있다. 고려는 수도를 강화도에 이전한 100년간 몽고와의 저항 시대 그래서 항몽 시대라고 한다면 적어도 구족계를 설 했어야 한다.

태고보우가 출가한 시기에는 원나라의 내정 간섭에 의한 통치 기간이기에 구족계를 설할 수 있는 기회가 없었다고 말할 수 있다. 태고보우에 대한 행장에는 칭송만이 기록을 하였다. 왕사 국사를 역임하였던 고려의 최고의 명승임에는 틀림이 없는데 그 명성에 비하여 저서가 없다. 저서가 없다는 것은 사상이 없다는 것을 말하고 있다. 고려 시대 대각국사 보조국사는 그가 지은 많은 저서가 있는데 비하여 태고보우국사는 저서가 없다. 이러한 사실에 놀라지 않을 수 없다. 유창이 쓴 태고보우의 행장을 고찰하면서 크게 느꼈다. 자서를 남기는 것은 그 당시의 역사를 바르게 고찰함이며 저서를 통해 그의 사상을 성찰할 수 있다. 태고보우가 대혜종고의 사상을 탐구하였다면 원오극근 선사가 지은 벽암록을 불지를 행위를 인정하는 것이나 다름이 아니다. 대혜 종고를 인정할 수 없다.

본 연구자의 연구는 태고보우의 행장에 대한 기록을 바르게 고찰함에 있어 고려시대의 역사성을 바르고 성찰할 수 있다. 태고보우가 살았던 고려 시대사 연구에 기초가 된다.

1). 유창이 쓴 태고보우의 행장 전문

지정 7년 11월 24일

고려국 국사 대조계사 전불심인 행해묘엄 비지원융 찬리왕화 부종수교 대원보제 일국대종사 마하실다라 이웅 존자 시원증 행장
(高麗國 國師 大曹溪寺 傳佛心印 行解妙嚴 悲智圓融 贊理王化 扶宗樹敎 大願普濟 一國大宗師 摩訶悉多羅 利雄 尊者 諡圓證 行狀)

「현겁 제사존 대각 능인(賢劫第四尊 大覺 能仁)의 57 대손 인천사로서 삼한 양조 국사 이웅존자(李雄尊者)의 휘(諱)는 보우(普愚)용 처음 이름은 보허(普虛)며 호는 태고(太古)다. 속성은 홍(洪)씨로서 홍주(洪州) 사람이다. 아버지(考)의 휘는 연(延)으로서 대대로 양근 : 현재 경기도 남양주군)에 살았는데 스님의 아버지를 높인다는 뜻에서 개부의 동삼사 상주국 문하시중 판리병부사 홍양공(開府義 同三司 上柱國

門下侍中 判吏兵部事 洪襄公) 이라는 벼슬을 받았고 어머니(妣)는 정(鄭)씨로서 삼한국대부인(三韓國大夫人)이라는 칭호를 받았다. 부인은 해가 품에 드는 꿈을 꾸고 임신하여 대덕(大德) 5년 신축(1301) 9월 21일에 스님을 낳았다. 스님은 어려서부터 매우 총명하고 기골이 준수하여 상(相)을 보는 이들은 법왕이 되리라고 하였다.

13세에 회암사(檜岩寺) 광지(廣智)선사에게 귀의하여 머리를 깎고 얼마 안 되어 가지산(迦智山) 총림으로 가서 수행을 하셨다. 19세 때에는 만법귀일(萬法歸一)의 화두를 참구하였으나 아무도 이를 몰랐다. 성질은 구속을 싫어하고 말소리는 우렁찼기 때문에 친구들이 꺼리므로 스승은 그들을 버리고 돌아와 소요자재(逍遙自在)하였다. 26세 때에는 화엄선(華嚴選)에 합격하고 경전을 두루 연구하여 그 깊은 뜻을 알았으나 하루는 탄식하면서 이것도 전제 일 뿐이다. 옛날에 대장부들은 높은 뜻을 세워 일이 거칠지 않았는데 어찌 나만 대장부가 되지 못하는가 하고 곧 모든 인연을 끊고 뜻한 바를 향해 정진하였으므로 공부가 날로 나아갔다. 그리하여 천력(天曆) 3년 경오 봄에 용문산 상원암(龍門山 上院庵)에 들어가 관음보살께 예배하고 열두 가지 큰 서원을 세울 때는 지극한 정성은 허파를 걸러 나왔고 눈물이 줄줄 흘러내렸다. 그 뒤로는 칼날이 날카로운 지혜를 갖게 되었다.

원통(元統)으로 연호가 바뀐 계유(1333) 가을에는 성서(城西)의 감로사(甘露寺) 승당에 계시면서 분심을 내어 한탄하되, 성질이 나약하고 게을러 불법대사를 성취하지 못할 바에는 차라리 고행(苦行)하다가 죽느니만 못하다 하시고 다시 결심하고는 단정히 앉으셨다. 그런지 이레 되는 날 저녁에 어렴풋한 잠 속에 푸른 옷을 입은 두 아이가 나타나 하나는 병을 들고 하나는 잔을 받들어 더운 물을 조금 따라 권하기에 받아 마셨는데 그것은 감로(甘露)맛이었다. 그리하여 갑자기 깨친 바 있어 게송 여덟 구절을 지으셨는데 부처와 조사 산하(山河)까지도 입이 없어 모두 삼켜버렸네 하는 것이 그 마지막 구절이다

하나도 얻을 것 없는 곳에서
집안의 돌을 모두 밟았네
돌아보면 밟은 자취도 없고
보는 자도 이미 고요하여라.

분명하고 둥글 동글동굴하며
그윽하여 빛이 찬란한데
부처와 조사 산하까지도
입이 없어 모두 삼켜버렸네.

一赤 不得處 踏破家中石
回看沒破跡 看者亦己寂
了了圓陀陀 玄玄光燦燦
佛祖與山河 無口悉呑卻

지원(至元)정축(1337) 가을에 불각사(佛脚寺)에 계시면서

독방에서 원각경(圓覺經)을 읽다가 모두가 다 사라져버리면 그것을 부동(不動)이라 한다는데 까지 읽고 알음알이가 떨어져 게송을 지으셨다

고요해도 천 가지로 나타나고
움직여도 한 물건 없네.
없다 없다 하는 이것이 무엇인가
서리온 뒤에도 국화가 무성하다.

靜也 千般現 動也一物無
無無是什摩 霜侯菊化樹

그 뒤에 홀연히 조주(曹州)의 무(無)자 화두를 들었으나 한마디도 말할 수 없기에 쇠뭉치를 씹는 것 같았다. 그 쇠뭉치 속에서 계속 정진해 가다가 그 해 10월에 채중암(蔡中庵)이 그의 집 북쪽에 있는 전단원(栴檀園)은 신령하고 기이한 기운을 간직하였으므로 도를 닦을 만한 곳이라고 하면서 겨울 안거를 청하였다. 그리하여 스님은 거기서 자나깨나 한결같은(寤寐一如) 경지에 이르렀으나 무자 화두에 대한 의심은 깨Em릴 수가 없어 완전히 죽은 사람과 같았다. 그러다가 무인(1338) 정월 7일 오경(五更)에 활연히 크게 깨쳐 게송을 지으셨다.

조주 옛부처가
천성(千聖)의 길에 눌러앉았네

취모검을 들이댔으나
온 몸에 빈틈이 없네

여우와 토끼는 자취도 없고
몸을 뒤집어 시자가 나타났네
튼튼한 관문을 쳐부순 뒤에
맑은 바람이 태고에게 불어오네

曹州古佛老 坐斷千聖路
吹毛覿 面提 通身無孔竅
狐兎 絶潛縱 翻 身獅子露
打破牢 關后 淸風吹太古

그리고 우연히 중암을 만나 몇 마디 하자 중암은 감격하면서 불법의 영험입니다 하였다. 그리고 중암은 물었다. 어디에 조주스님을 보았습니까 물결앞이요. 물의 뒤이니라. 스님은 다시 게송을 읊으셨다.

옛 시내의 찬 샘물을
한 입 마셨다가 곧 토하니
저 흐르는 물결 위에
조주의 면목이 드러났네.

古澗 寒泉水 一口飮 卽吐
却流波波上 曹州眉目露

그리고 주암은 계속해 여러 가지를 묻다가 갑자기 설산(雪山)에서 소먹이는 일은 어떻습니까 라 물었다. 스님은 곧 다음 여덟 글귀로 해답하셨는데 습득(拾得)은 하하하 웃고 한산은 큰 입 벌리네. 하는 것이 그 마지막 구절이다.

비니(肥膩) 풀이 잎마다 부드러워
한번씹으면 단지 쓰지 안다네
한여름에도 눈이 어는데
찬 겨울에도 봄은 늙지 않았네

엎어지려면 엎어지고
거꾸러지려면 거꾸러지네
습득(拾得)은 하하하 웃고
한산(寒山)은 큰 입 벌리네

肥膩葉葉軟
一瞬辨甘苦
盛夏雪猶凝
寒冬春不老

要傾則便向
要倒則便倒
拾得笑呵呵
寒山張大口

서로 이야기하다가 스님은 인사하고 돌아갔다. 스님은 인연 닿는 대로 산수 사이를 놀면서 운산(雲山) 청춘(靑春)이라는 시 두 수를 지으셨다.

3월에는 양근(楊根)의 초당으로 돌아와 어버이를 모시고 있었다. 일찍이 1700 공안(公案)을 들다가 암두밀계처(岩頭密啓處)에서 막혀 지나가지 못하였다. 한참 묵묵히 있다가 갑자기 그 뜻을 깨치고는 냉소를 머금고 한마디 하였다.

암두 스님이 활을 잘 쏘기는 하지만 이슬이 옷을 적시는 줄을 깨닫지 못하는 구나. 하고 또 말후구(末後句)를 아는 이가 천하에 몇 사람이나 있는가 하였다. 20년 동안 고심했던 것이 여기서 끝났으니 그때 스승의 나이는 38세였다. 기묘년(1339) 봄에 부모를 하직하고 소요산(逍遙山)의 백운암(白雲庵)으로 가시어 한가하고 자유로이 자연의 이치를 즐기면서 백운가 한 편을 지었다. 무극(無極)이라고 하는 원나라 스님이 있었다. 항해(航海)에서 왔는데 뛰어난 재주와 능숙한 논변으로 많은 선지식을 다 간파한 사람이었다. 하루는 마침 스승과 이야기하다가 숙연히 마음으로 승복하고 말하였다.

내가 본 바는 이것뿐입니다. 어찌 다른 뜻이 Tm이겠습니까. 남조(南朝)는 임제(臨濟)의 정통족맥이 끊어지지 않고 있습니다. 거기에서 인가를 받으십시오 아무 아무는 창도사(昌道師)라 하고 아무 아무는 본분의 작가(作家)라 하여 아무선에 있으면서 사람을 기다린지 오래입니다. 그 작가란 이른

바 임제의 직계요, 설암(雪巖)의 적손(嫡孫)으로서 석옥청공(石屋 靑珙) 등 몇 사람입니다. 하였다. 스승은 이 말을 듣고 기뻐하며 다음해 지정 원년 신사(1341)에 남방으로 가려 하였다.

그때 채후하중(蔡侯河中)과 김후문귀(金侯文貴)가 스님의 풍도(風度)를 사모하여 삼각산(三角山) 중흥사(中興寺)로 모시니 학인들이 구름처럼 모였다. 그러나 절은 거의 쓰러져 가고 있었다. 스님은 대중을 거느리고 위의 두 사람과 의논하여 풍부한 재목으로 절을 장엄하니 앞에는 시내가 흐르고 뒤에는 산이 솟아 울창한 총림을 이루었다. 땅을 더 개간하고 황폐한 것을 모두가 다 일으키니 이른바 스님은 중신조(中新祖)라 한 것은 이 때문이리라 거기서 조금 동쪽으로 소나무 언덕에 터를 잡아 압자를 짓고 태고암이라 현판을 붙이니 경내가 뛰어나기 산듯하였다. 긴 노래를 부르면 차거운 그 곡조가 매우 아름답고 고상하여 아는 이가 적었고 때때로 솔바람이 스스로 화답할 뿐이었다. 이렇게 하여 거기서 5년을 지내셨다.

병술년(1346) 봄에 연도(燕都)에 들어가 대관사(大觀寺)에 머무셨는데 도가 높다는 소문이 천자에게까지 들렸다. 그해 겨울 11월 24일에는 태자의 생일인데 천자는 스승을 청해 반야경(般若經)을 강설하게 하였다. 정해년(1347) 4월에 축원성(竺源盛)선사가 남소(南小)에 있다는 말을 듣고 찾아갔으나 선사는 이미 세상을 떠난 뒤였다. 그 문중 홍아종(弘我宗)월동백(月東白)등이 축원성 선사의 새마디 법어(三轉語)를 가지고 스님에게 물었다.

즉 첫째는 출가하여 도를 공부하는 것은 다만 성품을 보기 위해서인데 그 성품은 어디 있는가. 둘째는 3천리 밖에서는 필시 그릇된 말을 할 수 있겠지만 마주보면서도 왜 모르는가. 셋째는 두 손을 펴 보이면서 이것은 진리를 나타내는 제 2의 표현(第 二句)이니 제 1의 표현(第一句)을 내게 보여라 하면서 하어(下語)를 하였다. 스님은 바로 보는 듯 곁눈질 하고 견 눈질 하는 듯 바로 대하여 다음 한 게송으로 새 관문을 꿰뚫었다.

고불(古佛)의 길에 눌러 앉아서
사자의 외침을 크게 열었다가
저 늙은 남소((南巢)를 찾아왔더니
솜씨를 전혀 드러내지 않네.

드러내지 않으나 해 같이 밝고
숨기지 않으나 옻칠 같이 검은데
내가 오자마침 서쪽으로 돌아갔나니
남은 독기가 꿀처럼 쓰구나.

坐斷 古佛路
大開獅子吼
還他老南巢
手脚俱不路

不路也明如日
不隱也黑以漆
我來適西歸
餘毒苦如密

두 사람은 함께 인사하고 말하였다.

"이 땅의 납자가 몇 천 명이나 되지만 이 세 가지 관문에 이르러서는 모두 어찌하지 못하였는데 장로께서 비로소 우리 노화상(老和尙)과 서로 통하였습니다. 이곳에 머무시기를 바랍니다." 스님은 사영하며 말하였다.

"내가 먼 길을 찾아온 것은 어떤 사람을 보려 온 것입니다. 그 사람은 지금 어디 있습니까.?"

두 사람은 말하였다.

"스승(先師)께서 언젠가는 강호(江湖)의 눈(眼)은 오직 석옥(석옥)에게 있다 하였습니다."

그해 7월에 스님은 옷깃을 떨치고 호주 하무산 천호암(天瑚庵)으로 가서 석옥화상을 찾아뵈었다. 노을 속에 도인의 풍채는 기운이 늠름하였다. 스님은 위의를 갖추고 그 앞에 우둑 섰고 석옥화상은 눈을 뜨고 바라보았다. 스님도 눈을 뜨고 마주 바라보다가 절하고 물러났다. 이튼 날 다시 방장실에 나아가 깨달은 바를 말하고 태고암가(太古庵歌)를 올렸다. 석옥화상은 매우 장하게 여기고 우선 시험하여 물었다.

"그대는 이미 그런 경지를 지났지마는 다시 조사의 관문이 있는데 알겠소."

"어떤 관문이 있습니까.?"

"그대가 깨달은 바를 보니 공부가 바르고 지견(知見)이 분명하오. 그러나 그것을 모두 놓아 버리시오. 그렇게 하지 않으면 그것이 이장(理障)이 되어 바른 지견을 방해할 것이오."

"놓아 버린 지 오래 입니다."

"그렇다면 쉬시오."

다음날 스님은 또 위의를 갖추고 나아갔다. 석옥화상은 부처님과 조사님들이 전한 것은 오직 한마음이요. 딴 법이 없소. 하고는 마조(馬祖) 스님이 한 스님을 시켜 대매법상(大梅法常)선사에게 물은 인연을 들어 이렇게 말하였다.

"조그마한 빛이라도 있으면 그것을 진실이라 생각하는 이는 빛의 그림자에 살길을 찾는 이들이오. 그러므로 옛날 조사들은 이런 사람의 병을 보고 어지 할 수 없어 멀쩡한데다 관문을 만들어 놓고 결박이라 한 것이오. 그러나 진실로 투철한 사람에게는 그것은 다 쓸데없는 물건이오. 그런데 그대는 어떻게 혼자서 그처럼 분명하게 갈 길을 가려내겠소."

스님이 말하였다.

"부처님과 조사님이 가르치신 방편이 구비해 있었기 때문입니다."

"진실이 그렇고 일찍이 바른 인연(因緣)을 심지 않았던들 삿된 그물을 벗어나지 못했을 것이오. 노승은 비록 이 깊은 산에 있지만 조사의 문을 열어놓고 그 아손(兒孫)을 기다린지 오래였소."

"선지식이란 여러 겁을 지나도 만나기 어렵습니다. 결코

곁을 떠나지 않겠습니다."

그리고는 모르는 사이에 큰 절을 하니 석옥화상이 말하였다.

"노승은 그대와 함께 이 고요함을 즐기고 싶소 마는 다음날 갈 길이 막힐까 염려되오. 그러나 법은 만나기 어려운 것이니 반달만 머물면서 이야기하다가 돌아가시오."

그러나 그 법담은 다 상고할 수는 없고 새겨 상고할 만한 것은 모두 기록해 두었다. 스님이 돌아오려 할 때에 석옥화상은 다시 물었다.

"어떤 것이 일상 생활에서 함양해야 할 일이며 어떤 것이 향상(向上)의 파비(巴鼻)인가. 스님은 병의 물을 쏟듯 대답하고 더 나아가 물었다."

"이밖에 또 다른 도리가 있습니까.?"

석옥화상은 깜짝 놀라면서 말하였다.

"노승도 그랬고 3세 부처님과 조사들도 그러했소. 장로에게 혹 다른 도리가 있다면 왜 말하지 않겠소."

스님은 절하며 예로부터 부자간에도 전하지 않는 묘한 도리가 있기 때문에 그런 것입니다. 제자가 어찌 감히 화상의 큰 은혜를 저버리겠습니까. 하고는 머리를 조아리고 합장하였다. 석옥화상은 하하하 하고 크게 웃으며 장로여 그대의 360 뼈마디와 8만 4천 털구멍이 오늘 모두 열렸소. 그리하여 노승이 70여년 동안 공부한 것을 모두 그대가 빼앗아가는 구려 하고 또 노승은 300근의 짐을 모두 내려놓고 그대에게 대신 짊어지우오. 그리하여 나는 이제 다리를 뻗고 잘

수 있겠소. 하였다. 스승도 하룻밤을 머무르셨다. 석옥화상은 태고암가의 발문을 써주면서 물었다

"우두(牛頭)화상이 사조(四祖)를 만나기전에 무엇 때문에 온갖 세들이 꽃을 입에 물었던가?"

"부귀면 사람들이 다 우러러 보기 때문입니다."

"사조를 만난 뒤에는 무엇 때문에 입에 꽃을 문 새들을 찾아볼 수 없었던가?."

"가난하면 아들도 멀어지기 때문입니다."

"공겁(空劫) 이전에도 태고가 있었던가? 없었던가?"

"허공이 태고 가운데 생겼습니다."

석옥화상은 미소하면서 불법이 동방으로 가는 구나. 하고 다시 가사를 주어 신(信)을 표하고는

"이 가사는 오늘의 것이지만 법은 영산(靈山)에서 흘러나와 지금에 이른 것이오. 지금 그것은 그대에게 전하는 것이니 그대는 잘 보호하여 끊어지지 않도록 하시오."

또 주장자를 주면서 말하였다.

"이것은 노승이 평생 가지던 것으로서 오늘 그대에게 주는 것이니 그대는 이것을 가지고 길잡이로 삼으시오."

스님은 절하고 받은 뒤에 물었다.

"지금에 대하여서는 묻지 않겠습니다만 마지막(末後)에는 어찌하리까?"

"스승보다 지혜로운 사람은 천년을 가도 만나기 어려울 것이오. 만일 그런 사람을 만나거든 그에게 전해주시오. 무엇보다도 귀한 것은 지금까지 내려온 불조의 명맥을 끊이지

않게 하는 것이오."

스님은 절하고 하직한 뒤에도 못 잊어하는 그대로 있었다. 석옥화상은 수십 걸음 밖에까지 따라 나와 다시 스님을 불렀다.

"장로여 우리 집에는 본래 이별이란 것이 없으니 이별이라 생각하지 마시오. 이별이니 이별이 아니니 하고 생각하면 옳지 못하오. 부디 노력하시오."

스님은 예, 예, 하고 물러나왔다.

8월 3일에 호주를 떠나 10월 16일에 연도(燕都)에 닿으니 정신은 대방(大方)에 놀고 이름은 중원(中原)에 퍼졌다. 때에 영녕사(永寧寺) 장로 여철강(如鐵舡)과 공덕주(功德主)인 원사(院使) 곽목적립(郭木的立)은 스님을 본사(本寺 : 영녕사)에 거처하도록 하였다. 그 뒤에 남북 양성(兩城)의 여러 절 장로들이 여기저기 글을 올려 두루 알렸고 우승상(右丞相) 타아치(타아치)와 선정원사(宣政院使)활활사팔(闊闊思八) 등이 천자에게 아뢰었다. 마침 태자의 생일을 맞아 자정원사(資政院使)금강강길(姜金剛吉)이 천자의 향(香)을 받들고 태의원사(太醫院使)곽목적립(郭木的立)선정원동지(宣政院同知)열라독(列刺禿)자정원동지(資政院同知)정주겁설(定住怯薛)관인(官人)답라해(答刺海) 등은 삼가 성지(聖旨)를 받들어 묵고 있던 영녕사 주지로 개당하였다. 제사(帝師) 정궁황후(正宮皇后) 이굴황후(二宮皇后)와 태자는 모두 향과 선물을 내렸다.

스님은 이궁황후가 바친 금란 가사를 입고 우뢰소리를 크게 떨쳤다. 현능(玄陵):공민왕) 그때 세자로 있는데 더욱 감탄한 뒤에 소자(小子)가 만일 새로 고려의 왕이 되면 스님을 내 스승으로 모시겠습니다 하였다.

무자년(1348) 봄에 스승은 본국으로 돌아와 중흥사에 머무르면서 여름 안거를 지내고 빛을 숨기기 위해 미원장(迷源莊)을 지나는데 선대(善大)라는 늙은 아전이 끓어 앉아 울면서 만류하였다 그리하여 스승은 그와 함께 흐르는 물을 따라 용문산(龍門山) 북쪽 기슭에 이르렀다. 푸른 숲은 깊고도 빼어났으며 꽃다운 노을은 은은하였다. 터를 잡아 암자를 짓고 소설산(小雪山)이라 이름하고는 세상과 인연을 끊고 거기서 종신하려 하여 산중 자락 가 한 편을 지었다.

임진년(1352) 봄에 현능이 대호군 손습(大護軍孫襲)을 보내어 불렀으나 스승은 응하지 않았다. 다시 손습을 보내어 굳이 청하므로 부득이 일어났다 현능은 공중에서 맞이하여 설법을 청하였다 현묘하고 맑은 법음(法音)이 마음이 들었으므로 왕은 기쁜 얼굴로 경룡사(敬龍寺)에 머무르시오 함으로 스승은 명에 따랐다.

현능은 장하다 미원장의 아전은 스승의 귀의하심을 알아보고 공경히 받들었구나 하고 그 장(莊)을 현(縣)으로 고치고 어진 이에게 명령하여 맡아 다스리게 하였다.

그때 서울의 남여들은 스님의 법음을 들으려고 모두 달려와 예배하였고 스님은 거기서 한 여름을 머무셨다. 스님은 나라에 변란(變亂)이 있을 줄 알고 경능사를 떠나 소설산에 들어가셨는데 과연 뒤에 조일신(趙日新)의 변란이 일어났다.

병신년(1356) 2월에 왕은 문하평리(門下評理)한가귀(韓可貴)를 보내 스님을 청하였으나 스님의 뜻은 더욱 굳었다. 다시 판전교(判典校)이유(李愈)을 보내 청하였으므로 스님은 더 사양할 수가 없었다. 그해 3월 6일에 유사(有司)에게 명령하여 온갖 보배로 사자좌를 장엄하고 스님을 청하여 봉은사(봉은사)에서 개당하니 선교의 스님내들이 모두 모였다. 현능은 태후(太后)를 모시고 권속을 거느리고 친히 왕림하여 만수가사(滿繡袈裟)와 금실로 수놓은 좌구(錦縷泥師壇)수정염주(水精念珠)침향불자(沈香拂子) 및 그 밖의 온갖 옷과 도구 등을 바쳤다. 스님은 사자좌에 올라 크게 사자후를 여셨다. 왕은 손수 보시하였다. 이 보다 먼저 이 소문이 천자에게까지 들어가 여러 가지 빛깔의 단필(段疋)가지 3백별을 내리셨는데 이날 스님 네(福田)에게 나누어주니 법회는 유례없는 성황을 이루었다.

현능이 금자대장경((金字大藏經)을 원하였으므로 스승은 그 마음을 돕기 위하여 왕에게서 받은 금을 저축해 두지 않고 그 자본으로 삼았다. 그 뒤에 고향의 자연으로 돌아갈 뜻이 있어서 왕에게 글을 올려 돌아가기를 청하였다. 현능은 나는 일찍부터 화상의 도풍을 사모하였소. 스승은 그 뜻을 저버리지 마시오. 스승이 머무르지 않으면 나는 도를 스승에게 도로 돌리겠소. 하고 4월 24일에 왕사(王師)로 봉하였는데 오래 가물다가 이날에 비가 내렸다. 현능은 매우 기뻐하여 왕사의 비라 하고 한림(翰林)들은 모두 축하하는 글을 바쳤으니 스승은 그 경사의 덕을 임금에게 돌렸다

며칠 뒤에 왕의 명령으로 광명사(廣明寺)에 원융부(圓融府)를 세우고 거기에 관리를 두니 장관 정삼품(正三品)이었으며 금옥으로 된 그릇에다가 온갖 생활용구를 모두 갖추었다. 그리고 고향인 홍주(洪州)를 목(牧)으로 승격시키니 그 도덕을 표창하는 지극한 마음에서였다. 그러나 스님은 담담하여 그것을 뜬 구름처럼 생각하셨다. 현능은 스님을 맞이하여 청하였다. 세속의 이치가 법왕(法王)의 거울을 더럽힐까 두렵소 그러나 근기에 따라 친절히 응해주는 것이 성자(聖子)의 할 일일 것이오. 물을 일이 있소.

"명대로 따르겠습니다."

현능이 물었다.

"나라를 다스리는 데는 어떻게 해야 하오."

"왕의 거룩하고 인자한 그 마음이 바로 모든 교화의 근본이자 다스림의 근원이니 돌이켜 마음을 한번 비추어 보소서. 그리고 시절의 폐단과 운소의 변화를 살피지 않아서는 안 될 것입니다. 옛날 태조께서 삼국을 통일하여 한 나라를 만들어 후손을 복되게 한 것은 진실로 불법의 힘이었습니다. 그러므로 5백의 선찰(禪刹)을 세워 조상의 도를 넓히고 드날리매 용과 하늘이 도왔고 불조가 보호하였습니다.

어떤 이는 말하기를 이 서울은 삼양(三陽)의 땅인데 선(禪)은 하나의 근본이 된다. 그것은 양(陽)의 덕을 배합하면서 9가 삼양의 수가 되기 때문에 구조(九祖)의 도로써 도울 수가 있다. 구산(九山)의 참학(參學)들이 각각 무리를 지어 규칙적으로 모여 복을 넓히는 명당(明堂)자리에 모두 모여 큰 뜻을 널리 펴면 하늘에서 성서가 내리고 땅에서 생기리라 하였는데 뒤에 그 말처럼 번성해졌습니다.

그러나 지금 구산의 선객들은 각각 그 문중을 등에 업고 피차의 우열을 따지며 심히 싸우다가 요즘에는 더욱 도문(道門)의로써 창과 방패를 쥐고 울타리를 만드니 그로 말미암아 화합을 해치고 정도를 깨뜨립니다. 아아 선(禪)이란 원래 한 문이건만 사람들이 많은 문을 만들었으니 저 부처님의 평등하여 나가 없다는 도리와 여러 조사님들의 격식을 벗어나 맑게 드날리는 가풍과 선왕(先王)의 법을 보호하고 나라를 편하게 하려는 뜻을 어디서 찾겠습니까. 이것이 이른바 시대의 폐단이라는 것입니다.

또 9는 노양(老陽)이요 1은 초양(初陽)이라 하는데 늙으면 쇠하는 것은 당연한 이치입니다. 또 도읍을 세울 때부터 구산으로 내려 온지가 오래 되었으니 이제 처음으로 돌아가 신양(新陽)을 만든다면 좀 나을 것입니다. 이것이 운수의 변화라는 것입니다. 이때를 당하여 일문(一門)으로 통합하여 저 구산을 인아(人我)의 산으로 만들지 않는다면 산도 명예롭고 도도 있어서 모두 한 부처의 마음에서 나와 물과 젖이 섞이듯 한가지로 평등하게 될 것입니다.

이에 백장 대지(百丈大智) 선사의 선원청규(禪苑淸規)로써 푹 젖도록 훈도하여 평상시의 위의는 엄숙하고 진실하며 부지런히 법을 묻고 때를 맞추어 종(鍾)과 목어(木魚)를 치면서 조사의 가풍을 다시 일으키고 오교(五敎)가 각각 그 법을 널리 피게 해야 합니다 이렇게 계속해서 복을 받들게 하면 국운은 뻗어나고 불일(佛日)은 밝아질 것이니 어찌 빛나지 않겠습니까. 그러하옵고 일찍이 왕기(王氣)를 관찰하오니 이 도읍에 있지 않아 처음 전성하던 때로 돌아가기는 어려울 것입니다. 만일 남쪽 한양(漢陽)으로 옮겨 앞에서 말씀드린 대로 행하오면, 자연히 교화는 빛나고 은혜는 만 중생에게 입혀질 것입니다."

현능은 매우 훌륭한 말씀입니다. 하고 좌우에 명령하여 그대로 행하게 하였다. 그러나 불행히도 간사한 말이 방해를 놓아 스님의 뜻을 이루어지지 않았으므로 승도들은 그저 답답해 할 뿐이다. 스님께서 불교를 받쳐주고 왕의 통치를 도운 일이 명실상부하게 이러하였다. 정유년(1357) 2월에 스님은 귀신같이 기미를 알아 체리고 게송을 지어 왕사의 직을 사퇴하기를 청하셨다. 왕의 마음은 더욱 간절했으나 스승은 몸을 피하여 소설산으로 들어가셨다. 현능은 스님의 뜻을 알고 법복과 인장을 스님에게 보냈다.

그때에 고담(古潭)적조현명(寂照玄明)선사라는 정강(浙江) 사람이 있었다. 미원장의 은성사(隱聖寺)에 객승으로 있다가 태고암가를 보고는 공경하고 찬탄한 뒤에 소설산으로 찾아갔다. 그때 마침 스님은 다리에 병을 앓고 계셨다. 고담은 그것을 자세히 바라보다가 말하였다.

"스님 혹시 피로가 아닐까요?"

"그렇소"

"안심하십시오"

스님은 그러겠다고 하고 시자에게 금란가사와 주장자를

가져오라 하여 그에게 주면서, "여우거든 때려주고 사자거든 길러라" 하셨다. 고담은 꿇어 앉아 가사를 받아 입고 주장자를 들고는 힘차게 일어서서 악 하고 할(喝)을 한번 하면서 동시에 때릴 형세를 지었다. 스님은 "원래 그런가" 하시니 고담은 절하고 물러갔는데 조금 있다가 병이 나았다.

무술년(1358)에 현능의 명을 받들어 성을 수축하게 되었다. 스님은 글을 올려 비밀히 홍건(紅巾)의 나라가 있을 것을 고하였다.

기해년(1359) 가을에는 포상(苞桑)의 형상을 관찰한 뒤에 미지산(彌智山)에 들어가 미리 초당(草堂)을 지어 두고는 사람들에게 "피난할 준비를 하라" 고 일러주었다.

신축년(1362년) 11월에 홍건적이 서울을 함락시켰으니 앞에서 말한 예언이 맞았다. 현능은 안동(安東)으로 피난가고 스승은 먼저 지어두었던 초당에 있었는데 지방 사람들이 피난함으로써 그 덕을 많이 입었다. 임신년 봄에 적이 피해 물러갔다. 그 해 가을에 왕은 청주(淸州)에 있으면서 사신을 보내었으므로 스승은 양산사(陽山寺)에 머무르게 되었다. 스승은 대중을 거느리고 밤으로 애써 옛 것은 다 떨어내고 새로 중수하여 전장(田莊)은 복구되고 목어와 북이 울게 되었다.

계묘년(1363) 정월에 왕은 서울로 돌아와 성균관 제주 한천(成均館濟州韓.蕆)을 보내었으므로 스승은 가지사로 옮겨 종풍(宗風)을 크게 떨쳤다.

그 때 신돈(辛旽)이 승려의 행색을 빌려 왕의 사랑을 받고 아첨하였으므로 어진 이들은 매우 두려워하였다. 스님은 나라의 위태로움을 생각하고 개탄하며 글을 올려 신돈에 대해 이렇게 논하셨다.

"나라가 다스려지면 진승(眞僧)이 그 뜻을 얻고 나라가 위태로워지면 사승(邪僧)이 때를 만납니다. 왕께서는 살피시고 그를 멀리하시면서 국가의 큰 다행이겠습니다."

그러나 그 뒤에 신돈은 재상의 이름을 빌어 조정의 신하를 함부로 죽였다. 스승은 일이 다 그렀다 생각하고 말하지 않다가

병오년(1366) 겨울에 신돈의 독한 마음을 알아차리고 인장(印章)을 돌려 왕사의 지위를 하직하고 도솔산에 들어갔다가 구름처럼 노니면서 전주 보광사(普光寺)로 가서 머물렀다.

무신년(1368) 여름에 신돈은 거짓말을 퍼트려 스승을 매장시키려 하였는데, 그 음모와 간사한 꾀로 못할 짓이 없었다. 신돈의 말이 너무 격렬했기 때문에 현능은 할 수 없이 그 말을 좇았다. 신돈은 제 마음대로 스승은 속리산(俗離山)에 가두었다. 스승은 나무껍질을 먹으면서도 그것을 편케 여겨 조금도 원망하는 빛이 없었다. 어느 날 저녁에 선정에서 일어나 "나는 죽으면 그만이지만 신돈이 가엾구나 " 하였다.

기유년(1369) 3월에 현능이 후회하고 승록사원혜기(僧錄司員惠琪)를 보내 스승을 청하여 소설산으로 돌아오게 하였다. 홍무(洪武) 4년(1371)신해 7월에 신돈이 분수 밖의 일을 넘겨보므로 현능은 그를 베어죽이면서 "내 스승이 어찌 거짓말을 하겠는가" 하였다. 예부상서 홍상재(禮部尙書 洪尙載)

와 내시 이부(內侍李簿)에게 명하여 예를 갖추어 국사(國師)로 승진해 봉하고 법호를 내리고는 다시 양근은 스승의 모향(母鄕)으로서 본래 익화현(益和縣)이던 것을 군(郡)으로 승격시켰다. 그리하여 영원사(瑩原寺)에 머무르기를 청하였으나 스승은 병을 청탁하고 사양하셨다. 그러나 칙명이 있었으므로 절 일을 7년 동안 멀리서 맡아 보셨다.

무오년(1378) 겨울에 지금 임금(禑王)의 명을 받들어 비로소 그 절에 가시어 1년 동안 머무시다가 돌아오셨다.

신유년(1381)겨울에 양산사(陽山寺)로 옮기셨는데 부임하던 날 우왕은 스님을 다시 국사로 봉하였으니 그것은 선군(先君)을 생각해서였다.

임술년(1383) 여름에 스님은 "돌아가자, 돌아가자" 하시고 곧 소설산 으로 돌아가시니 대중은 어찌할 줄을 몰랐다. 이 해 연못에는 연꽃이 마르고 소나무가 여덟 그루 중에서 네 그루가 말랐다. 겨울 12월 17일에 가벼운 병을 보이시더니 23일에는 문인들을 불러 내일 유시(酉時)에는 내가 떠날 것이니 지군(知郡 : 군수)을 청하여 인장을 봉하도록 하라. 하셨다.

그 때에 이양생(李陽生)이 양근 군수로 있었다. 스승은 그에게 유주(遺奏)를 말로전하고 또 대신들에게 보내는 사세장(辭世狀) 여섯 통을 써주었다. 이튿 날 새벽에 목욕한 뒤에 옷을 갈아입고 때가 되자 단정히 앉아 게송으로 말했다.

사람의 목숨은 물거품처럼 빈 것이어서

팔십여 년이 봄날 꿈속 같았네.
죽음에 다 달아 이제 가죽 푸대 버리노니
수레바퀴 붉은 해가 서산으로 넘어가네.
人生命若 水泡空
八十餘年春夢中
臨終如今放皮帒
一輪紅日下西峰

이 게송을 마치고 세상을 떠나니 수(壽)는 82세요. 법랍(法臘)은 69세였다. 이 소문이 왕에게 전해지니 왕은 내시 전농부정(典農副正) 전저(田沮)를 시켜 향을 보내고 부의를 예답게 하였다. 방장실 앞에서 다비하였는데 그날 밤에는 광명이 하늘에 뻗쳤고 사리가 무수히 나왔으며 정수리에서 나온 사리들은 별처럼 빛났다. 때는 계해년(1383) 1월 12일이었다. 친히 전 저가 그 사리 백과를 나라에 바치니 왕은 더욱 존중하여 원증(圓證)이라 시호를 내렸다. 중흥사 동쪽 봉우리에 탑을 세워 이름을 보원승공(寶月昇空)이라 하고 영골(靈骨)을 넣어두었다.

스님의 문도와 장로들은 모두 "우리 스승은 떠나셨지만 사리가 세상에 있으니 어찌 근심하겠는가" 하고 대중들과 함께 힘과 마음을 다해 돌을 다듬어 종(鐘)을 만들고 사리를 넣어 내곳에 간직하니 그곳은 양산사(陽山寺), 사나사(舍那寺), 청송사(靑松寺), 태고암(太古庵)이었다.

또 소설산에 탑을 세우고 거기에 이렇게 썼다.

스승은 평소에 절 짓기를 좋아하여 사람들을 살게한 곳이 십여군데다. 지리(地理)를 늘리고 줄임을 선천적인 지혜(生知)에서 나왔고 자비로 대중을 일깨워주심은 천성(天性)에서 나온 것이다 그러나 정법을 시행함에 있어서는 문풍(門風)이 높고 엄하여 학인들이 발붙이기 어려웠고 이름이 높고 덕이 큰 사람들만이 주로 귀의 하였다. 그중에서도 상수(上首)제자로서 첫째 환암(幻庵)화상이 있으니 지금은 국사 정변지지웅존자(國師 正辯智 智雄尊子)가 되었고 다음에 고저(古樗)화상이 있으니 지금은 왕사 묘변지원응존자(王師 妙辨智圓應尊者)가 되었으며 가장 오래도록 시봉하고 스님의 후사(後事)를 감독한 이로서는 청봉(晳峯)화상 등이 있으며 뛰어난 선승들이 많이 나 번거로울까 하여 다 쓰지 않는다.

내(維昌)가 가만히 생각하니 스님의 인품은 마치 동쪽에서 뜬 해가 천하를 비추다가 골짜기로 들어가는 것과 같다. 왜냐하면 저 하늘의 해가 높기는 높고 밝지마는 태어나실 때에는 꿈에 들어왔고 머무시던 희양(曦陽)이라 하였으며 마치실 때에는 서산을 넘어간다 하였으니 참으로 신기하구나. 이 무슨 상서인가

이는 지혜의 해(智日)가 밝았다 어두워졌음을 증험한 것이며 신기한 빛을 비추고 사라를 나타낸 것은 보월(寶月)이 하늘에 높이 솟은 것을 장험케한 것이구나. 또 원증(圓證)이란 시호는 하늘이 준 것인가 사람이 준 것인가 아아 진실로 그러하도다.

또 스스로 생각하건대 스승은 한 나라의 스승으로서 나 개

인의 스승이 아니라 유창은 가슴속에 지혜가 없고 붓을 들매 말이 둔하다. 이 좋지 못한 글을 빌려 그 높고 큰 덕을 적는다는 것은 실로 황송한 일이다 그러나 외람되이 높은 문에 올라 병필(秉筆)이라는 직책에 있으니 글이 나쁘다 사양할 수 없겠거늘 하물며 거기에는 의리가 있지 않는가. "사양한다" 하여 용납되지 않겠기에 그 만의 하나라도 주어 모아 행장으로 삼아 채람(采覽)에 이바지하는 것이다.

홍무(洪武)16년 계해(1383) 10월 삼가 씀.」[15]

이상과 같이 태고문도인 유창이 기록한 태고행장에 대하여 전문을 기록하였다. 이것은 태고보우의 출생에서부터 활동과 열반에 이르는 시기에 대한 기록이기도 하다. 유창이 쓴 태고문손의 비문에 대한 고찰을 하려는 것은 그가 쓴 태고보우의 행장에 담긴 역사성을 바르게 고찰하기 위함이기도 하다. 유창이 기록한 태고의 행장은 태고보우 문손의 사상을 벗어날 수 없으며 태고보우가 출가하여 고려 불교를 중흥하였다고만 기록을 하고 있다. 특히 태고보우는 조계종이 아니라 원나라에서 석옥 청공의 임제종의 종지를 신봉하고 있는데 있어서 태고문손 유창은 대조계의 사조(嗣祖)라고 기록을 하고 있는 것에 대한 문제를 보이고 있다. 분명히 말하자면 태고보우의 선종에 대한 역사성을 논증하려고 하면 고려 중기 몽고에 저항했던 시대의 조계종의 선종은 아

15) 백련선서간행회, 『태고록』, 번역, 장경각, 2008. pp, 257-275.

니라는 점이 확실한 면을 보여주고 있다. 태고보우의 행장을 고찰해본 결과 조계종의 실천을 수행의 목적으로 하였던 지눌 보조 계통의 조계종은 아니다. 태고보우가 지눌 보조의 조계종이라고 말할 수 있다면 몽고 저항 시대에 조계종의 종문에서 활동해야 한다. 그런데 태고보우는 출가한 시기에 조계종 사찰인 회암사는 분명 .아니다. 태고보우가 13살 되던 1313년에 출가를 하였는데 회암사의 창건일은 인도승 지공이 1328년에 고려에 와서 회암사를 창건했다고 하였다 그렇다면 태고보우가 출가한 시점에 회암사가 존재하지 않았다는 결론이 나온다. 태고문도인 유창의 잘못한 기록으로 인하여 후학들이 태고보우를 연구함에 있어 출가 사찰인 회암사에 대한 역사성 연구에 있어서 오류를 그대로 인정하고 있는 문제점이 있다는 것을 말하고자 한다.

「회암사의 창건은 고려 충숙왕 15년(1328)에 인도 승 지공[16] 선사가 창건한 것으로 지공은 절터를 보고서 서천(西

16) 종 목 사적 제128호

명 칭 회암사지(檜巖寺址)

분 류 유적건조물 / 종교신앙/ 불교/ 사찰

수량/면적 333,233㎡

지 정 일 1964.06.10

소 재 지 경기 양주시 회암동 산14

시 대 고려시대

소 유 자 국유, 사유

관 리 자 양주시

일반설명 | 전문설명

고려 충숙왕 15년(1328) 원나라를 통해 들어온 인도의 승려 지공이 처음 지었다는 회암사가 있던 자리이다. 그러나 회암사가 지어지기 이전에도 이 곳에는 이미 절이 있었던 것으로 추측된다. 조선 전기 이색이 지은 『천보산회암사수조기』에 의하면, 고려 우왕 2년(1376) 지공의 제자 나옹이 "이곳에 절을 지으면 불법이 크게 번성한다"는 말을 믿고 절을 크게 짓기 시작하였다고 한다. 조선 전기까지도 전국에서 가장 큰 절이었다고 하는데, 태조 이성계는 나옹의 제자이면서 자신의 스승인 무학대사를 이 절에 머무르게 하였고, 왕위를 물려준 뒤에는 이곳에서 수도생활을 하기도 했다. 성종 때는 세조의 왕비 정희왕후의 명에 따라 절을 크게 넓히는데 13년이나 걸렸다고 한다. 그 후 명종 때 문정왕후의 도움으로 전국 제일의 사찰이 되었다가, 문정왕후가 죽은 뒤에 억불정책으로 인하여 절이 불태워졌다. 이 절이 있던 자리에서 500m 정도 올라가면 지금의 회암사가 있는데, 그 부근에는 중요 문화재들이 남아있다. 고려시대에 세운 나옹의 행적을 새긴 회암사지선각왕사비(보물 제387호)를 비롯하여, 지공의 부도 및 석등(경기도유형문화재 제49호)·회암사지부도(보물 제388호)·나옹의 부도 및 석등(경기도유형문화재 제50호)와 조선시대에 만들어진 쌍사자석등(보물 제389호)·무학대사비(경기도유형문화재 제51호)·회암사지부도탑(경기도유형문화재 제52호)·어사대비(경기도유형문화재 제82호)·맷돌(경기도민속자료 제1호)과 당간지주, 건물의 초석들이 남아있다. 이 사찰은 평지가 아닌 산간지방에 위치하면서도 평지에 있는 절에서 볼 수 있는 남회랑을 만든 점에서 고려 시대의 궁궐이나 사찰 배치형식을 보이고 있는 것이 주목된다. 이 절을 창건한 것은 고려 충숙왕 15년(1328) 원元나라를 거쳐 들어온 인도 승려 지공指空으로 전하지만 그 이전에 이미 사찰이 있던 곳으로 추측된다. 조선 초 목은 이색牧隱 李穡이 쓴 《천보산회암사수조기天寶山檜岩寺修造記》에 의하면, 고려 우왕 2년(1376) 지공의 제자인 나옹懶翁이 스승의 '삼산양수지기三山兩水之記의 비기秘記' 즉 이곳에 가람을 이룩하면 불법佛法이 흥한다는 믿음에서 크게 불사를 일으켰다. 그러나 그가 완성하지 못하고 입적한 후 제자 각전覺田 등이 262칸의 대규모 사찰의 조성공사를 마쳤다 한다. 고려 말에는 전국 사찰의 본산으로 승려의 수數가 3,000명에 이르렀으며, 조선 초기까지도 전국에서 가장 규모가 큰 절이었다. 조선 초 태조 이성계는 나옹의 제자이며 자신의 스승인 무학대사無學大師를 회암사에 머물게 하고 재정기반을 마련해 주었으며 불사佛事가 있을 때마다 대신을 보내 참례하도록 하였다. 또 왕위를 물려준 뒤에는 이곳에서 수도생활을 하기도 했다. 세종조에 들어 조정의 억불정책으로 회암사는 점차 쇠퇴하기 시작하였다. 그러나 세종 6년(1424)의 기록에 따르면 이 절에 승니僧尼가 250명이 있었고 규모가 1만여평에 이르렀다고 한다. 김수온金守溫이 쓴《회암사중창기會岩寺重創記》에 의하면 성종 3년(1472) 세조 비인 정희왕후貞熹王后가 하성부원군 정현조河城府院君 鄭顯祖에게 명하여 절을 중창重創하였는데 승려 처안處安으로 하여금 공역工役을 담당하게 하였다고 한다. 지금 절터에 남아 있는 석단石壇과 석벽石壁, 기단계석基壇階石 들은 이때에 만들어진 것으로 보인다. 그후 명종 때 섭정을 하던 문정왕후文定王后의 신임을 얻은 보우普雨는 이곳을 중심으로 불교중흥책을 펴 회암사는 전국제일의 수선도장修禪道場이 되었다. 그러나 왕후가 죽고 다시 억불정책으로 선회하자 명종明宗 20년(1565) 보우가 잡혀가고 절은 불태워졌다. 이후 순조純祖 21년(1821)에 경기지방 승려들이 힘을 모아 지공指空·나옹懶翁·무학無學 등 세 화상의 부도浮屠와 비碑를 중수하고 옛터 옆에 작은 절을 짓고 '회암사'라 하여 절이름을 계승하였다. 이 사찰은 가람배치에 있어 평지가 아닌 산간에 있는 절이면서 8단의 단축을 이루면서 남쪽에 남회랑南回廊을 둔 것은 고려 시대의 궁궐이나 사찰배치의 특징을 보이는 것이다. 대체로 남북 축을 중심으로 좌우대칭되게 주요 건물을 배치하였는데, 남측에서부터 3칸의 계단을 오르면서 제1단지에서 좌우로 당간지주가 놓이고, 다시 계단을 따라 올라서면 제2단지인데 여기에는 중앙에 천랑만이 남아 있고 좌우 평탄한 공지로 남아 있다. 건물터는 제3단지부터 노출되어 있는데 여기에는 계단을 올라서자 바로 3칸×2칸의 문터의 토석과 이를 좌우로 연결하여 동서로 뻗은 추정 남회랑터의 초석이 노출되어 있다. 또 중앙에는 역시 남북으로 뻗은 천랑이 있고 그 서편에 종루터와 동편에는 향적전터가 크게 자리잡고 있다. 다시 제3단에도 앞에는 문터가 있고 천랑 좌우에는 큰 건물터가 남

天)의 나란다사(那蘭 陀寺)와 가람 베치가 닮았다고 하였다. 이후 나옹(懶翁)에 의해 선종이 크게 드날렸으며」[17]라고 하

아 있다. 제5단지에는 천랑 서편에 서승당西僧堂터와 동쪽에는 4단지와 같이 걸쳐놓은 동객실東客室터가 있다. 제6단지에는 천랑을 따라 올라가면 이 사찰의 가장 중심건물인 보광전寶光殿터가 잘 남아 있는데 정면이 7칸이나 되는 큰 건물이었음을 알 수 있다. 이 위로 제7단지에는 설법전說法殿과 사리전舍利殿이 있었고, 제8단 좌우에는 대장전大藏殿과 나한전羅漢殿이 있었음을 알 수 있다. 이 절터에서 500m쯤 올라가면 현재의 회암사가 있는데 주요 건물은 1977년에 세운 대웅전大雄殿과 삼성각三聖閣·영성각影聖閣 등이 있다. 그 부근에 거리를 두어 남아 있는 중요 문화재들을 들면, 무학대사無學大師를 모신 묘탑廟塔이며 1407년에 세워진 보물 제388호 회암사지 부도檜岩寺址 浮屠와 조선 초기에 건립된 보물 제389호 쌍사자 석등雙獅子 石燈, 경기도 유형문화재 제50호 나옹선사 부도懶翁禪師浮屠 및 석등石燈, 경기도 유형문화재 제51호 무학대사비無學大師碑, 연고가 확실치 않으나 보우普雨의 부도라고 전하고 있는 경기도 유형문화재 제52호 회암사지 부도檜岩寺址 浮屠, 경기도 유형문화재 제82호 어사대비御射臺碑·동간지주幢竿支柱 경기도 민속자료 제1호 맷돌 등이 있다. 1377년(우왕3)에 세워진 보물 제387호인 회암사지 선각왕 사비檜岩寺址 先覺王 師碑는 나옹선사의 행적을 기록한 비석碑石이나 1997년 화재로 파괴되었다. 및 석등石燈, 경기도 유형문화재 제51호 무학대사비無學大師碑, 연고가 확실치 않으나 보우普雨의 부도라고 전하고 있는 경기도 유형문화재 제52호 회암사지 부도檜岩寺址 浮屠, 경기도 유형문화재 제82호 어사대비御射臺碑·동간지주幢竿支柱 경기도 민속자료 제1호 맷돌 등이 있다. 1377년(우왕3)에 세워진 보물 제387호인 회암사지 선각왕 사비檜岩寺址 先覺王 師碑는 나옹선사의 행적을 기록한 비석碑石이나 1997년 화재로 파괴되었다.

17) 무공서갑생 편저자, 『태고보우 국사인물론』, (태고사상제 4집), 불교춘추사, 2005, p, 70.

였는데 만일에 이 같은 기록이 정확하지 않다면 태고보우의 행장을 기록한 유창의 잘못된 기록으로 보아야 한다. 태고보우의 스승인 광지선사가 조계종 계통의 선승 거주사찰인 회암사에 승려로 기록한 내용은 잘못이다. 그렇게 본다면 태고보우가 출가한 사찰이 회암사가 아니라고 볼 수 있으며 태고보우가 출가하여 승려가 된 이후에 기록은 잘못 기록한 내용이라고 말할 수 밖에 없다. 태고문손인 유창의 기록이 부정확한 기록이라고 본다.

「13세에 출가하여 회암사의 광지에게 득도되었다.」[18] 이러한 기록은 유창의 행장의 기록을 참조하였다. 이점에 대하여 유창의 태고보우의 행장의 기록 중에 출가 사찰의 회암사에 대한 기록은 수정되어야 한다. 또한 태고보우의 출가사찰은 19살에 화두를 들었던 가지산 보림사로 보아야 한다. 태고문도인 유창이 작성한 태고보우의 행장에 대한 기록은 홍무(洪武) 16년 계해 10월에 작성하였다. 태고문손인 유창이 태고보우의 행장을 작성한 시기는 신우 9년(1383)이다. 신우9년에는 명나라에 사신을 보내 고려왕의 명령을 정몽주를 보내어 포문을 얻고자 하였으나 명나라로부터 거절을 당한 시기였다. 유창은 태고보우의 문도로써 태고보우에 대한 행장을 기록하였는데 있어 출가사찰에 대한 기록을 잘못 판단하였다.

또한 유창이 태고보우에 대하여 행장을 기록하였는데 있

---

18) 김영태, 『특강 한국불교사상』, 경서원, 1997. p, 524.

어 찬양의 일색이었다. 이제 태고문손이 쓴 유창의 기록에 대하여 신빙성이 있는지 없는지에 있어 재고해야 할 문제는 태고보우가 활동했던 고려 말의 비극적인 시대 인으로서의 역할에 대한 비판적인 내용의 연구를 통해서 태고보우의 실천성에 대하여 바르게 연구되어야 한다. 특히 승려로서 불교학문에 대한 바른 관점을 논했던가를 기록했어야 한다. 태고문도인 유창의 기록은 사실을 그대로 기록한 것이 아니라 사실을 확인하지 않고 찬양한 면이 없지 않다. 유창이 가장 오류적인 기록을 함에 있어 후학들이 태고보우를 연구함에 있어 비문을 참조한 이후 그 오류를 그대로 수용하고 있다는 점을 지적하지 않을 수 없다. 태고보우의 출가사찰에 대한 기록을 바로잡고자 한다.

2) 이색의 비문

태고사원증국사탑비명
(太古寺圓證國師塔碑銘)

목은 이색(牧隱 李穡. 1328~1396) 選

고려국의 국사이며 대조계(大曹溪)의 사조(嗣祖)로서 부처님의 심인(心印)을 전하시어 행(行)과 해(解)가 묘엄(妙嚴)하고 자비와 지혜가 원융(圓融)하여 왕화(王化)를 찬리(贊理)하고 종교(宗敎)를 부양(扶養)하며 큰 원으로 널리 제도하시고 일구의 큰 종사이신 마하실다라(摩하悉多羅) 이웅존자(利雄尊者) 시호(謚號) 원증(圓證) 국사의 사라탑비명과 서문

추충보절 동덕찬화공신 삼중대광한산부원군 령예문춘추관사(推忠保節 同德贊化功臣 三重大匡韓山府院君 領藝文春秋館事) 신(臣)이색(李穡)은 왕명을 받들어 지음.

전봉익대부판전교사사 진현관제학(前奉翊大夫判典校寺事 進賢館提學) 신(臣)권주(權鑄)는 왕명을 받들어 쓰고 아울러 붉은 전액(篆額)까지 씀

황제의 16년(우왕 9년 . 1383) 1월 10일에 좌대언(左代言)

신(臣) 박중용(朴仲容)이 국사 태고(太古)의 부도에 명(銘)을 지르라는 왕명(教旨)을 내게 전하였다.

신은 삼가 상고하건대 국사의 이름은 보우(普愚)요 호는 태고(太古)며 속성은 혼(洪)씨로서 홍주(洪州)사람이다 아버지의 이름은 연(延)이니 개부의동삼사 상주국문하시중 판리병부사 홍양공(開府儀同三司 上株國 門下侍中 判吏兵部事 洪陽公) 이시고 어머니는 정(鄭)씨로서 삼한국 대부인(三韓國大夫人) 이시다. 부인은 해가 품에 드는 꿈을 꾸고 임신하여 대덕(大德) 5년 신축(1301) 9월 21일에 스님을 낳았다. 스님은 아이 때부터 뛰어나게 영민하였다. 13세에 회암사(檜岩寺) 광지(廣智)선사에게 출가하여 19세에는 만법귀일(萬法歸一) 화두를 참구하였다. 원통(元統) 계유년(1333)에 성서에서 감로사(甘露寺)에 머무시다가 하루는 의심덩어리가 깨어져 게송을 여덟 구를 지었는데 부처와 조사 산하까지도 입이 없이 모두 삼켜버렸네. 라는 것이 그 끝 구절이다.

그 뒤 지원(至元) 정축년(1337) 스님의 나이 37세였다 그해 겨울에 전단원(栴檀園)에 머무시면서 무(無)자 화두를 참구하다가 다음해 정월 7일 오경(오경)에 활연히 깨쳐 게송 여덟구를 지었는데 굳은 관문을 쳐부순 뒤에 맑은 바람이 태고에 부네 라는 것이 그 끝 구절이다.

3월에는 양근(楊根)의 초당으로 돌아와 어버이를 모셨다. 스님은 일찍이 1천7백 공안을 참구하다가 암두밀계처(巖頭密啓處)에서 막혀 지나가지 못하였다 한참 묵묵이 있다가 갑자기 깨닫고는 냉소를 머금고 한마디 하였다. 암두 스님이 활을 잘 쏘기는 하나 이슬에 옷 젖는 줄은 몰랐다.

신사년(1341) 봄에 한양 삼각산 중흥사(中興寺)에 머무시면서 그 동쪽 봉우리에 암자를 짓고 이름을 태고암이라 하였다. 그리고 영가(永嘉) 스님이 지은 시의 문체를 본 따서 노래 한편을 지었다.

지정 병술년(1326) 스님의 나이 46세였다. 스님은 연도(燕都)에 갔다가 축원성(竺源盛)선사가 남소(南巢)에 있다는 말을 듣고 가 보았으나 그는 이미 세상을 떠난 뒤 었다. 스님은 다시 호주 하무산(霞霧山)으로 가서 석옥 청공(石玉淸珙)화상을 만나보고 깨달은 바를 지세히 말한 뒤에 「태고암가」를 바쳤다. 석옥화상은 스님이 큰 그릇임을 굳게 믿고 일상사를 물었다.

스님은 다 대답하고 나서 다시 천천히 물었다.

"이 밖에 또 어떤 일이 있습니까",

석옥화상은 "노승도 그러했고 삼세의 불조도 그러했소" 하고 가사를 주어 신(信)을 표하고는

"노승은 이제 다리를 뻗고 잘 수 있게 되었소." 하였다.

석옥화상은 임제(臨濟)의 18대손이다. 스님은 반달 동안 머무르게 한 뒤에 떠나보낼 때에는 주장자를 주면서 부디 잘 가시오 하였다. 스승은 절하며 그것을 받고 연도(燕都)로 돌아오니 서안에 명성이 널리 펴졌다. 이 소문을 듣고 영녕사(永寧寺)에서 개당하기를 청하고 금란가사와 침향 불자 등을 내리셨다. 황후와 황태자는 향과 선물을 내렸으며 왕공(王公)과 남녀들은 달려와 예배하였다.

무자년(1348) 봄에는 본국으로 돌아와 미원장(迷原莊) 소설산(小雪山)에 들어가 몸소 밭을 갈면서 4년을 지냈다. 임진년(1352)여름에는 현능(玄陵 : 공민왕)이 스승으로 맞이하려 했으나 응하지 않았다가 다시 사신을 보내 간절히 청하므로 부득이 갔다. 그러나 그 해 가을에 굳이 사양하고 산으로 돌아왔다. 병신년(1356) 3월에는 스님을 봉은사(奉恩寺)로 모셔 설법을 청하였는데 선교(禪教)의 스님들이 모두 모였다. 현능은 친히 나와 만수가사와 수정염주 및 그 밖의 여러 가지 짚깔로 짜여진 단필(緞疋)가사 3백 벌을 내려 이 날 모인 스님 네들에게 주었는데 선교 큰 스님들로 법회는 전에 없던 성황을 이루었다.

스님이 산으로 돌아가기를 청하자 현능은 "스승이 여기 있지 않으면 나는 도를 등지게 될 것입니다" 하였다.

4월 24일에는 스님을 왕사로 봉하고 원융부(圓融府)를 새우고는 거기서 정삼품(正三品)의 장관을 두는 등 지극히 존중(尊重)하였다 광명사(廣明寺)에 있다가 그 이듬해에 왕사의 직위를 사양하였으나 왕이 허락하지 않았으므로 스님은 밤에 달아났다. 현능은 그 뜻을 빼앗을 수 없음을 알고 법복과 인장을 모두 스님께 보내 드렸다.

임임년(1362) 가을에는 양산사(陽山寺 : 현재 희양산 봉암사)에 머무시기를 청하였고 계묘년(1366) 봄에는 가지산(迦智山)에 머무시기를 청하였는데 스님은 그때마다 다 응하였다.

병오년(1366) 10월에는 왕사의 직위를 사양하고 인장을 봉해 돌리면서 신돈(辛旽)이 권세를 부렸기 때문이었다. 이

보다 앞서 스님은 왕에게 글을 올려 신돈에 대해 논하였다. "나라가 다스리지면 전승(眞僧)이 그 뜻을 얻고 나라가 위태로워지면 사승(邪僧) 때를 만납니다. 왕께서는 살피시어 그를 멀리 하시면 국가에 큰 다행이겠습니다. "

무신년(1368) 봄에 전주 보광사(普光寺)에 머무셨는데 신돈은 스님을 죽이려고 온갖 꾀를 썼으나 되지 않았다. 그 뒤에 스님이 강남 절강(浙江) 땅에 가려 할 때 신돈은 현능에게 아뢰었다.

"태고는 왕의 지극한 은혜를 입어 편안히 늙어 가는 것이 그 직책입니다. 그런데 지금 멀리 외국에 가려는 것은 반드시 다른 의도가 있는 것입니다 왕께서 자세히 실피소서".

그 말이 매우 절박하였으므로 현능은 부득이 따랐다. 신돈은 이 일을 직접 처리 하여 여러 가지로 신문한 뒤에 스님의 측근들이 스님을 모함하도록 항복받아 스님을 속리사(俗離寺)에 다두 두었다. 기유년(1369) 3월에 현능은 후회하고 스님에게 소설산으로 돌아오기를 청하였다. 신해년(1371) 7월에 신돈을 베어 죽었다.

현능은 사신을 보내 예를 갖추어 스님을 국사로 높여 봉하고 영원사(瑩原寺)에 머무시기를 청하였으나 스님은 병을 핑계로 사양하였다. 그러나 왕의 명령으로 멀리서 7년 동안 일을 맡아 보다가 무오년(1378) 겨울에 지금 임금(우왕)의 명령으로 비로소 그 절에 가서 1년 동안 있다가 돌아왔다.

신유년(1381) 겨울에 양산사로 옮겨 주지로 취임하던 날 왕은 다시 국사로 봉하였으니 그것은 선군(先君)을 생각해서였다.

임술년(1382) 여름에 소설산으로 돌아와 12월 17일에 약하게 병으로 앓더니 23일에는 문도들을 불러 말하였다.

"내일 유시(酉時)에는 내가 세상을 떠날 것이니 군수에게 청하여 인장을 봉하도록 하라"

그리고는 세상을 하직하는 글(辭世狀)몇 통을 입으로 전하였다. 때가 되자 목욕한 뒤에 옷을 갈아입고 단정히 앉아 네 구로 게송을 읊고 소리가 끊어지자 돌아가셨다. 이 부임이 왕에게 들리자 왕은 매우 슬퍼하고 계해년(1383) 정월 12일에 향을 내렸다.

다비하는 날 밤에는 그 광명이 하늘에 뻗쳤고 사리가 수없이 나왔다. 그 사리 1백과를 왕에게 올렸더니 왕은 더욱 공경하고 존중하여 유사(攸司)에게 명하여 원증(圓證)이란 시호를 내렸다. 중흥사 동쪽 봉우리에 탑을 세워 이름을 보원승공(寶月昇空)이라하고 석종(石鐘)을 만들어 세 군데에 사리를 간직하였다. 가은(加恩)의 양산사(陽山寺)와 양근(楊根)의 사나사(舍那寺)가 이 절부도 옆이다 석종을 세운 뒤에 석탑을 만들어 간직한 곳은 미원(迷原)의 소설산(小雪山)이다

내 가만히 생각하니, 선왕(先王)도 지극히 불교를 숭상하였으나 참소가 그 간가에 횡행하였고 태고도 불교를 위해 지극히 힘썼으나 화가 몸에 미쳤으니 이것은 인연의 과보로써 성인도 면할 수 없었던 것인가 한다. 심지어 그 명성은 원나라에 까지 넘쳤고 사리는 고금에 빛났으니 그것이 어찌 아무 시대나 흔히 볼 수 있는 일이겠는가.

나 이색(李穡)은 두번 절하고 머리를 조아려 명(銘)을 짓는다.

스승의 마음이여 바다가 넓어 하늘에 다다랐고
스승의 자취여 배를 띄우고 지팡이를 날렸도다
돌아와서는 지기(知己)를 만나 왕의 스승이 되었고
소설산에서는 몸소 밭 갈며 숨고 나타나서 배를 따라다.
한때는 취성(鷲城 : 辛旽)이 형명(形名)을 휘들렀으나
구름이 해를 덮은 것 같거니 그 빛에 무슨 손해 있으라
달은 곤륜사(崑崙山)에 떨어졌지만 남은 광명이 그대로 있었으니
사리의 빛나는 광채는 옥문(玉門)을 비추었다.
구름 끝에 솟아난 저 푸른 삼각산
그 밑에 탑을 세우니 나라와 함께 같이 편안하며
스님의 풍도는 대동(大東)에 널리 퍼지리.
신은 절하고 명(銘)을 짓노니 무궁하도록 전해지이다.

惟師之心 海闊天臨
惟師之蹟 浮杯飛錫
歸而遇知 王者之師
躬耕小雪 隱現維時
時維鷲城 竊弄刑名
如雲蔽日 河損於明
月墜崑崙 餘光之存
舍利唱瑩 照輝玉門
惟三角山 翠何雲端

樹塔基下 與國恒安
維師之風 播于大東
臣拜作銘 庶傳無窮

홍무(洪武) 18년 을축(1385) 9월
문인(門人) 전 송광사 주지 대선사(前 松廣寺 住持 大禪師)
석굉(釋宏)이 비석을 세우다

문도(門徒)

국사 지웅존자(國師智雄尊者) 혼수(混修) 왕사 원응존자(王師圓應尊者) 찬영(粲英) 내원당 모염존자(內願堂 妙嚴尊者) 조이(祖異) 내원당 국일 도대 대선사(내원당 국일 도대 대선사) 원규(원규) 도대선사 광화군(都大禪師廣化君) 현엄(玄嚴)

대선사(大禪師) 수서(守西) 조굉(祖宏) 자소(慈紹) 선진(旋軫) 일녕(一寧) 정유(定柔) 상총(尙聰) 혜렴(惠廉) 혜심(慧深) 경돈(慶敦) 등 90인
선사(禪師) : 신규(信規) 참교(昆咬) 덕제(德濟) 의경(義瓊) 수윤(壽允) 내유(乃由) 내규(乃圭) 성잠(省岑) 천긍(天亘) 유창(維昌) 등 1백7인

운수(雲水) 법공(法空) 정유(定乳) 환여(幻如) 달생(達生) 성명(省明) 중철(中哲) 복남(卜南) 정일(定一) 조행(祖行) 성인

(省因) 법자(法慈) 법순(法淳) 달심(達心) 성여(省如) 회엄(希儼) 명회(明會) 각명(覺明) 선견(善見) 희오(希悟) 가신(可信) 가생(可生) 지천(止川) 운잉(雲仍) 선정(宣正) 가운(可雲) 가인(可印) 운상(雲祥) 설강(雪岡) 설사(雪思) 설서(雪栖) 요환(了幻) 설진(雪珍) 가송(可松) 가순(可淳) 내녕(乃寧) 약무(若无) 등 1천 30인

칠원부원군(漆原不院君) 윤환(尹桓) 영삼사사(領三司事)이임임(李仁任) 판문하(判門下) 최영(崔瑩) 문하시중(門下侍中) 임견미(林堅味) 수문하시중(守門下侍中) 이성림(李成林) 판삼사사(判三司使) 이성계(李成桂) 철성부원군(鐵城府院君) 이림(李琳) 삼사좌사(三司左使) 염홍방(廉興邦) 찬성사(贊成事)우인열(禹仁烈) 연홍군(延興君) 박형(朴形) 개성군(開成君) 왕복명(王福命)상당군(上黨君) 한천(韓천) 문하평리(門下評理) 반익순(潘益淳) 정당문학(政堂文學) 이인민(李仁敏) 김해군(金海君) 김사행(金師幸) 밀산군(密山君) 박성량(朴成亮) 지신사(知申事) 염정수(廉廷秀) 전공판서(典工判書) 최경만(崔敬萬) 이희계(李希桂) 삼한국대부인(三韓國大夫人) 이씨(李氏) 비구니(比丘尼) 묘안(妙安) 전공판서(典工判書) 김인귀(金仁貴)」[19]

이색이 태고보우의 탑 비명 쓰고 문인 가운데 전 송광사 주지 대선사 석광이 비석을 세웠다. 문도 국사 대선사를 비롯하여 170인 운수납자 1300인 대하여 비명에 기록하였는데

---

19)『태고보우국사, 역대고승총서(7) 대륜불교문화연구원, 1998, p, 962.

최영과 이성계가 비명에 있다. 이색이 쓴 탑비명은 북한산에 있는 태고사에 있다 [20]는 기록을 하였다. 이색도 또한 태고보우의 출가한 사찰이 회암사 광지선사로 기록을 하고 있는데 이색이 이러한 기록을 할 때에는 우왕 7년이다.

이색이 태고보우에 대한 역사성을 부여한 면에서도 보면 태고보우가 출가한 사찰을 회암사로 기록을 하고 있는데 이것은 유창이 쓴 행장의 기록을 참조하고 쓴 것이라고 말할 수 있다. 우왕 7년의 고려는 혼란기를 맞이하였다. 우왕은 고려를 바르게 지탱할 수 있는 국왕이 아니고 원나라는 망하여 북원이라는 이름으로 북방지역으로 이전해 있고 그 대신에 북경은 명나라의 수도가 되었다. 또한 고려남방에는 일본의 침략과 고려 북방에는 명나라가 원나라의 국토를 장악하고 있었던 시기였다. 이색은 명나라를 섬기는 세력으로 보아야 한다. 고려의 정치사대부들은 원나라에서 명나라를 섬기려는 세력이 등장하여 고려의 역사적인 역사성을 부정하려고 하였던 유학자들이 태고보우의 행장을 참조할 수 있도록 한 것은 바로 우왕의 명이 있었기에 가능했다. 우왕시대는 조계종이 고려 임제종을 대신하여 명나라에 대응하였다고 보아야 한다. 이것은 바로 고려 정치세력의 변동이라고 말할 수 있다. 원나라 임제종의 대응으로 고려 임제종이 아니라 고려 조계종이라는 점을 부각하였던 시기이기도 하다. 이색의 태고보우의 행장을 참조하는 것마저 비판을 받

---

20) 『태고보우국사, 역대고승총서(7) 대륜불교문화연구원, 1998, p, 957.

아야 한다. 원나라의 세력의 힘을 받았던 태고보우의 탑 비문을 쓴 것은 잘못이다. 이색의 불교관은 비판적인 유생이었다. 이색은 고려 불교를 비판하고 고려 말에 고려를 붕괴하는데 일조하였다.

3) 정도전의 비문

미지산 사나사 원증국사석종명
(彌智山 舍那寺 圓證國師石鍾銘)

중현대부성균관제주지제교 정도전 찬
(中顯大夫成均館祭酒知制敎 鄭道傳) 讚

「고려국사(國師) 이웅존자(利雄尊者)가 소설산(小雪山)에서 시적(示寂)하였다. 문인들이 다비(茶毗)하니 사리가 매우 많이 나왔다. 양근군(楊根郡)의 어른들이 지군사(知郡事) 강만령(姜萬岭)에게 석종(石鐘)을 만들어 달라고 청하여 사리 10과를 넣어 사나사(舍那寺)에 안치하였다. 여기서 쌀 30석과 베 3백 벌이 들었으며 계해년(1383) 9월 무신(8)일에 시작하여 12월 경신(27일)에 끝났는데 문인 달심(達心)이 사실상 그 일을 주관하였다.

양근군은 본래 익화현(益和懸)으로 스님 어머니의 고향이다. 군의 서쪽에는 큰 한강(漢江)이 태백산(太白山)에서 발원하여 북쪽으로 6백리를 흘러 바다로 들어가며 군이 동쪽에 우둑 솟은 미지산(彌智山)은 양주(楊洲)와 광주(廣州)가 만나는 경계에 우뚝 자리 잡았다. 이곳 산수는 빼어난 인물을 낼만한 맑은 영기(靈氣)를 품고 있으니 특별한 인물들이 나는 까닭은 이 때문이 아니겠는가.

스님은 양근군 대원리(大元里)에서 태어나 중국에 가서 공부하여 임제(臨濟)의 18대손(孫)인 石玉清珙) 선사의 법을 이었으니 스님은 임제의 19대손이 된다. 석옥스님은 법의와 주장자를 신표(信標)로 주었다. 동쪽으로 돌아오니 현능(玄陵 : 恭愍王)이 왕사(王師)의 예로 모시고 곧이어 국사를 더했으며 어머니 정(鄭)씨를 삼한국대부인(三韓國大夫人)으로 봉했다. 익화현을 양근군으로 승격시키고 이웃들을 조정의 신하로 발탁했으며 그 고을 사람들을 위무해주었으니 스님을 중히 여겼기 때문에 그가 태어난 본향(本鄉)까지도 소중히 한 것이다. 이희계(李希桂)와 강만령은 모두 옛날 훌륭한 관리의 풍모를 지닌 이들로서 편의를 도모하고 폐단을 개혁하여 인민이 휴식을 얻게 하였으니 이는 모두 스님의 덕택이다.

스님은 두 차례 이 고을에 오시는 덕을 베풀었으므로 고을 사람들이 사모하여 오래도록 잊지 못했다. 그들이 스님을 스승으로 섬기고 사리를 모시는 까닭은 역시 본심에서 그렇게 할 수밖에 없었던 것이니 내가 명(銘)을 짓는 것도 당연하지 않겠는가.

우뚝 솟은 용문산(龍門山)

유유히 흐르는 한강에
인물 하나 나시니
국왕의 스승이요.

임제의 법손이라
격을 맞추느라
현을 군으로 승격하니
백성이 기뻐하네.

스님의 덕을
고을 사람들 사모하여
사리 받들어 모시니
스님이 여기 계신 듯 하네

석종에 안치하고
네게 명을 부탁하니
산문에 길이 남겨
후학에 보여주리리.

홍무(洪武)19년 병인(1386)10월 일
문인 달심(達心)이 비석을 세움[21]

정도전이 쓴 미지산 사나사 원증국사석종명인데 정도전은 태고보우국사에 대한 국사의 권위에 의하여 쓴 것이며 이러

21) 『태고보우국사, 역대고승총서(7) 대륜불교문화연구원, 1998, pp, 974-975.

한 내용을 보면 태고보우에 대한 염성을 알 수 있다. 석종의 명(銘)에 대한 내용이다.

4) 권근의 비문

미원현 소설산암원증국사사리탑명
(迷源縣 小雪山庵圓證國師舍利塔銘)

양촌 권근(陽村 權近 1352~1409) 選

「왕사(王師) 원웅존자(원웅존자 : 志勤)가 권근에게 편지를 보내기를

우리 선사(先師) 태고국사(太古國師)는 남달리 특이한 인격을 갖추었습니다. 시적(示寂)하실 때 사리(舍利)가 매우 많이 나오매 상(上 : 禑王)께서 마음속으로 몹시 경모하여 유사(有司)에게 명하여 원증(圓證)이란 시호를 내리는 동시에 그 탑은 보월승공(寶月昇空)이라 하여 중흥사(中興寺)동쪽 봉우리에 세우게 하였는데 상국(相國) 목은(牧隱:李穡)이 왕명을 받들어 명(銘)을 썼습니다. 이처럼 돌을 갈아 종(鐘)을 만들어 사리를 안치한 곳이 한군데가 아니니 양산(陽山)에 있는 사나사(舍那寺)와 청송(青松)에 있는 태고암(太古庵) 등이 바로 그것이요. 또 미원현(迷源縣) 소설암(小雪庵)에 탑을 세워 사리를 안치하였으니 소설암은 곧 선사께서 일생을 시

종(始終)하신 곳입니다.

선사께서 일찍이 용문산(龍門山)에 들어가 12대원(大願)을 발원하였는데 이때부터 도(道)가 날로 진취되었습니다. 도를 깨달은 다음 중국에 들어가 호주(湖州)에서 석옥청공(石玉淸珙) 스님을 배알하였는데 말 한 마디에 서로 뜻이 맞아 그는 신구(信具)를 주기까지 하였으니 석옥은 곧 임지(臨濟)의 직계 정통파였습니다. 선사께서 우리 나라에 들어와 미원현을 지날 적에 한 늙은 아전이 울면서 머물기를 간청하고는 곧 용문산 북쪽 기슭에 암자를 지었으니 이것이 곧 소설산암(小雪山庵)입니다. 여기에서 몸소 밭을 갈며 우거(寓居)하신 지 여러 해가 되었으니 이는 선사께서 시발(始發)하신 것입니다

현능(玄陵:恭愍王)이 왕사로 봉하고 예우하기를 매우 극진히 하였습니다. 비록 광명(廣明) 가지(迦智) 등의 절에 두루 거처하셨으나 틈틈이 반드시 소설암에 들어와 거처하셨습니다. 처음에 취성부원군(鷲城府院君)신돈(辛旽)이 사도(邪道)로 상(上:恭愍王)을 현혹하므로 선사께서 현능에게 아뢰기를 그는 실로 망령된 사도를 부리는 사람이니 상께서는 가까이 하지 마소서. 하였으나 현능은 이 말을 듣지 않았고 신돈은 이것으로 앙심을 품었던 것입니다.

신돈이 비로소 권력(勸力)을 부리게 되자 선사께서는 인장(印章)을 되돌리고 전주(全州)에 있는 보광사(普光寺)에 우거하셨습니다. 신돈은 선사를 해치고자 유언(流言)을 퍼트린다고 모함하여 속리산(俗離山)으로 유폐(幽閉)하였습니다.

얼마 안 되어 현능이 자신의 잘못을 뉘우치고 다시 소설암으로 돌아오시기를 간청하였습니다. 신돈이 과연 반역의 지로 죽임을 당하자 현능은 내가 우리 선사의 말을 듣지 않은 것이 한스럽다 하고 사람을 보내어 국사(國師)로 높이 봉하였습니다. 금상(今上:禑王)이 즉위하여 양산사(陽山寺)에 머물기를 청하고 또 다시 국사로 봉하였습니다.

임술년(1382) 여름에 선사의 연세 62세로 양산사에서 소설암으로 돌아오셨습니다. 그 해 겨울 12월에 병들어 선사께서 정하신 바로 그 일 시에 세상을 드셨으니 이는 선사께서 종신(終身)하신 곳입니다. 다비 처음에도 여기에 주석(住錫)하였고 종말에는 여기에서 다비(荼毗)하게 되었으나 여기에 탑을 세우는 것이 또한 마땅합니다. 사리를 안치한 곳마다 모두 훌륭한 솜씨를 빌어 명기(銘記)하였는데 오직 소설암에만 아직까지 명기하지 못하고 있으니 이 서운한 일이 아니겠습니까 당시 대유(大儒)목은 도은(陶隱 : 李崇仁) 삼봉(三峰:鄭道傳) 같은 여러분들이 모두 우리 선사에 대해 글을 지어주셨는데 오직 그대만이 없으니 서양하지 말기를 바랍니다.

하였다.

내 감히 여러 군자(君子) 들의 반열에 참여할 수 없어 굳이 사양하였으나 끝내 받아주지 않기에 마침내 말하노니 부처님의 도는 깊고 은밀하며 높고 멀어서 실로 언어로 형용하기 어려운 것인데 하물며 유자(儒者)로서 궁구하지 않는 것을 감히 망령되이 논할 수 있겠는가.

오직 선사의 덕이 석옥과 부합되고 선사의 지혜가 취성

(鷲城)에게 징험되었으니 그 조예와 식견이 과연 고명하다. 이를 만화다. 그러나 그의 깊은 포부는 안목을 갖춘 사람이 아니면 능히 알 수 없는 것이다. 오직 사리의 이 적은 사람들 이목에 훤하게 알려져 있어 이를 듣는 사람은 모두가 경모하며 신봉하는 마음을 일으키나니 이 마땅히 사리를 간직하고 그 이적을 드러내어 무궁한 후세에 보여줘야 하리라.

다음과 같이 명(銘)한다.

부처의 도가 커서
세상을 포용함에 끝이 없는데
다섯 종파가 우리나라에 펴지고
높은 스님들이 계통을 이였다.

더구나 우리 태고스님은
실로 하늘이 내신 분이라.
머리 청공(청공)을 방문하매
그와 도가 부합되었다.

신돈에게서 선견지명을 보였으니
오직 지혜가 슬기롭기 때문이라.
그 도는 너무도 높아서
사람들이 쳐다볼 수 없으나,

빛나는 사리는

뭇사람의 눈에 비추는 광채라
명산에 간직하여
길이 후세에 보어주리라.」[22)]

미원현 소설산암에 있는 원증국사 사리탑명에 대한 권근의 명(銘)비문이다. 위의 비문과 같이 태고보우에 대한 비문을 고찰하여 보았는데 문제는 바로 태고보우의 출가에 대한 회암사 사찰의 기록이 동일한 기록이라는 것을 알 수 있는데 이것은 바로 태고문손인 유창의 기록을 참조하였을 것으로 본다.

당시에 이색 도은 삼봉까지 태고보우 국사에 대한비문을 썼는데 권근에게도 청한 것 같다. 특히 지근 왕사의 부탁으로 태고보우 국사에 대한 사리탑명을 썼다. 그러나 권근은 불교에 대한 비판적인 인물이라고 말할 수 있다. 그런데 태고보우 국사의 사리탑비문을 쓸려고도 하지 않고 여러 번 거절하였으나 어쩔 수 없이 탑 비문을 적는다는 글의 내용은 참으로 부끄러운 일이 아닐 수 없다. 지근이 권근에게 비명을 지어달라고 부탁한 것이 잘못이다. 권근은 유학을 숭상하고 있는 유생이었다. 이상으로 태고보우의 행장을 기록한 비문에 대하여 전문을 기록하였는데 태고보우의 행장에 대한 연구를 함에 있어 태고보우의 사상을 고찰할 수 있다. 태고보우는 고려 말의 정치적인 변동과정을 고찰할 수

22) 『태고보우국사, 역대고승총서(7) 대륜불교문화연구원, 1998, pp, 970-971.

있는 동시에 시대상의 불교계에 대한 역사성을 바르게 고찰할 수 있다고 본다.

위의 자료를 검토한 결과 태고보우는 신라 말에 신라에 전한 구선선문의 선법을 고려 시대 선종의 역사성을 전승하였던 지눌보조의 조계종의 선종의 역사성이 아니라 원나라 석옥청공의 임제종 임제법을 고려에 전승한 태고보우라고 말할 수 있다.

「사(師)의 제자에 태고보우(太古普愚)가 있으며 고려 사람이다 친히 사(師)의 종지(宗旨)를 얻었기에 게송을 설하여 인가한 글에 금린(金鱗)이 곧은 낚시에 올라온다. 는 시구(詩句)가있었다. 고려왕이 국사의 칭호를 주었다. 사(師)의 도행(도행)을 듣고서 뜻에 매우 갈앙(渴仰)의 정성을 기울려서 표(表)를 조정에 올리어 조명(詔命)으로 사(師)에게 불자혜조선사(佛子慧照禪師)(의 시호(諡號)를 주었고 이러한 글을 강호에 널리 옮겼다. 정자(淨慈)의 평산처럼 림공((平山處林公)을 칭하여 함께 친호암에 와서 사(사)의 서리를 가지고 관반(館伴)으로 본국에 돌아왔으니 평산처림(平山處林) 선사가 사(師)와 동참(同參)이 된 것은 모두 보우공(普愚公)의 본 뜻이었다.」[23] 위의 글의 내용은 복원 석옥청공선사탑명의 탑명의 글인데 탑명에 원나라 석옥청공은 고려 태고보우에게 법을 전해주었다는 내용의 비문이다.

---

23) 석옥청공 선사, 이영무 번역, 『석옥청공어록』, 불교춘추사, 2000, pp, 190-191.

3, 高麗 武臣時代 社會變動史

태고보우에 대한 연구를 하기 위해서는 고려 무신시대의 사회변동사에 대하여 고찰해야 한다. 고려 불교는 무신시대에 조계종을 지원하여 무신정권에 대한 백성들의 탄압에 대한 면피를 하기도 했다. 그러나 고려 불교는 백성들이 지킨 것이며 백성들의 후원을 받지 않고서는 고려 불교를 지탱할 수 없었다. 이러한 관점에서 고려 불교의 교종과 선종의 역사를 논증하기 위하여서는 무신시대의 선종에 대한 역사성을 논증해야 한다고 본다. 그러나 태고보우를 논함에 있어 교종보다는 선종에 무게를 두고 있기에 태고보우에 대한 역사성을 고찰하고자 한다.

첫째, 자료는 태고보우의 문도인 유창이 지은 행장과 이색이 지은 태고사 원증국사 탑 비명 정도전 미지산 사나사 원증국사 석종명 권근이 지은 사리탑명 을 참조할 수 있다. 태고보우가 생애에 대한 전 과정을 통해 유창이 쓴 자료를 참조하고, 고려 불교의 모순점을 고찰하였다. 특히 태고보우는 고려 중기 무신정권의 역사성을 담고 있으며 고려 임제종의 전승자로서의 소임을 다하였고 원나라 식민지 시대 최고의 고승 원나라 임제종 고려 임제종의 선승이라는 점이며 고려말의 고려왕 공민왕 우왕 시대의 왕사 국사였다.

둘째, 고려 중기 고려국의 변천과정의 역사성을 고찰하지 않고서는 태고보우가 탄생했던 시대적인 배경과 그 시대적 상황을 고찰할 수 없다. 그러나 태고보우가 탄생하기 이전의 고려 사회에 대하여 고찰하지 않고서는 고려 불교를 바르게 이해할 수 없다. 고려 불교는 지눌보조 조계종 이후에 몽고의 침략기를 중심으로 선종과 교종의 양대 불교 교단을 중심으로 발전하였다. 태고보우가 공민왕 우왕 시대 왕사 국사를 역임하였기에 고려 최고의 고려 고승이라고 말하지 않을 수 없다. 그러나 고려 국가의 통치는 국왕의 힘에 의함이 아니라 국가를 관리하는 세력 다시 말해서 무신에게 있던 시기이기에 고려 중기는 무신시대로 규정한다. 그러나 무신시대 고려국은 몽고의 침략으로 인하여 고려가 위기에 처해 있었고. 무신시대의 등장에 대한 원인을 고려불교계는 비판적인 입장에서 저항하기도 했다. 고려 불교가 저항한 이유가 무엇인가 저항한 교단이 어느 교단인가 하는 점인데 물론 고려 불교의 교단은 신라시대 전승한 종파불교가 그대로 전승되었다. 그러나 무신시대의 종파 가운데 선종은 무신들의 협력 하에 그 기세가 높았고 토지를 보유한 지방 토호족들과 결탁하여 권세를 누리고 있었다. 태고보우도 그러한 무리들의 교단 선종의 승려였다. 특히 선을 표방하고 지방의 토호족에게 비호를 받았던 구산선문 그들에게 주어진 것은 바로 지방 토호족들의 가문을 수호하는 승병들이었다.

그 시대의 역사성을 바르게 고찰하여 불교의 역사적인 관점을 바르게 정립하여 불교의 역사성을 알고자 한다. 구산선문에 속한 승려들은 토호족들의 가병승 토지를 지켜주는 장원의 승병들이다. 구산선문의 승려들은 대부분 가병 승려들이다. 또한 국가를 전복하려는 반란의 세력이기도 하다. 신라 말에 국가에 반란을 일으킨 세력과 결탁하여 토지를 수호하는 세력, 다시 말해서 사찰에 토지를 증여하고 사찰의 승병들을 모아 토호족들이 토지를 수호하는 소임을 맡았던 구산선문의 승려들을 그들을 이름 하여 선승이라고 하였다. 실로 그들은 승려가 아니라 토지를 수호하고 그 대가로 목숨을 유지하였던 무적승려들이다. 구산선문의 승려들은 계단에 대한 중요성을 부여받지 않고 자유롭게 노동하고 자신들이 정당성을 주장하기 위하여 이름을 붙혀 간화선을 수행한다고 하였다. 간화선은 불타의 교설을 학습하는 것이 아니라 일종의 변형된 육신 수련이다. 이러한 관점에서 고려 말의 불교상을 고찰해보았다.

셋째, 태고보우의 생애와 수행과정을 고찰하기 위하여서는 태고보우가 탄생하기 이전의 시대상을 고찰해야 한다고 본다. 그러한 관점에서 고려 중기의 역사를 고찰함에 또한 중요한 역사관이 있다고 생각하지 않을 수 없다. 태고보우의 시대사 연구를 한다는 것은 고려 중기 시대상을 고찰함에 있으며 고려 중기 무신정권시대 고려를 지탱하게 하였던 사상이 무엇인가를 성찰하지 않으면 아니 된다. 고려는 불교적인 사상에 의하여 지켜왔다. 태고보우의 고려 임제종의 연구를 함에 있어 태고보우의 출가이전의 무신정권시대의 역사관을 먼저 살펴보아야 한다. 태고보우의 출가이전의 고려 중기의 시대사연구를 함에 있어 고려 무신시대의 역사관을 고찰하고 불교의 존재성에 대한 역사를 시대 순으로 성찰 하였다.

1. 고려 무신정권 시대의 불교

고려는 중기에 들어서면서 고려는 국가의 발전에 저해되는 행위를 자행하여 무신들이 고려 국가를 장악하여 통치하였다. 고려 시대 이자겸에 의하여 국왕의 존재는 상실되고 권력은 이자겸에 의하여 좌우 되었다. 이러한 시대에 고려불교에 대한 평가를 한다면 고려 불교는 말할 수 없다고 단적으로 말할 수 있다. 물론 이자겸 시대로부터 고려 무신시대는 전개되었다고 규정을 하지만 실지로 고려시대 무신시대의 시작은 고려 무신시대 1170년대를 기점으로 이자겸의 무신시대로 규정하지 않을 수 없다. 고려 건국 이후에 이자겸은 고려국을 이자겸의 통치의 시대로 보아야 한다. 이자겸의 고려 통치시대로 보는 것은 이자겸은 자신의 딸을 고려국왕의 왕비로 책봉하였고 그의 손자를 딸의 왕비로 책봉하는 만행을 자행하면서 고려국의 전권을 통치하였던 한편 이자겸은 불교를 통해 고려를 통치하는데 온 힘을 다하기도 했다. 이러한 시대적인 상항은 바로 고려국의 통치적인 협력국인 중국의 변화에 의하여 자행되었다는 것을 알 수 있다.

「毅宗 24(1170) 경축일에 왕이 보현원으로 가는 길에 오문(五門) 앞에 다달아서 신하들을 불러 놓고 술을 마셨다. 왕은 술이 거나하게 취하여 신하들을 돌아보면서《훌륭하구나.》이곳은 군사기술을 연습할 만하다고 하면서 무신들에게 명하여 오병(五兵) 수박희(手搏戲)를 하게 하였다. 저물무렵 왕이 보현원 근처에 이르렀을 때에 리고(李高)가 리의방(李義方)과 함께 앞질러 가서 왕의 명령을 위조하여 순검군(巡檢軍)을 모아 놓았다. 왕이 원문(院門)에 막 들어가고 여러 신하들이 몰려서려 하는데 리고 등이 임종식 리복기 한뢰 등을 죽였으며 모든 호종 문과과 대소과로 환시들도 모조리 살해되었다. 또한 서울에 남아있던 문신(文臣) 50명도 학살되었다. 정중부 등이 왕을 기고 궁으로 돌아왔다. 9월 초하루 무인일 해가 기울 무렵에 왕이 강안전(康安殿)으로 들어 왔는데 중주 등이 또 왕을 수행한 내기10여 명과 환관(宦官) 10여명을 수색해서 죽었다.」[24] 고려의 무신시대를 논할 때에는 의종의 행위에 의하여 자행되었다. 의종 시대는 문신들과 무신들의 알력에 의하여 자행되었다.

「무신정권의 시작은 제 18대 毅宗 24(1170) 정중부 이의방 이고 등이 주동한 무신난(丙寅年)이 반발하면서 부터였

---

24) 리외섭 역,『고려사』(11), (2)고전연구소 고전연구실 사회과학원, 1964, p, 378.

다. 반란에 성공한 이들은 金敦中 韓賴를 비롯한 많은 문신들을 살육함은 물론 毅宗을 폐하고 그 아우 명종을 옹립함으로서 실질적인 정권을 장악했던 것이다.」[25] 고려 시대의 정치에 대하여 논한다면 고려는 무신들의 권력에 집중되었던 시대로 보아야 한다.

「명종 광효(光孝) 대왕(大王) 이름은 호(晧)요 자(字)는 지단(之旦)이며 그 전 이름은 흔(昕)이니 인종의 셋째 아들이요, 의종(毅宗)의 동복 아우이다 인종 9년 신해 10월 경신일에 출생하여 의종 2년에 익양후(翼陽候)로 되었고 24년 9월 기묘일에 정중부 등이 의종을 추방한 다음 군사를 거느리고 그를 맞아다가 대관전(大觀殿)에서 왕위에 추대하였다.」[26] 정중부 이고 이의방에 의하여 왕이된 명종이다 명종은 왕이 된 이후에 무신들의 말에 복종하기도 했다. 무신정권이 시작된 시기에 고려는 금나라에 복종하였다 무신정권은 철저하게 금나라를 섬기는 고려가 되었다.

1) 정중부 무신시대

정중부는 고려를 무신시대로 만들어 정권을 장악하고 수많

25) 권기종, 「고려후기의 선사상 연구」, 동국대학교대학원 박사학위논문, 1986, p, 13.

26) 리외섭 역, 『고려사』(11), (2)고전연구소 고전연구실 사회과학원, 1964, p, 380.

은 무인들을 죽이는 행을 하였다. 정중부는 고려를 통치하는데 있어 국왕의 존재를 무시한 이후에 자신의 권력을 위하여 국왕을 허수아비로 만들어 버리고 말았다. 정중부와 함께 무신정권을 창출했던 정중부 이의방 이고 등 3인은 서로 권력다툼으로 인하여 이의방과 이고는 죽임을 당했고 정중부만이 권력을 장악했다.

「명종원년(1170) 정월 이의방과 채원은 연합하여 이고를 제거하였다. 난이 성공한지 불과 1년여도 안된 상태에서 난의 주동인물 내부의 갈등과 대립에서 이고가 먼저 사원 세력을 이용하여 이의방 등을 제거 하려 한 이유는 어디에서 연유되는 것인지 궁금하다 이고와 이의방의 갈등 관계를 전하여 주는 기록은 없어 그 전후사정을 정확히 알 수는 없다.」[27] 명종원년에는 무신난을 일으킨 자들 간에 권력다툼으로 인하여 무신정권의 위치가 새로 자리를 잡았다. 그것은 정권을 장악한 자들끼리의 권력 다툼이 발생하였다.

「명종 원년 봄 대장군 한순(韓順) 장군 한공(韓恭) 신대여(申大輿)사직재(史直裁)차중규(車仲規) 등이 서로 말하기를 의의방 이고 등이 조정 신하를 함부로 죽여 충량한 사람들에게 해가 미치게 하니 의가 아니다 했다. 이의방 등이 이 말을 듣고서 잡아다가 죽었는데 오직 차중규만 이의방이 평소에 친근하였다고 하여 귀양 보냈다. 이고가 반역할 뜻이 있어서 몰래 불량배 및 법운사 승 수혜(修惠) 개국사의 승

27) 金光植, 『高麗武人政權과 佛教界』, 민족사, 1995, p, 38.

현소(玄素) 등과 교분을 맺고 밤낮으로 연회를 벌여 술을 마시며 말하기를 큰 일이 만약 성공하면 너의 들은 모두 높은 벼슬자리에 오를 것이다 하고 드디어 거짓 제서를 작성하였다.」[28] 명종 원년에는 불교의 승려들이 바른 수행을 하지 못하고 있었다. 그 이유는 불교종파의 파별로 인하여 기득권을 성호장악하려고 하였고 대각국사 이후 선종의 해체로 인하여 선종 교종과의 논쟁이 심화되고 있었던 시기이기도 하다. 정중부 이의방 이고 등이 무신정권을 만들었으나 무신들이란 상호 권력의 대결로 인하여 서로 망하는 의미를 알지 못했다. 이의방은 이고를 제거함에 자신의 존재를 드날리기 위함이다.

「명종 원년 신묘일(1171) 9월 계미일에 승려 덕소(德素)를 왕사(王師)로 임명하였다.」[29] 명종은 승려 덕소를 왕사로 임명하여 고려 불교의 힘을 얻고자 하였다. 덕소는 천태종의 승려로서 명종시기에 왕사가 되었는데 천태종의 건재함을 말하고 있는 것인데 천태종이야 말로 대각국사의 후손들이다. 정중부 시대는 천태종이 고려 불교를 대신하고 있었다고 말할 수 있다.

「이고와 이의방이 사원의 힘을 권력 장악에 이용할 당시 천태종 계열 승려에 대한 왕사 제수와 내시의 승과 주관은

---

28) 김종서, 『신편 고려사절요』(중), 민족문화추진회, 신서원, 2004. pp, 11-12-

29) 리외섭 역, 『고려사』(11), (2)고전연구소 고전연구실 사회과학원, 1964, p, 384.

교종계통의 사원세력의 움직임과 대비되는 일이라 아니 할 수 없다.」[30] 무신난을 일으킬 때에는 의기투합하지만 권력을 행사할 때에는 다툼이 있기 마련이다. 이고도 의의방도 권력에 대한 독점적인 행사를 하려고 하였다. 명종시기에는 사원의 세력들이 강력한 집단적으로 승병들을 거느리고 있었기에 승병들의 위력이 있었다.

「덕소는 예종 2년에 태어나 9살에 대각국사 의천의 제자인 천태종 승려 교웅에게 출가하였다. 승과에 합격한 후 인종 15년경을 전후로 중대사의 승계를 가지고 있었고」[31] 덕소는 천태종의 승려인데 명종은 왕사로 임명하였다. 덕소를 왕사로 임명한 것은 교종의 승려들을 예우하겠다는 의미이기도 하다 그러나 왕사를 결정하는데 있어서 명종이 경정하지 못했을 법하다.

「명종이 왕사를 선택할 때 교.선종의 원로들에게 위임하는 형식을 취하고 있었음을 볼 수 있다. 이는 명종의 미약한 왕권의 실상과 함께 사원세력에 대한 통제가 어려웠음을 말해주는 것이라 하겠다.」[32] 명종은 교려 불교계에 대한 영향력을 행사할 수 있는 토대를 마련하지 못했다고 보아야 한다. 그래서 국사와 왕사를 임명할 때에 각 종파의 원로들에게 위임하였는데 이것은 바로 이의방이나 정중부의 눈치

30) 金光植, 『高麗武人政權과 佛敎界』, 민족사, 1995, p, 42.

31) 박윤진, 『고려시대 왕사, 국사연구』, 고려사학회연구총소 15, 경인문화사, 2006, p, 90.

32) 金光植, 『高麗武人政權과 佛敎界』, 민족사, 1995, p, 43.

를 보고 있다는 것을 단적으로 말해주고 있다.

「毅宗 7년에 선사가 되었다. 의종 18년 이후 어느 시기에 대선사가 된 후 명종 원년에 왕사로 임명되었다.」[33] 천태종의 승려로서 왕사가 될 수 있는 자격이 충분했다. 천태종의 승려가 왕사가 된 것은 선종의 승려들을 포섭하기 위함이기도 하다. 천태종은 교종의 승려로서 그동안 교종의 왕사에 대한 예우 라고 말할 수 있다. 명종은 유약하여 결단성이 없는데 있어 불교에 대한 애정은 있었던 것으로 판단된다.

「명종 원년(1171) 겨울 10월에 선경전에 백화도량을 설치하여 승려 3만 명에게 밥을 먹었다.」[34] 명종은 왕사를 임명함에 있어 정치를 바르게 할 수 있다고 믿는다. 하지만 무신들의 눈치를 보지 않을 수 없었다. 명종이 할 수 있는 것은 승려들에게 공양을 내는 일밖에 하는 일이 하나도 없었다. 그래서 불교를 신앙했고 사찰을 방문하는 역할만이 있을 뿐이다.

「명종 원년(1171) 겨울 10월에 궁궐에 화제가 발생하였는지라 어려 절 간 승려들과 부위(府衛) 군인들이 불을 끄려고 대궐로 달려왔다. 이 때 정중부(鄭仲夫)리준의(李俊儀) 등이 입직(任職)하였는데 의방(義方)현제가 혹 변이나 일어 생길까 무서워서 궐내로 달려가서 자성(紫城)문을 닫고 불 끄려 온 사람들을 들이지 않았기 때문에 궁전들에 모조리 불

33) 박윤진, 『고려시대 왕사, 국사연구』, 고려사학회연구총소 15, 경인문화사, 2006, p, 90.

34) 김종서, 『신편 고려사절요』(중), 민족문화추진회, 신서원, 2004. p,17.

이 붙었다 왕은 산호정(山呼亭)으로 나가서 통곡하였다.」[35] 명종 원년에 대궐에 불이 났는데 이고 이의방 정중부등은 대궐에 불을 끄려고 온 백성들에게 불교를 끄지 못하게 하려고 백성들을 궁안으로 들어가려는 출입을 금지시켰다. 명종이 이러한 모습을 보고 통곡하지 않을 수 없는 일이다. 무신들은 자신들의 권력을 유지하기 위하여 백성들의 힘을 무시한 행을 하였다.

「이고 이의방 정권기의 집권 무인과 사원과의 관계는 이고의 경우 사원세력을 정권에 적극 이용하였으며 이의방의 경우는 오히려 정권유지를 위해 사원세력을 경계하고 탄압하였다. 또 명종은 천태종 선종 등의 일부 사원들에게 관심을 갖고 있었음을 알 수 있다.」[36] 무신정권은 불교세력을 이용하려고 하였고 또한 불교세력은 권력을 이용하는 상호 이익을 원했던 것인데 명종은 천태종이나 선종과의 관계를 유지하기 위하여 노력을 하기도 했다.

「명종 2년(1172) 6월 임술일에 왕이 보살계를 받았다.」[37] 명종 2년에 명종은 봉은사에서 보살계를 수지하였다. 명종이 보살계를 수지하였던 것은 금나라에서도 불교를 신앙하였던 것으로 보인다. 만일에 금나라가 불교를 신봉하지 않

---

35) 리외섭 역, 『고려사』(11), (2)고전연구소 고전연구실 사회과학원, 1964, p, 385.

36) 金光植, 『高麗武人政權과 佛教界』, 민족사, 1995, p, 44.

37) 리외섭 역, 『고려사』(11), (2)고전연구소 고전연구실 사회과학원, 1964, p, 388.

았다면 명종은 또한 보살계를 받을 수 없었다고 말할 수 있다.

「명종 2년(1172) 11월 보제사에 행차하더니 이로부터 자주사원에 행차하였다」[38] 명종이 행사할 수 있는 일이란 보제사에 방문하여 부처님앞에 나아가는 일밖에 없다. 무신들의 감시망을 피할 수 있는 것은 오로지 사찰을 방문하는 것이 왕이 행사할 수 있는 일 뿐이다. 그래서 왕이 자주 사찰을 방문하였다고 볼 수 있다.

「명종 3년(1173) 8월 경진일에 동북면 병마사 간의대부 김보당(金甫當)이 동계(東界)에서 군사를 발동하여 정중부(鄭仲夫) 리의방(李義方)등을 토벌하고 선왕(毅宗)을 복위(復位)시키려 하니 동북면 지병마사 한언국(韓彦國)이 군사를 데리고 이에 호응하였으며 장순석(張純錫) 등을 거제(거재)로 보내여 전왕을 모셔다가 계림에 있게 하였다.」[39] 명종 2년에 김보당에 의하여 정중부 이의방에 대한 저항이 일어났는데 명종은 김보당을 잡아 이의방에 의하여 죽임을 당했다 그리고 이의민 전왕을 곤원사(坤元寺)에서 죽였다. 고려 시대 무신의 잔인성을 말해주고 있다.

「명종 3년(1173) 이의방을 위위경 홍위위섭대장군 지병부사로 삼았다.」[40] 명종을 왕위에 오려던 무신난을 자행했던

---

38) 김종서, 『신편 고려사절요』(중), 민족문화추진회, 신서원, 2004. p, 19.

39) 리외섭 역, 『고려사』(11), (2)고전연구소 고전연구실 사회과학원, 1964, pp, 391-392.

40) 김종서, 『신편 고려사절요』(중), 민족문화추진회, 신서원, 2004. p,

세력들 가운데 이고는 이의방에 의하여 주살되었고 이의방과 정중부가 권력을 상호 장악하였다. 무신들은 언제 어떻게 자리를 빼앗을지 알 수 없다.

「명종 갑오 4년(1174) 봄 정월에 귀법사의 1백여명의 성의 북문을 침범하여 들어와 선유승록언선(彥宣)을 죽였다. 이의방이 군사 1천여명의 승을 거느리고 가서 수십명의 승려들을 쳐 죽이니 나머지는 다 흩어졌고 병졸 또한 죽은 자와 부상자가 많았다. 중광사 홍호사 귀법사 홍화사 등 여러 절의 승려2천여 명이 성의 동문에 집결하므로 문을 닫아버리니 성밖의 민가를 불태워서 승인문을 연소시키고 들어와 이의방의 형제를 죽이고자 하였다. 이의방이 이것을 알고 부병을 징집하여 쫓아버리고 승 1백여명을 참살하였는데 부병 또한 죽은 자가 많았다. 이에 부병을 시켜서 성문을 지키게 하여 승려의 출입을 금지하고 부병을 보내 중광사 홍호사 귀법사 용화사 묘지사 복흥사 등의 절을 파괴하니 이 준의가 말렸다.」[41] 이의방이 승려들을 수없이 죽이었는데 이것은 승려들의 잘못이 크다고 말할 수 있다. 이의방에 가담했던 승려들이 있었고 이의방의 도움을 받았던 승려들이 있었다.

「명종 갑오 4년(1174) 5월 정유일에 왕이 지유(指諭) 우광윤(于光胤) 백임지(白任至) 행수(行首) 리관부(李冠夫) 송군수(宋郡秀) 경대승(慶大升) 견룡(牽龍) 차약송(車若松) 등에게

25

41) 김종서, 『신편 고려사절요』(중), 민족문화추진회, 신서원, 2004. p, 25.

격구(擊毬)를 시키고 그들에게 릉견(綾絹)을 차등있게 주었다.」[42] 명종4년에 경대승이 등장하여 명종를 보호하려고 하였다. 그러나 경대승의 존재를 명종이 인정하지 않고 있었던 것이 잘못이기도 하다. 명종은 정중부, 이의방 같은 난신적자의 말만 들을 것이 아니라 경대승의 진언을 수렴했어야 했다.

「명종 갑오 4년(1174) 12월 신미일에 정균(鄭筠)이 비밀리에 종군(從軍)하는 승려 종참(宗旵) 등을 유인하여 리의방(李義方)을 처단하고 그 도당을 잡아 죽였다. 승려들은 그 길로 보제사(普濟寺)에 둔취하였다.」[43]정균과 승병들에 의하여 리의방이 죽임을 당했는데 이것은 보제사의 승려들로 보아 선종의 승려들이라고 보아야 한다. 정균은 정중부의 아들이다 정균에 의하여 이의방도 죽고 오로지 정중부만 남았으니 정중부의 세상이 되었다.

「명종 을미 5년(1175) 겨울 10월 임진일에 왕궁 뜰에서 3일간에 걸쳐 승려 1만 명에게 음식을 먹였다.」[44] 명종 5년에 승려들 만 명에게 음식을 3일 간에 걸쳐 대접을 하였다면 고려의 승려들이 얼마나 많았다는 것을 알 수 있다.

---

42) 리외섭 역, 『고려사』 (11), (2)고전연구소 고전연구실 사회과학원, 1964, p, 393.

43) 리외섭 역, 『고려사』 (11), (2)고전연구소 고전연구실 사회과학원, 1964, p, 396.

44) 리외섭 역, 『고려사』 (11), (2)고전연구소 고전연구실 사회과학원, 1964, p, 399.

「명종 을미 5년(1175) 시중 정중부가 보제사를 중수하고 낙성식을 베풀면서 임금께 거동하여 주기를 청하니 담당관원이 간하여 못 가게 하자 정중부가 가만히 승록사(僧錄司)로 하여금 친히 행차하기를 주청하게 하고 성찬을 갖추어 오리게 하였다. 임금이 오래 머무르기를 좋아하지 아니하여 재주 승선 시신들로 하여금 동시에 연회에 나가게 하였다.」[45]정중부가 보제사를 중수하게 하였는데 이의방이 많은 사찰의 승려들을 죽인 반면에 정중부는 이의방에 의하여 파괴된 사찰을 중수하였다. 물론 정중부의 아들 정균에 의하여 승려들이 포섭을 당하기도 했다는 것은 이의방을 주살할 때 종군의 승려들과 함께 거사를 행했다. 이러한 공덕으로 정중부는 보제사를 중수했다.

「명종 병신 6년(1176) 봄 공주(公州) 명학소(鳴鶴所)의 백성 망이(亡伊) 망소이(亡所伊) 등이 자기 당류를 규합하여 선행(山行) 병마사(兵馬使)로 자칭하고 공주를 공격하여 함몰시켰다.」[46] 명종 6년에 공주에서 노예들이 공주를 점령하였다. 이것은 바로 민중들이 주장한 최초의 사건이라고 말할 수 있다.

「명종 정유 7년(1177) 봄 정유일에 망이(亡伊) 망소이(亡所伊) 등이 항복하여 왔다. 그들에게 국고의 곡식을 주었으며

---

45) 김종서, 『신편 고려사절요』(중), 민족문화추진회, 신서원, 2004. p, 43.

46) 리외섭 역, 『고려사』(11), (2)고전연구소 고전연구실 사회과학원, 1964, p, 400.

감찰어사 김덕강(金德剛)을 시켜 그들을 자기 고향으로 호송하게 하였다」[47] 고려 시대 노예들이 난을 일으켜 최초로 승리하였다. 그런데 망이는 난을 일으켜 사찰을 불 지르고 승려들을 잡아 죽었다. 이러한 행위를 자행한 망이의 잘못이다. 망이가 그러한 행을 하지 않았다면 고려 시대 노예들은 없었을 것이며 노예들의 목소리를 내여 자주적인 힘을 가졌을 지도 모른다는 생각이 든다.

「명종과 정중부 간에 지원한 사원세력이 각기 달랐던 것은 정치적인 면에서도 갈등관계가 있었다는 것을 반영하고 있다. 그 갈등은 양자의 관계에서 비롯된 것임을 다시 강조하지 않을 수 없다.」[48] 고려 국가의 명실상부 고려의 정권은 국왕이지 무신적자인 정중부는 아니다. 이러한 면에서 본다면 국왕의 존재야 말로 대단힌 힘을 지니고 있음을 알 수 있다. 물론 명종과 정중부의 갈등은 정권하에서 있을 수 있는 일이지만 정중부는 국가를 통치할 수 없다.

「명종 무술 8년(1178) 3월에 청주 사람들이 그 고을 사람으로서 서울에 적(籍)을 가지고 그곳에 몰려가 사는 사람들과 사이가 좋지 못하여 그들을 거의 모두 잡아 죽였다. 그 무리로서 서울에 있는 자들이 듣고 원수를 갚고자 하여 왕의 명이라 속이고 결사대를 모집하여 청주로 향하였다. 장군 한경뢰(韓慶賴)를 보내 뒤쫓아 가서 제지시키려 하였으

47) 리외섭 역, 『고려사』 (11), (2)고전연구소 고전연구실 사회과학원, 1964, pp, 402-403.

48) 金光植, 『高麗武人政權과 佛敎界』, 민족사, 1995, p, 50.

나 추급하지 못하였는데 고을 사람들과 싸워 이기지 못하였고 죽은 자가 1백여 명이었다, 이를 금지하지 못했다 하여 목부사 조온서(趙溫舒)와 사심관 대장군 박순필(朴純弼)과 장군 경대승을 파면하였다.」[49] 명종 8년에 경대승 에게는 시련이 왔다. 그것은 경대승이 청주인으로 청주인들이 서울에 적을 두고 있는 이들이 서로 패싸움이 일어났는데 이것을 막지 못했다고 하여 대장군을 포함하여 장군 경대승을 명종은 파면하였다. 명종이 경대승에 대하여 반감을 가지는 것은 자신이 정상적으로 임금 자리에 오른 것이 아니기 때문이다. 명종은 경대승을 추앙만 하였더라도 명종자신이 비참한 지위에 있지 않았을 것인데 경대승의 의견을 수렴하지 않았다.

「명종 무술 8년(1178) 겨울 10월 병진일에 대관전(大觀殿)에 인왕(仁王) 백좌(百座)도장(道場)을 베풀고 서울과 지방에 명령을 내려 승려 3만 명에게 음식을 먹이게 하였다」[50] 명종은 불교를 신앙하고 있으면서 고려의 불교를 발전시키는 역할을 하였으나 종파에 대한 발전에 있어서는 이론을 전개하지 못했다. 경대승은 명종이 가장 두려워하는 정중부와 송유인을 죽였다.

「명종 기해(1179) 9년 9월 신미일에 장군 경대승(慶大升)이 정중부(鄭仲夫)와 그의 사위 송유인(宋有仁)을 베어 죽였

49) 김종서, 『신편 고려사절요』(중), 민족문화추진회, 신서원, 2004. p, 57.

50) 리외섭 역, 『고려사』(11), (2)고전연구소 고전연구실 사회과학원, 1964, p, 411.

다 . 경대승이 평소에 정중부의 하는 짓을 분하게 여겼다. 그(정중부)의 아들 정균이 가만히 공주에게 장가들기를 꾀하므로 왕이 금심 하였다. 경대승이 제거하기를 열심이 하였으나 송유인을 두려워하여 틈을 얻지 못하더니 송유인이 문극겸 한문준을 배척해서 크게 인심을 잃어 조신들이 모구바로 보지 않게 되자 경대승이 친애하는 용사 견룡 허승(許升)에게 말하기를 내가 흉악한 무리들을 제거하고자 하니 내가 기꺼이 나를 쫓는다면 일은 이룰 수 있을 것이다 하니 허승이 승락하였다.」[51] 정중부의 잔인함에 대하여 언제나 불안 했는데 장군직에서 박탈당한 경대승이 처단하였다. 경대승 장군이야 말로 고려의 최고의 난식적자인 정중부를 처단하고 명종의 고통을 정지시켰다. 이것은 바로 고려의 무신 시대의 종말을 고하는 시기라고 보아야 한다. 경대승과 같은 무장이 있어 명종은 안위를 누릴 수 있었다. 그러나 명종은 경대승에 대하여 크게 믿음을 주지 못하였다. 명종은 경대승 이고 이의방에 의하여 왕위에 올랐기에 무인들에 대하여서는 언제나 불안함이 있었다. 명종도 또한 경대승의 충성심에 대하여 의심을 하였다. 명종은 경대승의 충성심을 의심하였다. 정중부와 같은 무장이라는 것을 생각하였던 명종이다. 명종은 경대승을 언제나 의심하였다. 경대승은 정중부의 무신난 이전으로 돌아가려고 선언을 하였다. 만일에 경대승이 주장한 무신난 이전으로 돌아가려고 하는 것은 명

51) 김종서, 『신편 고려사절요』(중), 민족문화추진회, 신서원, 2004. p,71.

종에 대하여 부정하는 행위라고 명종은 생각하였다.

「명종과 무관들은 경대승을 꺼리게 되었지만 문관들은 집권 이전부터 우호적이었다. 즉 경대승은 복고의 뜻을 품었다고 칭할 정도로 보수적 인물이었다. 복고적 이라함은 무신난 이전의 기존 질서에 대한 긍정과 함께 무신란으로 인한 무인정권의 부정으로 귀결될 수도 있다.」[52] 명종에게 경대승은 무신난 이전으로 돌아가야 한다고 주장하였는데 그렇게 되면 명종에게 있어서는 치욕적인 면이 된다. 한편 경대승은 명종의 마음을 바르게 관찰하지 못하고 있기에 명종은 경대승에 대하여 믿음을 주지 못했다. 이것은 바로 경대승의 정치적인 변화에 대하여 성찰하지 못했다. 경대승이 말함과 같이 명종이 무신난 이전으로 돌아가자는 주장에 대하여 경대승을 경계하였다.

「명종 경자(1180)정월 서울에 도적이 많이 일어났는데 경대승의 도방이라고 자칭했다. 유사가 체포하여 가두면 경대승은 빈번히 놓아 주었다. 이일로 말미암아 드러내 놓고 약탈을 감행하여 조금도 두려워하거나 꺼림이 없었다. 이의민은 경대승이 자기를 해치려고 한다는 것을 듣고 뒤로부터 항상 용사들을 자기 집에 모아 경비하는데 또 도방까지 꺼리는 자를 해치려 한다는 말을 듣고 이의민은 더욱 두려워하여 마을의 거리에 큰 문을 세워서 야경하게 하며 여문이라 불렀다. 서울안의 동리들이 다 본받아 여문을 세웠다.」[53]

---

52) 金光植, 『高麗武人政權과 佛敎界』, 민족사, 1995, p, 53.

53) 김종서, 『신편 고려사절요』 (중), 민족문화추진회, 신서원, 2004. pp,

고려 명종시대는 경대승에 대하여 항상 경계하고 있는 세력이 있었는데 그는 바로 선왕을 시해한 이의민이 경계하고 있었고 명종도 경대승에 대한 충성심을 위심하지 않을 수 없다. 명종은 경대승이 군사를 훈련시키는 군사조직인 도방에 대하여 음모를 자행하였다. 한편 경대승은 선왕을 시해한 이의민을 제거해야 한다고 하여도 명종이 안고 있기에 이의민을 처단하지 못하고 있었다. 고려의 최고의 장군인 경대승은 고려국왕인 명종 앞에서는 아주 나약 한 장군이라고 말할 수 있다. 명종은 경대승에게 벼슬을 내렸는데 말한 필을 주었다

「명종 경자(1180) 10년 겨울 10월 신사일에 경대승(慶大升)에게 붉은 띠 한개와 말(馬) 한필을 주었다.」[54] 또한 고려왕 명종은 경대승에게 말 한 필을 주어 대우를 하였으나 난신적자인 정중부와 같은 지위를 부여하지 않았다. 정중부에 있어서 누렸던 권력에 비하면 경대승에게는 하찮은 벼슬을 내렸고 말 한 필을 부여하였다. 명종이 경대승과 협력을 하였다면 경대승도 병들어 죽지 않고 명종도 왕위를 보존할 수 있었을 것인데 명종이 경대승을 멀리하는 바람에 경대승은 스스로 자학적인 삶을 살아갈 수밖에 없었기에 아주 나약한 장군이 되었다.

「명종 11년 정월 경 사경원에서 은자장경을 제작할 때 그

74-75.

54) 리외섭 역, 『고려사』 (11), (2)고전연구소 고전연구실 사회과학원, 1964, p, 417.

조달비용을 공사경납제의 도움으로써 해결하겠다는 사실에서도」[55] 명종은 불교계의 협력을 얻고자 하였다. 불교경전을 금박으로 새로 제작한다는 것은 경대승의 불교계의 관계를 유지하기 위하여 노력을 하였던 것으로 말할 수 있다. 경대승이 주동적으로 한다고 하여도 이것은 바로 명종에게 그 공덕이 돌아간다. 경대승은 정중부와 같은 악행을 하지 않을 것으로 믿어야 하는데 명종은 경대승에 대하여 너무나 나약한 장군으로 보았다. 이것이 경대승을 죽음으로 몰고 갔던 것이라고 말할 수 있다. 고려의 최고의 장군인 경대승 장군은 명종의 비난으로 인하여 30세의 나이로 죽었다. 경대승의 죽음에 가장 춤을 추는 것은 과거의 무신난에 가담하여 벼슬자리에서 물러났던 무장들이 다시 득세하였는데 명종은 경대승의 말을 듣지 않고 오히려 난신적자라고 여기는 무장들을 명종이 등요하였다.

「명종 계묘 13년(1183) 7월 가을, 장군 경대승이 죽었다.」[56] 명종에게 있어서 경대승의 죽음은 참으로 애석한 일이 아닐 수 없다. 경대승의 나이 30이었다. 경대승의 죽음으로 인하여 명종은 난신적자인 이의민을 가까이 하였다. 경대승 장군이 살아있을 때에는 이의민은 가까이 하지 못했다. 이의민은 명종 이전의 선왕을 시해한 살인적인 행위를 하였던 자였다. 명종이 그러한 자와 가까이 있다는 것은 잘못이며 선왕을 시해한 자를 용서한 것이 또한 잘못이다.

---

55) 金光植, 『高麗武人政權과 佛教界』, 민족사, 1995, p, 55.

56) 김종서, 『신편 고려사절요』(중), 민족문화추진회, 신서원, 2004. p,89.

「명종의 이의민 초치는 경대승과 같은 복고적 인물의 등장으로 인해 발생할지도 모를 불편한 관계를 사전에 방지하고자 하는 의도로 보인다. 이의민은 의종을 살해한 장본이기 때문에 경대승으로부터 늘 경계를 당하여 경주로 낙향을 하였고 명종도 무신란의 산물로서 경대승의 복고적인 정치적 성격에서 볼 때 왕위자체까지 불신하는 문제를 사전에 막고자 하였다.」[57] 명종은 경대승이 정중부 일당을 처단하고 나머지 이의민을 처단하려고 할 때 그 진언을 수용했어야 하는데 그러하지 못한 것이 잘못이라고 말할 수 있다. 명종의 이의민을 의지하려는 것은 자신의 안위만을 위함이라고 말할 수 있다. 분명히 선왕을 시해한 이의민을 처단하지 않았다는 것 자체가 문제이기도 하다. 명종이 얼마나 무능하였으면 선왕을 시해한 자를 등용한다니 말도 되지 않는다. 경대승이 이의민을 처단하려고 하였으나 정중부의 일당을 제거 하는데 힘이들어 기다리고 있었던 터였다. 그런데 경대승이 죽음으로 가니 이의민 같은 난신적자가 활기를 펴고 다녔다. 그리고 명종은 지방에 있는 이의민을 궁으로 오라고 하였다

「명종 갑진 14년(1184)2월 이의민(李義旼)을 불러 돌아오게 하였다. 이의민이 경대승을 두려워하여 여러 번 불러도 오지 않았는데 경대승이 죽자 왕이 그가 난을 일으킬까 두려워하여 중사 를 보내 돈독히 타일렀고 도착하자 편전으로

57) 金光植, 『高麗武人政權과 佛敎界』, 민족사, 1995, p, 57.

불러서 보았는데 왕이 흉포함을 두려워하여 곁으로 기뻐하고 위로하니 조정과 민간에서 모두 왕의 유약함을 안타깝게 여겼다.」[58] 명종은 고려의 최고의 충신인 경대승이 가장 싫어하는 이의민이다. 그런데 경대승이 죽은 다음에 명종은 이의민을 불러 영접을 하고 그에게 벼슬을 내리게 하였다.

「명종 갑인 24년(1194) 봄 두 경승과 이의민을 책봉하여 공신으로 삼으니 백관이 그 집에 나아가서 하례하였다. 2월에 남방 적의 괴수 김사미(金沙彌)가 스스로 행영에 나아와서 항복하기를 청하니 이를 목 베였다.[59] 명종은 이의민을 책봉하여 공신으로 삼았다. 그리고 이의민을 통해서 김사미를 주살하니 이것 또한 슬픈 일이 아닐 수 없다. 김사미는 정말로 잘못한 것이 없다. 그 당시에 운문사 사찰의 승려들이 잘못하였다. 김사미에게 나아가 싸우라고 하고 운문사 승려들은 뒤로 물러나 있으면서 김사미에게 저항하라고 하였느니 이것은 분명히 잘못이다. 명종은 최충헌의 잔인한 행동에 대하여 김사미는 아주 강력하게 저항하였는데 이 모든 것은 고려 불교의 힘을 모아 저항했어야 한다. 그런데 김사미에게 저항하라고 하고 나서지 않았던 고려 불교는 고려 명종에게 바른 국가의 안녕을 위한 정책을 마련했어야 한다. 고려의 충신인 최고의 경대승 장군이 죽으니 고려를 무신들이 등장하여 나라의 권력을 독점하고 있었다.

58) 김종서, 『신편 고려사절요』(중), 민족문화추진회, 신서원, 2004. p,98.

59) 김종서, 『신편 고려사절요』(중), 민족문화추진회, 신서원, 2004. p, 142.

「고려 사회에 일대 변동을 몰고 온 것은 12세기 후반에 무신정권의 출현에서 시작이다. 특히 최충헌(崔忠憲. 1149~1219)의 등장으로 무신의 집권이 본격화됨에 따라 고려의 정치 체제 및 권력구조의 재편성을 포함하여 사회 전반에 걸쳐 광범위한 변동이 일어났고 그것은 곧 불교 사회에도 큰 영향을 미쳤다. 그 당시 고려의 불교계는 정치 세력과의 유대와 결함 속에서 주로 종파 활동을 중심으로 성장했기 때문에 무신정권의 출현은 그에 따른 불교 사회에 커다란 지각변동을 일으킬 수밖에 없었다.」[60] 정중부와 같은 무신정권을 무너트리고 경대승과 같은 바른 정치를 행할 수 있는 토대를 마련해야 하는데 명종은 그러한 정책을 내놓지 못했다. 그러다 보니 정중부와 같은 난신적자들이 정치를 독점하려고 하였다. 이의민을 믿었던 명종은 최충현과 같은 무장이 다시금 고려를 집권하려고 하였다. 무장들은 권력의 힘으로 사병들을 거느리고 있었는데 그 사병들은 지방의 무장들과 야합한 사찰을 지키기 위한 승병들도 있다. 고려의 승병들은 승려라고 하지만 승려의 옷을 입고 있을 뿐이다. 고려 시대 각 종파 별로 승려를 양성할 때에는 승과시험에 합격을 해야 하고 계단을 설치하여 구족계를 수지해야 한다. 구족계를 수지하지 않고서는 승려라고 말할 수 없다. 고려 시대의 승려는 광종시대 승과를 실시하였는데 대각국사가 선종의 승려들을 천태종을 창종 할 때에 규합하였던 선

60) 무공 편저, 『태고보우 국사인물론』, (태고사상제 4집), 불교춘추사, 2005. p, 58.

승들 그들 가운데 천태종에 합류를 하지 않았던 선승들도 있었다.

2) 최충헌 무신시대

고려 불교계의 변화는 경대승이 죽고 이의민에 의하여 장악하고 있던 무신시대를 최충헌이 등장하여 이의민을 죽인 뒤에 새롭게 등장하였다. 최충헌의 등장으로 인하여 과거의 정중부시대 무신시대보다도 더 잔악한 행위를 자행했다. 명종시대 최충헌 시대 고려의 무신시대는 고려를 절망하게 하였고 고려 발전에 저해하는 행을 하였다. 최충헌 무신정권의 등장으로 인하여 고려 불교계는 무신정권에 아첨하는 세력이 등장하였다. 그들이 바로 선종이다. 선종은 본래 깊은 산간에 앉아서 자신의 존재를 성찰하기 위하여 자연을 노래하며 살도록 하는 고단이 선종이다. 그런데 고려 명종시대의 선종 다시 말해서 조계종은 무신정권에 저항하지 않고 무신시대에 복종하고 만다. 무신시대에 저항하는 세력들은 선종이 아닌 교종들이었다. 특히 화엄종 승려들이 최충헌 무신 정권에 저항했다. 결과적으로 최충헌 무신정권에서는 화엄종의 승려들을 탄압하고 그 대신에 선종 조계종 선승들을 우대하였다. 고려 불교계에 대한 평가는 최충헌 시대에 이미 고려 불교의 종말을 고함이라고 보아야 하며 불교 사상의 바른 관점이 상실되었다. 고려 불교는 본래의 사상을 전승하지 못하고 권력에 하수인 찬양불교로 변질되었다.

「명종 26년 4월 최충헌은 이의민을 제거하고 집권무인으로 등장하였다. 최충헌의 등장은 최충헌 개인의 권력 장악으로 볼 수도 있지만 이의민 정권에 대한 반발로서도 이해한다.」[61] 명종이 이의민을 인정하지만 않았어도 이의민 정권은 성립할 수 없었다. 이의민은 선왕을 시해한 장본인이다. 명종은 이의민을 처단했어야 하고 이의민을 권력에 봉하지 말았어야 하는데 그러하지 못하고 결국은 최충헌이 처단하고 말았다. 이의민을 처단하는 힘으로 최충헌은 고려의 무신정권을 수립하게 되었다. 만일에 명종이 경대승이 이의민을 처단하려고 하였을 적에 명종이 반대만 하지 않았어도 최충헌 같은 무신정권이 등장하지 않았을 지도 모른다. 그런데 이의민보다도 더 잔인한 무신정권이 등장하였다 이것은 바로 명종의 판단력이 부족한 면이 없지 않다.

「명종 26년(1196) 여름 4월 무오일에 장군 최충헌(崔忠獻)이 이의민(李義民)을 죽였다. 최충헌이 처음에 용맹이 있어 뽑혀 별초도령에 보직되었고 공신으로 승진하여 장군에 이르렀다. 그 아우 최충수(崔忠粹)가 시기 음험하고 용맹 있고 사나왔는데 이 때 동부녹사가 되었다. 때 마침 이의민의아들 장군 이지영(李至榮)이 최충수 집의 비둘기를 빼앗았는데 최충수가 돌려주기를 청하면서 말이 매우 사납고 패려

61) 金光植, 『高麗武人政權과 佛敎界』, 민족사, 1995, p, 96.

하였다. 이지영이 노하여 가동을 시켜 결박하게 하니 최충수가 말하기를 장군이 손수 결박하지 않으면 누가 감히 결박하겠느냐 하니 이지영이 장하게 여겨 그를 놓아주었다. 최충수가 곧 최충헌에게 고하기를 이의민의 부자 네 사람은 실로 나라의 적입니다. 내가 그들을 베고자 하니 어떻습니까, 하니 최충헌이 어렵게 여겼다. 최충수가 말하기를 네 뜻이 이미 결정되었으니 중지할 수 없습니다. 하니 최충헌 역시 그렇게 여겼다. 이 때에 왕이 보제사에 행차하니 이의민이 병을 핑계하고는 어가를 호종하지 않고 몰래 미타산의 별장으로 갔다. 최충헌 최충수와 그 생질 박진재(朴晋材)족인 노석숭(盧碩崇) 등이 소매 속에 칼을 감추고 별서 문밖에 이르러 기다렸다. 이의민이 돌아오려고 문밖에 나와 말을 타려고 하니 최충수가 갑짜기 뛰어들어 칼로 쳤으나 맞지 않았는데 최충헌이 바로 앞으로 나가서 목베니 주종한 사람 수십여 명이 모두 무너져 도망하였다. 노석승을 시켜 이의민의 머리를 가지고 빨리 서울로 들어와서 저자에 달아매니 이를 보고 놀라 떠드는 소리가 서울 안에 진동하였다.」[62] 고려의 난신적자인 이의민을 최충헌 형제가 죽였는데 경대승이 여러 차례 죽이려고 하였으나 명종의 반대로 죽이지 못하였다. 그런데 최충헌 兄弟가 난신적자 이의민을 죽였다. 고려의 권력의 판도가 변화를 맞이하였다. 이것은 바로 최충헌이 이의민을 주살하였기 때문만도 아니다. 고려

62) 김종서, 『신편 고려사절요』(중), 민족문화추진회, 신서원, 2004. pp, 148-149..

의 왕 명종의 무능함을 보여준 것이며 명종이 이의민을 용서하지만 않았어도 고려는 더욱 발전하였을 것이며 경대승이 또한 죽음으로 가지 않았을지도 모른다. 경대승만 살아 있었더라면 최충헌과 같은 무신은 등장하지도 못했을 것이며 명종의 정치력은 더욱더 강건하여 고려 백성들의 안위를 지켜주었을 것이라고 확신한다.

「최충헌의 정권 장악은 자연 이의민정권 및 명종의 정치적 성격을 부정하는 방향으로 전개되었다.[63] 최충헌의 정치적인 야심을 명종은 관파하지 못했고 이의민만 있으면 다른 무신들이 등장하지 못할 줄로 알았던 명종이다. 그런데 강력한 힘을 지닌 고려의 무장 이의민이 최충헌에 의하여 죽임을 당하고 말았다. 언제나 말하지만 만일에 명종이 경대승의 의견을 수용했다면 경대승도 절명하지 않았을 것이고 경대승의 충성심을 멸시하고 왕을 시해한 이의민을 용서한다는 것은 있을 수 없는 일이다. 최충헌은 또한 명종에 대하여 불신의 모습으로 보였다. 그래서 고려 불교계에서는 최충헌에 대한 반대의 모의가 진행되었다. 최충헌은 불교계에 대한 탄압을 가하였다. 명종에 대하여서도 왕권의 교체를 강행했다. 최충헌은 홍왕사 승려들이 반 최충헌의 모임을 자행한다고 하여 홍왕사 승려들을 살육한 이후에 정황을 살펴보니 무고였다는 것을 알고 최충헌은 홍왕사 불사를 대대적으로 봉행하였다. 그리고 최충헌은 명종을 폐하고 새로

---

63) 金光植, 『高麗武人政權과 佛敎界』, 민족사, 1995, p, 96.

운 왕을 추대하였다. 명종의 비극적인 시대를 마감하는 시대에 최충헌은 고려 불교를 대대적으로 후원하였다.

「신종 정효대왕 이름은 탁(晫)이니 처음 이름은 민(玟)이요 자는 지화(至華)이다. 명종의 동무제이다. 인종 22년 갑자 7월 경신일에 태어났다. 장성하여 평량공(平凉公)으로 책봉되었는데 최충헌이 명종을 폐하고 그를 맞아 왕으로 세웠다. 왕위에 있는 지는 7년이요, 61세를 살았다.」[64] 최충헌은 정권을 장악하고는 장기 집권의 틀을 마련하였다. 최충헌에게 있어서 고려는 무신정부의 연장을 더욱더 공고히 마련하였다 . 신종은 허수아비나 다름이 아니었다.

「신종 무오 원년(1198) 봄 임자일에 연등회를 열고 왕이 봉은사(奉恩寺)에 갔다.」[65]조계종 계통의 선승들은 고려무신정권 최충헌 정권시대에 최고의 지위를 확보하는 선종으로 등장하게 된다. 그러나 지눌 보조는 세수 41세 되던 해인데 최충헌에 의하여 장악되고 있었던 시대였다 최충헌 무신정권은 금나라를 섬기는 나라가 되었는데 금나라 불교는 고려에 전하지도 않고 내정간섭만을 자행하였다. 만일에 금나라 불교계가 고려 불교계와 연관이 있었다면 고려 불교계는 최충헌에 의하여 탄압을 받지 않고 더욱 더 발전하였을 것인데 금나라는 불교에 대하여 정치적으로 이용을 하지 않았다

---

64) 김종서, 『신편 고려사절요』(중), 민족문화추진회, 신서원, 2004. p, 171.

65) 리외섭 역, 『고려사』(11), (2)고전연구소 고전연구실 사회과학원, 1964, p, 463.

고 말할 수 있다.

「최충헌이 선종계통 중심으로 불교계를 개편하고 재야 승려들을 중앙으로 흡수하였다는 것은 최충헌의 정치적 사정 및 불교계의 교·선간의 사상적 갈등뿐만 아니라 당시 사회의 민신의 수습문제도 일정한 관련이 있다.」[66] 최충헌은 초기에 불교계에서 자신에 반대한다는 소문을 듣고 즉시에 처단한 흥왕사 승려들에 대한 참회의 면도 있을 수 있다. 그래서 불교계에 대한 협력을 구하기도 하였는데 지방에 있던 선종 승려들을 중앙으로 오게 하였다. 중앙에 오게 하였던 선종승려들은 바로 조계종 선승들이었다.

「신종 경신 3년(1200) 봄 기유일에 최충헌의 제의에 의하여 서울과 지방 죄수들의 형을 감면하는 동시에 귀양 보낸 사람들 중에 시일의 오래고 가까운 것과 나이가 늙고 젊은 것을 타산하여 전부 용서하여 주었다.」[67] 실로 최충헌이 왕의 역할을 하고 있다는 것이 여실히 드러난다. 최충헌이 마음만 먹으면 왕도 교체 할 수 있는 권한이 주어진 것이라고 보아야 한다. 최충헌의 기세는 날이 가면 갈 수록 강력한 힘을 지니고 있다.

「신종 갑자 7년(1204)봄 정월 정묘일에 최충헌이 또 병문안을 하였다. 왕에 그에게 이르기를 "내가 외직으로부터 왕위에 오른 것은 공(公)의 힘이다. 나이가 많은 데다가 병이

---

66) 金光植, 『高麗武人政權과 佛教界』, 민족사, 1995, pp, 106-107.

67) 리외섭 역, 『고려사』(11), (2)고전연구소 고전연구실 사회과학원, 1964, p, 468.

위중하여 정무를 볼 수 없으므로 태자에게 왕위를 전하려하노라."라고 하니 충헌이 대답하기를 "원컨데 왕께서는 병조리를 잘 하소서 왕위를 선양하시겠다는 데 대하여 저는 동의하지 못할 일입니다."라고하면서 드디어 물러났다.」[68] 신종이 병이 났는데 최충헌이 신조에게 병문안을 갔다. 신종은 병 때문에 왕위를 태자에게 물려주겠다고 하니 최충헌은 말하기를 신병이나 치료를 잘하라는 말을 하기도 했다. 신종은 태자에게 선양하고 자신의 죽음에 대한 명을 알았다. 그러나 태자는 왕위에 오르지 않으려고 하였는데 신종의 명령이라고 하여 최충헌의 협박에 의하여 왕위에 오르게 되었다. 그것만 보아도 최충헌의 기세는 하늘을 오르는 기세였다. 왕도 최충헌에게 있어서 권한이 주어졌다.

「희종 원년(1205) 성효대왕 이름은 영(嶸)이요 저는 불피(不陂)이다. 이전 이름은 덕(德)이며 신종의 맏아들이다. 어머니는 정선(靖宣)태후 김씨이다. 명종 11년 신축 5월 계미일에 태어났다, 신종 3년에 태자로 책봉되고 7년 정월에 유명을 받아 왕위에 올랐다. 뒤에 최충헌에 폐위되었고 왕위에 있는지 7년이요. 57세를 살았다.」[69] 최충헌은 희종을 옹립하였는데 희종은 이름만 왕이지 실권이 전혀 없었다. 최충헌은 자신의 가신들도 도전하는 기색이 보이면 즉각 척

68) 리외섭 역,『고려사』(11), (2)고전연구소 고전연구실 사회과학원, 1964, pp, 476-477.

69) 김종서,『신편 고려사절요』(중), 민족문화추진회, 신서원, 2004. p, 195.

결하였다. 최충헌의 독단적인 면에서 본다면 불교야 말로 무신정권에 도전하는 행위로 밖에 말할 수 없다. 고려와 금나라와의 관계에 있어서 어떠한 역할을 하였는지에 대한 기록이 없다.

「희종 을축 원년(1205) 겨울 12월 정묘일에 최충헌을 문하시중 진강군(晋康郡) 개국후(開國候)로 기홍수(奇洪壽)를 판리부사로 각각 임명하였다.」[70] 최충헌은 문화시중이 되었는데 지눌 보조는 48세가 되던 해였다. 고려 시대 지눌보조의 역사성에 대하여서 논한다면 48세 되던 해에 지눌보조는 조계산 수선사 낙성경찬법회를 120일 동안 실시하였다고 하는데 고려사나 고려사절요에는 기록을 하지 않았다. 고려사를 작성한 자들에 대한 비판이다. 고려사를 작성할 적에는 분명히 고려신록이 있었을 것인데 고려사 신록을 처분하였던지 아니면 고의로 기록을 하지 않았던지 하였다. 지눌보조가 수선사에서 대혜종고의 대혜어록을 보고 깨달음을 얻었다고 하나 지눌보조의 판단이 잘못이라고 말 하지 않을 수 없다. 희종원년에 지눌 보조는 수선사에서 철저히 대혜종고의 간화선 법을 실천하였다.

「희종 4년(1208) 11월 경술일에 팔관회를 열고 왕이 법왕사(法王寺)에 갔다.」[71]희종이 11월에 팔관회를 주제하였는

70) 리외섭 역, 『고려사』(11), (2)고전연구소 고전연구실 사회과학원, 1964, p, 480

71) 리외섭 역, 『고려사』(11), (2)고전연구소 고전연구실 사회과학원, 1964, p, 484.

데 팔관회는 국가적인 행사로 보아야 한다. 희종은 팔관회를 통해서 고려왕이라는 지위를 얻을 수 있다.

「희종 5년(1209) 봄 정월에 왕이 금나라 왕이 죽었다는 말을 듣고 봉위사 사홍기(史洪紀)와 제전사 이순중(李淳中)을 금나라에 보냈다. 이순중이 제기를 금나라에 청하니 담당관원이 허락하지 않으므로 이순중이 말하기를 "길이 너무나 멀어서 부음을 제일 늦게 들었기 때문에 빨리 행장을 차려 오느라고 미처 가지고 오지 못했는데 대국이 어찌 작은 일로 책망하며 이제기를 아까워합니까" 하니 그제야 허락하였다. 제사지낼 때에 차린 것이 정결하고 많으니 금나라 사람들이 지극한 정성을 가상히 여겼다.」[72] 금나라 왕이 죽었다. 고려에서는 금나라에 조문단을 보내 금나라 왕의 명복을 빌었다. 그런데 고려의 조문단은 금나라 사람들이 보는 데서 금나라왕의 제단에 거창하게 제사상을 차리는 모습을 보여주었더니 금나라 사람들이 고려 사람들을 칭송을 하였는데 제사상의 높이며 제사상의 차림에 충성심과 효심이 가득함에 대항 정성이 깃들여있다고 칭찬을 하기도 했다. 금나라 사람들에게 칭찬을 받는다는 것은 고려의 위상을 드높이는 것이 되기도 했다.

「희종 5년(1209) 3월 정유일에 왕이 류정동(柳井洞)에 있는 최충헌의 집으로 옮겨 앉았다.」[73] 고려왕 희종이 무신정

72) 김종서, 『신편 고려사절요』(중), 민족문화추진회, 신서원, 2004. pp, 203-204.

73) 리외섭 역, 『고려사』(11), (2)고전연구소 고전연구실 사회과학원,

권의 권력자인 최충헌의 집으로 간 것은 잘못이라고 말할 수 있다. 희종이 무엇 때문에 최충헌의 집에 갔는지에 대하여 기록을 했어야 한다. 이것은 바로 권력의 이등을 예견하고 있는 것이 아닌가 한다. 최충헌은 희종에 대하여 불신하고 있음을 단적으로 보여주고 있는 것이나 다름이 없다.

「희종 5년(1209) 여름 4월에 최충헌이 우복야 한기(韓琦)와 장군 김남보(金南寶) 등 9명을 죽이고 그들의 종자를 나누어 먼 곳의 섬으로 귀양 보냈다. 처음에 청교(靑敎)의 역리 3명이 최충헌 부자를 죽이려고 거짓으로 공첩을 만들어 여러 절의 스님들을 불러 모았다. 공첩이 귀법사에 이르니 승려가 공첩을 가지고 온 사람을 잡아서 최충헌에게 알렸다. 최충헌이 즉시 고정별감을 영은관에 따로 설치하고 성문을 닫고 그 당을 크게 수색하니 청교 사람이 이로 인하여 한기를 참소하여 모함한 까닭에 아들 셋과 함께 살해되었다.」[74] 고려의 무신이었던 최충헌에게도 항상 불안함에 떨고 있는 모습이 여실히 보였다. 최충헌은 자신이 행하고 있는 정치적인 행보가 마치 국왕과 같은 행위를 하고 있었다. 그래서 무고한 사람들을 무수히 죽이는 행을 하고 있는데 대한 불안함이 항상 뒤를 쫓았다. 최충헌은 항상 불안하였음을 알 수 있는데 권력에 대한 반감이라고 말할 수 있다. 권력이란 언제나 빼앗으려고 하고 저항하려고 하는 사회적 현상이다.

1964, p, 484.

74) 김종서, 『신편 고려사절요』(중), 민족문화추진회, 신서원, 2004. p205.

「희종 6년(1210) 3월 갑오일에 왕이 보제사(普濟寺)에 갔다.」[75] 희종 6년 1210년 3월 27일에 지눌 보조가 열반에 들었던 날이다. 지눌 보조의 열반에 대하여서는 고려사에는 기록이 없다. 지눌 보조의 열반에 대한 기록이 없다는 것은 고려 불교의 종파성이 전혀 없다는 것을 말하고 있다. 고려 불교는 최충헌에 의하여 장악되었기 때문에 지눌보조의 위대한 수행자라고 하여도 무신들은 불교 승려들에 대하여 비판적인 모습으로 대하였다. 그것은 바로 각 종파별로 최충헌에 의한 정권의 비호를 받고자 하였다. 지눌 보조는 조계종 선종의 계보를 이끌고 고려 불교를 지키고 있었다. 고려 불교는 대각국사기 창종 하였던 천태종이 창종 될 적에 합류하였던 선종 다시 말해서 구선선문의 일파들 가운데 합류를 거부한 선종의 승려들이 조계종 이라는 이름으로 대응하였다. 이것이 바로 지눌 보조는 자신이 택한 선종 구산선문의 정신을 이은 선종의 조계종이다. 조계종이란 이름은 바로 그러한 면에서 창종 되었다고 말할 수 있다.

「희종 7년(1211)12월에 최충헌이 전주의 일로 수궁에 나아가서 왕의 앞에 있었는데 조금 뒤에 왕이 안으로 들어가고 환관이 최충헌의 종자에게 속여 말하기를 왕의 명령이 있어 술과 음식을 내려준다 하면서 이끌고서 회랑 사이로 깊이 들어갔다. 조금 뒤에 승려와 속인 10여 명이 병기를 가지고 갑자기 뛰어와서 종자 2, 3명을 쳤다. 최충헌이 변고

75) 리외섭 역, 『고려사』(11), (2)고전연구소 고전연구실 사회과학원, 1964, p, 485.

가 있음을 알고 창황히 아뢰기를 주상께서는 신을 구원해 주서서 하니 왕은 잠자코 말이 없었으며 문을 닫고 들어오게 하지 않았다.」[76] 희종은 최충헌에 대하여 변고에 대한 구제를 하지 않았다. 이러한 결과 최충헌은 희종을 그대로 왕으로 받들지 수 없다. 최충헌은 위기를 도와달라고 하였는데 희종은 최충헌의 외침소리에 귀를 기울이지 않고 바라만 보았다.

「희종 7년(1211) 12월 경자일에 내시 왕준명(王濬明)등이 최충헌(崔忠獻)을 죽이려고 하다가 성공하지 못하였다. 계묘일에 충헌이 왕을 폐위(폐위)시켜서 강화현(江華縣)으로 보냈다가 이내 자연도(紫燕島)로 돌아오게 하였으며 태자 지(祉)를 인주(仁州)로 추방하고 한남공(漢南公) 정(貞)을 추대하여 왕으로 세웠다.」[77] 최충헌의 위기를 막아주지 못했기에 최충헌은 희종을 폐위시켰다. 최충헌은 이러한 기회를 조작하였는지도 모른다. 최충헌이 왕에게 구원을 요청하는 것도 또한 최충헌의 조작일 수 있다고 희종은 생각하였을 법하다. 그래서 최충헌이 구원해도 그 요청을 들어주지 않았다. 그러한 결과로 희종은 최충헌에 의하여 폐위(廢位)를 당했다.

「강종 원효대왕. 이름은 오(悏)요, 자는 대화(大華)이며 또

---

76) 김종서, 『신편 고려사절요』(중), 민족문화추진회, 신서원, 2004. p, 210.

77) 리외섭 역, 『고려사』(11), (2)고전연구소 고전연구실 사회과학원, 1964, p, 487.

자를 법주(法柱)라고 하였다. 명종의 태자이다. 어머니는 광정(光靖)태후 김씨이다. 의종 6년 임신 4월 을사일에 태어났다. 최충헌이 명종을 폐위하고 태자를 강화로 내쫓았는데 희종이 불러 들어오게 하여 한남공(漢南公)으로 책봉하였다. 최충헌이 희종을 패하고 왕을 받들어 즉위하게 하였다. 왕위에 있은 지는 2년이요. 62세를 살았다.」[78] 최충헌은 희종을 폐위하고 강종을 고려왕위에 오르게 하였다. 최충헌의 잔인성이 여실히 드러났는데 고려에서는 최충헌에 대하여 정치적으로 저항할 수 있는 자는 한 사람도 없다. 고려는 그야말로 역사적인 관점에서 본다면 고려 무신정권의 비극적인 모습을 통해서 보게 되는데 그 인물이 바로 최충헌이며 최충헌은 고려왕과 같은 지위를 누리고 살았다. 또한 최충헌은 고려왕위에 군립 하였다.

「강종 원년(1212) 2월 경신일에 중서사인 리의(李儀)를 금나라에 고추사로 파견하였다. 우리 국왕 영(祴)은 일찍이 선대의 유업을 받들어 나라 일을 꾸려 오다가 갑자기 위중한 병환에 걸린 후 신체가 심히 허약 하게 되어 치료를 하여도 낫지 않고 쓰러질 우려가 있다 그리하여 복잡한 직무에서 벗어나 여생을 보전하려는 희망을 표시하였다. 대개 나의중부(仲父)인 먼저국왕 탁(晫)의 유언을 받들어 나에게 말하기를 네가 친속으로는 조카이나 도리상 가업을 계승해야 될 것이니 만약 왕위를 선양하게 되면 누구보다도 반드시 너에

78) 김종서,『신편 고려사절요』(중), 민족문화추진회, 신서원, 2004. p, 211.

게 맡기겠다고 하더니 마침내 작년 12월 25일에 나로 하여금 국사를 대리하게 하였다. 그런데 나로서는 이를 사양할 수도 없고 받기도 난감한 일이다. 이처럼 중대한 부탁을 생각할 대에 미리 귀국에 알리려 하였으나 백성들은 하루라도 임금이 없을 수 없고 종묘사직에 오랜 기간 제향을 치루지 않을 수 없음을 생각하여 부득이 여려 사람들의 희망에 따라 임시로 중책을 맡았다. 모든 것이 조심스러워서 어찌 할 바를 모르겠기에 나의 심정을 기울여 전후 사실을 당신에게 말하는 것이니 너그러운 마음으로 은택을 베풀어 주시기를 바라는 바이다.」[79] 금나라에 거짓보고를 하고 있는 것은 바로 최충헌의 조작적인 글이라고 말할 수 있는데 금나라에서는 이러한 조서를 바르게 조서를 보아야 하는데 그러한 모습이 보이지 않는다. 금나라는 강종에 대한 왕위의 책봉에 대한 관찰이다. 그런데 금나라는 강종에 대한 고려왕으로서의 책봉을 원했다. 이것이 바로 최충헌의 조작적인 문장의 내용이다.

「강종 원년(1212) 12월에 최충헌에게 문경 무위 향리 조안 공신의 칭호를 내려주고 김원의(金元義)를 참지정사로 삼고 최홍윤(崔洪胤)을 정당문학으로 삼았으며 정극온(鄭克溫)을 좌복야 판삼사로 삼았다.」[80]강종 원년에는 최충헌을 높이

79) 리외섭 역, 『고려사』(11), (2)고전연구소 고전연구실 사회과학원, 1964, p, 489.

80) 김종서, 『신편 고려사절요』(중), 민족문화추진회, 신서원, 2004. p, 214.

찬양하는 직책을 부여하였다. 실로 고려는 최충헌의 나라였다. 최충헌은 강종에 대한 비전을 말할 수 없을 정도였다 고려의 무신정권의 행위는 고려를 발전하는데 있어 절망적이라고 말할 수 있다.

「강종 계유 2년(1213) 6월 갑신일에 왕이 내전(內殿)에서 보살계(菩薩戒)를 받았으며 지겸(至謙)을 왕사(王師)로 임명하였다.」[81] 강종이 왕사를 임명하였고 보살계를 또한 수지하였다.

「지겸은 희종 9년에 출가하여 明宗 원년에 승과에 합격한 이후 同王 연간에 三重大師 禪師로 임명되었다. 희종 즉위년에 大禪師가 된 이후 강종 2년에 왕사로 책봉되었다. 그가 주석했던 절을 登高寺 都錦寺 國清寺 등이며 고종 16년 사망하여 靜覺國師라는 시호를 받았다.」[82] 희종의 이름으로 왕사를 임명할 수 없고 최충헌의 이름으로 왕사를 임명했던 시대이다. 최충헌의 추천을 받아 선종의 승려가 왕사가 되었는데 천태종 덕수 왕사 이후 선종에서 왕사가 나왔다. 강종 시대에도 선종의 승려들이 왕사가 배출되었다.

「강종 계유 2년(1213) 8월 계유일에 왕이 병환이 나서 정축일에 조서로써 이르기를

짐이 불초한 사람으로서 외람되게 왕위를 이어받은 지가

---

81) 리외섭 역, 『고려사』(11), (2)고전연구소 고전연구실 사회과학원, 1964, p, 492.

82) 박윤진, 『고려시대 왕사, 국사연구』, 고려사학회연구총소 15, 경인문화사, 2006, p, 92.

이제 몇년이 되었는데 덕은 적고 책임은 중할 뿐 아니라 병조차 위태하게 되었다. 다만 왕위는 잠시도 비워 둘 수 없는데 태자 진(瞋)이덕은 위로는 천자에게 알려질 만하고 밝음은 아래로 백성들을 다스릴 만하므로 이에 왕위에 오르기를 명령하니 너희들 모든 백관은 각기 자기 일을 수행함에 사왕의 명령에 따를 지어다. 산릉의 제도는 검약을 힘써 따르고 달도 바꾸는 상복은 3일 만에 벗게 하라 하였다. 이날 저녁 때 크기가 태양만한 별이 서북쪽에 나타났다가 조금 뒤에 땅에 떨어지더니 밤 2경에 왕이 수창궁에서 죽었다. 무인일 태자 진(瞋)이 유조를 받아 강인전에서 왕위에 올랐다.」[83] 강종은 1213년 8월에 세상을 떠나니 왕위에 오른지 2년이 되는 해이기도 하다. 강종이야 말로 최충헌에 의하여 고려왕의 이름을 올릴 수 있었다.

「고종 안효대왕 이름은 이름은 철(철)이요. 자는 대명(大明)이며 또 자는 천우(天祐)라고도 하였다. 그전 이름은 진(瞋)인데 또 질(咥)로 고쳤다. 강종의 맏아들이다. 어머니는 원덕태후 류씨이다. 명종 22년 임자 정월 임술일에 태어났다. 강종 2년 8월에 유조를 받아 왕위에 올랐다. 원나라에서 충헌왕(忠憲王)이라 시호를 올렸다. 재의 44년이요 68세를 살았다.」[84] 최충헌은 1214년에 고종을 새로운 고려의 왕으

83) 리외섭 역, 『고려사』(11), (2)고전연구소 고전연구실 사회과학원, 1964, pp, 214-215.

84) 김종서, 『신편 고려사절요』(중), 민족문화추진회, 신서원, 2004. p, 215.

로 추대하였다. 최충헌이 마음만 먹으면 고려국에서는 모든 것이 다 최충헌의 마음먹기였다.

「고종 병자 3년(1216) 2월 일본국의 승려가 와서 불법을 구하였다.」[85)]일본은 고려에 불교를 배우려고 왔는데 불교에 대한 바른 가르침을 전했는지 의문이다. 최충헌이 불교의 승려들에게 만감이 있어서 일본에 불교를 전하는 일에 소극적이었을 것으로 판단하지 않을 수 없다. 일본이 불교를 고려를 통해서 학습하려는 것은 일본이 고려에 대한 침략을 노리고 방문했을 것이라고 판단하지 않을 수 없다.

「고종 병자 3년(1216)정유일에 연등회를 열고 왕이 봉은사(奉恩寺)에 갔다.」[86)] 고종이 봉은사에 간다는 것은 봉은사는 왕건의 진영이 모신사찰이기에 정통성을 인정받기 위함이기도 하다. 봉은사는 그런 의미에서 가장 중요한 사찰이기도 하다. 고종이 연등회에 참석하고 봉은사에 가서 고했다.

「고종 3년(1216) 3월 최충헌이 송악(松嶽)에 제사지내고 돌아오니 중방과 장군방에서 산 중턱에 채색 누각을 짓고 맞이하여 연회를 크게 베풀었다. 최충헌이 또 공신을 미륵사에서 제사지내니 온 서울 사람이 영접하였다.」[87)] 최충헌

---

85) 김종서, 『신편 고려사절요』(중), 민족문화추진회, 신서원, 2004. p, 219.

86) 리외섭 역, 『고려사』(11), (2)고전연구소 고전연구실 사회과학원, 1964, p, 498.

87) 김종서, 『신편 고려사절요』(중), 민족문화추진회, 신서원, 2004. p, 219.

이 국왕의 행세를 하고 있는 모습 이였는데 고려의 정치적인 모순된 시대상을 여실히 말해주고 있다. 고려는 최충헌 시대로 접어들었다.

「고종 4년(1217년) 봄 홍왕사 홍원사 경복사 왕륜사 안양사 수리사 등의 종군한자들이 최충헌을 죽이려고 꾀하여 거짓으로 돌아나는 체 하고 새벽에 선의문 밖에 이르러 급히 불러 말하기를 거란군사가 벌써 닥쳐왔다. 하였다. 그러나 문지기가 들이지 않자 승려들이 북을 치고 떠들며 문을 부수고 들어갔다. 낭장 김덕명(金德明)이란 자가 일찍이 음양설로 최충헌에게 아부하여 자주 요역을 일으켜서 여러 절을 침해한 일이 있었으므로 이 때 승려들의 무리가 그를 원망하여 먼저 그 집을 헐고 장차 최충헌의 집으로 가려고 시가에 이르자마자 순검에게 쫓겨 달아나다가 신창관에 이르러 맞서 싸웠는데 최충헌이 가병을 보내 이들을 양쪽으로 끼고 들이쳤다. 승려의 괴수가 날아오는 화살에 맞아 거꾸러지고 그 무리가 달아나 선의문에 이르렀으니 문이 닫히어 나가지 못하고 모두 흩어져 달아났다. 최충헌의 군사가 쫓아가 300여 명을 죽이고 그 당을 사로잡아 국문하였더니 초사가 원수 정숙첨과 관련되었다. 최충헌이 성문을 닫고 도망간 승려들의 무리들을 찾아내 모두 죽었다. 때마침 큰비가 내리자 흐르는 피가 내를 이르고 또 승려 300여 명을 남계사 냇가에서 죽이니 전후 죽인 사람이 거의 800여 명이 되어 쌓인 시체가 산더미 같아 사람이 몇 달 동안을 지나가지 못했다.」[88] 무신정권은 아주 강력한 힘으로 고려백성들과 고려 불교를 억압하기도 했다. 최충헌은 국왕의 존재를 무시하고 고려를 무신시대의 강력한 모습으로 고려의 정치를 독점하였다. 역대 무신정권하에서 자행했던 모습보다도 더 잔인성을 보여주었다. 최충헌 시대 고려 불교계는 어떠한 모습으로 있었던 것인가. 종파의 기능이라고 말할 수 있는 종파는 단절되었다. 종파라고 말할 수 있는 불교 교단은 또한 정지되었던 고려 불교계였고 말할 수 있다. 이러한 시대 지눌 보조의 정혜 결사운동이 주는 의미는 다름을 말할 수 있다.

「고종 4년(1217년) 8월 계해일에 최충헌이 아뢰기를 후군 병마사 류 돈식(柳敦植)이 적을 만나서도 머뭇거리면서 싸우지 아니 하였으니 청컨대 류돈식과 그 부하 장군들의 관직을 회수하고 종신토록 등용하지 말게 하소서. 라고 하였다. 왕이 이 말을 좇았다. 그런데 류돈식은 최충헌의 생질이라 하여 죄를 용서하였다.」[89] 최충헌은 자신의 친척이라고 하여도 자신의 권력을 위하여서는 단호하게 제거하였다. 이것은 자신의 권력에 대한 독점을 하기 위함이라고 보어야 한다. 최충헌은 자기의 동생도 권력에 도전하기에 제거하였다.

「고종 5년(1218) 3월 최충헌이 나이가 70이 찼으므로 늙음을 고하고 겉으로는 치정(致政)하고자 하니 왕이 그 뜻을

88) 김종서, 『신편 고려사절요』(중), 민족문화추진회, 신서원, 2004. pp, 245-236.

89) 리외섭 역, 『고려사』(11), (2)고전연구소 고전연구실 사회과학원, 1964, p, 507.

알고서 유사에게 명하여 예의를 갖추어 궤장을 내려주고 나와서 보게 하였다.」[90] 최충헌도 늙음을 막지 못한다.

「고종 5년(1218) 12월 초하루 기해일에 몽고 원수들인 합진(哈眞)과 찰라(札喇)가 군사 1만 명을 거느리고 동진(東眞)의 만노(萬奴)가 보낸왕안 자면의 군사 2만 명과 합세 하여 거란적을 치겠다고 선언하고는 화주(和州) 맹주(猛州) 순주(順州) 덕주(德州) 네 성을 쳐서 깨Em린 다음 곧추 강동(江東)성으로 향하였다.」[91] 거란군이 강력한 힘을 가지고 있었다. 고려에서도 거란군에 대항하기 위하여 승군들까지도 총동원하였던 시대였다.

「고종 6년(1219) 9월 임자일에 달이 형혹성을 범하였다. 일관이 아뢰기를 귀인이 죽겠습니다 하니 최충헌이 그 말을 듣고 악공 수십 명을 소집하여 종일 풍악을 울렸는데 밤 3(鼓)가 되자 풍악이 끝나기 전에 최충헌이 과연 죽었다 시호를 경성(景成)이라 하고 백관이 흰옷을 입고 화장하였으며 비기(秘器)우보 고취 기상이 모두 왕의 상사와 비슷하였다,」[92] 고려 무신정권의 최고의 권력자도 세월 앞에서는 막지 못하고 말았다. 고려 무신시대에 권력자 최충헌이 죽었

90) 김종서, 『신편 고려사절요』(중), 민족문화추진회, 신서원, 2004. pp, 251-252.

91) 리외섭 역, 『고려사』(11), (2)고전연구소 고전연구실 사회과학원, 1964, p, 511.

92) 김종서, 『신편 고려사절요』(중), 민족문화추진회, 신서원, 2004. pp, 263-264.

다. 고려왕을 자기마음대로 명령하였던 최충헌이도 죽음 앞에서는 말을 하지 못하였다. 그러나 고려의 무신정권을 단절하지 못하고 최충헌의 아들인 최우가 고려의 무신정권의 대를 이어갔다.

「고종 6년(1219) 겨울 10월 계해일에 서북면 병마사 김군유가 아뢰기를 신의주 별장 한순(韓恂)과 랑장 다지(多智)가 의주를 수비하고 있던 장수를 죽이고 배반하였다고 하므로 장군 조렴경(趙廉卿) 등을 보내여 그들을 불러서 무마하게 하는 한편 상장군 오수기(吳壽祺)를 그곳 병마사로 교체하였다.」[93] 고려는 최충헌이란 장수가 죽었는데도 어느 누구 슬퍼하는 백성이 없다. 최충헌이의 잔인성에 대하여 논할 자가 없다는 말인지 알 수 없다. 고려의 장수들이 전쟁터에서 이탈하는 일이 발생했는데 고종의 명령을 따르지 않기 때문이다. 고종 임금이 강력한 저항의 정신이 있어야 한다.

「고종 6년(1219) 최우가 아비가 모아두었던 금전 진환을 왕께 바쳤다.」[94] 최우는 최충헌의 잔인성에서 벗어나려고 무진 애를 쓰고 있는데 고려백성들은 최우의 그러한 행을 믿을 자가 아무도 없다. 최충헌의 잔인성은 고려백성들이라면 다 알고 있는데 최우가 그러한 모습을 보인다고 하여 바른 정치가라고 인정을 하지 않는다.

---

93) 리외섭 역, 『고려사』(11), (2)고전연구소 고전연구실 사회과학원, 1964, p, 513.

94) 김종서, 『신편 고려사절요』(중), 민족문화추진회, 신서원, 2004. p, 265.

「고종 7년(1220) 2월 병자일 한순(韓恂) 다지(多智) 등이 금나라 원수 우가하(于哥下)에게 투항하였는데 우가하가 그들을 꾀여 다가 목을 베어 함에 담아 서울로 보내왔다.」[95] 고려의 장수인 한순(韓恂) 다지(多智)가 금나라 군에 투항하였다는 것은 고려의 장군의 위상이 손상되었다는 것을 알 수 있다.

「고종 8년(1221) 최우를 봉하여 진양후(晉陽侯)로 삼으니 굳이 사양하고 받지 않았다.」[96] 최우가 진양후라는 직책을 고종이 명하였는데도 받지 않으려고 한 것은 무엇인가 알 수 없다. 분명히 음모가 있다는 것을 알 수 있는데 강력한 권력의 세력인 최충헌의 모습에서 벗어나려고 하는 것이 아닌가 한다.

「고종 8년(1221) 9월 동북면 병마사로부터 또 몽고 사신 저가(這可) 등이 온다는 것을 보고하였다. 정해일에 왕이 대관전에서 4품 이상 신하들을 불러 들여 2차로 오는 몽고 사신들을 받아들이느냐 마느냐에 대한 문제를 상의하면서 왕은 방비 시설을 하여놓고 입국을 거절하려고 하였다. 여러 신하들은 다 말하기를 저들은 군사가 많고 우리는 적은 형편에 영접하지 아니하면 저들이 반드시 침습할 것이니 어찌 적은 것으로 많은 것을 대적하며 약한 것으로 강한 것을 대

95) 리외섭 역, 『고려사』(11), (2)고전연구소 고전연구실 사회과학원, 1964, pp, 5143-514

96) 김종서, 『신편 고려사절요』(중), 민족문화추진회, 신서원, 2004. p, 271.

적할 수 있겠습니까 라고 하니 왕이 좋지 않게 여겼다.」[97] 고려를 방어할 수 있는 지에 대하여 대신들에게 고종이 물었는데 대답하는 것은 몽고 사신을 영접해야 한다고 하니 고종은 한심스럽게 생각을 하였다.

「고종 8년(1221) 10월 사면령을 내리고 조충이 아들 사위 및 전물한 군사의 자손에게 작을 내려주며 또 최충헌과 최우의 조카사위들에게도 작을 내려 주었다.」[98] 최충헌의 가문에 대하여 명종은 온 힘을 다 쏟고 있는 것을 볼 수 있다.

「고종 8년(1221) 10월 무오일에 왕이 리현(梨峴) 최우(崔瑀)의 저택으로 옮겨 앉았다. 경신일에 왕이 몽고 사신을 위하여 대관전에서 연회를 배설하였다.」[99] 고종은 최충헌의 가신들에게 또다시 잡혀있는 것이나 다름이 아니다. 최충헌 가신들은 사병을 거느리고 있고 그 사병에 의하여 운영되고 있기에 권력을 보호하는 측에서 강력한 행사를 할 수 있다. 명종도 최충헌의 가신들의 사병들을 막을 방도가 없었다.

「고종 9년(1222) 가을7월에 동진군사 1만 여명이 정주로 들어왔다. 예전에 한순 다지의 무리들이 섬으로 분배(分配 :

---

97) 리외섭 역, 『고려사』(11), (2)고전연구소 고전연구실 사회과학원, 1964, pp, 515-516.

98) 김종서, 『신편 고려사절요』(중), 민족문화추진회, 신서원, 2004. p, 273.

99) 리외섭 역, 『고려사』(11), (2)고전연구소 고전연구실 사회과학원, 1964, p, 516.

귀양) 되었다가 모두 사면령을 만나 고향으로 돌아갔었는데 이에 이르러 다시 동진군사를 이끌고 정주에 들어와 드디어 의주를 침범하였다. 방수장군 수연(守延)이 맞서 싸우다 패하였다. 인주사람이 적과 통하여 내응하기를 모의하였는데 방수장군이 이를 알고 성 밖에 나와 둔을 치고 그 모의를 풀게 하며 군사를 몰아 동진군사를 엄습하여 2백 여급의 목을 베었다 중군병마사 이적유, 우군병마사 조염경 후군병마사 김숙룡(金淑龍)을 보내 서경군사를 징발하여 그들을 추격하여 잡았다.」[100] 동진 군사들이 고려를 침공하는데 있어 속수무책 이였다. 고려의 운명이 어떻게 될지 알 수 없는 상황이다. 고려는 한마디로 말하자면 무풍지대였고 외세들이 쳐들어오는 발판이었다.

「고종 9년(1222) 8월 계사일에 몽고사신 31명이 우리나라에 왔다.」[101] 몽고의 사신들이 고려에 오는 것은 고려 군사들의 행동에 대하여 정탐하기 위함도 있는데 물구하고 고려에서는 그들에 대한 방어를 하지 못하고 있다.

「고종 10년(1223) 5월 서북면 병마사가 보고하기를 평로진(平爐鎭)에서 어떤 여자가 아들 9형제를 낳았는데 모두가 문무(文武)재주가 겸전하다고 하였다. 왕이 그곳 관리에게 명령하여 그 女子에게 종신토록 해마다 벼 20석씩 주게 하

---

100) 김종서, 『신편 고려사절요』(중), 민족문화추진회, 신서원, 2004. p, 275.

101) 리외섭 역, 『고려사』(11), (2)고전연구소 고전연구실 사회과학원, 1964, p, 518.

였다.」[102]고종 10년에도 자녀를 낳는 것에 대하여 찬양하기도 했다. 전쟁 동안에 죽어가는 청년들과 부녀자들에 대하여 고려에서는 국가에서 힘을 부여한 것 같다. 또한 전쟁에 희생당한 가족들에게도 국가에서도 보호를 하였는데 충신들과 열녀들에 대한 국가의 보호책이 마련된 것 같다.

2, 고려에 대한 몽고의 전쟁선포

최충헌 무신시대의 막을 내리고 최우 무신시대는 고려가 몽고의 침략을 받아 수난을 당하기도 한다. 최우의 무신시대를 이름 하여 고려 항몽 시대로 규정하고 최우 항몽 시대의 역사관을 바르게 조명해보고자 한다. 최우 무신 시대에는 황룡사가 불타고 구인사에 보관하고 있던 팔만 대장경강이 불타는 수난의 시대이기도 하다. 고려는 강화도에 궁전을 이전하고 강화도에서 저항을 하였다. 강화도에서 몽고에 저항하기 위하여 불교의 힘으로 몽고에 저항했고 불교의 힘으로 고려를 지키기 위하여 부처님의 가르침을 판각하였는데 그 판각이 바로 팔만대장경판이다. 고려 시대 몽고와의 저항운동으로 인하여 불교는 호국불교였고 고려백성들은 일심으로 불교를 신앙하였다. 항몽 시대에 불교는 조계종에 속한 선종이었다. 몽고에 저항한 조계종의 위대성을 기리 남

102) 김종서, 『신편 고려사절요』(중), 민족문화추진회, 신서원, 2004. p, 518.

겨야 한다. 고려국가를 위하여 죽어갔던 승병들에게도 부처님의 이름을 복원하고자 한다.

「고종 10년(1223) 8월에 최우가 황금으로 13층탑과 화병 각 한 개씩 만들어 흥왕사에 두게 했는데 무게가 합쳐 2백 근이었다.」[103] 최우는 불심으로 불교에 대한 힘을 얻으려고 하였다. 최우는 아버지 무신정권의 총수였던 최충헌 보다는 불교적이었다고 말할 수 있다. 최충헌은 승려들을 무수히 학살하였다. 최충헌은 자신에 도전하는 자들은 가차 없이 처단했다. 그에 비하면 최우는 불교의 정신을 수용하였다고 말할 수 있다. 불교적이었던 최우이기에 불교적인 불사를 많이 시행하였고 특히 조계종의 선승들과 가까이 하였다. 최우 시대에는 수선사 보조계통의 선승들을 후원하기도 했다.

「고종 11년(1224) 봄 계축일 대신들이 최우(崔瑀)의 집에 모여서 몽고 동진 량국 사신들을 접대하는 절차에 대하여 토의하였다. 몽고사신이 국가에서 준 례물을 가지고 돌아갔다. 이날 왕이 직문하성 마희원(馬希援)에게 명령하여 몽고 사신을 서경까지 전송하게 하였다. 그 사신들이 압록강에 이르려 주포(紬布) 동속을 버리고 수달피만 가지고 갔다.」[104], 몽고의 사신들에 고려에 온다면 고려에서 무엇을 요구하는 것인지 알 수 없다. 고려에 사신으로 오면 많은 것

103) 김종서, 『신편 고려사절요』(중), 민족문화추진회, 신서원, 2004. p, 277.

104) 리외섭 역, 『고려사』(11), (2)고전연구소 고전연구실 사회과학원, 1964, p, 520.

을 요구하기에 고려에서도 몽고의 사신을 반기지 않는다. 고종은 몽고의 사신이 고려를 떠나는 것을 보고 고려 불교계에 승병을 구성하도록 명령을 하지 않았다는 것이 매우 중요하다.

「고종 12년(1225) 봄 정월에 몽골 사자가 서경을 떠나 압록강을 건너서는 국신과 수달피 가죽만을 가져가고 그 마노지 명주 베 등속은 다 버리고 갔는데 중도에서 도적에게 피살을 되었다. 이 사실에 대하여 몽골은 도리어 우리를 위심하여 드디어 국교를 끊었다」[105] 몽골은 고려와의 사자를 보내고 사자가 중도에 죽음에 고려에 책임을 전가하여 전쟁을 강행했던 사건이다. 몽고는 사신의 죽음으로 인하여 고려와의 전쟁 상태로 전개되고 말았다.

「고종 12년(1225)8월 정유일에 이 날은 강종의 제사 날이므로 내전에서 승려 200명에게 음식을 먹였다. 강종의 진전(眞殿)이 현화사(玄化寺)에 있었는데 제삿날이면 왕이 이 절에 가서 분향을 하는 것이 전례로 되었다. 경진년 이후로는 국가에 사단이 많아서 왕이 친히 가지 못했다.」[106] 강종의 제사를 고종이 시행한다는 것은 국가의 전통성을 인정하려고 노력을 하는 고종이다. 고종 12년에는 유독 사찰방문이 많았는데 불교의 힘을 얻고자 하였다.

---

105) 김종서, 『신편 고려사절요』(중), 민족문화추진회, 신서원, 2004. pp, 280-281.

106) 리외섭 역, 『고려사』(11), (2)고전연구소 고전연구실 사회과학원, 1964, p, 523.

「고종 13년(1226) 9월에 최우가 종기가 나서 양부에서 연리(椽吏-아전)에 이르기까지 모두 재를 설치하고 축문을 지어 기도하게 하니 도시가 이 때문에 종이가 귀하게 되었고 의사중에 누구도 능히 이 병을 다스리는 자가 없었다. 함문지후 임정(林靖)의 나내는 본래 의술하는 집의 딸이었는데 독을 빨아내는 고약을 붙이자 효험이 있었다. 그래서 왕이 특별히 임정에게 공부낭중을 재소하여 최우의 뜻을 위로하였다.」[107] 고종 13년에 최우의 위력이 얼마나 컸던지 축언문을 쓰기 위하여 종이가 동이 날 정도였고 왕이 최우의 병을 치료하는 이에게 벼슬을 내리는 행을 하였다니 참으로 고종이 어리석은 왕이라고 말하지 않을 수 없다. 고종의 나약함을 여실히 보여주고 있다.

「고종 14년(1227) 9월 경진일에 감수국사(監修國史) 평장사 최보순(崔甫淳) 수찬관(修撰官) 김량경(金良鏡) 임경숙(任景肅) 유승단(兪昇旦) 등이 명종신록(明宗實錄)을 편찬하여 사관에 배치하고 또 한부를 해인사(海印寺)에 비치하였다.」[108] 고종 14년에는 명종의 실록을 만들어 해인사에 보관하도록 하였다는 것이 또한 사선이 아닐 수 없다.

「고종 15년(1228) 10월에 승려 3만 명을 대접하였다.」[109]

---

107) 김종서, 『신편 고려사절요』(중), 민족문화추진회, 신서원, 2004. p, 286.

108) 리외섭 역, 『고려사』(11), (2)고전연구소 고전연구실 사회과학원, 1964, p, 527.

109) 김종서, 『신편 고려사절요』(중), 민족문화추진회, 신서원, 2004. p,

고종 15년에 승려들 3만 명에게 공양을 하였는데 3만 명의 승려가 모일 장소가 있었던가 하는 의문이 든다. 승려 3만 명을 동원하려면 얼마나 힘 이 든다는 것을 알면서도 승려 3만 명에게 공양을 하였다는 것을 고종이 불교에 대하여 애정을 보였다고 말할 수 있다. 만일에 승려 3만 명을 동원하였다면 하나의 군사조직이라고 말할 수 있다. 또한 3만 명의 승려가 모인다면 불교의 융성함을 말하고 있는 것이나 다름이 아닌데 승려3만 명이 속한 종파가 있었을 법하다.

「고종 16년(1229) 5월 갑술일에 로연(盧演)이 동북면으로부터 돌아왔다. 이 때에 동계(東界) 부방장군(赴防將軍) 김중온(金仲溫)이 고소하기를 로연은 비겁하게 동진과 약조를 정하지 못하였다고 하니 최우(崔瑀)가 성을 내여 로연을 가구소(街衢所)에 가두고 전거제(巨濟) 현령 전룡갑(陳龍甲)을 장평진(長平鎭)전쟁을 삼아 동진과 약조를 정하게 하였다. 왕이 다음과 같이 조서를 내렸다. 농사일이 지금 한창인데 한발이 재래를 끼치고 있다. 이는 점차와 형벌이 잘못된 탓이니 나는 심히 두려워하노라 참형과 교형 이하로서 류형 중에 있는 자는 가까운 곳으로 적당히 옮겨 주고 감금되어 있는 죄수는 다 놓아 주라.」[110] 고종은 농사철에 죄인들의 형벌에 대하여 방면해주라는 명령을 내리는 것을 보면 자비심으로 백성들을 생각하는 임금이다.

294.

110) 리외섭 역, 『고려사』(11), (2)고전연구소 고전연구실 사회과학원, 1964, p, 532.

「고종 17년(1230) 가을 7월에 최우가 가병을 사열하고 격구와 활쏘기를 무려 6일 동안이나 실시하였다.」[111] 최우는 몽고 군사들이 고려를 침공할 것에 대비를 하였는데 최우도 가병이 있어 자신을 보호하는 역할을 하도록 하였는데 최우가 왕의 위력을 보여주고 있었다. 최우가 가병들의 훈련을 시키고 있는데 몽고는 군사를 일으켜 고려를 침공하는 준비를 하고 있었다.

1) 몽고의 고려 1차 침공

몽고는 고려를 침략하기 위하여 준비를 하고 있었는데 제1차 고려 침략의 시도에 대하여 고려는 막을 준비를 하지 못하고 있었다. 실로 몽고군의 강력한 주력부대는 기마병이었다. 고려가 몽고군의 기마병을 막을 준비는 전혀 되지 못했다. 이것은 바로 고려 무신정권의 허약성을 드러내 보였다.

「고종 17년(1230)에 몽고는 금을 정벌하는 군사를 일으키면서 살례탑(撒禮塔)에게 별군을 주어 遼東方面의 金軍을 소탕케 하였다.」[112] 몽고는 금나라를 정벌하기 위하여 요동 방면을 공격하고 고려를 공격하였다. 고려는 몽고군의 위력

---

111) 김종서, 『신편 고려사절요』(중), 민족문화추진회, 신서원, 2004. p, 301

112) 박용운, 『고려시대사』, 일지사,2002, p, 481.

을 성찰하지 못했다. 몽고군은 고려를 침략하는데 있어 주저함이 없었다.

「고종 17년(1230) 9월에 묘통사로 행차하는데 어가가 절문밖에 이르렀을 때 말이 놀라 왕이 땅에 떨어졌다. 지어사대가 왕유가 견륭 행수를 호가 하는데에 삼가지 못하였다 하여 하옥하려 하였으나 어사대부 차척(車倜)은 견륭 두 사람을 탄핵하여 파면하였을 뿐이다.」[113] 고종이 말을 타고 가다가 떨어지는 일이 있었는데 이것은 불길한 면이 없지 않다.

「고종 18년(1231) 8월 몽골원수 살례탑(撒禮塔)이 군사를 거느리고 함신진을 에워싸고 말하기를 나는 몽골군사다. 너는 빨리 항복하라 그렇지 않으면 무찔러 하나도 남기지 아니하리라 하였다. 부사 전환이 두려워 방수장군 조숙창(趙淑昌)과 함께 모의하기를 만약 내가 항복하면 성중백성이 그나마 죽음을 면할 것이다하니 조숙창이 옳게 여겨 드디어 성문을 열고 항복하였다. 조숙창이 몽고사람에게 말하기를 나는 조원수(冲)의 아들이다. 나의 아버지가 일찍이 귀국원수와 형제가 되기를 약속하였다하고 전한은 창고를 풀어 몽고 군사를 막었다. 조숙창이 글을 써서 삭주 선덕진에서 부쳐 몽고군사에게 저항하지 말고 항복하라고 타일렀다. 몽고사람이 조숙창에게 명하여 이르는 곳마다 먼저 진짜 몽고사람이니 마땅히 빨리 나와 항복하라고 말하게 하였다. 철주

113) 김종서, 『신편 고려사절요』(중), 민족문화추진회, 신서원, 2004. p, 303.

성 아래에 이르러 포로로 잡은 서창낭장문대(文大)를 시켜 고을 사람을 불러 진짜 공고군사가 왔으니 마땅히 빨리 나와 항복하라, 라고 타이르게 하였다. 문대가 이에 가짜 몽고이다. 그러니 죽이려 다가 다시 불러 타이르게 하였으나 역시 여전하였으므로 드디어 죽였다. 몽고사람들이 공격을 더욱 급하게 하고 성중에는 양식이 떨어져 능히 성을 지키지 못하고 함락하기에 이르렀다. 판관 이희적(李希勣)이 성중의 부녀자와 어린 아이들을 모아 창고에 넣고 불을 지르고 장정들과 함께 자결하여 죽으니 몽고사람들이 드디어 그 성을 도륙하였다.」[114] 고종 18년에 몽고가 고려를 침략 하였을 때에 조숙창이가 몽고에 투항하였다. 이것은 성주로서의 역할을 다하지 못함이다. 그러한 성주를 감독하지 못한 것은 고종이지만 또한 최우의 책임도 크다는 점을 말하고자 한다. 최우는 무신정권의 실권자였는데 국가의 위기에 있어 그 책임을 다했어야 한다. 그런데 그러한 역할을 다하지 못하고 몽고와 고려는 전쟁을 선포하고 전면전을 실시하는데 최우는 최충헌의 아들로서 고려를 군사적으로 장악하였다. 최우는 고려를 지키기 위하여 강력한 고려를 건설해야할 책임이 최우에게 있었다.

「고종 18년(1231) 9월 을유일에 재상들이 최우(崔瑀)의 집에 모여서 삼군(三軍)을 출동시켜 몽고군 방어 대책을 토의하고 대장군 채 송년(蔡松年)을 북계(北界) 병마사로 임명하

---

114) 김종서, 『신편 고려사절요』(중), 민족문화추진회, 신서원, 2004. pp, 303-302.

였으며 또 각도 군사를 징발하였다. 임진일에 산군(三軍)이 출발하였다.」[115] 최우는 국왕의 명에 의하여 군사를 출동하는 것이 아니라 최우의 집에서 군사회의를 하였다는 것은 말도 되지 않는다. 국왕의 명령에 위하여 삼군를 통솔해야 함에도 불구하고 최우의 집에서 삼군의 출동 명령을 내린다는 것은 있을 수 없는 일이라고 말할 수 있다. 몽고 군사는 고려의 수도인 개경을 항해 계속 남하하고 있었다.

「고종 18년(1231) 겨울 10월 초하루 계축일에 몽고 사람 두 명이 공문을 가지고 평주(平州)에 왔는데 평주에서 곧 그들을 잡아 가두고 이 사실을 정부에 보고 하였다. 정부에서는 의론이 구국하며 혹자는 그 들을 죽여야 된다느니 혹자는 그들이 들어온 이유를 물어보아야 된다느니 하다가 결국 전중시이야 김 효인(金孝印)을 보내어 그들의 온 사유를 묻게 하였다. 그들이 가지고 온 공문은 다음과 같다.

> 《우리 몽고군사가 처음으로 함신진에 왔을 때에 우리를 영접하고 항복하는 자는 다 죽이지 아니하였다. 귀국에서 만일 항복하지 않으면 우리가 끝까지 돌아가지 않을 것이요. 항복을 한다면 동진으로 떠나 가겠다》.」[116]

몽고인 두 사람이 고려에 전하는 문건이 바로 항복하라는

115) 리외섭 역, 『고려사』(11), (2)고전연구소 고전연구실 사회과학원, 1964, p, 536.

116) 리외섭 역, 『고려사』(11), (2)고전연구소 고전연구실 사회과학원, 1964, p, 537.

문건이었다. 몽고인들을 고려에서 압송하여 조사를 하였는데 한 사람은 몽고인이고 한사람은 여진 사람이었다. 최우에게 이러한 사실이 보고되었는지는 알 수 없지만 고려는 몽고군의 침략에 대하여 방어를 하였으나 이기지 못하고 성이 포위되기도 했다.

「고종 18년(1231) 겨울 10월 왕이 승려 3만 명에게 사흘동안 밥을 먹었다.」[117] 고종은 몽고와의 전쟁을 항사하고 있는데 승려들 3만명을 초청하여 공양을 한다는 것은 참으로 어리석은 일이 아닌가 한다. 몽고가 고려를 침략하여 수만명이 죽음으로 갔는데 그것을 천도하지 않고 공양이나 낸 것은 잘못이라고 말할 수 있다. 고려의 북방에서는 전 투자 진행되고 있었다. 몽고의 군사들이 사대문 앞에 까지 내려왔다는 것은 전쟁에 대비책이 전혀 없다는 것을 말하고 있다.

「고종 18년(1231) 12월 초하루 임자일에 몽고군이 서울 4문 밖에 와서 주둔하는 한편 흥왕사(興王寺)를 공격하였다 이날 어서 민희(閔晞)를 보내여 그들에게 음식을 먹이고 강화를 맺게 하였으며 이튿날에도 민희가 몽고군 병영에 가서 몽고 사절 2명과 수원 20명을 데리고 왔다. 왕이 지함문사 최공(崔公)을 접반사(接伴使)오 임명하여 의장병을 갖추고 선의문 밖에 나가서 그들을 맞아다가 선는관(宣恩館)으로 들게 하였다. 살례탑이 안복 도호부에 주둔하고 있으면서 또 사절 3명을 보내여 강하를 하겠다고 하였다. 이튿날 그

117) 김종서, 『신편 고려사절요』(중), 민족문화추진회, 신서원, 2004. p, 309.

들이 대궐에 이르렀다. 왕이 대관전(大觀殿)뜰에 내려가서 북쪽을 향하여 영접하니 몽고 사절이 만류하므로 왕이 그제야 남쪽으로 항해 서서 영접하니 몽고 사절은 털옷 털판에 활과 칼을 찼었다.」[118] 몽고군의 고려침략에 대한 고종의 역할을 보았는데 고종은 자신이 행할 수 있는 역할이 전혀 없다. 그 모든 것은 최우가 장악하고 있기 때문이다.

「고종 18년(1231) 12월 살례탑이 그의 사자와 고려의 장군 조숙창(趙淑昌)을 보내 이첩하여 말하기를 황제께서 신(臣 : 살례탑)에게 명하여 고려에서 사신 저고여(著古與)를 죽인 사고 등 몇 가지 일을 묻게 하였다하고 곧 말 2만 필과 처녀 총각 수천 명 자라 1만 필 수달피 1만 벌과 군사의 의복을 토색하므로 백관에게 명령하여 옷을 차등 있게 추렴하도록 하였다.」[119] 몽고의 군 살례탑이 고려왕에게 몽고의 황제가 보내 고려에 요청을 하는 물품이다. 그런데 이러한 요구를 고종은 들어주었다. 이것이 바로 고려에서 몽고에서 요구하는 요구였다. 고려에 요구하는 말 2만 필이었고 처녀 총각들을 요구하는데 있어 무래한 요구였다. 몽고가 고려를 8월부터 침략하였는데 고려는 몽고와의 전쟁에서 승리할 수 없었다. 그리하여 몽고가 고려에 요구하는 모든 것을 다 들어준 것이었다.

---

118) 리외섭 역, 『고려사』(11), (2)고전연구소 고전연구실 사회과학원, 1964, p, 539.

119) 김종서, 『신편 고려사절요』(중), 민족문화추진회, 신서원, 2004. p, 312.

「고종 19년(1232)봄 정월 임오일에 몽고 사신이 우리나라에 왔다. 계묘일에 그를 위하여 내전에서 연회를 배설하였다. 임진일에 몽고 군사가 철거하였다.」[120] 고종 19년에 몽고군이 고려에서 철수하였다. 이것은 고려는 치욕적이라고 말할 수 있으며 고려의 무신정권의 허약성을 보여주었다. 이것이 바로 몽고의 1차 침략이라고 기록할 수 있다. 그런데 몽고의 1차 침략에서 고려는 많은 것을 상실하였다. 최우의 무신정부에 대한 신뢰였다. 최우의 무신정권을 믿을 수 없다는 것을 알았다. 그런데 몽고와의 전쟁을 하는 동안에도 고려의 승려들에게 3만 명이나 공양을 냈다는 것은 불교의 위력이 현존함을 여실히 말하고 있는 것이나 다름이 아니다.

2) 몽고의 고려 2차 침공

고려는 몽고군의 철수로 인하여 비교적 안정을 찾았는데 고려 청주에서 난이 일어났다. 청주에서 난이 일어남에 청주의 난을 제압하지 않고서는 몽고군의 침략을 막을 수 없다는 판단을 내림으로서 청주의 난을 진압하는데 총력을 다하여 .진압을 한다.

「고종 19년(1232) 2월 삼군이환군하고 3령군만 머물러 오

120) 리외섭 역, 『고려사』(11), (2)고전연구소 고전연구실 사회과학원, 1964, p, 544.

랑케를 막게 하였다. 이날 최우가 후군진주 상장군 대집성(大集成)의 달을 맞아 계실을 삼았다. 새로 과부가 된 대씨가 자색이 있다는 소문을 듣고서 최우가 장가들었다. 이로 말미암아 대집성이 비록 패하여 돌아왔으나 자못 교만한 빛이 있었다. 얼마 뒤에 대씨가 부모에게 문안인사를 하려고 친정에 가는데 최우가 군기별감 이자경(李資敬)을 불러 은병 20개를 찾아오게 하였다. 이자경이 장만해낼 수 가 없어 오점(五店)의 공사 은병을 빼앗아 그 수를 채웠다.」[121] 최우는 몽고의 침략을 대비를 해야 함에도 불구하고 장가를 간다고 하여 요란스런 행위를 자행하고 있다. 최우의 행동에 대하여 비판하지 않을 수 없다.

「고종 19년(1232) 3월 몽고군 30 여명이 또 우리 경내로 침입하여 선주(선주) 창고에 있는 쌀 30석을 약탈하여 갔다.」[122] 몽고군은 고려에 대하여 침략을 늦추지 않고 기회만 있으면 국경을 넘어와 고려를 괴롭혔다. 한편 몽고에서는 고려에 사신을 보내 고려의 내정을 관찰하기도 했다.

「고종 19년(1232) 몽고의 하서원수가 사자를 통해 편지를 부치며 아울러 금실 2필을 보냈는데 그 글에 "영공께 올립니다" 라고 하였으니 최우를 가리킨 것이었다. 최우가 받지 않고 나는 영공이 아니다. 하며 희안공 정에게 보냈는데 정

121) 김종서, 『신편 고려사절요』(중), 민족문화추진회, 신서원, 2004. p, 315.

122) 리외섭 역, 『고려사』(11), (2)고전연구소 고전연구실 사회과학원, 1964, p, 546.

역시 받지 않아 오랫동안 왔다 갔다 하였다. 최우가 마침내 학사 이규보(李奎報)를 시켜 정의 답서를 지어 보내게 하였다.」[123] 몽고에서는 고려를 침공하여 여러 가지 전술을 전개하기도 한다. 그것은 바로 몽고는 고려를 굴복하지 않고서는 대륙을 통일할 수 없다는 판단을 내린 것 같다. 그리하여 몽고는 고려를 침략하고 있는 것이라고 보아야 한다. 최우는 몽고의 침략에 대한 대비책을 마련하지 못하고 있는데 이규보에게 막을 방도를 찾아보라고 하여 이규보는 문장으로 몽고군의 고려 침략을 일시적으로 막기도 했으나 몽고군은 고려를 침략한 준비를 고려 국경지역에서 준비를 하고 있었다.

「고종 19년(1232) 5월에 대신들이 신경전(宣慶殿)에 모여서 몽고의 침략을 방어할 때 대하여 토의하였다.」[124] 고려의 대신들이 몽고의 침략에 대비를 하였다. 그러나 대책을 마련하지 못하고 있는 대신들이다 그들은 몽고에 항복하려는 뜻이 강했다.

「고종 19년(1232) 상장군 조숙창(趙淑昌)과 시어사설신(薛愼)을 몽고에 보내 표문을 오리되 신이라 일컫고 방물을 바쳤다.」[125] 고종은 몽고의 침략에 대비를 해야 함에도 불구

123) 김종서, 『신편 고려사절요』(중), 민족문화추진회, 신서원, 2004. p, 317.

124) 리외섭 역, 『고려사』(11), (2)고전연구소 고전연구실 사회과학원, 1964, p, 548.

125) 김종서, 『신편 고려사절요』(중), 민족문화추진회, 신서원, 2004. p,

하고 최우도 대비책을 마련하지 못하고 있다. 고종은 하는 수 없이 몽고에 고려의 군부인 상장군을 보내고자 하였다.

「고종 19년(1232) 6월 갑자일에 교위(校尉) 송득창(宋得昌)이 사신 지의심(池義深)일행으로부터 도망쳐 돌아와서 고하는 말에 의하면《의심이 살례탑(撒禮塔)의 처소에 도착하니 살례탑이 성을 내여 앞서 보낸 공문에 언급된 것들은 왜 구해 오지 않았느냐고 하면서 의심은 자기 황제에게로 잡아 보내고 나머지 사람들은 다 구금하였다.》는 것이었다.」[126)]고려 고종 19년에는 몽고의 제 2차 침략이 있을 것에 대비하여 최우는 도읍을 강화도로 옮길 것을 결정하고 서둘러 강화도로 이전하고 몽고군에 대항하려는 전략을 최우가 결정하였다. 최우는 더 이상 육지에서 몽고군의 침략에 저항할 수 있는 힘이 없었다. 그래서 최우는 고종을 협박하여 백성들을 버리고 강화도로 피난을 갔던 것인데 몽고군의 침략이 너무도 강력한 힘을 가졌다.

「고종 19년(1232) 6월 최우가 재추들을 그 집으로 모아 천도할 일을 의논하였다. 이에 국가가 태평한지 이미 오래되어 경도의 호 수가 10만에 이르고 단청한 좋은 집들이 즐비하였으며 사람들도 자신의 거처를 편안하게 여기고 천도를 두려워하여 감히 한말도 하는 자가 없었다. 유승단(兪升旦)이 말하기를 작은 나라가 큰 나라 섬김은 이치에 당연한

317.

126) 리외섭 역, 『고려사』(11), (2)고전연구소 고전연구실 사회과학원, 1964, pp, 548-549.

일이었다. 최우가 녹천거 1백여 량을 빼앗아 집안의 재물을 강화도로 옮기니 서울이 흉흉하였다. 유사에게 영을 내려서 날짜를 한정하여 5부 백성을 보내게 하고 성중에 방을 붙여 이르기를 미치지 못하는 자는 군법으로 논하리라 하고 또 사지를 여러 도로 보내 백성을 섬으로 산성으로 옮겼다 .」[127] 고려는 몽고의 침략에 대비하기 위하여 수도를 강화도로 이전하려는 생각만 하고 있는 최우에게 무엇을 어떻게 할 지 모르고 있다. 고려에 몽고군이 몰려오고 있는데 막을 생각을 하지 않고 도망가려는 모의만 하고 있다가 최종적으로 최우는 강화도로 이전할 것을 발표하였다. 만일에 이에 응하지 않는 자는 군법으로 다스리겠다고 공갈 협박까지 하였다.

「고종 19년(1232) 6월 을축일 최우가 왕을 위협하여 강화(江華)로 도읍을 옮기게 하였다.」[128] 고려는 몽고의 침략으로 인하여 더 이상 국가로서의 역할을 할 수 있는 나라가 아니었다. 고려의 전 국토는 몽고군의 침략으로 인하여 국토가 몽고군에 의하여 불타고 있었다. 이러한 시기에 무신정권의 최우는 강화도에 도읍을 옮겨 몽고군의 피해를 막고자 하였다. 고려 최고의 무신이 최우가 왕에게 도읍을 강화도에 옮기고 있을 무렵에 몽고에서는 고려를 침략하려고 대

127) 김종서, 『신편 고려사절요』(중), 민족문화추진회, 신서원, 2004. pp, 318-319.

128) 리외섭 역, 『고려사』(11), (2)고전연구소 고전연구실 사회과학원, 1964, p, 549.

규모 군대를 집결시키고 있었다. 그러나 해전에 약한 면을 고려의 무신인 최우는 간파하고 강화도에 수도를 이전하였다. 고려의 수도가 강화도로 인전한 가운데 몽고군은 고려 국토를 몽고의 별동대부대를 편성하여 공격하였다. 고려의 수도가 강화도로 옮긴 이후에 몽고군은 몽고군의 최강부대 별동대를 이끌고 고려국토를 짓밟았다,

「고종 19년(1232) 9월 살례탑이 처인성을 공격하니 한 승려가 난리를 피하여 성에 있다가 살례탑을 쏘아 죽였다. 국가에서 그 공을 가상하게 생각하여 상장군의 벼슬을 주었으나 승려는 공을 다른 사람에게 돌리며 한참 싸울 때에 나는 활과 화살이 없었는데 어찌 감히 함부로 과분한 상을 받겠습니까. 하고 굳이 사양하고 받지 않았다. 이에 섭낭장으로 삼았으니 이 승려가 바로 김윤후(金允侯)이다.」[129] 고종 19년(1232) 12월 16일 승려 김윤후 스님이 쏜 화살에 몽고 별동대 최고의 지도자 살례탑이를 죽였는데 이것은 바로 불교의 호국적인 입장에서 본다면 국가를 위한 불교사상을 실천함이라고 말할 수 있다 불교의 근본 사상은 불살생인데 어떻게 그러한 살생을 할 수 있는지에 대한 의문이 갈 것인데 수많은 생명을 살리기 위하여 자신의 육신을 버리고 타인을 살리기 위한 살신성인의 정신이라고 보아야 한다.

김윤후 스님에 의하여 몽고의 별동대 대장을 죽였다. 불교승려가 살생을 하지 말라고 하였던 불타의 가르침을 어긴

129) 김종서, 『신편 고려사절요』(중), 민족문화추진회, 신서원, 2004. pp, 321-322.

것은 잘못이지만 더 많은 살생을 막기 위하여 김윤후 스님은 몽고의 별동대 부대의 장수를 죽였다. 그러한 결과로 인하여 고려에 침략군으로서의 만행을 자행하던 몽고군의 최강의 별동대는 고려에서 일단 철수하였다 하지만 몽고군의 별동대는 처인성에서는 잠시 물러가지만 몽고군의 별동대의 대장을 잃은 점에 고려군에 대하여서는 경각심을 가졌다고 말할 수 있다. 고려 고종은 다각도로 몽고군의 침략에 대하여 막을 방도를 찾아내고 있음을 알 수 있다.

「고종 20년(1233) 봄 3월에 사간 최린(崔璘)을 시켜 금나라에 포문을 보냈더니 길이 막혀서 가지 못하고 돌아 왔다. 여름 4월에 몽고에서 다음과 같은 조서를 보내였다.

> 《거란 적을 평정하고 찰라를 죽인 뒤로부터 한번도 사신을 보내오지 않았으니 첫째 죄요. 내가 사신을 시켜 지시를 보내기만 하면 활을 쏘아 도려 보냈으니 둘째 죄요. 당신들이 각고여(著古與)를 죽이고는 만노(萬奴)의 부하가 죽였다고 하였으니 셋째 죄요. 당신을 군문(軍門)에 나오라고 하였으며 당신을 대신을 대궐로 보내라고 하였는데 당신이 이것을 거절하고 섬으로 도망하였으니 넷째 죄요. 당신이 백성을 불러 모아 수를 알리지 않고 결핏하면 거짓말로 보고하였으니 다섯째 죄이다.》[130]

고려는 금나라를 섬기고 있었고 그러한 금나라가 멸망하는 운명을 맞이하고 있을 무렵에 몽고의 침략에 고려는 국

130)리외섭 역, 『고려사』(11), (2)고전연구소 고전연구실 사회과학원, 1964, pp, 560-569.

토를 빼앗길 운명에 시달리고 있었다. 고려의 무신정권에서도 막을 방도를 찾지 못하고 있는데 몽고의 제 2차 침략에 대하여서는 그런대로 막았다고 평가를 하였다.

「고종 20년(1233) 여름 4월에 상장군 이자성을 중군병마사로 삼고 용문창고의 적을 치게 하여 그 괴수 거복(居卜)과 왕심(往心) 등을 잡아죽었다.」[131] 고종은 강력한 힘을 가지고 있는데 최유는 나약하기 그지 없다. 자신의 목숨만을 살려고 하고 고려의 백성을 구하는 일에 나서지 않는 최우(崔瑀)다.

「고종 20년(1233) 6월 서경사람들인 필현보(筆賢甫)홍복원(洪福源) 등이 선유사(宣鑰使)대장군 정의(鄭毅)와 박록전(朴錄全)을 죽이고 은성을 가지고 배반하였다.」[132] 서경에서 반란이 일어났는데 그 반란의 주범이 바로 홍복원이다. 고려는 도처에서 일어나는 반란을 진압하는데 힘을 다하기도 했다. 최우 무신정권은 고려에서 일어나는 반란을 진압해야 하지만 몽고군의 침략에 대한 대비책도 마련해야 한다. 그래서 이중적으로 고통을 당하고 있는 것은 본토에 남아있는 백성들이다. 백성들은 몽고군을 막아내야 할 책임이 있는 최우 무신정권에 불만이 있기 마련이다.

「고종 20년(1233) 12월에 최우(崔瑀)가 가병 3천 명을 보

---

131) 김종서, 『신편 고려사절요』(중), 민족문화추진회, 신서원, 2004. p, 322.

132) 리외섭 역, 『고려사』(11), (2)고전연구소 고전연구실 사회과학원, 1964, p, 561.

내여 복계 병마사 민희(閔晞)와 함께 서경 반란군을 체게 하였다. 이들이 현보고를 채포하여 서울로 보내여 저자에서 허리를 잘라 죽었다. 홍복원은 몽고로 도망하였다. 그의 아버지 대순(大純)과 아우 백수(白壽)와 그의 자녀를 사로잡고 나머지 백성들은 바다 섬으로 몽땅 옮기니 서경은 그만 페허로 되었다. 홍복원의 처음 이름은 홍복량(洪福良)이니 본래 당성사람이다. 조상이 인주에 옮겨와 살아서 서경낭장이 되었었다. 뒤에는 홍복원이 항상 몽고에 있어 드디어 동경총관이 되어 고려군민을 통솔하니 몽고에 항복하여 붙은 40여 성 백성이 이에 속하였다. 참소로 본국을 얽어매고 몽고군사를 따라 왕래하니 그 때 사람들이 주인보고 짖는 개라 하였다. 최우가 홍복원의 아비를 대장군으로 삼고 홍복원의 동생을 낭장으로 삼았으며 장휘(張暉)를 그 사위로 삼고 뇌물을 주기를 그치지 않았다.」[133] 최우는 서경의 반란을 제압하지 않고서는 고려를 지탱하기 어렵다는 판단을 하였던 최우는 군사를 동원하여 서경의 반란군을 토벌하기 위하여 군사를 보내 토벌하였고 홍복원의 가족을 압송하였으나 홍복원은 몽고로 도망갔다. 몽고로 도망간 홍복원은 몽고군이 고려를 침공할 때에 길잡이가 되었던 인물이 되었다. 최우는 그러한 자의 가족을 돕는데 온 힘을 다 하였다니 불상한 최우 라고 말하지 않을 수 없다.

「고종 21년(1234) 봄 여러 도의 장정들을 징발하여 궁궐과

133) 리외섭 역, 『고려사』(11), (2)고전연구소 고전연구실 사회과학원, 1964, p, 561.

여러 관청을 짓게 하였다.」[134] 강화도에 궁궐을 짓는 것도 백성들을 징발하지 않고서는 건립할 수 없다. 이러한 것을 알면서도 최우는 광화도로 이전하는데 온 힘을 다하였다.

「고종 21년(1234) 가을 7월에 내시 이백전(李百全)을 보내 왕의 옷을 남경의 임시궁궐에 봉안하였다. 어떤 스님이 도참에 의거하여 말하기를 부소산에서 갈려 나온 것이 좌소(左蘇)로서 그것을 아사달(阿思達)이라 하였으니 옛날의 양주 땅입니다. 만약 이 땅에 궁궐을 짓고 거처하면 나라의 운세가 8백년까지 연장될 것입니다라고 말하였기 때문에 이렇게 명했다.」[135] 광화도에 궁궐을 짓는데 도선의 이론을 제시하였던 것은 잘못이다. 어리석을 생각을 버리지 않고서는 발전할 수 없듯이 고려의 발전은 백성들의 단결이라고 말할 수 있다. 단결하면 그 어떠한 침략자도 막을 수 있다.

「고종 21년(1234) 겨울 10월 경인일에 최우(崔瑀)를 진양후(晉陽候)로 책봉하였다.」[136] 최우를 진양후로 책봉한 것은 최충헌과 같은 지위를 얻었다. 고려의 무신정권은 국가를 바르게 지키지 못하고 있는데 언제 몽고가 고려를 침공할지도 모르는데 최우에게 주어진 벼슬자리는 높아만 갔다.

---

134) 김종서, 『신편 고려사절요』(중), 민족문화추진회, 신서원, 2004. p, 324.

135) 김종서, 『신편 고려사절요』(중), 민족문화추진회, 신서원, 2004. p, 327.

136) 리외섭 역, 『고려사』(11), (2)고전연구소 고전연구실 사회과학원, 1964, p, 563.

「고종 21년(1234) 에는 金을 공격하여 멸망시키는 등 한주와 중국 북방지역의 공략에 주력하였다. 따라서 고려에 대하여서는 자연히 얼마동안 소극적 태도를 취하였으나 東眞 金의 두 나라를 없앤 뒤를 이어 南宋에 대한 토벌군을 동원하면서 우리 쪽으로도 다시 보복적 공격을 가해왔다. 이것이 당고(唐古)에 인솔된 몽고 제 3차 침입으로 양국 간에 또 한 차례의 싸움이 시작되었다.」[137] 몽고의 군사들이 고려를 향해 출정한 것은 몽고가 그동안 금나라를 멸망하고 남송을 공격할 시기에 몽고군은 고려를 침략 하였다.

고려는 몽고군의 별동대의 무자비한 공격을 대비하지 못하였는데 이것은 바로 고려군의 허약성을 드러낸 것이나 다름이 아니다. 최우의 무신정권에 대한 국가관이 없다. 그런 의미에서 본다면 고종은 국가를 운용할 수 있는 힘이 없다는 것을 알 수 있다. 고려는 몽고군의 강력한 침략에 저항하지 못하고 고려의 국토를 피로 물들였다. 고려의 산천에 백성들의 피로 가득하였고 백성들의 죽음의 행렬에 고려군은 막을 엄두를 내지 못하고 있었던 시대였다.

3) 몽고의 고려 3차 침공

몽고는 금나라를 멸망하고 중원에서 강력한 힘을 가진 군사

137) 박용운, 『고려시대사』, 일지사,2002, p, 488.

대국이 되었고. 금나라는 더 이상 몽고군에 저항할 수 없었다. 한편 몽고는 금나라 전 지역을 완전히 몽고의 강력한 힘으로 금나라를 접수하였다. 그리하여 몽고는 중원에 강자가 되었다. 몽고는 대규모 군사를 동원하여 금나라를 침략함에 그동안 잠잠했던 고려에 대하여 대규모의 군사력을 동원하여 고려를 침략하기에 이른다. 몽고는 금나라를 멸하고 남쪽에 있는 남송을 공격하면서 동시에 고려까지 공격을 하였다. 이것이 몽고의 고려침공 제 3차가 된다. 몽고는 별동대를 조직하여 고려를 침략하고 고려 전 지역을 휘젔고 다녀도 막을 방도가 없었는데 이것은 바로 최우의 허약성이 말해주고 있다.

「고종 22년(1234) 3월에 왕이 조서를 내려 의주 정주 두 고을은 생활이 궁핍해졌고 또 섬으로 옮겨 들어가서 농사짓지 못하니 각각 관리를 둘 필요가 없으므로 정주부사가 의주를 겸하여 다스리게 하였다.」[138] 고려는 육지를 완전히 포기한 것이나 다름이 아니다. 이러한 시기에 고려불교는 어떠한 모습으로 있었는지에 대하여 고찰할 필요가 있다. 그러한 고려 불교계는 김윤후 스님이 활동한 기록만 있을 뿐 자료가 없어 기록을 할 수 없다. 고려 백성들에 대한 고종의 조서의 내용을 들어보면 한심하기 그지 없다.

「고종 22년(1234) 가을 7월 병자일에 서북면 병마사로부터 몽고군이 안변(安邊) 도호부를 침략한다고 보고하였다

138) 김종서, 『신편 고려사절요』(중), 민족문화추진회, 신서원, 2004. p, 328.

.」[139] 몽고군이 고려에 제 3차 침공을 단행 하였다. 몽고는 금나라를 멸하고 남쪽에 있는 남송을 공격하여 평정 하고. 몽고는 남송까지 멸하니 금나라가 차지하고 있던 전 지역과 남송 지역을 통합하여 몽고는 거대한 대 제국이 되었다. 몽고는 거대한 제국이 된 이후에 고려에 대하여 3차의 침략을 단행하였는데 최우는 몽고군을 대적하여 막을 힘을 상실했다. 고종은 최우의 말에 복종이라도 하듯이 몽고군에 대항할 수 있는 힘을 마련하지 못하고 있었다.

「고종 22년(1235) 8월 몽고 군사가 용강 함종 삼등 등의 성을 함락하고 그 수령을 잡아갔다.

9월에 왕이 명하였다.

국가가 도읍을 옮겨 백성이 바야흐로 피폐하게 되었는데 또 오랑케의 난리를 겪게 되었다. 매우 딱하고 불쌍하게 여기노니 중외의 참형이나 교수형을 받은 죄인이외에는 모두 원죄를 면하고 섬으로 귀향갔거나 귀향시킨 자들은 적당히 옮겨주고 또 계사년 이래로 체납한 여러 도의 공부를 면제하게 하라.」[140] 고종 22년에 고려는 몽고의 침략을 받아 도읍을 강화도로 옮겨 고종의 정치력은 말이 아니었다. 고려를 지키지 못하는 비극의 왕이 될 지도 모른다는 생각이 들었던지 고종은 죄인들에게 사면하였다. 고려 시대 죄인이라

139) 리외섭 역, 『고려사』(11), (2)고전연구소 고전연구실 사회과학원, 1964, p, 564.

140) 김종서, 『신편 고려사절요』(중), 민족문화추진회, 신서원, 2004. p, 329.

고 말한다면 정치적으로 죄인을 만들었다. 실로 죄가 있는 것이 아니라 정치적으로 죄인이라고 하여 죽이거나 재산을 빼앗는 일이 한두 가지가 아니다.

「고종 22년(1235) 9월 계해일에 왕이 다음과 같은 명령을 내렸다. 국가에서 도읍을 옮기기에 백성들이 바야흐로 피폐하게 되었는데 게다가 적들의 변난 까지 겪었으니 심히 불상하다. 서울과 지방의 참형 교형 이하 죄수는 모두 용서하여 주고 섬으로 귀향 보내고 시골로 추방하였던 자들은 가까운 곳으로 적당히 옮겨 주라.」[141] 고종은 백성들을 생각하는 마음이 일어났는데 강화도에 도읍을 이전하여 몽고의 침략에 대한 피해는 없다고 말할 수 있지만 진정 고려의 백성들에게 아무런 힘을 주지 못했다. 고종 자신의 안위를 위하여 강화도로 피난을 갔지만 육지에 있는 백성들의 생명을 생각했어야 한다. 백성들과 힘을 합쳐 같이 죽고 같이 살자는 힘을 보여주었어야 하는데 자신만 살고자 백성들을 버리고 피난을 간다는 것은 잘못이다.

「고종 22년(1235) 안동사람이 몽고군사를 유인하여 동경으로 향하게 하였다. 때문에 상장군 김이생(金利生)을 동남도지휘사로 삼고 충청주도안찰사 유석(柳錫)을 부사로 삼았다.」[142] 안동사람이 동경으로 몽고군의 별동대를 유인했다

141) 리외섭 역, 『고려사』(11), (2)고전연구소 고전연구실 사회과학원, 1964, p, 564.

142) 김종서, 『신편 고려사절요』(중), 민족문화추진회, 신서원, 2004. p, 329.

고 하나 육지에서의 전투가 심각하다는 것을 말하고 있다.

「고종 22년(1235) 겨울 10월 초하루 경인일에 동 서북면 병마사가 다 보고하기를 몽고군이 또 대병력을 끌고 경내로 들어왔다고 하였다. 신축일에 몽고군이 동주성(洞州城)을 격파하였다.」[143] 몽고군이 고려를 향해 대대적인 병력으로 침략하고 있다는 보고를 들었는데 이러한 시대적인 비극을 고종은 생각했을 법하다. 백성들을 생각한다면 육지에 남아 저항했어야 하고 육지에서 몽고군에 저항하다가 죽어가는 백성들을 생각했어야 한다. 그런데 고종은 최우의 명령에 복종하고 말았으며 최우에 의하여 고려는 더 많은 백성들의 생명을 몽고군에게 당했고 고려의 명성을 상실하고 말았다.

「고종 23년(1236) 3월 계축일에 태자비가 아들 심(諶)을 낳았다.」[144]고려는 경사났다. 비록 몽고군의 침략으로 도읍이 강화도에 있으나 고려를 이끌어갈 왕자를 태자가 생산했다. 이것은 경축해야 할 일인데도 불구하고 경축을 하지 못했다.

「고종 23년(1236) 6월 경인일에 몽고군이 의주강(義州江)을 거너와서 오물지천(烏勿只川)에 진을 치고 또 녕삭진(寧朔鎭)에 진을 쳤으며 계사일에는 유격병(遊擊兵)이 가주(嘉州)에 와서 진을 쳤고 을미일에는 안북부(安北府)의 운암역

143) 리외섭 역, 『고려사』(11), (2)고전연구소 고전연구실 사회과학원, 1964, p, 565.

144) 김종서, 『신편 고려사절요』(중), 민족문화추진회, 신서원, 2004. p, 330.

(雲岩驛)에 진을 쳤는데 가주 박주(博州) 두 고을 사이에 화기가 하늘에 닿았었다. 그들은 또 선주(宣州) 형제산(兄弟山) 들판에 도합 17개소의 진을 쳤고 병신일에는 자주(慈主) 삭주(朔州) 구주(龜州) 곽주(郭州)에 진을 둘러 쳤다.」 145) 몽고군은 고려를 침략하기 위하여 유격군을 총동원하여 침략을 준비하고 있었다. 몽고군은 6월 7월에 집중적으로 고려를 침공하였다. 몽고군이 고려를 침략할 시기에 고종은 불교의 힘을 얻고자 하여 고려 대장경판을 주조하기 시작했다 이것은 바로 백성들에게 저항할 수 있는 힘과 몽고의 침략에 저항하기 위한 하나의 방편이었다. 고종은 강화도에서 백성들에게 호소하듯이 팔만 대장경판을 조각하기 시작했다.

「고종 24년(1237) 봄에 전라도 지휘사 김경손(金慶孫)이 초적(草賊) 리연년을 처서 이를 평정하였다. 이때 이연년(李延年) 형제가 원율 담양 등 여러 고을의 무뢰배들을 불러모아 해양 등의 주 현을 공격하여 함락시켰다. 적이 김경손이 나주로 들어왔다는 말을 듣고 나주의성을 포위하는데 적이 수풀처럼 빽빽이 모였다. 김경손이 말하기를 적이 비록 많으나 모두 짚신을 신은 촌사람들뿐이다 하고 곧 별초가 될 만한 자 30여 명을 모집하였다. 부로들을 모아놓고 울면서 말하기를 너희 고을은 어향(어향)이니 다른 고을 처럼 적에게 항복해서는 안 될 것이다 하니 부로가 땅에 엎드려 울었다. 김경손이 출전하기를 제촉하니 좌우에서 말하기를 오늘

145) 리외섭 역, 『고려사』(11), (2)고전연구소 고전연구실 사회과학원, 1964, p, 566.

우리 군사는 적고 적은 많으니 다른 주 군의 군사가 오기를 기다려 싸우게 하소서. 하였다. 김경손이 노하여 꾸짖었다. 이 보다 먼저 이연년이 그 무리에게 경계하기를 지휘사는 귀주에서 성공한 대장이라 인망이 매우 중하니 내가 마땅히 산체로 잡아서 도통을 삼을 것이니 활로 쏘지 말라 하였다. 이 날도 적이 또 김경손이 흐르는 살에 맞게 될까 두려워하여 모두 활과 화살을 놓아 둔 채 짧은 칼로 싸웠다 전투가 시작되자 이연년이 곧장 앞으로 나와 김경손의 말고삐를 잡고 나가려 하였다 김경손이 칼을 빼어 싸움을 독려하니 별초들이 죽기로 써 싸워 이연년을 배고 이긴 기세로 다 쫓으니 적의 무리가 크게 무너졌다.」[146] 몽고군이 진을 치고 있더니 고려를 침공 하여 고려는 위기에 처하게 되었다. 고려의 백성들은 불안했을 법하다. 육지에 있는 백성들과 승려들과 승병들은 고려를 위하여 조직이 되고 몽고군을 상대하여 전투를 도처에서 전개하였다. 고려 불교는 이러한 시기에 어떠한 종파의 힘을 나타낼 수도 없었을 것이며 종파라는 이름은 이미 소멸되었다고 말할 수 있다. 고려 종파 불교는 소멸하였다. 특정 종파만이 존재 할 수 없다. 고려 불교의 종파는 몽고군의 침략에 의하여 소멸되었다고 보아야 한다.

「고종 25년(1238) 여름 몽고군이 동경(東京)에 침입하여 황룡사(黃龍寺) 탑에 불을 질렀다.」[147] 고려 군사들은 몽고

146) 김종서,『신편 고려사절요』(중), 민족문화추진회, 신서원, 2004. p, 333.

의 침략을 받아 신라 시대에 건설하였던 황룡사가 불에 타는 수난을 겪기도 했는데 이것은 고려 군사들의 잘못만도 아니다. 이러한 침략을 막지 못한 명종에게 잘못이 있다고 말할 수 있다. 오직 못났으면 신라 시대로부터 전승되었던 불탑이 전소되었는데 그것을 막지 못했다니 참으로 어리석은 고종이라고 말할 수 있다. 경주까지 몽고군의 별동대가 내렸는데도 불구하고 막지 못한다는 것은 몽고군의 별동대의 잔인성을 말해주고 있다. 그런데 몽고군의 별동대를 막지 못하고 있는 것은 몽고군의 별동대에는 고려군이 있고 고려군이 앞잡이 노릇을 하고 있다.

「역적 홍복원(洪福源) 일당이 홀로 남아 지키고 있었다. 그는 본래 여주도령으로 재직하다가 살례탑(撒禮塔)의 처음 침입 때 투항한 뒤 줄곧 몽고군의 길잡이 노릇을 하던 자로 서경을 본거지로 하여 여전히 세력을 펴고 이었던 것인데 최우가 이번 기회에 가병 3000여 명을 북계병마사 민의와 함께 파견하여 그마저 축출해 버렸다. 그리하여 요양과 번주 지방으로 쫓겨난 홍복원은 몽고의 후원을 받아 그곳에 이끌려온 고려의 降民을 다스리는 관령구부고려군만호를 지내지마는 그의 일가는 이후에도 기회 있을 때마다 본국인 고려에 많은 피해를 끼쳤다.」[148] 몽고군의 별동대 대장 살례탑(撒禮塔)을 죽인 김윤후 스님의 위대함이 여기에 있지

147) 리외섭 역, 『고려사』(11), (2)고전연구소 고전연구실 사회과학원, 1964, p, 568.

148) 박용운, 『고려시대사』, 일지사,2002, pp, 487-488.

만 한편으로는 역적인 홍복원의 만행에 대하여서는 자신이 태어난 국가를 배반한 만행 자에게 어떠한 형별을 내려야할지 역사적으로 판단해야 한다. 홍복원이 몽고군의 별동대의 길잡이가 되어 경주의 황룡사와 구인사에 보관하고 있던 팔만 대장경각을 불태우는 만행을 자행하기도 했다.

「고종 26년(1239) 여름 4월에 몽고에서 보가아질(甫可阿質) 등 20에 조서를 주어 보내여 왕이 직접 자기 나라를 방문하라고 하였다. 왕이 제포관(梯浦館) 에서 조서를 받았다. 이 달에 몽고군이 철거하였다.」[149] 고종 26년에는 몽고군의 진영에서 고려왕에게 조서를 받으라고 전갈이 왔다. 몽고에 가서 조서를 받으면 몽고군은 고려에서 철병을 한다고 하였다. 몽고군의 전략일 수도 있다. 하지만 고종은 백성들을 생각한다면 조서를 받아야 하지만 한편 몽고군의 전갈과 같이 조서를 받는다는 것은 굴복이다. 그리고 항복이기에 왕이 조서를 받아서는 아니 된다 . 하지만 고종은 몽고군에 의하여 조서를 받았다. 고종이 몽고군에 조서를 받음으로 몽고군이 철병을 하였다. 몽고군의 전략에 말려들고 말았다고 말할 수 있다.

「고종 27년(1240) 겨울 12월 최우의 서자인 승려 만종(萬宗)만전(萬全)이 다 무뢰배인 악한 승려들을 모아 문도로 삼고 오직 돈 모으기를 업으로 하여 금 은 곡식 비단이 거만으로 계산할 정도였다. 이 문도들이 이름난 절에 갈라서 응

149) 리외섭 역, 『고려사』(11), (2)고전연구소 고전연구실 사회과학원, 1964, p, 569.

거하여 권세를 믿고 횡포한 짓을 함부로 하여 원근에 횡행하였으며 안장 말과 옷을 달단을 본뜨고 서로 관인(官人)이라 호칭하였다」[150] 최우의 서자들이 승려가 되었는데 권력을 믿고 만종과 만전이 백성들의 재물을 빼앗는 만행을 자행하였다. 그러므로 백성들의 원성이 하늘을 치솟았다. 조계종 선승들이 몽고군에 저항하는 시대에 최우의 서자들이 승려가 되었는데 그들은 백성들의 재산을 빼앗는 만행을 자행하기도 했다.

「고종 28년(1241) 9월에 평장사 치사 이규보(李奎報)가 죽었다 규보의 처음 이름은 이인저(仁氐)였는데 꿈에 규성이 나타나 기함을 알리니 규보(奎報)라 고쳤다. 9세에 글을 지어 신동이라는 칭호를 듣고 차차 자라나자 경사 백가와 불교 노자의 책을 한번 보면 문득 기억하였다. 방광 하여 시와 술을 스스로 즐겨 백운거사(白雲居士)라 칭하였다. 급제한지 10년에 승진하지 못하였더니 재상과 금성의 선비들이 번갈아 그를 천거하여 오랫동안 양제를 맡았다. 이때에 몽골군사가 국경을 위협하고 있었으므로 이규보가 전정서를 지어 올렸더니 몽골의 임금이 감동하고 깨달아 철병하였다. 시문을 짓는 데에는 고인의 법도를 모방하지 분방하고 독자적이며 막힘이 없고 웅건 하였다. 시문집 53권이 세상에 전한다.」[151] 이규보가 세상을 떠났는데 고려는 인제를 잃어버

150) 김종서, 『신편 고려사절요』(중), 민족문화추진회, 신서원, 2004. p, 336.

151) 김종서, 『신편 고려사절요』(중), 민족문화추진회, 신서원, 2004. pp,

리고 말았다. 고려에 이규보와 같은 인제가 있었던 시대에 발전하였던 것은 사상성이다. 그런데 그러한 이규보가 세상을 떠났다. 고려는 사상적으로 빈곤하지 않을 수 없다. 이규보에 대한 연구를 통해서 고려의 역사를 새롭게 조명해야 한다.

「고종 29년(1242) 겨울 10월에 조서를 내려 최우에게 식읍을 더하여 작을 올려 공(公)으로 삼았다.」[152] 최우는 최충헌의 아들로서 고려 무신 정권을 이어나가는 소임을 다하도록 명종 29년에 조서를 내렸다. 최우는 최충헌 무신정권의 뒤를 이어갔다. 그러나 최우에게는 최충헌보다는 허약성이 드러났다. 군사력을 발휘하지 못하고 고종을 바르게 지켜주지 못하고 자신의 안위만을 생각하고 있던 최우 이기도 하다. 무신정권의 종말을 고해야 나라가 발전할 수 있는데 고종은 최우의 힘을 믿고 있을 뿐이었다.

「고종 30년(1243) 7월 홍국사를 창건하였다.」[153] 고종 30년 7월에 홍국사를 창건하였다. 고종은 백성들에게 고통을 부여하였는데 강화도에서 사찰을 창건할 이유가 전혀 없다. 백성들의 안위를 위하여 단결을 호소하려는 의도에 대하여서는 인정하나 육지에 있는 많은 백성들을 생각한다면 홍국

338-339.

152) 김종서, 『신편 고려사절요』(중), 민족문화추진회, 신서원, 2004. p, 339.

153) 리외섭 역, 『고려사』(11), (2)고전연구소 고전연구실 사회과학원, 1964, p, 572.

사를 창건할 이유가 없다. 그런데 고종은 사찰을 창건하였다. 백성들의 고혈을 빨아냈던 것인가를 알 수 있다. 또한 백성들은 고려왕 고종을 원망했을 법하다.

「고종 31년(1244) 가을 7월 을사일에 몽고 사신 아사(阿士) 등이 우리 나라에 왔다. 병오일에 몽고 사신을 위하여 연회를 베풀었다. 8월 초하루 사형수 9명을 감형하여 섬으로 귀양을 보냈다.」[154]고종 31년에는 사형수 9명을 감형하여 섬으로 추방하였다는 것은 또 하나의 업적이라고 말할 수 있다. 사형수라고 한다면 몽고군이 사형수이지 고려백성들에게 그러한 죄의 형벌을 내릴 수 있는 국가가 아니다. 그런데 어떻게 하여 사형수가 있었는지 알 수 없지만 몽고군에 저항하지 않고 항복한자들을 말하는 것인지 최우에 저항하다가 잡혔던 인물이 사형수가 되었는지 알 수 없다. 그러나 고종은 사형수에게 감형을 하여 석방하였다는 것은 역사에 길이 남을 행정을 하였다.

「고종 33년(1246) 5월 왕이 명하여 서해도의 주군이 병화를 입었으므로 요역과 공세를 7년 동안 면제하고 또 곡주와 수덕 두 곳의 은공을 5년 동안 감하게 하였다.」[155] 고종은 육지에 있는 백성들에게도 요역과 공세를 물었던 것을 7년 동안 면제해주도록 하였다.

---

154) 리외섭 역, 『고려사』(11), (2)고전연구소 고전연구실 사회과학원, 1964, p, 573.

155) 김종서, 『신편 고려사절요』(중), 민족문화추진회, 신서원, 2004. p, 345.

「고종 33년(1246) 6월 봉은사에 갔다.」[156] 고려 시대 봉은사는 국가적으로 중요한 사찰이다. 봉은사에는 태조의 진연이 있는 사찰이기에 왕위의 정통성을 상징하는 사찰이기도 하다. 고종은 강화도에 피신하였으니 봉은사를 새로 창건하여 왕건 태조의 진영을 만들지 않으면 아니 되었다.

「고종 34년(1247) 6월 만종 등이 서울에 올라와 그 누이와 함께 하소연하기를 아버님이 생존한 때에도 오히려 이와 같이 남에게 압박을 받는데 만약 백세 뒤에는 우리 형제가 죽을 곳도 알지 못하겠습니다." 하였다. 최이가 뉘우쳐 도리어 박훤이 부자간을 이간하였다. 하여 혹산도로 귀양 보내고 송죽첨을 강등하여 동경부유수로 삼았다. 그리고 만전(萬全)을 환속시켜 이름을 최항(抗)이라 고치게 하였다. 대제 이순목(李淳牧)을 시켜 글을 가르치게 하고 서랑 권위(權違)를 시켜 예의를 익히게 하며 곧 좌우위상호군 호부상서를 제수하니 모든 왕씨와 재추가 다 집에 찾아가 하례하였다.」[157] 최우의 대를 이어나갈 고려 무신 정권의 가문을 정했다. 최항은 만전이라는 불가에 귀의하였지만 백성들을 못살게 하였던 장본인이다. 불교의 본래 자비심을 상실하게 한 만전이다 . 최항 이라는 이름을 변경하고 고려의 무신정권을 이어나가는 자리에 올렸다. 최충헌 일가는 고려를 건

156) 리외섭 역, 『고려사』(11), (2)고전연구소 고전연구실 사회과학원, 1964, p, 574.

157) 김종서, 『신편 고려사절요』(중), 민족문화추진회, 신서원, 2004. pp, 347-348.

국한 왕씨와 같은 지위를 부여하였다. 만전의 횡포를 고종은 지켜보아야 할 비극적인 왕이다. 얼마나 왕이 권위가 없으면 백성들의 원성이 있는 자를 고려를 지키는 강력한 군사행정조직에 수장으로 입명 하였다. 최우의 나약함에 고려의 백성들은 고통을 당하고 있는데 최우보다도 더 나약한 만전에게 고려를 통치하도록 한다는 것은 비극이다.

「고종 35년(1248) 3월 최항(崔沆)을 추밀원 지주사로 임명하였다.」[158] 고려는 최항이 정치에 임문하였는데 승려 생활을 할 때에 백성들을 괴롭혔던 자였다. 고려를 이끌어갈 정치에 대하여 바르게 할 수 있을지 의문이 아닐 수 없다. 고려는 국가적으로 위기를 맞고 있는데 정치적으로 강력한 힘을 부여해야 할 무신정권의 층수가 인간의 도덕과 윤리 행을 저버리는 만행을 자행한다면 고려의 미래가 불투명하다. 고려는 비극적인 운명이 아닐 수 없다.

「고종 36년(1249) 겨울 11월에 최우(崔瑀)가 죽으니 내외도방 모두 최항의 집에 돌아가 옹위하였다. 최항이 복상한지 2일 만에 벗었다. 장례를 치르고 난 뒤 최항이 문을 닫고 들어앉아 그 아버지가 사랑하던 여러 첩들을 간통하였다.」[159] 최항은 최우가 지켜온 최충헌의 가업을 이어왔으나 최항은 승려생활을 할 때에 만행을 지행하던 버릇이 되

158) 리외섭 역, 『고려사』(11), (2)고전연구소 고전연구실 사회과학원, 1964, p, 576.

159) 김종서, 『신편 고려사절요』(중), 민족문화추진회, 신서원, 2004. pp, 350-351.

살아났는데 이것은 고려의 불행이다. 최우의 죽음에 의하여 고려는 무신정권의 종말을 고해야 한다. 그런데 무신정권의 종말을 고하지 않고 최우의 아들 만전이 최우의 대를 이어 나갔다. 최항의 본심이 드러났다. 최우가 죽음에 최우의 첩들을 간통한다면 그것은 상상을 초월한 비극적 이라고 말할 수 있다. 최항에 대하여서는 더 이상 말할 수 있는 인물이 아니다. 최항을 인간이라고 볼 수가 없다. 최항의 만행을 통해서 고려 무신 정권의 잔인성을 말하고 있다.

3, 고려 대장경판 완성시대

고종 38년에는 구인사에 모셔진 팔만 대장경 판을 새로 완성한 해이기도 하다. 고종은 오로지 불타의 힘으로 고려를 구하고자 하였으며 고려국을 지켜주기 위하여 16년이란 긴 기간 동안 팔만 대장경판을 완성하는데 힘을 다하였다. 고종이 할 수 있는 것이란 사찰을 방문하는 것 말고 자력으로 행사할 수 있는 일이란 없다. 정치적인 행정은 무신정권이기에 최항에게 있는 것이며 고종은 불교의 힘을 얻기 위하여 사찰을 방문하는 일밖에 없다.

「고종 38년(1251) 9월 임오일에 왕이 성 서문 밖에 있는 대장경판당(大藏經板堂)에 가서 백관을 거느리고 분향 하였다. 현종 때에 새겨진 판본은 임진년 몽고 병화에 타버렸으므로 왕이 여러 신하들과 함께 다시 발원하여 도감을 설치하였는데 16년 만에 준공되었다.」160) 고종 25년에 부인사에 보관하고 있던 팔만대장경 각이 불에 타고 새로 대장경을 판각하였는데 16년이라는 긴 세월이 지났다. 고종이 강화도에 피난 온 것도 16년이란 세월이 지났다. 고종은 전쟁이 하루속히 종결하고 육지로 도읍을 옮기는 환도의 꿈이 있었다. 이것만이 고종이 할 수 있는 발원이기도 하다. 그래서 불교의 힘으로 몽고의 침략에 대한 저항의 정신으로 대장경을 새롭게 발원하기도 하였다 고종은 진실로 불타의 힘을 믿고 환도하는 그날을 염원하였다.

「고종 38년(1251)3월 최항이 계모 대씨(大氏)를 섬으로 귀양 보냈다가 얼마 뒤 독약을 먹여 죽였다. 과거에 최항이 야별초 황보창준(皇甫 昌俊)등을 시켜 대씨의 아들 오승적(吳承績)을 바다에 던졌으나 마침 깜깜한 밤인데다 조수가 물러가서 죽지 않았다.」161) 최항의 잔인성이 드러났는데 이것은 바로 고려의 멸망의 요인이 아닐 수 없다. 고려는 최항 같은 인간의 잔인성을 인정해주면 아니된다. 고려를 이끌어갈 고종은 불교의 힘으로 백성들의 안위만을 생각했는데 그리고 백성들의 안위를 위하여 불타의 힘을 얻고자 기

160) 리외섭 역, 『고려사』(11), (2)고전연구소 고전연구실 사회과학원, 1964, p, 583.

161) 김종서, 『신편 고려사절요』(중), 민족문화추진회, 신서원, 2004. p, 362.

도하고 있는데 무신정권을 이끌어가고 있는 최항은 계모를 죽이는 만행을 자행하고 있었는데 최항의 잔인성에 대하여 말하지 못했다. 이러한 잔인성을 보고도 침묵하고 있다면 고려를 통치할 수 없다.

「고종 39년(1252) 2월 정묘일에 연등회를 열고 왕이 봉은사(奉恩寺)에 갔다.」[162] 고종은 연등회를 열고 봉은사에 간 것은 고려 국가의 위기를 극복하기 위함이기도 하다. 최항의 잔인한 행동을 지켜보는 고종의 심정은 말이 아니었을 것으로 생각하고 고종은 최항의 행동에 대하여 논할 가치가 없다고 판단하였을 것이며 오로지 불타의 마음 안에 귀의하고자 했다. 고종이 할 수 있는 일이란 행사를 유일하게 연등회를 주간할 수 있다.

「고종 40년(1253) 2월에 최항을 문하시중 판리부 어사대사로 임명하였다.」[163] 최항을 문화시중으로 직급을 주었다는 것은 최충헌 가문에 대한 예우를 하고 있다고 보아야 한다. 고려는 역사적으로 불교를 바르게 실천할 수 있는 토대를 국가가 마련했다. 실로 무신정권하에서도 불교적인 관심은 많았다. 최항을 최충헌의 지위에까지 올려주었으니 이것은 무엇을 말하는 것인지 알 수 없다. 고종은 최항을 무하시중 판리부 어사대로 임명하였다.

---

162) 리외섭 역, 『고려사』(11), (2)고전연구소 고전연구실 사회과학원, 1964, p, 584.

163) 리외섭 역, 『고려사』(11), (2)고전연구소 고전연구실 사회과학원, 1964, p, 586.

「고종 41년(1254) 2월 정준(鄭準) 최평(崔枰) 임경필(林景弼)을 모두 추밀원부사로 충주산성별감 난장 김윤후를 감문의섭상장군으로 삼고 그 나머지 전공이 잇는 자와 관노와 백정도 또한 차등 있게 벼슬을 주었다.」[164] 고종 41년에 김윤후 스님에게 벼슬을 주었는데 이것은 역사의 위대한 성과를 기억하게 한다는 의미에서 또한 칭송할 만한 김윤후 승려였다. 그런데 김윤후 스님은 그러한 벼슬을 원하지 않고 자신이 행한 일이 없다고 말하였다. 고려 불교사에서 가장 힘을 부여할 수 있는 승려가 바로 김윤후 스님이다. 그런데 김윤후 스님에 대한 예우도 전혀 하지 않고 있다.

「고종 41년(1254) 12월에 최린이 돌아와 아뢰기를 "차라대의 말에 최항이 왕을 모시고 육지로 나오면 군사를 파하겠다 합니다." 하였다. 이 해 몽고 군사에게 포로로 잡힌 남녀가 무려 20만 6천 8백여 명이나 되고 살육된 자가 이루 헤아릴 수 없었으며 거쳐 간 고을들은 모두 잿더미가 되었으니 몽고 군사의 난이 있은 뒤로 이 때 보다 심한 적이 없었다.」[165] 고종 41년에 고려인들 20만 6천 8백 명을 몽고의 포로로 잡혀갔다. 이것은 고종의 잘못 판단한 것이기에 고종에게 문제가 있는 것이며 고종의 판단에 의함이 아니다 하지만 고려백성들이 몽고군에게 끌려가는 것은 고종이 해

164) 김종서, 『신편 고려사절요』(중), 민족문화추진회, 신서원, 2004. p, 381.

165) 김종서, 『신편 고려사절요』(중), 민족문화추진회, 신서원, 2004. p, 387.

결해 주어야 한다. 국왕은 백성을 위하여 존재하는 것이지 백성의 생명을 보존하지 못한다면 국왕으로서의 역할이 없다고 말할 수 있다. 고려인들이 몽고군에게 이끌려 갔던 수가 20만 6천 8백 명이라고 기록하고 있지만 그 수는 더 많을 것이라고 보고자하며 죽은 자를 포함하면 더 많은 백성들의 생명이 몽고군에게 죽임을 당하는 몸이다.

「고종 42년(1255) 2월 갑신일에 최항(崔沆)이 왕에게 주육을 바쳤다. 왕이 태자와 모든 종친을 불러 내전에서 연회를 베풀어 음악을 잡히고 밤을 새워가면서 놀다가 파하였다. 이 때에 민간에서는 굶어 죽은 시체가 있었는데 왕이 권신들에게 견제되어 하는 수 없이 연회를 배설하였다.」[166] 최항은 바른 정신을 지닌 정치가가 아니라 백성들의 고혈을 빨아먹었던 자인데 그러한 것은 문제가 되지 않는다고 생각하였던 인물이다. 만일에 백성들을 생각한다면 그러한 행을 할 수 없다고 말할 수 있지만 최항은 백성들에 대한 애정이 없는 자였다.

「고종 42년(1255) 최의(崔竩)를 전중내급사로 삼고 붉은 가죽띠를 주었다 최이는 최항의 종첩소생인데 최향이 적자가 없었으므로 뒤를 잇게 아들로 삼으려 하여 권위 임익(任翊) 정세신(鄭世臣)을 시켜 예를 가르쳤다.」[167] 최향의 뒤를

---

166) 리외섭 역, 『고려사』(11), (2)고전연구소 고전연구실 사회과학원, 1964, p, 605.

167) 김종서, 『신편 고려사절요』(중), 민족문화추진회, 신서원, 2004. p, 390.

잇게 하려는 것은 최충헌 가문의 위상을 마련하기 위함이기도 하다 최의가 높은 지위에 오르게 된다. 최충헌 가문 무신정부의 연장을 말함이다.

「고종 42년(1255) 12월 경인일에 최항을 중서령으로 기윤숙(奇允肅)을 문하시랑 동 중서 문하평장사로 이군경(李君卿)을 지문하 성사로 각각 임명하고 조수(趙脩)를 정당문학으로 임명하여 뢰직하게 하였다.」[168]고종은 최항을 중서령으로 임명하고 고려를 수호하는데 전력을 다하라고 하였다.

「고종 43년(1256) 10월 갑신일에 차라대(車羅大)의 부하인 동경(東京) 총관(總管) 송산이 자기의 처와 수원 5명을 대리고 귀순하여왔다 최항이 그들에게 사관을 주어 후하게 대접하고 그들이 온 이유를 물으니 송산이 말하기를 . 내가 온 것은 몽고가 위태롭고 귀국이 강대하기 때문이 아니라 나에게 세 가지 죄가 있어서 이렇게 왔다. 그것은 첫째로 차라대가 남계로 들어가면서 나더러 의주(義州)를 지키라고 하였는데 내가 굳이 지키지 못하였으며 둘째로 그 후 내가 농사를 장려하고 양식을 저축할 책임을 졌는데 그 해 농사가 잘되지 못하였고 창고가 비었으며 셋째로 고려 군사가 온다는 말을 듣고 70명을 보내어 정탐하였는데 한 사람도 돌아온 자가 없었기 때문이다 라고 하였다 이에 그에게 집 한채와 곡식 기명 포백과 남종 여종 세 명을 주었다」[169]. 몽고군사

---

168) 리외섭 역, 『고려사』(11), (2)고전연구소 고전연구실 사회과학원, 1964, p, 608.

169) 리외섭 역, 『고려사』(11), (2)고전연구소 고전연구실 사회과학원,

진영에서 고려에 귀순하여 왔다. 이것은 전략적으로 보면 대단한 정보를 얻을 수 있다. 그러나 몽고의 군사진영의 진을 친 곳이 넓어서 몽고군진영의 정보는 작다고 말할 수 있다.

「고종 44년(1257) 윤4월 최항이 죽었기 때문에 임시로 동당을 정지하였다.」[170] 고려의 무신정권의 연장을 하고 있던 최항이 죽었다. 최항의 잔인성이 終末을 고하였다.

최항의 잔인함에 대한 고려 백성들이 너무도 잘 알고 있기에 슬퍼하는 백성은 아무도 없었다고 보아야 한다. 고종 44년에 최항이 죽었기에 그동안 최충헌 최우 최항 이어왔던 무신정권의 종말을 고하는 역사적인 순간이라고 말할 수 있다. 고려 고종의 허약성 나약성이 이제야 벗어날 수 있는 힘이 있음을 고찰할 수 있다. 최항이 죽었다고 하여도 최충헌 가문은 강력한 힘이 존재하고 있었다. 최항의 뒤를 최이가 이었다. 그러나 최이는 최항 보다도 힘이 없었다. 최항의 죽음에 고려는 침묵하고 있었다.

1). 최충헌 무신시대 종말

고려의 무신정권의 연장은 최이에 의하여 종말을 고하고 더

1964, p, 612.

170) 김종서, 『신편 고려사절요』(중), 민족문화추진회, 신서원, 2004. p, 400.

이상 최충헌 무신정권은 연장이 용납되지 못했다. 고려에서 무신정권이란 있을 수 없다. 고종은 강력한 자신의 권위를 회복하여 최충헌 무신정권의 종말을 축하하기도 했다.

「고종 44년(1257) 가을 경오일에 최의(崔竩)를 우부승선으로 임명하였다. 임신일에 김식이 차라대의 병영으로부터 돌아와서 다음과 같은 차라대의 말을 전하였다. 왕이 만일 친히 오면 우리가 곧 회군을 할 것이요 또한 왕자를 우리 정부에 보내면 영구히 뒤 근심이 없을 것이다.」[171] 몽고군의 진영에서도 고려와 화친을 하고자 하는 바램이 있었다고 말할 수 있다. 실로 고려군의 저항은 백성들의 한을 해결할 수 있는 국왕의 대결적인 모습만 보였다면 고려가 그리 쉽게 무너지지 않는다는 것을 몽고군 진영에서도 알고 있다. 몽고군이 아무리 강력한 힘을 지니고 있다고 하여도 고려백성들이 일치단결만 한다면 그 어떠한 적도 물리칠 수 있다. 그런데 단결을 하지 못하는 것은 무신정권이기에 백성들이 힘을 부여하지 못했다.

「고종 45년(1256) 3월 병자일에 대사성 류경 별장 김인준(金仁俊) 등이 최이(崔竩)를 죽이고 정권을 다시 왕에게로 올렸다. 류경을 추밀원 우부승선으로, 박송비를 대장군으로 김인준을 장군으로 각각 임명하고 기타 인원들에게도 다 벼슬을 차등 있게 주었다.」[172] 최충헌의 무신정권의 가문이

171) 리외섭 역, 『고려사』(11), (2)고전연구소 고전연구실 사회과학원, 1964, p, 615.

172) 리외섭 역, 『고려사』(11), (2)고전연구소 고전연구실 사회과학원,

막을 내리었다. 최이의 죽임으로 인하여 고종은 새로 왕이 된 그러한 기분이었다. 얼마나 오랜 세월동안 왕위에 있으면서도 왕의 존재를 바르게 성찰하지 못했던 고종이었다.

「고종 45년(1258) 6월 차라대가 파호지 등 6명을 보내왔다. 왕이 제포관에 나가서 만나보자 파호지가 차라대의 말을 전하기를 황제의 칙령에 고려국이 만일 실제로 강화에서 나와 항복하면 비록 개나 닭이라도 하나도 죽이지 말고 그렇지 않으면 섬을 처서 부수라 하셨으니 지금 국왕과 태자가 서경에 나와서 항복하면 곧 회군하겠다. 하였다. 왕이 이르기를 나는 이미 늙고 병들어 멀리 갈 수 없다. 하고 영안공 희(僖)와 지중추원사 김보정을 차라대가 주둔한 곳에 보냈다.」[173] 고종 45년에는 몽고가 강력하게 강화도 섬에서 육지로 나오라고 엄명하였고 만일에 나오지 않으면 강화도를 파괴하라고 하였다. 고종은 몽고 군사 앞아 나서지 않으려는 뜻을 전하기도 했다. 고종은 최충헌 무신정권의 힘에 굴복하였지만 무신정권이 종말을 고한 시점에 더 이상 정치적으로 부담이 없었다고 말할 수 있다. 그래서 국왕으로서의 역할을 할 수 있다고 판단을 하기도 했다.

「고종 46년(1259) 봄 무오일에 정지(鄭芝)를 서북면 병마사로 김윤후(金允侯)를 동북면 병마사로 각각 임명하였다. 모든 절의 스님들과 강화(江華) 지역 내의 여러 현(懸) 인민

1964, p, 618.

173) 김종서, 『신편 고려사절요』(중), 민족문화추진회, 신서원, 2004. pp 411-412.

들에게 곡식을 차등 있게 주었다」[174] 고종은 김윤후 스님을 항상 잊지 않고 벼슬을 내리고 있는데 대하여 고려 호국불교의 역사성을 성찰할 수 있는 힘이 있었다. 고종은 김윤후 스님을 생각하고 있었는데 최충헌 무신정권이 소멸된 이후에 더욱더 간절하였다. 그것은 백성을 사랑하는 마음이라고 보아야 하지 않는가. 고종은 김윤후 스님을 생각하고 있다는 것 그자체가 소중하다고 보았다.

「고종 46년(1259) 6월 임인일 왕이 류정의 관저에서 죽었다. 대장군 김인준(金仁俊)이 안경공(安慶公)을 추대하여 왕위를 잇게 하려 하니 량부(兩府)에서 의논하기를 맏아들이 뒤를 이은 것은 고금의 통례로 되어 있거든 하물며 이번에 태자가 왕을 대신하여 몽고 정부에 들어갔는데 그 아우를 임금으로 삼을 수 있겠느냐고 하면서 드디어 왕이 남긴 조서를 발표하였다. 조서 요지는 다음과 같다. 내가 덕은 적고 책임이 중대한데 병이 이렇게 위중하다. 왕위를 오래 동안 비어 둘 수 없고 더군다나 나의 맏아들이 그 덕행이 족히 임금 노릇을 할 만하기에 그에게 나의 자리를 맡기노니 모든 관원 들은 각각 자기 직무를 담당하여 새 왕의 명령에 순종할 것이며 새 왕이 몽고에서 돌아오기 전에는 군국의 모든 일을 나의 손자에게 물어하라 릉묘 제도는 되도록 검박하게 하고 하루를 한 달로 계산하여 입은 상복은 3일 만에 벗게 하라.」[175] 고종은 왕위에 46년간이나 있었고 나이

---

174) 리외섭 역, 『고려사』(11), (2)고전연구소 고전연구실 사회과학원, 1964, p, 626.

는 68세였다. 고려와 고종이야 말로 파란 만장한 시대에 살다간 불행한 고려의 왕이다. 고려의 무신정권에 의하여 국왕의 지위를 한번도 실시해 본적이 없는 왕 최충헌 무신정권하에서 최우의 명령에 복종하여 개성에서 강화도로 도읍을 이전하여 20만 6천 8백 명이란 수를 몽고에 포로로 잡혀간 비극의 왕 정통성이 없는 무인정권하에서 왕위에 올라 몽고의 침략을 받아 백성들에게 고려의 위상을 바르게 보여주지 못했던 고려왕이다. 강화도 섬에서 특별히 불교의 힘을 얻고자 하여 팔만 대장경판을 16년간 긴 기간 동안에 부처님께 발원하여 완성했다.

「고종 46년(1259) 6월 왕의 제위 년수는 46년이요 향년 68세였다. 시호는 안효(安孝) 묘호는 고종(高宗)이며 릉호는 혼능(洪陵)이다.」[176] 고종은 46년간이라는 오랜 기간 왕이 되었으나 고종 25년에는 황룡사가 불타고 말았다. 고려 왕 고종은 비극의 시대에 살았던 고려왕으로서 역할을 죽음으로서 역할을 다 하였다. 강화도에서 개성으로 귀환하지 않고 죽음으로 몽고에 저항했다고 보아야 한다. 몽고에 항복하지 않았던 고종이다. 고려 고종의 뒤를 이어 고종의 장남이 몽고에서 돌아와 고려왕이 되었다.

「이름은 식(植)이요 자는 일신(日新)이며 그 전 이름은 전

175) 리외섭 역, 『고려사』(11), (2)고전연구소 고전연구실 사회과학원, 1964, pp, 630-631.

176) 리외섭 역, 『고려사』(11), (2)고전연구소 고전연구실 사회과학원, 1964, p, 631.

(倎)이니 고종의 장자이고 어머니는 안혜(安惠)태후 류씨(柳氏)이다 고종 6년에 몽고에 들어가 조회하고 다음해에 환국하여 즉위하였다. 뒤에 원나라에서 충경왕(忠敬王)이라 시호하였다. 재위 15년이요. 56세를 살았다.」[177] 고종의 장자인 식은 고려의 왕으로서의 역할을 다할 수 있는 능력이 있는데도 불구하고 비극적인 몽고의 식민지 시대의 불행한 시대를 살았던 왕이다. 원종 원년(1260) 년에 고려왕이 되었는데도 불구하고 몽고에서는 강화도로부터 송도로 나오라고 명령을 하기도 했다. 또한 강화도에 있는 많은 승려들에게도 육지로 나가라는 명령을 내리기도 하였다.

2). 고려 항몽 시대의 종말

고려 원종(1260)은 몽고의 침략을 받아 항몽의 시대에서 고려의 운명을 함께 하였던 시대로 전환하고 고려의 역사를 비극적인 역사로 만들지 않으려고 하였던 시대 섬의 정치에서 육지로의 정치를 실행하는 고려 강화도에서 개성으로 환국한 시대의 왕이다. 강화도에서 육지로 환도했다 하여도 이미 몽고의 식민지가 된 고려였다. 고려는 몽고에 의하여 점령당하고 또한 정치적으로 몽고와 고려는 부마국이 되는 운명을 택하게 된다. 고려 불교는 고종때보다도 원종 때에 와서 왕의 불심이 더욱 돈독하였다. 고려 불교의 종파에 대

177) 김종서, 『신편 고려사절요』(중), 민족문화추진회, 신서원, 2004. p, 433.

하여서는 그 활동이 정지되었다고 말할 수 있다. 고려 불교의 종파불교는 그 기능을 상실했다고 보아야 하며 천태종 조계종은 불교라는 이름으로 남아있을 뿐이었는데 원종은 선에 대한 관심이 있었다. 고려 불교는 강화도로 도읍을 이전한 이후로는 육지에서는 고려 불교를 대표하는 조계종 이라는 종파로서의 역할을 다 하지 못했다.

「원종 원년(1260)년 3월 을축일 전체 관원 백성들 승려들에게 모두 옛 서울에 집을 지으라고 명령하였다. 참지정사 리 세재 동지 추월원사 황보기(皇甫琦) 우 부승선 채정(蔡楨) 등을 보내어 왕을 서경에서 맞게 하였다. 그런데 그 때 왕은 이미 서경을 지났었다. 속리대(束里大) 강화상(康和尙) 등이 다로화차가 되어 왕을 따라 왔는데 속리대가 성을 내여 말하기를 어찌 하여 맞이 나오는 것이 이렇게도 굼뜬가 전일에 우정이 우리나라의 진주 사람인데 어릴 때 붙잡히여 몽고에 들어가서 이름을 수형(守衡)으로 고친자이다.」[178] 원종은 원년에 오래 동안 고려의 수도를 강화도에 있었는데 몽고와의 부마국이 되면서 강화도에 있는 도읍을 개성으로 이전하였는데 그 해가 바로 1260년의 해다. 원종은 백성들에게 당부하면서 고려의 모든 백성들과 승려들은 개성에 집을 지으라고 명령을 내렸다. 고려 전 지역 또는 개성은 물론 고려 국토는 몽고의 침략으로 인하여 국토가 절망의 나라로 변해버리고 말았다. 고려 불교계도 마찬가지라고 말할

178) 리외섭 역, 『고려사』(11), (3)고전연구소 고전연구실 사회과학원, 1964, p, 8.

수 있다. 특히 고려에 불교종파들마저 상실한 시대에 고려 불교의 종파를 회복하는 과제가 남아있다.

「원종 원년(1260) 4월 무오일 왕이 강안전(康安殿)에서 왕위에 올랐다. 경령전(慶寧殿)에서 관정(灌頂)하고 보살계(菩薩戒)를 받고 강안전에서 나와 백관의 축하를 받은 다음에 누런 옷을 입고 남쪽으로 향하여 룡상에 앉았다. 속리대 파투(破透)도 공(公) 후(候) 백(伯)과 재상들과 문무량반의 참상(參上) 인원들은 차례로 강안전 뜰 예식을 거행한 후 만세를 불렀다. 예식이 끝나자 왕은 편전(便殿)으로 들어가면서 태손에게 분부하여 손님들을 위하여 연회를 차리게 하였으며 복야 이하의 문부 관원들로 하여금 연회에 참석하여 그들을 배석하도록 하였다.」[179] 원종은 몽고에 사신으로 갔다가 돌아와서 왕위에 올랐다, 왕위에 오르고 나서 보살계를 받았다. 이것은 바로 불교적인 관점에서 왕위에 오른 것이라고 보아야 한다.

「원종 원년(1260) 8월 왕비 류씨(柳氏)를 책봉하여 왕후로 삼고 아들 심(諶)을 태자로 삼았다. 왕후는 곧 신안공 전(佺)의 딸인데 이름하여 류씨(柳氏)라고 하였다.」[180] 원종은 류씨를 왕후로 책봉하고 심을 태자로 명하였다.

「원종 원년(1260) 11월 정축일 팔관회를 차리었으므로 왕

179) 리외섭 역, 『고려사』(11), (3)고전연구소 고전연구실 사회과학원, 1964, p, 14.

180) 김종서, 『신편 고려사절요』(중), 민족문화추진회, 신서원, 2004. p, 443.

이 법왕사(法王寺)에 갔다. 나라에 상사(喪事-고종의 복상 기간) 가 있는 이때에 환궁악(還宮樂)을 연주하였으므로 유식한 사람들은 이를 조소하였다.」[181] 원종은 불교적인 행사에 참여하고 불교적인 관점에서 고려를 지키고자 하였다. 원종 시대는 무신정권의 강한 압력과 왕위에 대한 멸시 같은 것은 없다. 왕으로서의 역할을 할 수 있는데 문제는 몽고의 명령에 복종이라도 해야 한다. 몽고에 복종하는 국왕이 되었는데 백성들의 마음은 어느 정도 안정을 유지할 수 있었다. 백성들의 안위를 위하여 국왕이 몽고에 항복을 하였다고 말할 수 있다. 국왕은 백성의 안위를 위하여 나서야 한다.

「원종 2년(1261) 4월 여름에 태자 심을 몽고에 보내 아리발가(阿里孛哥) 평정을 하례하는데 백관에게 은과 베를 차등있게 거두어 여행의 비용을 보탰다.」[182] 원종은 태자 심을 몽고에 보냈다. 이것은 고려와 몽과와의 화친에 대한 보답이라고 보아야 한다.

「원종 2년(1261)9월 계해일 태자가 몽고로부터 돌아 왔다. 황제는 시위 장군(侍衛將軍) 발립살(勃立訖)과 례부 랑중(禮部郎中) 고일민(高日民) 등에게 명령하여 태자일행을 호위하게 하였다.」[183] 몽고로부터 태자가 돌아왔다.

---

181) 리외섭 역, 『고려사』(11), (3)고전연구소 고전연구실 사회과학원, 1964, p, 24.

182) 김종서, 『신편 고려사절요』(중), 민족문화추진회, 신서원, 2004. p, 446.

183) 리외섭 역, 『고려사』(11), (3)고전연구소 고전연구실 사회과학원,

「원종 3년(1262) 여름 4월에 판비서성사 박윤(朴倫)을 몽고에 보내 방물을 바치니 황제가 왕에게 비단 9필을 주었다.」[184] 원종 3년에는 몽고의 후덕함에 대한 교류를 하였는데 고려는 몽고에 많은 것을 주고 몽고황제는 고려에 작은 것을 받았다. 고려는 몽고의 침략을 받아 백성들에게 고통을 안겨주었을 분만 아니라 몽고는 강성한 고려와 금나라를 정복하고 또한 금나라에 원나라를 세워 국호를 대원이라고 불렀다. 고려 왕조는 몽고에 저항하였지만 더 이상 저항할 수 없어 몽고에 굴복하고 말았다. 고려는 몽고에 의하여 국가의 모든 운명을 맡기지 않으면 아니 되었다. 고려는 국가로서의 존재를 상실하고 고려의 역사와 문화는 몽고의 역사와 문화에 접목되었다. 고려는 고대 시대의 역사관을 상실하고 몽고의 역사와 몽고의 문화를 학습하고 몽고의 식민지 시대를 열어나갔다.

「원종 4년(1263) 6월 일본의 관선(官船)대사(大使)여진(女眞) 등이 송나라에 들어가 불법을 배우려고 떠났다가 풍파를 만나 표류하여 승려 속인 함께 230 명은 개야소도(開也所島)에 닿았으며 대재부(大宰府) 소경전(小卿殿)의 보통 상선에 탄 78명의 사람들이 송나라로부터 본국(日本)에로 돌아가려다가 바람을 만나 배를 잃고 작은 배로 선주(宣州) 가차도(加次島)에 표류하여 왔으므로 전라도 안찰사에게 명령

1964, p, 28.

184) 김종서, 『신편 고려사절요』(중), 민족문화추진회, 신서원, 2004. p, 447.

하여 량식과 배를 주어 그들의 나라로 호송하여 주었다.」[185] 원종 4년 1263년에 일본인들은 송나라에 불법을 배우려고 갔다가 풍랑을 만나 바다에 포류 하고 있었던 것을 위기에서 구해주었던 사건이라고 보아야 하는데 불법을 배우려 간 일본인들과 승려들에 대한 예우를 고려에서는 국가의 위상을 드높이는 역할을 하였다. 이러한 시대에 살고 있던 불교인들의 고통은 말이 아니었다. 고려에 불교교단이 존재할 수 있었던가 묻지 않을 수 없다. 나라가 소멸한 시점에 불교종파가 존재했다면 고려의 불교는 고려를 바르게 지켰을 지도 모른다. 고려국을 불교국이라고 보는 학자들에게 있어서 고려를 새롭게 탐구해보라고 말하고자 한다. 고려는 불교 사상을 전개하지 못했다.

「원종 5년(1264) 7월 기해일 왕시 선지(宣旨-본부)를 내리기를

"우리 조상 태조 때부터 불교를 신봉하여 부처의 은밀한 보호를 받아 왕실의 운명을 연장하여 왔는바 가장 인왕반야(仁王般若)는 나라를 수호하고 백성을 안녕케 하는 바와 같이 백사자(百師子)등의 법보(法寶)와 위의(威儀)는 즉 도장을 차리는데 긴급히 요구되는 도구이다. 전자에 수도를(江華島에) 옮길 적에 사자좌(獅子座)를 운반하지 못하였으므로 불교경전의 강석(講釋) 법연(法筵)을 할 때 법식대로 갖추지 못하였다. 그런데 김준(金俊)은 이번에 내가 친히 몽고에 입

185) 리외섭 역, 『고려사』(11), (3)고전연구소 고전연구실 사회과학원, 1964, p, 37.

조하는 것을 돕기 위하여 인왕법회(仁王法會)를 열고져 하여 이 경전을 인쇄하여 신(新) 구(舊) 두 가지의 번역문으로 각각 102 부씩 완성하였다. 또 사자좌(獅子座) 100개를 만들고 채색 그림으로 장식하였으며 불공할 때 쓰는 기구 의복 물품 등에 이르기까지 모두 정밀하게 갖추었으니 그 충성이 아주 대단하다. 그러므로 김준의 구사(丘史-심부름 군들) 10명에게 초임사(初入仕)를 허락하고 10명에게는 실직(眞拜)파령(把領)을 주고 친시(親侍) 20명은 복두(幞頭)를 시우고 이번 역사(役事)를 맡은 사람들에게 모두 벼슬을 주며 여러 기관의 잡역들에게까지도 물품을 차등 있게 주라하였다 .」[186] 원종은 법회를 하려고 하였을 적에 법칙대로 하고 싶었던 것인데 처음으로 법답게 법석을 마련하였다. 강화도에서는 인왕경을 설한다고 하여도 법칙대로 할 수가 없었는데 김준이라는 사람이 아주 법석을 마련하는데 충실한 것 같다. 원종은 고려불교에 대하여 몽고인들에게도 보여주고 싶었다.

「원종 6년(1265) 4월 기미일 어느 소군(小君)이 금법을 법하였으므로 어사대의 서리가 그를 옥하였으나 왕은 금지할 수 없었으며 가구옥(街衢獄)에 잡아 가두게까지 되었다. 당시 고려의 제도에 궁인(宮人)이 왕을 모시고 있다가 아들을 낳게 되면 그 아이의 머리를 깎고 승려로 삼게 하였던바 이를 소군이라고 불렀다.」[187] 원종 6년에는 소군이 금계를 범

---

186) 리외섭 역, 『고려사』(11), (3)고전연구소 고전연구실 사회과학원, 1964, pp, 44-45.

하였을 때에도 가구옥에 가두고 벌을 주었다. 그것은 바로 소군이라고 하여도 염 하게 다스리고자 하였다.

「원종 6년(1265) 가을 7월에 왜적이 남도의 바다 근처의 고을을 침략하니 장군 안홍민(安洪敏)에게 명하여 삼별초를 거느리고 가서 막았다.」[188]원종 때에도 삼별초가 존재했다는 것은 고려군의 명성을 보여주었다고 말할 수 있다. 일본이 고려 원종 때에 침략하여 고려를 고통스럽게 하였다.

「원종 7년(1266) 10월 을해일 내전에서 설선(說禪)-선종(禪宗)의 교리를 강의하고 좌선(坐禪)하여 수양하는 의식을 거행하였다.」[189] 원종은 불교적인 정치를 하려고 하였고 불교에 대한 이해가 해박하였던 것으로 보인다. 특히 선종에 대한 선의 해석과 교리에 대하여 학습을 하였다는 것은 선종에 대한 이해를 하고자 하였던 같다. 선종의 교리를 설하였던 선승에 대하여 말하지 않았다. 원종은 선종에 대한 이해를 하기 위하여서는 선의 개념을 알고자 하였을 법하다.

「원종 8년(1267) 11월 갑오일 왕이 아우인 안경공 왕창(昌)을 몽고에 파견하여 신년을 축하하는 동시에 반부를 또 다시 일본에 사신으로 보내 였다는 것을 첨부하여 보고하였

---

187) 리외섭 역, 『고려사』(11), (3)고전연구소 고전연구실 사회과학원, 1964, p, 47.

188) 김종서, 『신편 고려사절요』(중), 민족문화추진회, 신서원, 2004. p, 457.

189) 리외섭 역, 『고려사』(11), (3)고전연구소 고전연구실 사회과학원, 1964, p, 49.

다.」[190] 원종은 아우인 왕창을 국왕의 지위에 이르도록 하는 역할을 하도록 하기도 했는데 아우는 자신이 고려에 왕이라고 하는 난을 일으키는 요인이 되기도 했다. 국가권력이라는 것은 항상 차지하고자 하는 것이 인간의 욕망이 있는 것이라는 것을 원종은 알게 하였던 아우 왕창의 행동을 보면 알 수 있다.

「원종 10년(1269) 봄 정월에 김준의 도당인 별장 김창세(金昌世) 허인세(許仁世)를 베고 이득재(李得材) 길선보(吉宣甫)등 여섯 사람을 귀양 보냈다.」[191] 원종에게 항명하여 고려왕에 대한 비판을 하고 있는 권문세도들이다. 그들은 서로 권력을 차지하려고 하였다

「원종 10년(1269) 2월 임진일 왕이 내원(內院)에서 신하들을 모아 놓고 연회를 베풀었다. 대신들과 사신들이 하루 종일 즐겨 놀며 그칠 줄을 몰랐다. 림연(林衍)은 휘 바람을 불며 원숭이처럼 궁전의 기둥에 매달리려고 하였다.」[192] 원종은 개경으로 돌아가지 않고 말로만 개경으로 환도한다고 하고 강화도에 있었는데 림연 이란 자가 훗날에 반란을 일으키는 역할을 하기도 한다. 몽고황제는 개경으로 돌아오라고

---

190) 리외섭 역,『고려사』(11), (3)고전연구소 고전연구실 사회과학원, 1964, p, 54.

191) 김종서,『신편 고려사절요』(중), 민족문화추진회, 신서원, 2004. p, 477.

192) 리외섭 역,『고려사』(11), (3)고전연구소 고전연구실 사회과학원, 1964, p, 62.

계속 명령을 한다. 그런데도 원종은 강화도를 떠나지 않고 몽고에 사신을 보내면서 불교에 더욱더 서원을 세우고 발원을 하기도 한다. 원종은 특히 화엄기도를 열심히 하기도 했다. 화엄기도를 한다는 것은 국가의 안녕을 기원하려는 뜻도 있지만 강한 고려를 건설하려는 서원이 있기도 하다는 것을 보여주기 위함이기도 하다.

「원종 10년(1269) 5월 병오일 경상도 안찰사가 급보하기를 "제주도 사람이 바람을 만나 표류하여 일본에 갔다가 돌아와서 말하기를 일본은 병선들을 갖추어 장차 우리나라를 침범해 오려고 한다"라고 하였다. 이에 삼별초(三別抄)와 대각반(大角班-별초에 속한 군대)을 파견하여 해변을 순찰하며 경비하게 하였다 또 해변의 각 군 현에 지시하여 섬을 잘 관리하며 량곡을 저축하도록 하였으며 창선현(彰善縣)에 간수하였던 국사(國史)를 진도(珍島)로 옮기었다.」[193] 원종 10년에 일본이 고려를 침략하려고 준비를 하고 있었다는 것은 신빙성이 있는 기록이다. 일본은 고려 원종시대에 침략하려고 하였다.

193) 리외섭 역, 『고려사』(11), (3)고전연구소 고전연구실 사회과학원, 1964, p, 63.

4, 강화도에서 개성으로 환궁

고려는 강화도에서 개경으로 환궁을 하였는데 이것은 99년간의 치욕적인 고려의 정치적인 모습이었다. 고려왕의 존재를 부정할 수도 없지만 강화도에서 교려를 지키려고 하였으나 고려의 백성들은 얼마나 많은 백성들이 죽음으로 갔는지 모른다.

고려국왕은 백성들의 존재를 성찰하였다면 강화도에 도읍을 옮기지 않고 육지에서 고려백성들과 함께 고려를 지켰을 것인데 그러하지 못한 고려였다. 고려는 원나라와 함께 평화적으로 고려의 존재를 인정하는 데서 이루어졌다. 원나라에서 대제국을 건설한 이후에 고려에 대하여서는 화친을 요구하기도 했다 그러나 화친을 반대하는 세력들은 끝까지 원나라에 저항해야 한다고 선언하기도 했다. 한편 원종 11년 1270년 5월에 강화도에서 개성으로 돌아온 해이기도 하다

1. 원나라와 고려의 관계

고려왕 원종은 원종 11년(1270) 5월에 강화도에서 옛 서울로 돌아왔다. 이것은 고려의 새로운 역사를 마련하는 것이

나 다름이 아니라고 말할 수 있다. 원종시대에 몽고와 고려는 그동안 몽고와의 저항의 시대에 종말을 고하기도 했다. 원종은 강화도에서 개성으로 도읍을 이전하여 개성에서 왕의 역할을 하였던 해가 바로 1270년 5월이다. 원나라와 고려와의 관계는 새로운 시대를 열어갔다.

「원종 11년 (1270) 5월 임술일 재상들이 회의를 열고 옛 서울로 수도를 옮길 것을 토의하고 이전할 기한을 정하여 방문(布告文)을 써서 공시하였다. 삼별초(三別抄)가 딴마음을 품고 명령에 복종하지 않으면서 제 마음대로 부고(府庫)의 재물을 소비하였다. 갑자일 영녕공 왕준(王綧)이 그의 처자를 데리고 와서 왕에게 뵈었다. 전 평장사 류정 평장사 김지저(金之氐)가 강화도에서 나와 왕을 뵈었다. 왕이 상장군 정자여를 강화도로 들어 보내여 삼별초들에게 잘 타이르라고 하였다. 을축일 원외랑 리인성(李仁成)을 강화도에 보내여 태조의 초상화를 받들어오라고 하였다. 병인일 왕이 옛 서울(開城)에 돌아와서 사판궁(沙坂宮)에 처소를 잡았으며 비빈(妃嬪)들도 강화도로부터 이곳에 도착하였다.」[194] 강화도에 도읍을 정한 이후 다시 개성으로 고려의 도읍을 이전하였는데 이것은 바로 고려의 역사에 영원히 기록할 것이라고 보아야 한다.

「원종 11년(1270) 5월 병인일 왕이 옛 서울로 돌아왔다. 장군 김지저(金之氐)를 강화에 보내 삼별초를 파하였다 과

194) 리외섭 역, 『고려사』(11), (3)고전연구소 고전연구실 사회과학원, 1964, pp79-80.

거에 최우(崔瑀)가 도성 안에 도둑이 많으므로 용사들을 모아 밤마다 돌아다니며 폭력을 금하게 하고 인하여 야별초라 이름 하였다 도둑이 여러 도에서 일어나므로 야별초를 나누어보내 잡게 했는데 군사가 너무 많으므로 드디어 나누어 좌우 별초를 만들었다. 또 나라 사람들으로서 몽고로부터 도망하여 돌아온 자로 한 부를 만들어 신의군(神義軍)이라 이름 하였으니 이것이 삼별초이다. 권신이 국정을 잡자 삼별초로 조아를 만들어서 그 녹봉을 후하게 주고 혹은 사사은혜를 베풀며 또 죄인의 재산을 적몰하여 주었으므로 권신의 턱짓에 따라 앞을 다투어 힘을 다하였으니 김준이 최의(崔怡)를 죽일 때와 임연이 김준을 죽일 때와 송송래가 임유무를 죽일 때에 모도 삼별초의 힘에 의뢰하였다. 왕이 다시 옛 서울에 도읍하니 삼별초가 도리어 의심하여 배반할 마음을 품었으므로 파한 것이다. 김지저가 명부를 취하여 돌아오니 삼별초들이 그 명부로 원나라 조정에 알까 두려워하여 더욱 반역할 마음을 품었다.」[195] 원종 왕이 강화도에서 원종 11년(1270) 5월에 본토로 귀환하였다. 그동안 고려를 지키려고 하였던 삼별초들의 반발이 있었다. 삼별초야말로 초창기에는 최우의 가신으로 활동했지만 고려를 지키는데 많은 역할을 하였다고 말할 수 있다. 삼별초의 위대한 고려 지킴에 있어서는 칭송해야 한다. 그런데 원종은 삼별초를 해산하라고 명하였다. 삼별초들은 반란을 일으켜 자신

195) 김종서, 『신편 고려사절요』(중), 민족문화추진회, 신서원, 2004. pp, 497-498.

들이 왕을 정하고 고려에 저항하였다. 하지만 고려에서는 삼별초를 인정을 하지 않았다. 고려는 삼별초에 의하여 혼란에 빠져 있었다.

「원종 11년(1270) 6월 림연이 반역을 음모하고 큰 일을 단행하려고 재상들을 모아 의논하였다. 시중 리장용이 아무래도 그의 하는 것을 금지 시킬 수가 없다고 생각하고 왕을 손위(遜位)하는 형식으로 하자고 발언을 하였다. 을미일 림연이 갑옷을 입고 삼별초와 6번 도방(六番都房)을 인솔하고 안경공 창의 집에 가서 백관을 소집한 다음 창(昌)을 모시어 왕으로 삼으니 그때 갑자기 폭풍우가 일어나서 나무가 뽑히고 기와가 날아났다. 림연이 사람을 시켜 왕을 별궁으로 돌아갈 것을 강요하였다. 가을 7월 병오일 창이 림연을 교정별감(校定別監)으로 임명하였다. 정미일 림연이 또 왕을 김개(金暟)의 옛집으로 옮겨놓고 내탕(內帑-왕궁 안에 있는 왕의 창고)의 보물을 훔치였다.」[196] 림연이 반란을 일으켜 왕창을 왕이라고 선언을 하고 림연이 몽고에 이러한 시실을 보고하는 절차를 마련했다.

「원종 11년(1270) 7월 을묘일 창이 왕을 태상왕(太上王)이라고 존칭하고 그가 있을 부(府)를 세워 숭녕(崇寧)이라고 하였으며 여기에 주부 록사각 1명씩을 두었다 전(殿)의 명칭은 명화(明和)라고 하고 여기에 사인(舍人) 2명을 두었으며 동궁(世子宮)을 수안부(壽安府)라 고 하고 전첨(典籤)록사(錄事)를

196) 리외섭 역, 『고려사』(11), (3)고전연구소 고전연구실 사회과학원, 1964, p, 64.

두었다. 창이 최영(崔瑛)을 어사대부로 조오(趙璈)를 동지추밀원사로 리창경을 우복야로 임명하였으며 어사 박휴(朴烋) 우사간 백현석(白玄錫)의 직을 박탈하였다. 이것은 그들이 김경(金鏡)과 친밀하였기 때문이였다.」[197] 림연이 창을 왕으로 추대하자고 모의를 하였다. 그래서 원종은 왕창에 대하여 대비책을 마련하지 못하고 당하고 있었다. 원종의 세자가 연경으로부터 돌아왔을 때 몽고에서는 몽고사신들을 함께 보냈다. 그런데 세자가 몽고로부터 돌아올 때에 함께 왔던 몽고사신들에게 정탐하라고 하니 림연이 원종을 패하고 왕창을 왕이라고 칭하는 것이 사실이라고 하는 소식을 전해 듣고 세자는 통곡하면서 몽고로 돌아갔다. 세자가 몽고황제에게 사실대로 말하니 몽고황제는 원종에 대하여 자세히 보고하라는 몽고의 사신을 고려에 보냈다. 사실대로 보고를 들은 몽고황제는 고려에서 반란이 일어났다는 시실을 알고 철저히 조사하여 원종을 복귀하도록 명령을 내렸다.

「원종 11년(1270) 9월 장경도량을 본대궐에 베풀었는데 와이 비로소 법가를 갖추었으나 시종이 매우 적고 악관(樂官)이 갖추어 지지 못하였으며 문무관원 중에 걸어다는 자가 많았다.」[198] 원종은 강화도에서 개성으로 왔기에 왕위를 갖추지 못하였다는 것만을 강조하였는데 이것은 고려의 정

197) 리외섭 역, 『고려사』(11), (3)고전연구소 고전연구실 사회과학원, 1964, p, 65.

198) 김종서, 『신편 고려사절요』(중), 민족문화추진회, 신서원, 2004. p, 503.

치상을 바르게 볼 수 있도록 하는 기록이라고 말할 수 있다. 고려는 국왕의 위치는 말이 아니었다.

「원종 11년 (1270) 갑자일 왕이 왕위에 다시 오르고 창은 자가 집으로 돌아갔다. 백관이 왕의 부(王府)로 가서 왕을 호종하여 대궐로 들어왔으며 몽고사신도 뒤로 따라 오니 보는 사람들이 감격하여 눈물을 흘리었다. 몽고사신이 백관들의 축하하는 예식을 볼 것을 요청하였으므로 왕이 자색 포(袍)를 입고 뜰에 나가 북쪽을 향하여 멀리(몽고 황제에게) 감사의 뜻을 표시한 다음 황색 옷을 바꾸어 입고 강안전에서 여러 신하들의 축하를 받았다.」[199] 원종은 자비심이 많은 왕이다. 권력에 대하여 논할 때에 왕위를 창에게 임시로 보게 하였는데 실지로 창은 왕의 행세를 하여 원종을 태상왕이라고 하기도 하였고 창이 왕이 된 것처럼 행동을 하였다. 원종이 몽고로 가고 고려와 몽고는 1270년에 왕이 몽고 황제를 친견하는 왕이 되었다.

「원종 12년(1271) 봄 정월 가사일 공유(孔愉)와 안세정(安世貞)의 관직을 박탈하였다 또 아해(阿海)가 적을 보고도 위축되어 구하지 않았기 때문에 장군 인공수(印公秀)를 몽고에 보내여 황제에게 보고하니 황제가 아래의 관직을 파면하고 소환하였다. 경오일 문하시중 이장용 참지정사 최영(崔瑛) 등이 림연의 국왕폐립 음모에 참여한 죄로 면직 당했다.」[200]

---

199) 리외섭 역, 『고려사』(11), (3)고전연구소 고전연구실 사회과학원, 1964, p, 71.

200) 리외섭 역, 『고려사』(11), (3)고전연구소 고전연구실 사회과학원,

원종은 왕창이 음모에 가담하였던 세력들을 모조리 파면하였는데 이것은 바로 권력의 이동을 말해주고 있는 것이며 몽고의 전폭적인 지지를 얻고 있는 원종의 정치력이라고 보고자 한다. 원종이 이러한 모습으로 변화된 것은 바로 고려인들의 변절적인 모습에서 볼 수 있는데 고려의 강고한 단결력만 보여주었더라면 고려는 몽고의 부마국이 되지 않았을지도 모른다. 고려가 몽고의 부마국이 된 것은 바로 고려인들의 반란이 있던 후다. 몽고는 고려에서 반란이 일어남에 반란의 주동자를 처단하라고 명하고 원종을 확실하게 보호한다는 명분하에 몽고는 고려를 속국으로 만들어 버리고 말았다. 원종의 고통은 바로 고려 백성들의 안정이다. 고려 백성들은 안정을 찾지 못하고 있었던 것은 고려를 지키려고 하였던 삼별초가 원종에 대하여 불신을 하고 있다는 점이다. 삼별초의 입방에서는 몽고와의 저항을 계속해야 한다는 입장이기도 한데 원종의 입장에서는 삼별초보다는 고려의 백성들의 안정을 유지하는데 있어 더 힘을 발휘하였다.

「원종 12년(1271) 8월 정사일 몽고의 토번(土蕃) 승려 4명이 왔으므로 왕이 선의문 밖까지 나가서 맞이하였다.」[201]
토번 국에서 승려가 왔다는 것은 몽고는 불교를 그대로 인정하였던 것으로 보인다. 몽고가 토번의 승려들을 고려에 보낸 것은 불교국의 존재를 인정한 것이며 불교를 통해서

1964, p, 88.

201) 리외섭 역, 『고려사』(11), (3)고전연구소 고전연구실 사회과학원, 1964, p, 109.

백성들에게 안정을 찾도록 하기 위함이다. 불교를 통해서 고려를 통치하려고 할 수도 있다.

「원종 12년(1271) 겨울 10일에 사면령을 내렸다. 명하여 전쟁으로 생긴 고아들에게 관직을 주고 삼별초를 토벌한 이의 아들은 관직으로 상주며 아들이 없는 이에게는 부모와 처의 부역을 면제하였다. 적전에서 귀순한 자는 다시 전지를 주며 전지가 없는 자는 특별히 후하게 구휼하고 적을 따라갔던 무리로서 적이 평정된 뒤에 몰래 고향으로 돌아온 자도 역시 모두 불문에 붙여 그 직업에 편안히 정착하게 하였다. 장군 현문혁(玄文奕)의 처와 직학 정문감(鄭文鑑)의 처는 물에 몸을 던져 죽었는데 적에게 몸을 더럽히지 않는 절의가 가상하므로 봉작을 내리고 그 자손을 벼슬을 시켰다」[202] 원종 12년에는 고려는 비교적 안정을 유지 하였다. 그동안 삼별초의 저항으로 고통을 받았던 많은 고려백성들이 삼별초가 제압됨에 생업에 종사하는데 지장이 없었다. 그러나 원나라에 고려의 처녀들을 받치는 행을 하였다. 이것은 또 하나의 고려백성들의 고통이라고 말할 수 있다.

「원종 12년(1271) 12월 기해일 몽고에서 사신을 보내어 국호를 대원(大元)으로 하였다는 것을 통고하였다.」[203] 몽고에서 원나라로 국호가 변경되었다. 고려 불교계는 불교종파

202) 김종서, 『신편 고려사절요』(중), 민족문화추진회, 신서원, 2004. p, 523.

203) 리외섭 역, 『고려사』(11), (3)고전연구소 고전연구실 사회과학원, 1964, p, 114.

로서의 역할을 할 수 없었다. 반면에 고려 불교계는 몽고에 항복함에 있어 그동안 몽고에 저항했던 수선사계통 조계종 계통의 불교와는 완전히 교류를 중단하였다. 불교로서의 역할을 다할 수 없는 비극적인 시대였다. 고려는 몽고의 점령시대가 아니라 원나라시대 고려 말기는 강화도에서 개경으로 환도한 이후에 개경에는 정치적으로 물론 원나라의 속국이 되었다.

「원종 13년(1272) 3월 갑진일 전함 병량도감(戰艦 兵糧都監)을 설치하였다 또 전함 조성도감(戰艦造成都監)을 설치하였는데 이것은 황후(皇后)가 대장경(大藏經)을 넣어 둘 함을 구하기 때문이었다.」[204] 원종 13년에는 황후가 대장경을 보관하려고 하는 함을 구하기 때문에 전함 조성도감을 설치하였다. 황후도 불교에 대한 신앙심이 있어 고려 백성들의 고통을 불심으로 달래고자 하였던 것으로 보이는데 고려 불교는 새롭게 정비되어갔다. 그러나 삼별초는 제주도 뿐만 아니라 전라도 경상도 개성부근에까지 진격하여 고려의 원종을 난처하게 만들고 말았다. 만일에 삼별초의 난이 없었다면 고려는 원나라에 복종하는 나라가 아니라 당당히 맞서는 나라가 되었을 지도 모른다. 그런데 삼별초를 진압하지 못함에 원나라는 고려에 군사력을 배치하고 삼별초를 진압하는 행동을 하기에 이른다.

「원종 14(1273) 2월 을유일 황주와 경락사(經絡使)가 사람

204) 리외섭 역, 『고려사』(11), (3)고전연구소 고전연구실 사회과학원, 1964, pp117-118.

을 보내여 원나라의 조서를 전달하고 승도(僧徒)들에게 영접하게 하였다.

조서를 이르기를

"군사들이 절 간에 들어가 소란을 일으키고 불경 불상을 손상 훼손시키는 것을 금지하고 승려들에게 안심하고 불공에 종사할 수 있도록 하라"고 하였다. 정해일 사원 조성 별감(寺院 造成別監)을 두었다.」[205] 원나라에서는 고려왕에게 고려 승려들에게 명하여 국사들이 절간에서 소란을 피우지 못하게 하고 불공에 종사하도록 명령을 내렸는데 이것은 바로 고려 불교를 원나라의 불교에 대항하지 못하게 하려는 조치였다. 고려 불교도들이 몽고에 저항 했던 것을 무마하기 위함이라고 보아야 한다. 몽고에 저항했던 불교 종파는 조계종이었다. 조계종의 승려들은 몽고에 저항했고 고려 불교의 역할을 다하였다.

「원종 15년(1274) 3월에 원나라에서 사신을 보내와 군사 5천 명을 징발하여 일본 정벌을 돕도록 명하였다 이 때 전라주도에서 배를 만드는데 홍다구가 거느린 감조군의 공급이 부족하여 동경과 진주도 내의 쌀을 실어다 주었다. 왕이 요역의 번거로움과 수송하는 폐단이 농사일에 방해가 되는 것을 근심하여 상장군 이분희(李汾禧)를 보내 가서 홍다구를 달래니 홍다구자 자못 옳게 여겨 배 한척 마다 50명을 남기고 그 밖의 사람들은 모두 돌아가 농사짓게 하였다

205) 리외섭 역, 『고려사』(11), (3)고전연구소 고전연구실 사회과학원, 1964, p, 128.

.」[206] 원종 15년에 고려와 원나라가 연합군을 편성하여 일본 정벌하는데 나서는 준비를 하고 있는데 대한 고려군의 역할이다. 실로 일본 정벌을 나서고자 하는 것은 원나라의 욕망이다. 그런데 피해는 고려국에게 부여하는 모습을 보게 되는데 이것은 고려의 아픔이기도 하다. 또한 원나라의 병사들이 일본을 정벌하려고 온 군인들에게 고려의 처녀를 뽑아 부인으로 삼도록 하였는데 이것은 고려의 자존심을 상하게 하는 일이 아닐 수 없다.

「원종 15년(1274) 6월 계해일 왕이 제상궁(提上宮)에서 죽으니 왕위에 있는지 15년이요. 향년 56세였다. 유언 조서에 이르기를

"나는 덕이 박한 몸으로 외람히 종묘를 지킨지도 열 다섯 해나 되었다. 책임이 지나치게 무거우므로 인하여 병을 만나 위독하게 되어 저기 직무를 감당할 수 없게 되었다. 그러므로 이에 유언하노니 나라의 와위는 잠간이라도 비여서는 안 된다. 나의 맏아들은 국왕이 될 만한 덕이 있어 여러 사람들의 물망에 오르고 있으며 어질고 밝은 성품은 본래 천품으로 되었다. 그러나 그는 지금 원나라에 있어서 아직 친명(親命)을 받지 못하고 있다 모든 신민들은 사왕(嗣王)의 명령을 받들어 우리 선앙들의 공적을 손상시키지 말도록 할 것이다. 그리고 달로 주려서 입던 복을 사흘 입고 벗으며 산릉(山陵)의 규모와 시설도 될수록 간소하게 할 것

206) 김종서, 『신편 고려사절요』(중), 민족문화추진회, 신서원, 2004. p, 535.

이다. 여러 고을관리들은 조문하기 위하여 자기의 소관지역을 넘어서지 말 것이며 원나라에서 제정한 상례(喪禮)를 준수하라. 그리고 과거(科擧) 혼인 등에 이르러서는 일체 평일과 같이 진행할 것이다. 아아 그대들 대신과 또 여러 신하들은 내가 죽었다고 슬퍼하지 말고 마음을 합하여 나라를 보존하고 안정시키도록 할 것이다"라고 하였다. 또 원나라에 유언 표문을 보내여 "세자 심은 효도와 근심함이 가히 뒤, 일을 맡길만하다."고 부탁하였다.」[207] 원종은 파란만장한 기간을 통해서 왕이 되었는데 왕위에 오른지 얼마 되지 않아 아우 왕창이 모반하여 원종을 배반하였고 그로 인하여 원종은 왕으로서의 역할을 다하지 못하고 말았다. 원종시대 고려는 원나라에 속국이 되었는데 고려의 배반자들이 원나라에 아첨하였고 고려의 저항군인 삼별초에 의하여 고려는 원나라에 복종하는 식민지가 되었다.

「원종 15년(1274)11월 일본 정벌(東征)을 갔던 군사가 합포로 돌아오니 동지추밀원사 장일(張鎰)을 보내 위로하였는데 돌아오지 못한 군사가 무려 1만 3천 5백여 명이었다.」[208] 일본정벌을 떠나갔던 원나라·고려군 병사들이 일본정벌에 있어 실패하고 고려에 돌아왔는데 돌아오지 못한 군사들이 1만 3천 5백 명이라고 하였다. 일본 원정에 나선 병

---

207) 리외섭 역, 『고려사』(11), (3)고전연구소 고전연구실 사회과학원, 1964, pp, 141-142.

208) 김종서, 『신편 고려사절요』(중), 민족문화추진회, 신서원, 2004. p, 543.

사들의 죽음에 대한 보상이 있어야 한다.

「충렬왕의 이름은 거(거)요 그전의 이름은 심(諶)또는 춘(睶)이라고 불렀다. 원종의 맏아들로서 어머니는 순경태후 김씨(順敬太后金氏)이며 고종 23년 병신 2월 계축일에 탄생하였다. 46년 6월에 고종이 죽으니 원종(元宗)은 태자(太子)로서 원나라에 례방차로 가서 있을 때라 왕이 당시 태손(太孫)으로서 고종의 유조(遺詔-즉 유서)를 받아 임시로 국사를 대리하였다. 원종원년 8월에 태자로 책봉되었고 13년에 원나라에 가서 15년에 원나라 세조(世祖)의 딸 홀도로게리미실 공주(公主)에게 장가들었다. 6월 계해일에 원종이 죽었으므로 갑자일에 문무 백관이 궁궐에 모여 멀리 원나라에 체류중인 태자를 왕으로 모시였다.」[209] 원종의 아들 충렬왕이 고려를 지도하게 되었는데 충렬왕은 원나라와 고려와의 결혼으로 인하여 부마국이 되었다.

2). 몽고와 고려 부마국

원나라와 고려는 충렬왕 시대부터 부마국이다. 고려의 왕은 원나라의 풍습을 따랐다. 이제 고려는 원나라의 속국인 동시에 원나라의 노예국이 되고 말았다. 원나라와 고려는 정치적으로 하나의 정책을 실시하였다. 충렬왕(1274) 년 7월에

---

209) 리외섭 역, 『고려사』(11), (3)고전연구소 고전연구실 사회과학원, 1964, p, 144.

고려는 원나라의 명령에 일본을 정벌하려고 별초를 거느리고 선발대가 출발하였다. 일본을 정벌 하려고 한것도 물론 연합군의 형태이지만 고려의 삼별초를 해산한 뒤에 별초만을 구성하여 일본 원정에 나섰다. 이러한 명령은 원종이 세상을 떠나고 세자가 원나라에 있는 시점에 일본 원정이라는 선언을 하고 고려왕이 없는 상태에서 일본 원정에 나섰다.

「충렬왕 원년(1275) 봄 정월에 공주를 책봉하여 원성공주로 삼고 궁을 경성(敬成)전을 원성부를 응선(膺善)이라 하며 요속을 두고 안동 경산부를 탕목읍(湯沐邑)으로 삼았다.」[210] 원나라 공주님이 고려왕 충렬왕의 왕비로 책봉이 되었다.

「충렬왕 원년(1275) 4월 갑술일 왕이 원나라에서 조서를 가진 사신이 온다는 소식을 듣고 시종하는 신하들을 데리고 평복 차림으로 서문 밖까지 마중나가 보니 그 사신이란 다섯 승려들이었다.」[211] 원나라에서는 불교를 통해서 정치를 행하였다고 말할 수 있는데 사신도 승려를 보내기도 했다. 이러한 뜻은 바로 고려 불교에 대한 정치적인 힘을 부여하고 있음을 알 수 있다. 몽고시대에는 조계종의 승려들이 강력하게 몽고에 저항했던 것을 상기하지 않을 수 없다. 충렬왕 원년 9월에는 공주가 아들을 낳았다. 공주가 아들을 낳으므로 원나라에서는 고려에 대한 관심을 더욱 더 가졌다.

---

210) 김종서, 『신편 고려사절요』(중), 민족문화추진회, 신서원, 2004. p, 544.

211) 리외섭 역, 『고려사』(11), (3)고전연구소 고전연구실 사회과학원, 1964, p, 153.

「고려 충렬왕은 1274년 8월 무진일에 왕이 원나라에서 돌아오니 백관이 마천정(馬川亭)까지 나가서 영접하였다. 왕과 함께 오던 원나라 사신은 황제의 조서를 가지고 먼저 서울에 들어왔다. 왕이 장전(帳殿)에 자리 잡고 백관들의 배례를 받고 나서 의장(倚仗)을 갖추고 제상궁으로 가서 빈전(殯殿)에 참배하였다. 기사일 왕이 편복(便服)을 입고 검은 띠를 띠고 궁궐에 가서 다시 예복을 입고 홀(笏)을 들고 강안전(康安殿)에서 원나라 황제의 조서를 받았는데 그 조서에 이르기를

"국왕이 살아있을 때에 여러 번 말하기를 세자는 가히 왕위를 계승할 만하다고 하였으므로 이제 세자에게 국왕의 직무를 계승할 것을 명령하는 바이다 그러므로 무릇 고려국왕에게 소속된 대소 관원들은 모두다 그의 통제를 받을 것이다."라고 하였다 왕이 조서를 받는 다음에「경령전(景靈殿)에 참배하고 돌아와서 강인전에서 황포(黃袍)를 입고 왕위에 오르는 의식을 거행하였다. 여러 신하들의 축하를 받은 후에 조사(詔使)를 위하여 연회를 베풀었다. 조사는 국왕이 부마(駙馬-황제의 사위)이므로 그를 존경하여 남쪽을 향하여 앉게 하고 자기는 동쪽을 향하여 앉고 달로화적은 서쪽을 향하여 앉게 하였다.」[212] 충렬왕이 고려에 왕위에 올랐다. 고려에 왕으로서의 역할을 하기 위하여서는 그만큼 책임이 크다는 것을 알아야 한다. 고려가 강화도로 피난을

---

212) 리외섭 역,『고려사』(11), (3)고전연구소 고전연구실 사회과학원, 1964, p, 144.

간지 100년 동에 나라가 태평스런 나라를 만들지 못했는데 충렬왕 때에 고려의 옛 시대를 생각하게 하였다. 그리하여 고려의 백성들이 축하하였다. 고려는 원나라의 부마국이 되었다. 원나라 공주가 고려에 돌아오고 원나라 공주를 맞이하려는 고려 백성들이 줄을 이었다.

「충렬왕 2년(1276) 봄 을해일에 법석을 보제사에 설치하고 왕제를 위하여 복을 빌었다. 해마다 황제의 갑일(甲日)이 되면 행하니 세상에서 을해법석(乙亥法席)이라 하였다.」[213] 원나라 공주는 철저한 불교신앙심으로 고려 불교를 위하기 위함도 있지만 원나라 황제의 만수무강에 대한 불공이었다.

「충렬왕 2년(1276) 3월 신미일 구정(毬庭)에서 2000명의 승려들에게 음식을 대접하였다.」[214] 충렬왕은 승려들에게 구정에서 음식을 2000명에게 대접을 하였는데 이것은 바로 고려불교의 단결을 요구한 것이나 다름이 아니다. 그동안 고려불교는 종파별로 모양을 갖추지 못하고 있었다.

「충렬왕 3년(1277) 5월 임진일 승려 육영(六然)을 강화에 파견하여 유리 기와를 구워 내게 하였다. 그 제조 방법이 황단(黃丹)을 많이 쓰게 되는 광주(廣州) 의안(義安)의 흙을 가져다가 구워서 만들었는데 그 품질이나 색채가 남상(南商 : 중국 남방의 상인)들이 파는 것보다 우수하였다.」[215] 고

213) 김종서, 『신편 고려사절요』(중), 민족문화추진회, 신서원, 2004. p, 554.

214) 리외섭 역, 『고려사』(11), (3)고전연구소 고전연구실 사회과학원, 1964, p, 159.

려불교 승려 육영이란 불명을 소유한 승단이 어떠한 교단인지 알 수 없으나 도자기를 만드는 기술이 있었던 것 같다.

「충렬왕 3년(1277) 경술일 강안전에 소재 도장을 베풀었다. 왕이 궁(宮)을 희사하여 민천사(旻天寺)로 만들고 장차 편액(扁額)을 올리려 하였으나 백관들이 아무도 하려 하지 않았는데 배정(裵挺)이 왕의 뜻에 아첨하여 편액을 올리니 사람들이 모두 그를 비난하였다.」[216] 민천사라는 사찰의 이름이 충렬왕 3년부터 충렬왕이 궁을 민천사로 만들었다는 것인데 그것은 바로 원나라의 황제의 의지이기도 하다.

「충렬왕 4년(1278) 3월 무술일에 위득유(韋得儒)와 노진의(盧進義)가 홍다구에게 말하기를 "나라에서 담선법회(談禪法會)를 여는 것은 귀국을 저주하는 까닭이다" 라고 하였으므로 홍다구가 사람을 시켜 중서성(중서성)에 보고하였다.」[217] 충렬왕 시대에는 불교에 대한 담선법회를 하였는데 모함을 한 이들도 있었다.

「충렬왕 4년(1278) 여름 4월 초하루 갑인일 왕과 왕비(公主)와 세자가 원나라로 떠났다. 원부 리분희 박항 송분 강윤소 등이 수행하였다.」[218] 충렬왕이 고려에 왕이 된 이후에

215) 효탄, 고려사불교관계사료집(번역편), 민족사, 2001, p, 219.

216) 리외섭 역, 『고려사』(11), (3)고전연구소 고전연구실 사회과학원, 1964, p, 176.

217) 효탄, 고려사불교관계사료집(번역편), 민족사, 2001, p, 220.

218) 리외섭 역, 『고려사』(11), (3)고전연구소 고전연구실 사회과학원, 1964, p, 181.

원나라를 방문하는 행사를 하는데 공주와 세자가 함께 떠나가는 행렬에 고려에 많은 수행원이 따랐다고 말할 수 있다. 충렬왕이 원나라에 도착하여 원나라 황제의 환영을 받았다. 원나라 황제는 고려왕과 공주 세자를 극진히 대하였다. 원나라와 고려는 하나의 정책을 실천하는 듯 한 모습이었다.

「충렬왕 5년(1279) 여름 4월 을미일에 왕자(王滋)를 충청도 아주(牙州) 동심사(東沈寺)에 보내었는데 이를 세자를 피하게 하는 것이었다.」[219] 충렬왕도 왕자와 불화설이 있는 것처럼 보인다. 언제나 왕족의 단결이 중요한데 권력에 있어서는 형제간에 권력의 투쟁이 일어나기도 한다.

「충렬왕 5년(1279) 겨울 10월 정축일 새 궁궐에서 500명의 승려들에게 음식을 대접하였다.」[220] 충렬왕이 원나라로부터 고려에 와 정치를 실행하였는데 10월에는 새로운 궁궐이 완성이 되었다. 궁궐이 완성 되는 준공식을 거행하였는데 승려들 500 명에게 공양 대접을 하였다고 하는데 어느 종파의 승려들인지 알 수 없다.

「충렬왕 6년(1280) 봄 을축일 덕천사(德泉寺)의 주지 익장(益藏)이 영춘현(永春縣)의 아전을 때려 죽이고 또 기생 옥진(玉眞)과 간통하였으므로 해도(海島)에 귀양 보냈다. 익장은 원종이 총애하던 비(妃)의 아들이다.」[221] 충렬왕 시대 덕

---

219) 효탄, 고려사불교관계사료집(번역편), 민족사, 2001, p, 221.

220) 리외섭 역, 『고려사』(11), (3)고전연구소 고전연구실 사회과학원, 1964, p, 209.

221) 리외섭 역, 『고려사』(11), (3)고전연구소 고전연구실 사회과학원,

천사의 주지가 사람을 죽이는 사건이 발생하였는데 이것은 고려불교에 대한 발전에 저해되는 행위라고 말할 수 있다고 말할 수 있다. 고려 불교의 승려들은 불교를 위하여 고려를 위하여 온 몸으로 나서야 했다. 그런데 그러한 행을 하였다. 익장의 행동이 고려 불교를 슬프게 하였다.

「충렬왕 6년(1280) 3월 계묘일에 검교 다장군 오광찰(吳光札)을 불러다가 명인전(明仁殿)의 시위장군으로 임명하고 붉은 띠를 주었다. 광철은 89세의 노령으로 동북현에 거주하고 있었는데 그 아들인 승려 조영(祖英)이 왕의 총애를 받았으므로 이러한 명령이다.」[222] 조영이란 승려가 충렬왕의 총애를 받았다고 한다. 그런데 조영이란 승려가 어느 종파인지 알 수 없다.

「충렬왕 7년(1281) 2월 계미일에 왕이 2백여 명에 대한 승직(昇職)비준서를 발급하였다.」[223] 고려에 불교에 대한 바른 관점은 충렬왕 시대에 체계가 성립되었다고 보아야 한다.

「충렬왕 7년(1281) 6월 계미일 왕이 경주에 들리여 승직(僧職)임명을 비준하였는데 승려들이 릉라(綾羅)로써 왕의 측근자들에게 뇌물을 주어 승직을 얻었으므로 사람들이라(羅)선사(禪師) 릉(綾) 수좌(首座)라고 불렀다. 이 자들 중에도 처를 얻어 가정 生活을 하는 자가 절반이 되었다.」[224]

1964, p, 211.

222) 효탄, 고려사불교관계사료집(번역편), 민족사, 2001, p, 222.

223) 효탄, 고려사불교관계사료집(번역편), 민족사, 2001, p, 223.

224) 리외섭 역, 『고려사』(11), (3)고전연구소 고전연구실 사회과학원,

충렬왕 시대에 승려들의 생활상을 그대로 보고 있는 것 같은 생각이 든다. 충렬왕이 경주에까지 내려갔다는 것은 백성들의 생활을 보기 위함이라고 보아야 한다.

「충렬왕 8년(1282) 2월 갑진일에 연등회가 있었으므로 왕이 봉은사에 갔었는데 기회(伎會)는 그만두게 하였다.」[225] 충렬왕은 연등회에 참여를 하였다.

「충렬왕 8년(1282) 겨울 10월 왕이 승려 견명(見明)을 내전(內殿)에 맞아들었다.」[226] 견명은 승 일연인데 개성까지 도착하려면 수십일이 걸리는데 견명이 노구를 이끌고 개성까지 왔다. 견명은 충렬왕 8년에 만났으니 견명의 76세 되던 해에 충렬왕과 공주를 만났다.

「충렬왕 8년(1282) 12월 을미일 왕과 공주가 광명사(廣明寺)에 가서 승려 견명을 방문하였다.」[227] 충렬왕 8년에는 견명은 광명사에 거주하였던 것으로 보인다. 견명의 나이가 76세쯤인데 견명이 개성에 거주하고 있었던 것 같다. 충렬왕은 견명선사가 머물고 있는 광명사를 방문하였는데 충렬왕 시대에는 조계종 선승이 고려 불교를 위하여 활동을 시작한 것으로 볼 수가 있다. 조계종 선승들은 깊은 산간에 앉아서 정진만을 일삼는 것이 본래의 목적이라고 말할 수

1964, p, 230.

225) 효탄, 고려사불교관계사료집(번역편), 민족사, 2001, p, 224.

226) 리외섭 역, 『고려사』(11), (3)고전연구소 고전연구실 사회과학원, 1964, p, 247.

227) 효탄, 고려사불교관계사료집(번역편), 민족사, 2001, p, 225.

있다. 그런데 견명은 수선사계통으로 강화도에서 고려대장경을 창조적으로 고려국의 호국을 염원하며 불심으로 판각을 하였다.

3. 원나라 공주의 불심

원나라 공주는 고려에 시집와서 고려 불교에 대한 새로운 사찰을 창건하였는데 이것은 고려 불교로 하여금 원나라를 추종하게 하려는 의도가 있었는데 그래도 고려 불교에 대한 탄압을 가하지는 않았다. 고려 불교는 원나라 공주의 덕으로 불교는 국가를 위하여 봉사하는 종파로 힘을 모우기 시작했다. 그 가운데 조계종이 선종의 위상을 높이기 시작했고 대각 국사의 창종으로 활발하였던 천태종이 다소 그 기능을 상실했지만 백련사 요세 계통의 천태종 승려들과 원나라의 공주와의 결탁으로 인해서 새롭게 태동하고 있었다. 고려불교계는 새로운 목표를 세우고 화합의 불교로 전환되고 있었다.

「충렬왕 9년(1283) 3월 중랑장 류비가 원나라에서 돌아와 말하기를 황제가 강남군을 징벌하여 8월에 일본을 정벌하려 한다. 했다.」[228] 원나라에서는 장치 일본을 정벌하는 목표를 세우고 배를 고려에서 만들기를 독려하고 있었다. 특히 고려

228) 김종서, 『신편 고려사절요』(중), 민족문화추진회, 신서원, 2004. p, 629.

불교계에서는 원나라 황제를 위하여 협력을 강구하였다. 원나라 공주와 고려의 충렬왕은 조계종의 승려인 견명을 내전으로 초정하였다. 조계종의 선승인 견명을 고려의 국존으로 칭하였는데 이것은 조계종에 대한 최고의 예우라고 말할 수 있다. 조계종과 몽고와의 저항세력이 아니라 협력을 요청하는 관계를 모색하였다는데 문제가 있다. 이것은 견명의 잘못이라고 말할 수 있는 면이 없지 않다. 조계종 선승으로서의 항몽에 대한 면죄부를 주기 위함이며 원나라에 조계종이 굴복하고 말았다는 면을 견명이 보여준 것이라고 말하지 않을 수 없으며 몽고의 고려 침략에 항거하다가 죽어간 백성들과 승려들의 한을 해결할 수 없다. 견명은 이러한 역사성을 부정하고 자신만의 안위를 위하여 국존에 참여를 하였다.

「충렬왕 9년(1283) 3월 경오일 승려 견명을 국존(國尊)으로 정하였다」[229] 충렬왕 9년에 견명은 국존이 되었는데 견명은 조계종 승려였다. 충렬왕 시대에는 조계종의 승려인 견명을 국존으로 정했는데 원나라에서도 아무런 명령이 없었던 것으로 보아 조계종 승려에 대한 복권이 되었던 것 같다. 원나라 공주도 충렬왕 9년에 원나라 황제 딸인 공주가 묘련사를 건립하는데 천태종의 승려들과 교류를 통해서 알고 있었다고 한다. 충렬왕 시대 국존은 견명 조계종이고 공주는 고려의 천태종의 승려들과 가까이 지냈던 것 같다. 원나라의 황제의 딸이 세운 고려 국에 묘련사[230]가 있는데

---

229) 리외섭 역, 『고려사』(11), (3)고전연구소 고전연구실 사회과학원, 1964, p, 240..

그 묘련사는 천태종의 승려들이 주 무대가 된다.

「충렬왕 9년(1283) 왕이 공주와 함께 묘련사에 거동하고 또 명하여 현화사를 수리하게 하였다. 이때 염승익이 늘 불교의 법도로 권고하니 사냥 가는 일이 차츰 드물어 졌다.」[231] 충렬왕은 묘련사를 창건하는 일에 온 힘을 다하였고 또한 현화사를 중수하게 하였는데 이것은 바로 공주가 불심에 충만하였다는 것을 단적으로 말해주고 있는데 이것은 모두가 고려에 불교를 융성하게 함이 아니라 원나라를 추종하게 하려는 의도적이라고 본다.

「妙蓮寺는 충렬왕 9년(1283)에 국왕의 祈園(願刹)로 삼기 위해 창건을 시작하여 이듬해 낙성된 사원이다.」[232] 충렬왕은 묘련사를 창건하는 불사를 실행하였는데 고려 불교를 정립하기 위함인 동시에 원나라의 황제를 위하여 기도 하려고 하였던 고려의 정치적인 사찰이라고 말할 수 있다.

「충렬왕 10년(1284) 묘련사가 중수되자 그날 낙성의 경축 법회로 圓慧國師가 주관하였고 이어서 그가 주지로 머무르

---

230) 원 황제에 대한 축원과 종묘에 복이 깃들도록 하기 위해 묘련사를 건립하였으며 이 묘련사는 충렬왕 9년 1283년 가을부터 공사를 시작하여 1284년 여름에 이룩되었다. 고려사 권 29 세가 충렬왕 9년 6월 을묘년에 충렬왕과 제국대장 공주가 함께 묘련사에 행차한 기록이 있다.

231) 김종서, 『신편 고려사절요』(중), 민족문화추진회, 신서원, 2004. p, 632.

232) 유영숙, 「고려 후기 선종사연구」, 동국대학교 대학원 박사학위논문, 1994, p, 66.

게 되었다.」[233] 충렬왕 10년에는 묘련사를 중건하였는데 이러한 불사를 통해서 관찰한다면 묘련사는 백련사의 분원이라고 말할 수 있다.

「충렬왕 10년(1284) 여름 4월 경인일에 왕이 공주 세자와 함께 원나라에 가는데 호종하는 신료 1천 2백여 명이 은 6백30여근 저포 2천4백 40여필 저폐 1천8백여 정을 가지고 갔다.」[234] 고려에서 원나라에 보내는 물품이 말로는 상상을 할 수 없이 많은 조공이다. 고려의 백성들의 피와 쌀을 오려내는 피의 눈물을 원나라에 조공을 하였다는 것에 대한 슬픔을 기억하게 한다. 고려 백성들의 눈물이다. 또한 원나라에 공주와 세자가 가는데 호송 인원이 많은 것도 고려의 비극적인 면이 없지 않다는 것을 보여주고 있다.

「충렬왕 10년(1284) 11월 을미일 왕과 공주가 묘련사에 갔다.」[235] 공주는 온 힘을 다해 묘련사를 창건하고 왕과 공주는 묘련사를 참배하였다. 공주의 불심이 있었기에 고려불교는 회복할 수 있었다. 이러한 관점에서 공주의 불심을 찬양하지 않을 수 없다.

「충렬왕 11년(1285) 8월 왕이 내시인 상장군 김자정(金子廷)을 동경부사로 삼았다. 공주가 왕에게 말하기를

---

233) 安啓賢, 한국불고사연구, 동화출판사, 1986, p, 193.

234) 김종서, 『신편 고려사절요』(중), 민족문화추진회, 신서원, 2004. p, 634.

235) 리외섭 역, 『고려사』(11), (3)고전연구소 고전연구실 사회과학원, 1964, p, 247.256.

"내가 들으니 동경은 왕의 외가였다고 하는데 그러 합니까" 하니 왕이 "그렇다 하였다" 공주가 말하기를 "노예출신이 고을의 원이 될 수있습니까" 남반출신으로 중앙과 지방의 중요한 관직에 있게 된 것이 언제부터 입니까" 하니 왕이 원묘(元廟) 때 부터다" 하였다

공주가 왕은 참으로 원왕(元王)의 아들입니다" 하니왕이 부끄러워하는 기색이 있었다.

왕이 음률에 뜻을 두어 일찍이 내시를 시켜 악공들과 풍악을 연주하게 하였는데 공주가 사람을 보내 왕에게 고하기를 "음악으로 나라를 잘 다스렸다는 말을 듣지 못하였습니다" 하니 마침내 이를 파하였다.」[236] 공주는 왕보다 정치력이 있어 보인다. 실로 고려는 자주적이 없는 나라가 되었다는 것을 말해주고 있는 것이나 다름이 아니다. 고려왕으로서의 역할이란 고려 백성들을 왕으로서 책임을 져야 한다. 그런데 고려왕으로서 책임을 지지 않고 있는 것은 고려의 국왕이 아니라는 것이며 고려 백성들의 한을 해결할 수 없다고 본다.

「충렬왕 11년(1285)11월 경축일 왕과 공주가 묘련사에 가서 경찬회(慶讚會)를 개설하고 행향사(行香使) 홍 자번에게 붉은 띠를 주었다.」[237] 충렬왕 시기에는 묘련사가 고려

---

236) 김종서, 『신편 고려사절요』(중), 민족문화추진회, 신서원, 2004. p, 637.

237) 리외섭 역, 『고려사』(11), (3)고전연구소 고전연구실 사회과학원, 1964, p, 247.260.

의 정신적인 힘을 부여하는 사실이 되었다. 묘련사는 원나라 황제의 공주가 창건한 사찰이기에 원나라 황제를 위하여 불공하는 사찰이기도 하다. 그런데 특이한 것은 원나라에서는 천태종의 승려들과 공주와의 교류가 돈독하였던 같다. 묘련사의 천태종 승려들이 활동했던 역사성에 대하여서는 연구되지 못했다 다만 묘련사는 천태종의 승려들이 원나라 황제를 추앙하고 있었던 사찰이며 원나라에 충성을 다하고 원나라에서는 천태종과의 연대를 하고 있음을 알 수 있다.

「충렬왕 12년(1286) 봄 병술일 원나라에서 사신을 보내여 대사령을 발포하고 일본 정벌 사업을 중지한다고 통지하였다.」[238] 원나라와 고려가 일본을 정벌하려고 하였던 계획을 중지하였다. 일본을 정벌한다는 것은 원나라와 고려는 많은 인명피해를 당했다. 원나라는 고려에 협박을 가하여 일본을 정벌하라고 하였는데 실로 일본을 정벌한다는 것은 고려에서는 무리였다.

「충렬왕 12년(1286) 가을 7월에 원나라에서 조서를 보내 쌍성에 있는 유민을 조사하여 모두 데려가라 하였다.」[239] 원나라에서는 원나라에 있는 고려 유민들을 조사하여 고려에 보내려는 작업을 하였는데 이것은 바로 원나라의 안위를 조장받기 위함이라고 말할 수 있는데 원나라의 도처에서 저

238) 리외섭 역, 『고려사』(11), (3)고전연구소 고전연구실 사회과학원, 1964, p, 261.

239) 김종서, 『신편 고려사절요』(중), 민족문화추진회, 신서원, 2004. p, 643.

항한 세력들이 있었던 것으로 보아야 한다. 원나라를 통치하는데 있어 고려백성들을 고려로 돌려보내는 전략이라고 말할 수 있는데 이점을 고려에서는 파악하지 못하고 있었다. 국왕이 정치는 바르게 행하지 않고 사냥이나 다니면서 사치스런 행동을 하고 있을 뿐만 아니라 백성들에 대한 애정이 전혀 없다.

「충렬왕 12년(1286) 가을 7월 경진일 지밀직사 조인규를 원나라에 보내여 황제의 생일을 축하하였다.」[240] 조인규의 역할에 대하여서는 충렬왕 때에 가장 힘을 부여받고 있는 가문이라고 말할 수 있는데 충렬왕은 조인규 가문에 힘을 받고 있는 것이 아닌가 한다.

「충렬왕 13년(1287) 송분을 지도참의사로 조인규(趙仁規)를 삼사사로 공유(孔愉)를 동판밀직사로 김운 안전(安戩)을 모두 부지밀직사로 삼았다.」[241] 조인규는 고려의 최고의 제상으로 부상하고 있는데 조인규의 가문은 불교집안으로 원나라에서 인정받고 있는 천태종의 승려를 두고 있는데 있어 정치적으로 원나라에서의 지도력을 인정받았다고 말할 수 있다

「충렬왕 13년(1287) 여름 4월 계유일 왕과 공주가 서해도에서 사냥하였는데 말을 타고 가는 사냥 가는 수가 1·500

240) 리외섭 역, 『고려사』(11), (3)고전연구소 고전연구실 사회과학원, 1964, p, 263.

241) 김종서, 『신편 고려사절요』(중), 민족문화추진회, 신서원, 2004. p, 644.

명이나 되었으므로 재상이 간하기를

"가뭄이 벌써 아주 심하며 또 백성들이 방금 농사가 바른 때이니 이 번 행차가 백성들의 원망을 사게 되지 않을가 두렵습니다. 또 새와 짐승들이 지금 새기를 배는 때니 사냥하면 안 됩니다."라고 하니 왕이 성을 내고 그 말을 듣지 아니 하였다. 왕이 자기를 따라가는 군사들에게 미리 록봉을 주라고 명령하였는데 어사가 이것을 반박하였으므로 왕이 섬을 내여 어사를 순마소에 가두었다.」[242] 충렬왕 13년에는 재상들의 의견을 무시하는 충렬왕 백성들의 삶에 대하여 보살피는 마음이 떠나버리고 말았다.

「충렬왕 14년(1288) 5월 임자일 오인성이 원나라로부터 돌아왔는데 건주에 군량을 운반하여 정벌을 원조하는 것을 그만 두라는 것과 군사들을 철령으로 옮겨 주둔하여 수비하며 국왕은 자기 나라에 머물러서 지키고 있으나 는 황제의 명령을 전달하였다.」[243] 충렬왕은 실로 원 나라에서 일어나 반란에 대한 토벌을 고려에서도 실시하라고 명령을 받았는데 실로 출정하기가 매우 힘이든 일이다. 그것은 바로 고려 밖에 나라이고 그 나라에까지 군사들을 이끌고 간다는 것은 어려운 일이다. 그런데 황제가 출정에 대한 중지를 내리라고 하니 충렬왕은 그저 고마울 뿐이다.

---

242) 리외섭 역, 『고려사』(11), (3)고전연구소 고전연구실 사회과학원, 1964, p266.

243) 리외섭 역, 『고려사』(11), (3)고전연구소 고전연구실 사회과학원, 1964, p, 273.

「충렬왕 15년(1289) 10월 금자대장경(金字大藏經)이 완성되었다. 왕이 공주와 함께 친히 행차하여 이를 관람하고 또 친히 경찬회(慶讚會)를 베풀었다」[244] 금자대장경을 완성했다는 것은 교종에 대한 후원을 말하고 있다. 물론 선종은 문자를 멀리하고 있는데 반해 교종은 문자를 바르게 인식하고 있어 교종의 세력을 독려하고 있는 것이나 다름이 아니었다,

「충렬왕 15년(1289) 11월 임자일 왕과 공주 및 세자가 원나라로 떠나 갔는데, 조인규, 인후, 렴승익, 안향, 등이 따라갔다. 이번 행차에 수행하여 공을 세워 보려는 자가 많아서 인원수를 결정짓지 못하였다. 그래서 왕의 명령으로 사관(史官)은 이번에 관계될 일이 없다고 하여 따라 가는 것을 허락하지 않았다. 사관이 왕을 따라 다니지 않는 관계가 이 때부터 시작하였다.」[245] 충렬왕이 원나라에서 소환하여 관로들을 데리고 원나라로 향하였는데 한번 가기만 하면 출세 길이 열린다고 생각하였던 사관들은 너도나도 행렬에 참여하려고 한다. 그런데 충렬왕은 그러한 자들의 참여를 막았다.

「충렬왕 16년(1290) 3월 경신일 원나라 황제가 금자경(金字經)을 필사시키기 위하여 글씨 잘 쓰는 승려를 요구하여 왔으므로 승려 35명을 원나라에 보냈다. 여름4월 정유일에 불경을 필사한 승려 65명을 원나라로 보냈다.」[246] 원나라에

244) 김종서, 『신편 고려사절요』(중), 민족문화추진회, 신서원, 2004. p, 661.

245) 리외섭 역, 『고려사』(11), (3)고전연구소 고전연구실 사회과학원, 1964, p, 280.

서는 글씨를 잘 쓰는 고려의 승려들을 원나라에 보냈는데 어느 종파의 승려인지 알 수 없다.

「충렬왕 17년(1291) 12월 기묘일 상장군 류비 장군 허평(許評)을 원 나라에 보내여 세자를 돌려보내 줄 것을 요청하였다.」[247] 충렬왕은 세자가 보고 싶었던 것인데 원나라 황제도 고려 충렬왕의 세자에게 각별한 관심이 있었다.

「충렬왕 18년(1295월 무술일에 세자가 원나라에서 돌아왔다.」 세자가 원나라에 있었기에 왕과 공주는 세자가 보고 싶었던 것이며 그래서 세자를 돌려보내라고 청하여 원나라에서는 세자를 고려에 보냈는데 왕이 직접 세자를 맞으려 갔다 세자가 돌아와서는 거리에서 빈민들에게 먹을 것을 주는 행사를 하였다.

「충렬왕 18년(1292) 5월 세자가 거리에 미음을 끓여 굶주린 자에게 먹이기를 3일 간 계속하였다.」[248] 충렬왕의 세자가 국왕이 되기 위한 충실한 실천을 보여주기 위하여 행사를 하였다. 충렬왕도 공주도 마음이 편안한 마음이었을 것으로 보인다. 또한 원나라 황제에게도 신임을 얻었던 고려 충렬왕의 세자였다. 세자는 덕망이 있어야 한다. 그래야만이 백성들을 위하여 선정을 베풀 것이라고 본다.

---

246) 효탄, 고려사불교관계사료집(번역편), 민족사, 2001, p, 229.

247) 리외섭 역, 『고려사』(11), (3)고전연구소 고전연구실 사회과학원, 1964, p, 291.

248) 김종서, 『신편 고려사절요』(중), 민족문화추진회, 신서원, 2004. p, 681.

「충렬왕 18년(1292) 윤 7월 무진일 조인규의 딸을 세자비(妃)로 정하였다.」[249] 조인규의 딸을 충렬왕 세자의 비로 삼았으니 그의 권력의 힘이 얼마나 큰가를 알 수 있다. 조인규의 가문은 승려 출신들이 바로 묘련사의 계통에서 권세를 누리고 있는데 천태종의 승려들과 함께 하기도 했다.

「충렬왕 18년(1292) 8월에 낭장 진양필(秦良弼)을 보내 주술가와 무녀를 데리고 원나라에 가게 했으니 황제가 불렀기 때문이다.」[250]원나라에 황제는 기력이 쇠잔해지고 있음을 알 수 있는데 고려에서 주술가를 청했다는 것을 보면 황제의 병이 매우 깊다는 것을 알 수 있다. 고려의 무녀들이 원나라에 갔다.

「충렬왕 18년(1292) 10월 승려 혜영(惠永)[251]을 국존(國尊)으로 정하였다.」[252] 충렬왕 18년에는 유가종의 승려인 혜영

---

249) 리외섭 역, 『고려사』(11), (3)고전연구소 고전연구실 사회과학원, 1964, p, 293.

250) 김종서, 『신편 고려사절요』(중), 민족문화추진회, 신서원, 2004. p, 683.

251) 1228(고종15)～1294(충렬왕20) 충렬왕 때 국존(國尊) 유가종의 고승. 성은 강씨. 혜영은 이름이다. 문경출신. 11세에 출가하여 충연(沖淵)의 제자가 되었고 17세에 홍덕사에 머물렀다. 1274년 통도사에서 사리 여러 매를 얻어 항상 좌우에 두었더니 많은 분신사리(分身舍利)가 생겨났으며 이를 구하는 사람에게 주었다. 원나라에 들어가 만안사(萬安寺) 당두(堂頭)의 청으로 <인왕경>을 강의하여 많은 사람의 존경을 받았다. 1292년 국존에 봉해져 보자(普慈)라는 법호를 받았고 동화사의 주지를 맡았다. 1294년 <화엄경>십지품을 읽다가 입적하였다. 시호는 홍진(弘眞)이며 탑호(塔號)는 진응(眞應)이다.

을 국존으로 임명한 것은 특이한 면이 없지 않다고 말할 수 있다. 유가종을 국존으로 임명한다는 것은 상당히 어려운 일이라고 보아야 한다. 그런데 고려에서 국존으로 임명 하였다. 유가종의 혜영은 원나라에서 인정하는 유가종의 고승이라고 보아야 한다. 유가종이 고려에서는 정치적으로 나약하지만 원나라의 황제에게 있어서는 절대적으로 필요한 고승이었다. 고려의 불교는 원나라의 황제 명에 의하여 활동할 수 밖에 없다.

「충렬왕 19년(1293) 3월 을유일 황제가 칙서를 보내 였는데 이르기를

"당신은 여러 세대를 내려오면서 국왕의 작위를 지켜 왔고 선발되어 우리 집안과 혼인하였으며 번병(藩屛)의 공을 세웠으니 마땅히 포상하여 은총을 보여주어야 할 것이므로 추충선력정원(推忠宣力定遠) 공신 칭호를 주는 바이니 더욱 더 자기의 임무를 잘 지켜 나의 명령에 보답하여야 할 것이다"라고 하였다. 또 첨의사사(僉義使司)를 도첨의사사(都僉義使司)로 개칭하고 직을 높여서 종 2품 판아로 제정하였으며 량대은인(兩臺銀印) 한개(一顆)를 보내었다.」[253] 나라 황제는 고려 충렬왕에게 칭송하면서 고려의 충성을 시험하기도 했다. 물론 고려는 원나라의 후원세력이 되어 비교적 안

---

252) 리외섭 역, 『고려사』(11), (3)고전연구소 고전연구실 사회과학원, 1964, p, 298.

253) 리외섭 역, 『고려사』(11), (3)고전연구소 고전연구실 사회과학원, 1964, p, 299.

정이 되었으나 백성들의 삶에 있어서는 말이 아니었다. 고려의 백성들의 삶에 주어진 것이라고는 전쟁을 하지 않는다는 것이지만 일본 원정을 통해 고려의 산천에 나무를 베는 바람에 고려 산천은 피폐 하였다.

「충렬왕 19년(1293) 12월에 신축일에 왕이 연경(북경)에 이르러 홍군상의 집에 사관을 정하였다 황제의 병이 위독하여 뵙지는 못하였으나 하사한 물품이 여러 왕이나 부마도 아에 견줄 수 없을 만큼 후했다.」[254] 충렬왕이 원나라에 갔는데 다른 나라에서 보내온 것보다도 고려국에서 가지고 온 조공이 더 많았다. 이러한 조공의 모습을 보고 공주는 백성들에게 고통을 주지 말도록 하였다. 공주야 말로 원나라 사람이면서도 고려 백성들을 사랑하는 모습을 보였다.

「충렬왕 20년(1294) 봄 정월 초하루 임자일 왕이 원나라에 체재하였던바 왕과 공주가 활활진비(闊闊眞妃 태자 비)의 궁전으로 가서 흰말(白馬) 아홉 필을 선사하였다. 계유일 원 나라 세조(世祖) 황제가 죽었다. 왕과 공주가 양 열 마리 말한 마리를 잡고 그 진전(殯殿)에서 제사 지냈는 바 그 제문에 이르기를

"머나먼 동방에서 당신을 뵙고져 이곳에 왔더니 갑자기 세상을 떠나다니 슬프고 추모하는 심정을 이루 다 말할 수 없으며 다만 꿈인지 생시인지 엎어지며 슬퍼할 뿐입니다. 이어 변변치 못하나 제물을 드리오니 혼령이시여 받아주시기

---

254) 김종서, 『신편 고려사절요』(중), 민족문화추진회, 신서원, 2004. p, 687.

를 바랍니다."라고 썼다. 왕이 천성사 정가신으로 하여금 제문을 읽히려고 하였더니 여러 대신들이 말리면서 말하기를 어찌 제후에게 쓰는 재물을 가지고 천자에게 제사 지내겠는가 라고 주장하였으므로 드디어 읽지 아니하였다. 왕이 제물을 바치는 예식에서 죽은 이를 추모하는 정성에서나 모두가 극진 하었다. 원나라 조정의 상제(喪祭)에는 그 나라사람이 아니면 감히 황제의 빈전에 가까이 가지 못하는 법이었는데 다만 고려 국왕만이 참여하는 특전을 얻었다. 그러므로 왕을 따라 간 신하하면 비록 가마군과 같은 천한 사람들도 출입을 금지하지 아니하였다. 전함(戰艦) 건조를 그만 두게 하였다. 당시에 왕이 원나라 조정에 가서 일본 정벌이 곤란한 것과 또 갑술 신사 두해에 있었던 정벌로 인하여 하천과 바다 연변에 재목을 거의 다 벌채하였기 때문에 전함 건조가 아주 곤란하다고 말하고 그 기간을 연기할 것을 요청하려던 차에 마침 황제가 죽으므로 홍군상이 승상 왕택(完澤)에게 제의하여 드디어 일본 징벌을 중지하게 되었다.」[255] 충렬왕이 원나라에 머물러 있는데 원세조가 죽었다. 충렬왕과 공주 세자가 다 참석하여 원 황제를 위하여 추모를 하는데 유독 고려왕만 원 세조의 죽음 앞에서 추모행사를 할 수 있는 특권을 얻었다고 한다. 고려왕의 특권이라는 것이 원 세조의 영전에 추모하는데 제제를 받지 않는다는 것을 자랑이라도 하고 있다.

---

255) 리외섭 역, 『고려사』(11), (3)고전연구소 고전연구실 사회과학원, 1964, pp, 204-205.

「충렬왕 20년(1294) 전함의 제조를 폐지하였다. 이 때 왕이 입조하여 동정의 불편함을 말씀드리려 하였는데 마침 황제가 죽어 홍군상이 승상완댁(完澤)에게 고하여 드디어 동정계획을 중지하였다.」[256] 고려에서는 원나라의 황제의 죽음에 의하여 일본정벌이 중단이 되였다. 고려에서 일본 원정이 중단한 것은 고려로서는 백성들의 동원에 대한 부분이 당장에 소멸되었다.

「충렬왕 21년(1295) 봄 정월 갑인일 홍자번을 첨의령(僉議令)으로 조인규를 첨의 중찬으로 임명하고 첨의 충찬으로서 치사한 겸 방경에게(僉議令) 관직을 첨가하여 주었다. 을묘일 왕과 공주가 묘련사에 갔으며 신유일에는 거기서 곧바로 신효사로 갔는바 이것은 모두 원나라 세조 황제의 명복(冥福)을 빌기 위함이다.」[257] 묘련사를 창건한 공주는 원세조의 명복을 빌기 위하여 건립을 하였는데 고려의 권력자들은 또한 묘련사를 이용하여 권력을 창출하였다. 그 대표적인 인물이 바로 조인규가문이다

「충렬왕 21년(1295) 2월에 대장군 오인영(吳仁永)을 원나라에 보내 황자의 탄생을 하례하고 장군 최숙천(崔淑千)은 연호를 개정한 것을 하례했다.」[258] 고려는 원나라에서 황자

256) 김종서, 『신편 고려사절요』(중), 민족문화추진회, 신서원, 2004. p, 687.

257) 리외섭 역, 『고려사』(11), (3)고전연구소 고전연구실 사회과학원, 1964, p, 310.

258) 김종서, 『신편 고려사절요』(중), 민족문화추진회, 신서원, 2004. p,

가 탄생하면 황자를 위하여 축하를 하기도 했다. 황자는 장차 고려를 지배하는데 지대한 역할을 하기 때문에 축하를 하였다.

「충렬왕 21년(1295) 5월 신사일 승려 경의(景宜)를 국존(國尊)으로 임명하였다.」[259] 경의(景宜) 국존은 묘련사에 승려들인데 본래 천태종 계통의 결사적인 의미가 있는데 경의(景宜)·정오(丁午)·의선(義璇) 승려들은 상당히 변절되었다. 항몽 시대 백련사 계통의 출신 인물들은 요세 ·천인· 천책·무기(無寄)로 전승되는 결사의 경향이 있었다. 그런데 경의 국존 시대에는 그 성격을 달리했다. 원나라 공주의 원찰인 묘련사와 관련이 있다. 묘련사는 원지배기의 대표적인 권문세가인 조인규 가문에서 무려 4대에 걸쳐 4명의 승려를 배출함으로써 이들에 의해 장악되었던 묘련사 이기도 하다. 원나라 공주와 친분을 유지하였던 천태종은 교권을 장악하였다

「충렬왕 21년(1295) 다시 탐라를 고쳐 제주로 하고 판비성사 최서(崔瑞)를 목사로 삼았다.」[260] 고려 충렬왕 21년 1295년에 제주라는 이름으로 등장하게 된다.

「충렬왕 21년(1295) 5월 병자일 홍자번을 우 중찬으로 조

691.

259) 리외섭 역, 『고려사』(11), (3)고전연구소 고전연구실 사회과학원, 1964, p, 312.

260) 김종서, 『신편 고려사절요』(중), 민족문화추진회, 신서원, 2004. p, 692.

인규를 좌 중찬으로 각각 임명하였다.」[261] 조인규는 묘련사의 후원세력으로 원나라의 공주와 친분을 유지하면서 권력을 누렸는데 좌정승의 지위에까지 오르게 되었다.

「충렬왕 21년(1295) 11월에 세자가 왕을 뵈려 하는데 선비와 서민들이 길을 막고 말을 붙잡으며 글을 올려 억울함을 호소하므로 말이 앞으로 가지 못하였다. 세자가 모두 받아들였는데 대개가 세력이 있는 집들이 남의 전민을 강탈하는데도 유사가 제대로 처결하여 주지 못하였기 때문이였다」[262] 세자가 백성들의 억울함에 대한 해결을 하여주겠다고 약속을 하였다. 세자의 정치력이 대단함을 말하고 있는 것이나 다름이 아니다.

「충렬왕 22년(1296) 2월 을축일 원나라에서 탐라의 목축사업을 위하여 단사판 목올적(木兀赤)을 파견하였다. 병일일 왕이 서족 교외(敎外)에 나가서 사냥하였다. 국사승(國師僧)이 왕에게 글을 오려 이르기를 전하께서 환갑이 되는 해이니 마땅히 몸을 조심하여 덕을 닦아야 할 것이요 놀러 다니거나 사냥하려 다니는데 열중하여서는 안 됩니다. 라고 하니 왕이 대답하기를 내가 사냥을 좋아하는 것이 아니라 범을 쫓아내는 것이다라고 하였으나 기실은 공주의 질투를 꺼리여 사냥하려 간다는 구실로 성 밖에 나가서 총애하는 첩

---

261) 리외섭 역, 『고려사』(11), (3)고전연구소 고전연구실 사회과학원, 1964, p, 317.

262) 김종서, 『신편 고려사절요』(중), 민족문화추진회, 신서원, 2004. p, 695.

에게 슬며시 가 버리는 것이었다.」[263] 천태종의 소속인 경의(景宜)국사 승이 충렬왕에게 건강한 발언을 하였는데도 불구하고 공주와 충렬왕은 사냥을 즐기고 원나라를 자주 들락거리는 여행을 하는 것을 목격한 국사의 진언이다. 그런데 충렬왕과 공주는 국사의 말에 순응하지 않았다. 공주는 항상 병이 많았다. 그래서 부처님 앞에 병 없기를 기도했다.

「충렬왕 22년(1296) 9월 정해일 왕과 공주가 원나라로 출발하였는데 따라 가는 신하가 243명이요 그들은 시중하기 위한 부하들이 59명 말이 990필이었다.」[264] 고려의 충렬왕이 원나라에 가는데 수행하는 인원만 하여도 수를 해아 릴 수 없고 국가의 위상은 높아질지 모르지만 경비는 어마 어마하게 들것인데 그러한 행렬에 참여하려고 하는 지 알 수 없다. 충렬왕과 공주가 원나라에 들려서 원나라의 황제에게 선물을 주고 하는 일도 상상을 초월하는 행사였다. 고려왕은 원나라의 황제가 청하면 빠질 수가 없다.

「충렬왕 22년(1296) 11월 왕이 공주와 함께 황제를 뵙고 드디어 장조전에서 베푸는 연희에 참석하니 여러 왕이 자리에 가득 앉았는데 왕은 일곱번째 자리에 앉았다. 세자가 백마 81필을 황제에게 폐백으로 드리고 진왕 감마랄(甘麻剌)의 딸 보탑실련 공주를 아내로 맞았다. 잔치에는 본국의 유

263) 리외섭 역, 『고려사』(11), (3)고전연구소 고전연구실 사회과학원, 1964, p, 316.

264) 리외섭 역, 『고려사』(11), (3)고전연구소 고전연구실 사회과학원, 1964, p, 318.

밀과를 썼으며 여러 왕과 공주 여러 대신들이 모두 다 연회에 모였는데 날이 저물어 술이 얼근하게 취하자 본국의 악관으로 하여금 감황은(감황은)의 곡조를 연주하게 하였다. 다음날 세자가 또 백마 81필을 태후에게 바치니 태후가 양 7백 마라와 술 5백 독을 네 세자에게 잔치를 베풀었다. 세자가 또 백마 81필을 진왕(晉王)에게 바치고 이어 술 3백독과 양 4백 마리로 잔치를 베풀었다.」[265] 고려왕이 원나라에 조공을 하는 것을 보면 원나라에서도 고려왕을 무시하지 못할 정도로 조공을 많이 하는데 이것은 고려 백성들의 피라는 사실이다 원나라에 조공을 함에 있어 고려의 지위는 높아질지는 모르지만 고려 백성들의 피와 눈물이었다.

4) 공주의 죽음과 묘련사

충렬왕 23년에는 충렬왕과 공주가 원나라를 방문하고 고려에 돌아와 불공을 하는 행을 자주하였는데 이것은 너무나 무리한 참배의 일이라고 말할 수 있다. 고려 불교를 실지로 원나라의 공주가 일으킨 것이나 다름이 아니다. 원나라 공주는 묘련사를 창건하고 고려에서 원나라 황제를 위하여 날마다 기도했다고 보아야 한다. 원나라 공주가 고려에 시집와서 외로움도 있었을 법하다. 그러한 자신의 외로움을 불

265) 김종서, 『신편 고려사절요』(중), 민족문화추진회, 신서원, 2004. p, 701

타의 가르침에 귀의하고 외로움을 달래면서 자신의 처신에 대한 신념을 고려 백성들에게 보여주었다. 고려 불교는 묘련사의 원찰인 공주의 염원으로 지탱하고 있었다. 묘련사는 천태종의 승려들이 거의 차지하고 있었고 조계종이라는 종파의 승려들은 공주와 인연이 없었다고 보아야 한다. 물론 선종의 승려들을 국존에 임명한 것은 견명이지만 선종에 대한 승려들의 역할을 거의 찾아볼 수 없다.

「충렬왕 23년(1297)여름 4월 1일 계사일에 일식이 있었다. 원나라에서 요양로에 사신을 보내 기미년 이후 포로된 자와 유민을 조사하여 모두 돌려보내니 도합 3백 50호였다 5월 정묘일에 왕이 공주와 함께 원나라에서 돌아왔다 이 때 수령궁 향각에 작약이 만발하였는데 공주가 한 가지를 꺾어오라 하여 받아들고 한참 동안 구경하더니 감상하다가 눈물을 흘렸다.」[266] 공주의 운명을 자신이 알고 있는 듯한 모습을 보였던 공주였다. 충렬왕과 공주는 애정이 넘치는 사랑을 하였고 불교에 대하여 깊이 성찰하였던 공주였다. 고려의 불교는 공주의 덕이라고 말하지 않을 수 없다. 공주는 충렬왕과 같이 묘련사이며 주변에 사찰을 방문하여 불교의 바른 소리를 전하기도 하고 백성들에게 불심을 심어주는 역할을 하기도 했다.

「충렬왕 23년(1297)5월 정묘일 왕과 공주가 원나라로부터 개성에 돌아와서 그 길로 신효사에 갔다. 경오일 공주가 병

266) 김종서, 『신편 고려사절요』(중), 민족문화추진회, 신서원, 2004. p, 703.

을 치료하기 위하여 법석을 베풀고 왕이 연비(練臂-불교도들의 기도 축원의 방법인데 팔굼치를 태우는 것) 하였다. 계유일 왕과 공주가 현성사에 가서 내고(內庫)의 쌀 1백 석을 내여 빈궁한 백성들에게 나누어 주었는바 이것은 공주를 위하여 복을 축원함이었다. 을해일 중랑장 진량필(秦良弼)을 원나라에 파견하여 의원을 파견해 줄 것을 요청하였다. 임오일 공주가 현성사에서 죽었으므로 왕의 처소를 첨의부(僉議府)로 옮겼다.」[267] 공주가 없는 고려 불교는 어찌할 바를 몰랐을 법하다. 고려의 불교는 공주의 공덕이 매우 크다고 말할 수 있다. 공주에게 불타의 뜻이 가득하기를 축원하였던 고려의 승려들이 있었을 법하다. 그런데 공주가 죽었다 고려 불교의 위상이 손상되었다고 말할 수 있다. 그러나 공주는 활동성이 강했고 자산의 병에 대하여 잘 알고 있었다. 하지만 오래 오래 살기를 염원하면서 부처님 앞에서 기도하고 있는 공주의 모습을 지켜보았던 묘련사의 승려들에게는 고려 불교를 지켜나갈 수 있는 후원자가 없다. 묘련사의 존재는 불투명하다.

「충렬왕 23년(1297) 병오일에 세자가 원나라에서 와서 분상 하였다.」[268] 세자는 공주의 죽음을 목격하지 못했는데 공주의 죽음에 대한 의문을 세자가 가졌다. 세자는 공주의

---

267) 리외섭 역, 『고려사』(11), (3)고전연구소 고전연구실 사회과학원, 1964, p, 322.

268) 김종서, 『신편 고려사절요』(중), 민족문화추진회, 신서원, 2004. p, 703.

죽음에 대한 눈물을 흘리고 세자의 역사관을 새롭게 정립하려고 하였다.

「충렬왕 23년(1297) 가을 7월 기사일 세자가 공주의 죽은 원인이 무비(無比)에게 있다고 생각하고 그를 죽였고 또 환관 도성기 최세영 전숙(全淑) 방종저(方宗氐) 중랑장 김근(金瑾)을 죽이고 그의 일당 40여 명을 귀양 보냈다.」[269] 세자가 무비라는 사람에 대하여 분노하고 있는 것은 공주의 죽음에 대한 의문과 같다. 공주가 죽었는데 무비라는 사람과 따르는 40여 명에 대하여 벌을 준 것은 공주의 죽음에 의문이 있음을 알 수 있다.

「충렬왕 23년(1297) 백야단이란 자는 무비(無比)인데 왕의 총애가 두터워 그에게 붙은 자들이 중외에서 횡행하므로 세자가 매우 미워하였다. 분상한 뒤에 왕에게 아뢰기를 전하께서는 공주의 병이 생기게 된 원인을 아십니까. 이는 필시 사랑을 받고 질투하는 이들 때문일 것이니 이들을 문초 하소서. 하니 왕이 이르기를 우선 복을 마칠 때까지 기다려라 하였다 그러나 세자가 좌우로 하여금 장군 윤길손(尹吉孫) 이무(李茂) 소윤 류거 지유 승시용(承時用) 송신단(宋臣旦)과 내료 김인경(金仁鏡) 문완(文玩) 장우(張祐)등을 잡아 가두고 무비 등이 무당을 시켜 저주한 사실을 문초하게 하였다. 무당과 점치는 승려들이 모두 자백하여 차츰 저주한 사실이 드러나 모두 목 베니 나라 사람들이 무서워서 떨었다.」[270]

---

269) 리외섭 역, 『고려사』(11), (3)고전연구소 고전연구실 사회과학원, 1964, p, 323.

세자는 공주의 병을 무당들과 주술하는 승려들이 공주를 저주하여 죽였다고 생각한 것인데 세자의 판단이 잘못된 판단이라고 말할 수 있다. 충렬왕은 공주의 병에 대하여 잘 알고 있었기에 세자의 판단이 잘못되었다고 말을 하지 못한다. 이미 권력의 이동은 세자에게로 갔기 때문이다.

「충렬왕 23년(1297) 8월 계사일 원나라에서 시신을 보내 불경을 필사할 승려들을 징발하였다.」[271] 원나라 불교는 임제종 선을 찬앙한다면 원나라의 불교는 문자를 멀리 하였기에 문자를 통해 불교 경전을 학습하는 승려가 없었다고 보고자 한다. 특히 원나라 불교는 토번의 승려을 존경하였기에 원나라 불교 경전을 해독할 수 있는 승려들이 부족했다고 보고자 한다.

「충렬왕 23년(1297) 겨울 계사일에 세자가 원나라에 갔다. 조인규(趙仁規)인후(印侯) 류비(柳庇)를 원나라에 보내 황태자의 탄생을 하례하고 또 양곡을 내다 팔 것을 보고하고 이어서 세자에게 왕위를 전할 것을 청하였다.」[272] 세자가 원나라에 갔을 때에 조인규와 같이 갔다. 그리고 조인규는 원나라 황제에게 충렬왕의 자리를 세자에게 전하라고 말하기도 했던 조인규 그는 고려 최고의 정치적인 힘을 가진 세력

---

270) 김종서, 『신편 고려사절요』(중), 민족문화추진회, 신서원, 2004. pp, 703-704.

271) 효탄, 고려사불교관계사료집(번역편), 민족사, 2001, p, 233.

272) 김종서, 『신편 고려사절요』(중), 민족문화추진회, 신서원, 2004. p, 704.

이라고 말할 수 있다.

「충렬왕 24년(1298) 봄 정월 병신일 세자가 원 나라로부터 개성에 돌아왔다. 경자일 세자 비보탑실련(寶塔實憐) 공주가 도착하므로 왕이 금교(金郊)까지 나갔고 백관들은 교외에 나가서 맞이하였으며 의장(儀仗)과 기악이 왕을 영접하는 예식과 같았다 황제의 사신으로 아목한(阿木罕) 태자와 옹길라데 승상(丞相)이 호행(護行)하였다.」273)세자가 원나라에 갔는데 원나라에서 고려 세자에게 원나라 공주를 세자비로 명하였다. 고려 세자는 조인규의 딸을 세자비로 맞이했는데 또 다시 원나라에서는 원나라 공주를 고려 세자에게 비로 맞이하라고 황제의 명을 받아 고려에 돌아오고 있다는 전갈을 받았다. 세자가 원나라 공주를 비로 맞아 고려에 돌아오고 있는데 원나라 공주를 맞이하려고 고려의 국왕과 고려의 대신들이 모두 나와 원나라 공주를 맞이하는 행사에 참여하였는데 마치 국왕의 환영과 같았다고 한다.

「충렬왕 24년(1298) 계묘일에 왕이 고서(敎書)를 내리기를 "내가 덕이 박한 몸으로 외람되게 나라의 중책을 계승한지 25년이 되었는바 지금은 벌써 늙었다. 그 위에 작년에 비(妃)를 잃고서 자신도 모르게 과도히 애통하였더니 이내 병이 많아져서 정무를 처결하는 데도 권태를 느끼게 된다. 생각컨대 세자 내가 영명하고 지혜와 용맹이 있는 것을 세상 사람이 다 아는 바이다 마땅히 국왕으로서의 직책을 계

273) 리외섭 역, 『고려사』(11), (3)고전연구소 고전연구실 사회과학원, 1964, p, 326.

승하고 종묘와 사직을 받들어야 할 것이다. 나 역시 은퇴하여 조용히 여생을 보내려하니 충성과 효도를 다하는 것이 바로 이번 일에 달려 있다." 라고 하였는데 세자가 글을 올려 사퇴하였으나 왕이 허락하지 않았다」[274] 고려왕 충렬왕은 공주를 잃고 방황을 하고 있는 것이 여실히 보인다. 원나라 공주가 생존해 있을 시에는 산천을 행차하는 일이 너무나 많아 대신들이 반대를 하기도 했다. 그런데 공주가 죽은 뒤에는 포기하고 있는 것 같다.

「충렬왕 24년(1298) 봄 병오일에 강안전에 행차하여 세자에게 왕위를 전하고 장승룡의 집으로 물러나와 거처하면서 칭호를 덕자궁(德慈宮)이라 하였다. 세자(忠宣王)가 강안전에서 즉위하여 군신의 하례를 받고 사면령을 반포하며 드디어 수령궁으로 거처를 옮겼다.」[275] 충렬왕은 공주의 죽음으로 인하여 자신이 존재를 부정하는 듯이 말을 하기도 하여 왕위에 있는 것에 대하여 부정적이었다. 충렬왕은 세자에게 왕위를 물려주었으나 원나라 황제의 조서가 있어야 한다. 그런데 아직 원나라 황제의 조서가 오지 않았다.

「충렬왕 24년(1298) 5월 어느 사람이 익명서를 궁궐 문에 붙였다. 조인규의 아내가 귀신과 무당을 섬기며 저주하여 왕으로 하여금 공주를 사랑하지 않고 그 딸에게만 사랑을

274) 리외섭 역, 『고려사』(11), (3)고전연구소 고전연구실 사회과학원, 1964, p, 327.

275) 김종서, 『신편 고려사절요』(중), 민족문화추진회, 신서원, 2004. p, 709.

쏟게 했다. 공주가 조인규와 그의 아내를 옥에 가두었는데 이윽고 방문을 붙인 자를 잡고 보니 바로 사재주부 윤언주(尹彦周)가 한 짓이었다. 또 조인규의 아들 조서(瑞)조련(璉)조후(珝)와 사위 박의(朴義) 노영수(盧潁秀) 등과 그 아내까지 가두고 곧 철리(徹里)를 원나라에 보내 이를 아뢰게 하였다. 상락백 김방정 등이 공주에게 나아가 철리를 보내지 말도록 청했는데도 듣지 않았다.」[276] 충렬왕은 조인규에게 고려에서 최고의 벼슬을 내리고 딸을 세자비로 삼았는데 원나라 공주의 질투로 인하여 곤욕을 당하는 모습을 보면서 아무리 벼슬자리가 높다고 하여도 인간의 질투 앞에는 의미가 없다는 것을 보여주고 있는 내용이다. 또한 공주가 그러한 행위를 하지 않았다면 무고인 조인규의 가족을 석방해야 함에도 불구하고 원나라 황제에게 보고한다는 것은 바로 공주가 행하였던 음모라고 말할 수 있다.

「충렬왕 25년(1299) 봄 정월 정유일에 만호 인후 김흔 밀직 원경 등이 상부의 승인 없이 자의로 군대를 동원하여 만호 한희유(韓希愈) 와 상장군 이영주(李英柱)를 붙잡고 그들이 반역 음모를 하였다고 무고(誣告)하였다 그리하여 무술일에 왕과 좌승 합산이 흥국사(興國寺)에서 한희유 등을 문초하였는데 이영주는 사실 아닌 자백을 하였으나 한희유는 끝까지 불복하였다.」[277] 휜희유의 강한 의지를 높이 사지 않

276) 김종서, 『신편 고려사절요』(중), 민족문화추진회, 신서원, 2004. pp, 716-717.

277) 효탄, 고려사불교관계사료집(번역편), 민족사, 2001, p, 234.

을 수 없는 것은 반역의 음모에 걸리면 고려 시대는 살아남지 못하는 그러한 운명인데도 불구하고 무고한 음모를 인정하는 이들이 있는가하면 불복종하는 장군들도 있었다.

「충렬왕 25년(1299) 여름 4월에 원나라에서 공부상서 야선첩목아와 한림대제 가여주(賈汝舟)에게 조서를 보내왔다. 조인규 등은 소행이 법에 어긋나므로 경중을 헤아려 처결하여 보내도록 이미 중서성에 명하였거니와 이제부터는 관원이 죄가 있거든 반드시 사건의 전말을 갖추어 보고할 것이요 곧장 죽이는 일이 없도록 하라. 또 그대 나라의 신민으로서 일찍이 세자에 의하여 섬으로 귀양 갔거나 가산을 몰수당한 자는 국왕의 명에 의하여 이를 분간하여 조사 기록토록 하라. 이 때 원나라에서 조인규는 장형을 실시하여 안서에 귀양보냈고 최충소(崔冲紹)는 공창(鞏昌)에 귀양보냈다.」[278] 조인규에 대하여 이렇게 가혹한 형별을 내리는 것은 바로 세자가 왕이 되었는데 왕의 비를 원나라 공주로 맞이하면서 발생한 사건이다. 물론 이러한 문제는 세자가 왕위를 물려받았지만 조인규의 딸이 세자비인데 원나라공주가 질투하여 발생한 사건이기도 하다. 조인규는 너무도 억울한 누명을 쓰고 고통을 당하고 있는 고려의 최고의 가문인데도 속수무책이다.

「충렬왕 26년(1300) 5월에 활리길사가 동경유수 라윤(羅允)을 행성에 가두었다. 과거에 승려 천고(天固)가 질그릇으

278) 김종서, 『신편 고려사절요』(중), 민족문화추진회, 신서원, 2004. p, 725.

로 거북 한 쌍을 구운 뒤 붉은 빛깔로 괴상한 글을 등에 써서 혜숙사 석탑 밑에 묻어두었다가 얼마 뒤에 스스로 파내 말하기를 이 거북이 매우 신령하다 하고는 여러 사람들을 현혹시켰다. 할리길사가 중서성에 공문을 보내 그에게 장형을 가하고 또 윤이 이를 금지하여 다스리지 않고 도리어 요술을 믿는다하여 가둔 것이다.」[279] 충렬왕 시대에도 천고라는 승려가 백성들을 현혹시키려는 행위를 하여 감옥에 가는 일이 있었는데 이것은 불교의 종파마다 자신들이 실천 방향을 바르게 설정하지 못한 것이며 고려 불교가 해야 할 목표가 없었다고 말할 수 있다. 그런 면에서 본다면 고려 불교는 사상성이 전혀 없다고 말할 수 있다.

「충렬왕 26년(1300) 12월에 기해일에 왕이 백안 홀독불화와 더불어 묘련사에 가서 대장경을 전경(轉經)하였다.」[280] 충렬왕에게 있어서 묘련사는 매우 중요한 사찰이다. 묘련사에는 천태종의 승려들이 많이 거주하였기에 필사하는 승려들도 많았을 법하다.

「충렬왕 27년(1301) 봄 정월에 왕이 백관을 거느리고 묘련사에 행차하여 황제를 위하여 복을 빌었다. 여러 노(路)의 행성에서 모두 정월 초하루와 보름에 향을 비우고 복을 빌었다. 이것은 원나라에서 행하는 예였다.」[281] 충렬왕 27년에

279) 김종서, 『신편 고려사절요』(중), 민족문화추진회, 신서원, 2004. p, 729.

280) 효탄, 고려사불교관계사료집(번역편), 민족사, 2001, p, 234.

281) 김종서, 『신편 고려사절요』(중), 민족문화추진회, 신서원, 2004. p,

도 고려의 국가발전과 고려의 백성들의 안녕을 위함이 아니라 고려 묘련사에서는 백관들이 모여 원나라 황제의 만수무강을 염원하는 불공을 하고 있었다. 묘련사는 고려 충렬왕 시대에는 최고의 정치적인 사찰이라고 말할 수 있으며 묘련사에서 결정하는 것이 고려 불교의 실천행이다. 묘련사는 충렬왕 시대 최고의 정치기관이라고 하여도 무방하다.

734.

4. 太古普愚의 生涯와 修行過程

지금까지 본 연구에 탐구과정에서 고려 중기 시대 고려의 변천과정을 역사적인 관점을 고찰하였다. 고려 중기의 역사는 한마디로 말하자면 비극의 시대 고려국이었다고 말할 수 있다. 특히 고려 불교가 과연 고구려 백제 가야 신라 시대 전승하였던 종파불교를 전승하고 있었던가, 고려가 건국한 이후 고려왕조의 전승의 역사를 그대로 전승하였던가 라는 의문을 가지게 된다. 분명히 연구자의 의견은 고려국의 정통성이 상실되었고 고려 중기 몽고의 침략으로 인하여 고려는 고려의 국가의 존재를 상실한 나라였다고 말할 수 있다. 고려 무신정권 하에서도 화엄종 천태종 법상종 법안종이 존재했던가 신라의 구선선문이 존재했던가 하는 연구에 대하여서는 부정적인 면이 없지 않다. 고려 불교 교단이 말하고 있는 선종 천태종 조계종 몽고의 침략한 이후에 종파불교가 존재하였던가를 고찰해 보았다. 고려는 몽고 고려침략 이후 100년간 강화도 시대 이후에 고려에는 오직 태고보우만이 존재했다.

「고려 말에 있어서의 새로운 臨濟禪의 전개는 바로 이

보우로부터 비롯되고 있다. 일찍이 19세 대인 충숙왕 6년(1319)에 만법귀일의 화두를 참구하였다.」[282] 태고보우는 출가하여 간화선의 수행법인 화두를 들고 화두타파에 정진을 하였다. 이러한 수행법은 고려 불교계에 전승한 간화선 수행법을 바르게 탐구하고 있었다.

특히 태고보우는 공민왕 시대 고려불교는 원나라 석옥 청공의 법 임제종 임제종파만이 고려에 존재했다. 태고보우는 임제종의 역사적인 관점을 바르게 고찰하기 위하여서는 고려 중기불교사에 대한 시재적인 배경을 살펴보지 않고서는 태고보우의 시대사를 알 수 없다. 공민왕 시대 고려 불교는 임제종 뿐이라고 말할 수 있다.

본 연구자로서 분명히 말하자면 고려중기 이후에 고려의 종파의 활동은 공민왕 시대의 고려불교는 임제종이며 고려 중기 몽고침략 이후 강화도 도읍 이후 최우 무신시대에 지원을 받았던 수선사파인 조계종 종파는 종파로서의 역할을 하지 못했다는 이론을 제시하고자 한다. 고려 무신시대에 종파는 조계종이었고 고려중기 무신시대 이후 충렬왕 시대 선종 시대 공민왕 시대는 태고보우로 하여금 고려 임제종 시대라고 말할 수 있다. 고려 불교는 국왕의 불교종파 불교관에 의하여 홍망이 좌우된다. 고려 불교는 국왕의 불교다. 고려 무신정권 하에서 존재했던 불교종파에- 대하여 논한다면 고려 불교를 일종의 종파로서의 기능을 상실하고 종파에

---

282) 종호, 『임제선 연구』, 경서원, 2001. pp, 564-565.

속한 사찰 단위로 승려들을 양성하였다고 하여도 고려 불교에 대한 관심을 가지지 않는 한 고려 불교는 종파불교로서의 역할을 실천했다고 말할 수 없다. 고려가 불교를 국교로 정했다고 하여도 몽고의 고려 침략 이후 강화도에 도읍을 이전한 100년간에 고려불교는 존재하지 않았다. 고려시대 종파로서의 역할을 하였던 인물을 논한다면 고려시대 의천 대각국사와 지눌 보조 그리고 태고보우 국사로 칭할 수 있다고 논자는 말하고자 하며 대각국사는 천태종의 창종자로서의 역할을 하였고 지눌 보조국사에 대하여서는 정혜결사의 주창자 조계종의 종주로서의 역할을 다하였다. 또한 본 연구의 중심인물인 태고보우 국사는 석옥청공의 법을 전수받은 원나라 임제종의 법을 고려에 전수한 태고보우국사 라고 말 할 수 있다. 태고보우 왕사 국사야 말로 고려시대 공민왕 시대 원나라의 임제종의 종파를 고려에 전한 전승자라는 사실에 대하여 부인할 수 없다.

본 연구에서는 태고보우 왕사 국사의 생애와 수행과정을 통해 본래 조계종 계통의 수행의 실천과정에서 간화선 화두타파의 선종에서 공민왕 시대 원나라의 후원국인 고려국에 임제종 파인 임제종을 전승한 태고보우다. 그런 의미에서 태고보우임제종 연구에 있어서 매주 중요한 연구라고 말할 수 있다. 태고보우 임제종 연구에 대한 역사적인 논증을 바르게 고찰하고자 한다. 태고보우는 원나라 석옥 청공의 법을 실천했다고 말한다면 태고보우는 임제종의 선승이다. 태고보우에 대한 역사성을 부정하지 말기를 바라면서 태고보우는 조계종의 일파에서 출가하여 간화선을 통해 수행을 하였으나 조계종의 수행의 법을 이탈하여 석옥청공의 법을 받아 임제종의 종풍을 고려에 전승하였다. 충렬왕 27년에는 태고보우가 탄생한 해이기에 본연구의 귀결점이라고 할 수 있는 무신시대의 시대사를 고찰하였다. 태고보우의 탄생과 더불어 고려는 원나라에서 석옥청공(1271~1351년)의 제자가 될 태고 보우가 탄생한 해이며, 석옥청공의 세속 40세가 되는 해이기도 하다. 석옥청공의 법계는 임제종의 18대라고 하는데 의문이다. 본래 5가 7종에서 출발하였다 5가 7종이라는 종파의 전개과정은 임제종의 계보는 고려시대 임제종 계보와 교류한 점이다. 임제종의 전개에 있어서 고찰해볼 필요가 있다.

「임제종은 임제의현(~867)이 세운 종파이다. 의현은 曹州南革(山東城) 출신으로 처음에는 계율과 유식사상을 배웠다. 그러나 그는 그것이 결코 진실한 것과의 契合에는 소용이 없다는 것을 알고 황벽문하로 들어가 참선한 후 다시 그 친구인 大愚 문하에서 참선하여 드디어 깨달음을 얻었다. 10년간 대우를 섬기고 그 유언에 따라서 黃蘗의 法嗣가 되었다.」[283] 임제는 마조의 선법을 실천하면서 5가 7종의 선법이 전개되었는데 당나라 시대에서 당이 멸하고 송나라가 건국하면서 임제종이 전승하게 된다. 문제는 임제종의 선법이 분리하게 된다. 임제선법이 분리하면서 임제 자명초원에게

283) 키무라 키요타카, 장휘옥 역, 『중국불교사상사』, 민족사, 1991, p, 161.

는 송대에 최고의 선승들이 등장한다. 양기방회 황룡혜남이다. 이들 선사들은 각기 다른 사상을 전개하면서 양대 선사들을 추종하는 선승들이 등장 하게 된다.

황룡파 양기파의 2종이 분리하였다. 그 가운데 태고보우는 楊崎派에 속하는 임제종의 18대 전승한 석옥청공의 임제종법을 받아 19대가 된다. 고려 말의 고려불교의 역사성을 고찰하여 본다면 태고보우는 임제종의 전승자임에 틀림이 없다고 볼 수 있다.

臨濟義玄1－홍화존장2－남원혜웅3－풍혈연소4－수산성념5┬분양선소6

└십현귀성7

.－자명초원9.┬양기방회10┬백운수단13－오조법연16┬원오극극17┬대혜종고21

－부산원감 ｜ └보녕인용14 ├남당원정18└호구소륭22

｜ ├불감혜근19

└황룡혜남11┬보각조짐 12－ └불안청원20.

└진정극문15

┬만암도안24

└나암정수25

－응암담화23－밀암함결26－파암조선－경산사범－설암조흠－고봉원묘－중봉명본－급암종언－석옥청공┬태고보우[284]

├백운경한

└라옹혜근

임제의현의 계보.

---

284) 임제종은 임제로부터 시작하여 원나라 석옥청공을 통해 고려말 태고보우에게 전해졌다. 고려 임제종 전승의 계보는 태고보우로 귀결된다는 이 연구는 진관의 연구자료이다.

위의 계보로 보면 고려 불교의 전래설에 있어 태고보우는 양기방회 계보이다. 고려 불교는 원나라의 불교를 전승한 태고보우의 탄생과 출가를 통해 새로운 불교를 예고하였다. 「高麗末期 佛教界의 宗祖인 太古는 그 緯가 普愚요 처음 이름 得度는 廣智禪師에게서 받았으며 이름은 普虛며 自號는 太古 謚은 圓證이다. 그의 俗姓은 洪氏요 忠南 洪州(現洪城)人이며 충렬왕 27년 9월 21일에 탄생하였다.」[285] 태고보우의 탄생과 함께 고려 불교계에서는 새로운 불교시대를 열어나가는 시대로 보아야 한다. 고려 불교는 몽고의 침략으로 인하여 조계종은 그 활동이 중지되고 원나라 초기에는 원나라의 후원 세력으로 천태종이 고려 불교를 주도했다. 천태종의 활동이 잠시 중단된 것은 태고보우의 고려 불교를 이어갈 수 있는 토대를 마련하고 간화선을 통해 고려 불교를 새롭게 활동했다.

1. 원나라 임제종 고려 전승시대

태고보우가 출가하여 활동하던 시대의 고려는 원나라 황제의 딸(公主)에 의하여 고려의 천태종 계통의 승려들과 교류를 통해 원나라 황제를 위하여 기도하는 면에서 동일하게

285) 한기두, 『한국불교사상사연구』, 일지사, 1980, p, 265.

여겼다. 원나라와 고려는 같은 형제국과 같은 의미로 원나라는 고려국을 하나의 독립된 국가로 인정하는 것이 아니라 부마국으로 인정했다. 원나라와 고려는 부마국의 역할을 충실히 하였다. 불교도 또한 원나라의 추종세력이 되지 않고서는 존재할 수 없었다.

「태고보우 시대에는 무신집권의 종료와 왕정의 회복, 그리고 거의 1세기에 달하는 원의 지배 및 다시 원 명교체기를 맞아 추진된 반원정책 등으로 이루어지면서 국내외 정치 사회적 상황이 급변해 왔다.」[286] 원나라와 고려는 상호 국가로 인정하던 시대에 태고보우가 탄생하고 또한 불교에 귀의하여 출가 이후 활동했던 시대이지만 실은 몽고(元國)의 속국으로 자주력이 없었던 시대이기도 하다. 몽고의 침략으로 인하여 고려 불교는 그 역사성을 상실하고 말았다. 이점을 깊이 성찰하지 않고서 고려 불교를 논할 수 없다. 고려 불교의 현실을 논하기 위하여서는 태고보우가 그 중심 승려이기도 하다.

「충렬왕 27년 9월 무진일 상호군(上護軍) 고세(高世)를 원나라에 보내어 황제의 정벌을 방조하기 위하여 출정할 것을 청원하였다. 랑장 최연(崔涓)이 원나라에서 돌아와서 황제가 북벌은 중지하였다고 말하니 재상들이 기뻐하여 그에게 은금(白金) 3근을 기증하였다. 왕이 광명사(廣明寺)에서 친히 룡화회(龍華會)를 베풀었다」[287] 원나라시대 고려는 자주권이

286) 김방용, 「보조지눌과 태고보우의 선사상 비교연구」, 원광대학교 대학원, 불교학과,철학박사 학위논, 1999,36.

상실한 시기에 태고보우는 충렬왕 27년 대덕(大德) 5년 신축(1301) 9월 21일에 태고 보우는 탄생하였다. 고려 충렬왕 시대의 고려는 국가의 역할을 다한 나라가 아니었다. 고려 중기 태동한 수선사파인 조계종은 권력에 대한 비호를 받고 있던 시대이지만 고려말기는 불교의 역할을 전혀 하지 못하고 있던 시대였다. 특히 충렬왕 시대는 고려 국가의 존재성을 부정할 수 밖에 없으며, 고려국가 자신이 이미 국가로서의 역할을 할 수 없고 고려의 백성들과 고려 불교를 보호할 수 없는 시대였다. 최충현 무신 정권 하에서의 조계종인 수선사 계통의 불교를 이용하여 고려의 정신적인 역할을 하였다. 하지만 원나라로 국호를 변경한 이후 고려의 불교는 원나라의 식민지 불교로 변해버리고 말았으며 천태종의 불교가 원나라와의 교류를 하였다. 원나라의 노국공주는 천태종의 묘련사를 중심으로 지원을 하였다. 고려 불교를 지켰던 것은 원나라를 찬양하던 천태종이 활동으로 인하여 고려불교를 지켰던 시대라고 보아야 한다.

「현겁 제 사존 대각 능인(賢劫 第四尊 大覺 能仁)의 57대손 인천사(人天師)로서 삼한양조국사(三韓兩朝國師)이웅존자(利雄尊者)의 휘(諱)는 보우(普愚)요 처음 이름은 보허(普虛)며 호는 태고(太古)다. 속성은 홍(洪)씨로서 홍주(洪州)사람이다. 부친의 휘는 연(延)으로서)대대로 양근(陽根)에 살았는데 스승의 귀(貴)로써 증개부의 동삼사 상주국문화시중 관

287) 리외섭 역, 『고려사』(11), (3), 고전연구소 고전연구실 사회과학원, 1964, p, 357.

리병부사 홍양공(贈開俯義 同三司 上柱國門下侍中 判吏兵部事 洪楊公)이라는 벼슬을 받았고 모친은 정(鄭)씨로서 삼한국대부인(三韓國大夫人)의 칭호를 받았다. 부인은 해가 몸에 드는 꿈을 꾸고 이내 임신하여 대덕(大德)5년 신축(1301) 9월 12일)에 스승을 낳았다.」[288] 태고보우의 문인 유창이 행장을 기록한 내용이기에 과장된 행장이다. 태고보우가 탄생한 시기는 몽고가 고려를 무참히 짓이긴 시대, 또한 몽고가 세운 원나라 시대, 고려 말기에 고려는 국가의 존재가 상실한 시대이기도 하다. 원나라 시대에 고려는 국가로서의 역할을 전혀 할 수 없는 시대였다. 또한 고려 조계종의 활동과 조계종의 선승들은 그 기능을 완전히 상실한 것이나 다름이 아니다. 조계종의 선승들은 문자를 멀리 하였고 문자를 멀리한 시기에 원나라에서는 경전을 필사한 승려들을 선발하였을 적에는 선종의 승려들은 차출될 수도 없다. 그러한 측면에서 본다면 교종의 승려들이 선발될 수밖에 없다. 고종의 승려들은 불교 학문에 총력을 다 하였다.

「충렬왕 28년(1302) 여름 4월 신미일 원나라에서 별첩목아(別帖木兒) 등을 보내어 불경을 필사할 승려들을 요구하였다. 계유일 최웅 등에게 급제를 주었다. 5월 임인일 왕이 수녕궁에서 승려 1천 명에게 음식을 대접하였고 드디어 수강궁으로 갔다.」[289] 태고보우가 태어날 시기에 고려는 왕의

---

288) 김달진 역주, 『태고집』, 세계사, 1991, p, 257.

289) 리외섭 역, 『고려사』(11), (3), 고전연구소 고전연구실 사회과학원, 1964, p, 356.

역할을 할 수 있는 시대는 아니다. 그러함에도 불구하고 충렬왕은 원나라에서 불경을 사경할 승려들을 선발하여 보냈는지에 대한 기록은 없지만 승려들에게 1천여 명에게 공양을 냈던 것으로 보아 원나라에 불교 경전을 사경할 승려들을 보냈을 것으로 본다.

「충렬왕 28년(1302) 3월 갑오일에 백관이 의례를 갖추고 어향(御鄕)을 받아 가지고 대장경을 전경하였다.」[290] 충렬왕은 백관을 거느리고 대장경을 전경하였고 하니 불교에 대한 애정을 보였다. 충렬왕 시대에 고려 불교는 종파불교가 아니라 무종파적인 불교시대로 보아야 한다. 무종파 시대의 불교라고 보는 점은 선종이라고 말할 수 있는 천태종이 원나라에 충성하는 종파로 변해버리고 말았다. 실로 천태종은 대각국사에 의하여 창종 되었지만 최충헌 무신 시대에는 조계종을 지원하는 바람에 천태종의 그 기능은 중지되었다. 그러다가 묘련사에 천태종의 승려들이 참여함에 활동을 회복하는 듯 하였지만 교단은 활성화 되지 못하고 소수의 사찰로 그 명맥을 유지하였다.

「충렬왕 30년(1304) 7월 기묘일 강남(江南) 지방의 승려 소경(紹瓊)이 내조하였으므로 승지 안우기(安于器)를 보내여 교외에서 영접하게 하였다. 소경이 스스로 호(號)를 철산(鐵山)이라 하였다.」[291] 충렬왕은 승려들을 초청하여 설법을 청취

290) 효탄, 고려사불교관계사료집(번역편), 민족사, 2001, p, 236.

291) 리외섭 역, 『고려사』(11),(3), 고전연구소 고전연구실 사회과학원, 1964, p, 370.

하였던 같다. 철산이라는 승려가 어느 종파인지 알 수 없다.

「충렬왕 30년(1304) 8월 정해일 왕이 여러 신하들을 인솔하고 예복을 갖추어 입고 소경을 수녕궁으로 맞아들이여 철산(鐵山)을 들었다」[292) 철산이라는 승려가 어느 종파 인지는 모르는데 선법을 설했다고 하니 충렬왕이 선법을 들었으면 조계종이 아닌 선승이었을 것이라고 말할 수 있다. 분명히 조계종의 선승이라면 자신의 종파에 대하여 논설했을 것인데 종파에 대한 이야기를 하지 않았다.

「충렬왕 31년(1305)12월 경인일 원나라에서 홀도불화(忽都不花)를 보내여 불경을 필사할 스님들을 요구하였으므로 승려 100백명을 선발하여 보냈다.」[293) 원나라에서는 불교경전을 필사한 스님들이 부족했는지 고려 스님들을 원나라에 차출하여 초청하기도 했다. 그런데 어느 종파의 승려들인지는 알 수 없는데 법안종의 승려들이라고 볼 수도 있다. 그렇다고 조계종 선승들이라고는 말할 수 없다. 조계종 선승들은 不立文字를 표방하고 있기에 분명히 조계종의 승려들은 아니다. 고려 불교계의 활발한 모습을 엿볼 수 있다.

「충렬왕 32년(1306) 8월 지도첨의 김태현(金台鉉)을 원나라에 보내 성절을 축하하게 하였다. 그 때 이를 탐내는 무리들이 서로 당파로 갈라져서 왕의 부자간을 이간시켜서 부자 간에 정이통하지 못했는데 김태현이 그 사이를 한결 같

---

292) 효탄, 고려사불교관계사료집(번역편), 민족사, 2001, p, 237.

293) 리외섭 역, 『고려사』 (11),(3), 고전연구소 고전연구실 사회과학원, 1964, p, 375.

이 지극히 공정하게 주선하니 사람들아 흠잡는 말이 없었다.」[294] 고려에서는 충렬왕 32년에 부자간에 이간질하는 음모가 있었던 것 같다.

「충렬왕 33년(1307) 11월 전왕의 명으로 직사관 윤기(尹頎)를 보낸 선대의 실록 185책을 가지고 원나라에 가게 하니 그 때 사람들이 옳지 않다고 하며 말하기를 조종의 실록을 어찌 타국에 보낼 수 있는가 하였다.」[295] 충렬왕 시대 고려 선대왕의 실록 185권의 책을 원나라에 보냈다

「불민한 내가 천지에 조상의 도움을 받아 외람되게도 왕위에 있는지 이제 35년이 되는 바 그 동안 나라에는 곤란한 일들이 중첩되고 백성들은 자기 생업에 안착하지 못하였으며 간사하고 망명된 무리들이 관직을 차지하고 충직하고 선량한 신하들은 모두 물러났으니 이러한 것은 모두 내가 덕이 없기 때문에 초래된 것이었다. 그러므로 나는 마음 속 깊이 부끄러워하는 바이다. 그러나 다행히도 하늘의 도움을 맡아 나의 73세가 되도록 살아왔는데 이번에 병환을 만나 수십 일이 되어도 차도가 없느니 이제는 다만 심양왕을 한번 만나보고 싶은 생각이 나서 얼마 전에 편지를 보내어 빨리 오라고 하였으나 벌써 죽을 때가 닥쳐왔으니 어찌 그가 올 때를 기다릴 도리가 있겠는가. 아 한번 나면 한번 죽은

294) 김종서, 『신편 고려사절요』(중), 민족문화추진회, 신서원, 2004. p, 769.

295) 김종서, 『신편 고려사절요』(중), 민족문화추진회, 신서원, 2004. p, 779.

것은 이치에 당연한 것이며 또 아비가 아들에게 자기 사업을 물려주는 것도 예로부터 그렇게 하는 법이다. 그러므로 조상 대대로 내려 온 국가의 일체 사업을 모두 심양왕에게 부탁하노니 그대를 --나의 신하들은 각각 자기의 직분을 지키고 심양왕이 오는 것을 기다려 나의 유훈을 전달하고 그 사이 부족하거나 잘못되는 일이 없도록 할 것이다. 라고 하였다.」[296] 충렬왕이 유서를 남겨 아들 왕에게 전하라고 하였는데 충렬왕은 왕위에 오른지 35년이라고 하였고 나이는 73세였다. 고려 말에는 고려왕이 되려고 하면 왕자들은 원나라에 볼모로 잡혀 가서 원나라 공주와 결혼을 하여 고려에 보내는 것이 법칙 이었다. 이러한 관계로 인하여 고려 말의 국왕은 원나라에 볼모로 잡혀 가야 했다. 충렬왕의 왕자도 원나라에 가 있으니 충렬왕이 아들을 보고 싶어 했다. 「원의 간섭기는 주권이 위협받는 상황 속에서도 정치 권력 내부에 있어서는 갈등이 심했던 시기였다. 충렬왕과 충선왕의 부자간의 갈등이 심했는데 이는 조신들의 정쟁에 원과 연장선에서 각기 지배세력을 달리하면서 충돌하는 양상을 나타내고 있었던 상황임을 드러낸다.」[297] 태고보우의 부친의 지위는 그리 높은 지위가 아님에도 불구하고 태고보우의 행장에 의하면 태고보우의 부친의 지위는 상당한 지위에

---

296) 리외섭 역, 『고려사』(11),(3), 고전연구소 고전연구실 사회과학원, 1964, pp, 383-384.

297) 김방용, 「보조지눌과 태고보우의 선사상 비교연구」, 원광대학교 대학원, 불교학과,철학박사 학위논, 1999, pp, 36-37.

오른 자 같다. 또한 태고보우가 유아기에 성장 하면서 권력자의 子弟들과의 교류가 전혀 없었다고 보아야 한다. 충렬왕의 탄식어린 시기에 태고보우는 유년기를 보낸다. 태고보우의 유년기야 말로 말로는 다할 수 없는 비극의 유년기다.

「충선왕 원년(1309) 이름은 장(璋)이고 자는 중앙(仲昻)이며 옛이름은 원이고 몽골이름은 익지례보화(益智禮普化) 이다 충렬왕의 맏아들이며 어머니는 제국대장(齊國大長)공주이다 충렬왕 원년인 9월 정유일에 출생하였다.」[298] 충렬왕이 세상을 떠나고 충선왕이 왕위에 올랐다. 원나라는 충선왕은 정치적으로는 순탄하지 않았다. 그것은 바로 부자지간에 불화가 있었다. 물론 이러한 문제는 정치적인 문제라고 말할 수 있는데 충선왕의 정치적인 지도력에 문제가 있는 것은 물론 아니다. 이 모든 것이 원나라의 조작에 의하여 고려의 정치력의 나약함을 조작하고 있었다. 고려에 왕은 고려에 있는 것이 아니라 원나라에 있는 날이 많았다. 그러나 불교에 대하여서는 관대한 편이었다.

「충선왕 3년(1311년) 봄 경축일 왕의 명령으로 매월 민천사에서 승려들 3000명에게 음식을 먹이되 년말 까지 기한을 정하고 계속하라 하였다.」[299] 충선왕 3년에는 고려의 승려들에게 매월 3000명에게 공양을 대접하였는데 이것은 원나

298) 김종서, 『신편 고려사절요』(중), 민족문화추진회, 신서원, 2004. p, 789.

299) 리외섭 역, 『고려사』(11), (3) 고전연구소 고전연구실 사회과학원, 1964, p, 430.

라에서 불교를 택하고 있었다. 그래서 고려에서도 불교를 통해 정치적인 협력을 구하려고 하였던 것이 아닌가 한다. 실로 3000명의 승려들에게 공양을 대접한다는 것은 비판받아야 마땅하다.

「충선왕 4년(1312년) 봄 정월 초하루 정유일 왕이 원나라에 있었다. 원나라 황제와 태우가 충선왕에게 본국으로 돌아갈 것을 권고하였으나 왕이 귀국할 의사가 없어서 박경량을 시켜 당시 권세를 잡은 대신에게 말하기를 <이제 한참 농사철인데 추수기나 되면 돌아가겠다.>라고 하였더니 황제가 이를 승략 하였다. 왕의 명령으로 승려들을 연경궁(延慶宮)에 모아놓고 대장경을 전경하되 1년 간 계속하게 하였다.」[300] 충선왕은 원나라에 있는데 고려의 백성들에게는 아무런 역할을 하지 못하고 있었던 시대인데 고려 불교를 논할 수 있는가. 고려왕이 원나라의 황제의 명령에 따르고 있는 시대였다.

「충선왕 4년(1312년) 8월 민천사에서 금 글씨로 장경을 베께 모후의 명복을 빌도록 하라고 명하였다.」[301] 고려 말의 불교는 조계종이라는 종명으로 활동은 정지되었다. 물론 수선사 조계종파의 승려들은 임제종이라는 종명을 새롭게 수용하던 시대로 보아야 한다. 고려 불교계의 종파는 정지

300) 리외섭 역, 『고려사』(11), (3)고전연구소 고전연구실 사회과학원, 1964, p, 433.

301) 김종서, 『신편 고려사절요』(중), 민족문화추진회, 신서원, 2004. p, 806.

된 시대 천태종 승려들이 고려 불교계를 대변할 수 도 없었던 시대이기도 하다.

2 태고보우의 출가

태고보우는 유년시절에 성장하면서 불교에 대한 관심을 가졌는지 알 수 없지만 13세에 출가를 하게 된다. 암혹 같은 시대 고려 불교계는 침묵하고 있었던 시대이기도 하다 태고보우는 13세에 출가하였는데 출가의 동기에 대하여 기록이 없어 그에 대한 동기를 알 수 없다. 그런데 유창이 쓴 가지산파의 회암사 광지선사를 스승으로 하여 회암사에 출가를 하였다고 기록하고 있으나 회암사의 건립연대와 태고문도인 유창이 기록한 행장의 기록과의 연대를 조작하여 회암사라고 기록하였으나 태고보우에 대한 역사성을 조작한 행장이다.

「충선왕 5년(1313) 봄 정월 초하루 신묘일 왕이 원나라에 있었다. 기미일 양광 전라 서해 등 3도의 장정 500명을 징발하여 연경궁 건축 공사에 보냈으며 민천사(旻天寺)의 부처(佛像)를 주조하기 시작하였다.」[302] 태고보우가 어떠한 인연으로 출가를 하였는지에 대하여서는 출가의 목적에 대하여 기록을 하지 않아서 알 수 없으나 지역이 경기도 양주부

302) 리외섭 역, 『고려사』(11), (3) 고전연구소 고전연구실 사회과학원, 1964, p, 435.

근에 있는 사찰로 출가를 하였을 법 하다 고려왕은 고려에 없었고 고려 불교 승려들은 국가의 부름에 의해 노동을 하고 있었다. 그러한 시대에도 태고보우는 13살 되던 해 1313년에 출가를 하였다. 태고보우의 행장에는 태고보우가 출가한 해가 1313년이다. 회암사의 창건과 화암사의 승려인 광지에 태고보우가 회암사 선승인 광지에 의하여 출가한 해에는 회암사의 창건이 아니다. 회암사의 창건은 역사성이다 1328년이라고 한다면 태고보우가 출가한 이후의 년도와 15년이라는 차이가 난다는 사실이다. 태고보우에 대하여 문집을 기록할 때 잘못한 것 같다. 유창이 태고보우의 행장을 조작한 이유에 대하여서는 알 수 없지만 당시 회암사를 중시하였던 거대사찰로 건립하고 원나라의 승려들이 회암사에 거주한 정치적인 사찰로 보아야 한다. 그런 의미에서 회암사 승려로 기록한 것이 아닌가 한다.

「충선왕 5년(1313년) 3월 정유일 최유엄을 대녕군(大寧君) 유청신을 첨의정승으로 오기(吳祇)를 밀직사(密直司)로 리굉(李宏)을 좌대언으로 승려 용선(用宣)을 수복군(壽福君)으로 각각 임명하였다.」[303] 충선왕 5년에 승려를 수복군으로 임명을 하였는데 어느 종파의 승려인지 알 수 없다. 충선왕 5년에 왕은 왕위를 물러주었다. 태고보우가 출가하였던 시기에는 충숙왕 원년이라고 말할 수 있다. 한마디로 말하자면 고려는 국가가 아니다. 왕이 있으나 왕이라고 말할 수 없으

303) 리외섭 역, 『고려사』(11), (3)고전연구소 고전연구실 사회과학원, 1964, p, 436.

며 왕으로의 역할을 전혀 할 수 없었던 시대이기도 하다. 태고보우는 이러한 시대에 출가를 하게 된다.

「13세에 회암사(檜岩寺[304]) 광지(廣智)선사에게 귀의하여 머리를 깎고, 얼마 안되어 가지산(迦智山) 보림사((寶林寺) 叢林으로 가서 수행하셨다.」[305] 태고보우에 대한 출가의 기록을 보면 13세가 되던 해에 광지선사에게 1313년에 출가를 하게 되는데 태고보우가 출가한 회암사 광지선사의 행적이 전혀 없다. 가지산파의 형성과정에서 본다면 가지산파의 형성에서 보면 도의를 가시산파인 보림사의 창건의 주최자로 기록하고 있는데 이것은 엄연히 따진다면 도의선사가 아니라고 말할 수 있다.

「가지산 보림사는 구산선문인 가지산파(迦智山派)에 소속

---

304) 1328년(충숙왕 15)에 인도에서 원(元)나라를 거쳐 고려에 들어온 지공화상(指空和尙)이 인도의 아라난타사(阿羅難陀寺)를 본떠서 창건한 266칸의 대규모 사찰이었다. 그후 1374년(공민왕 23)과 1376년(우왕 2), 나옹대사(懶翁大師)가 중건, 다시 조선시대에 이르러 1472년(성종 3)에 세조비(世祖妃)인 정희왕후가 정현조(鄭顯祖)로 하여금 다시 중건케 하였다. 그후 폐사되었던 것을 1821년(순조 21)에 지공·나옹·무학 등 세 승려의 부도와 비(碑)를 중수하면서 옛터의 오른쪽에 작은 절을 짓고 회암사의 절 이름을 계승하게 되었다. 주요 문화재로는 보물 제387호인 회암사지 선각왕사비(擔條寺批禪覺王師備), 보물 제388호로 무학대사(無學大師)의 부도인 회암사지 부도(浮屠), 보물 제389호인 회암사지 쌍사자석등(雙獅子石燈)이 있으며, 지방문화재로 지정되어 있는 지공선사부도(指空禪師浮居)·나옹선사부도(懶翁禪師浮屠)·무학대사비(碑) 등이 있다. 이와 함께 본래의 회암사 절터인 회암사지는 사적 제128호로 지정되어 있다- ⓒ 두산백과사전

305) 백련선서간행회, 『태고록』, 번역, 장경각, 2008, p, 208.

된 선풍 사찰로 도의(道義)국사의 법손인 보조체징(普照體澄) 선사에 의해 크게 선풍이 진작되었다. 도의국사는 784(善德王) 중국 당(唐) 나라에 유학하여 광부(廣府)의 보단사(寶壇寺)에서 비구계를 받았으며 강서(江西) 홍주(洪州)의 개원사(開元寺)로 가 서당지장(西堂 智藏)의 법맥을 이어받고 도의로 개명하였다. 그 후 백장산(百丈山)의 회해(懷海)를 찾아가 법요(法要)를 배우고 821년(헌덕왕 13)에 귀국하여 설법하였으나 인연이 오지 않았음을 깨닫고 그 길로 강원 양양의 진전사(陳田寺)에 들어가 40년 동안 수도한 후 제자 염거(廉居)에게 남종 돈오선(南宗 頓悟禪)을 전하고 입적하였다.」[306] 분명히 말하자면 도의는 가지산에 산 적도 없고 보림사를 창건하는데 일조를 하지 않았다는 것을 분명 논증할 수 있다. 지금까지 가지산을 도의에 대하여 창건한 보림사와는 무관하다는 점을 말하고자 한다.

「보우는 충선왕 5년(1313) 양주 회암사의 광지선사에게 출가했다.」[307] 는 연구자들의 연구 논문에서 자료를 검토한 결과 현존하는 기록으로 논하자면 태고보우의 출가 사찰에 대하여서는 의문이다. 또한 스승을 회암사 광지(廣智)라고 기록을 하였다. 광지 선사에 대하여 기록이 현존하지 않다. 그래서 광지 선사에 대하여 알 수 없는데 태고보우로 하여

---

306) 무공 편저, 『태고보우 국사인물론』, (태고사상제 4집), 불교춘추사, 2005.pp, 72-73.

307) 유영숙, 「고려 후기 선종사연구」, 동국대학교 대학원 박사학위논문, 1994, p, 73.

금 명성을 얻을 수 있는데 기록이 없는 것을 보면 일찍 열반에 들었던 승려로 보아야 한다.

「충선왕 5년(1313) 여름 4월 병술일에 왕이 상왕과 공주를 모시고 연경을 출발하였다. 상왕이 왕위를 물려주고 원나라에 머물고자 하였는데 조정에서 들어주지 않았기 때문에 마지못하여 드디어 돌아오게 되었다. 전거가 1백 42량이고 말도 이 수에 맞추었다. 명칭은 상왕이나 일찍이 심왕으로 봉했으므로 세상에서는 심왕이라 일컬었다. 황제가 숭상 납나홀(納剌忽) 등을 보내 호송하게 하였다.」[308] 고려에 왕이 원나라에 있었는데 상왕이 고려에 돌아왔다. 고려에 돌아오기 참으로 싫었던 모양이다. 고려로 돌아오는 것을 그토록 싫어했던 충선왕이다. 그러면 충선왕의 존재가 무엇인가. 충선왕의 모습에서 고려왕의 존재를 알 수 있다는 점이다.

「충숙왕의 이름은 도(濄)요 자(字)는 의효(宜孝)이며 몽고 이름은 아라울록 실리(亞剌訥록失里)이니 충선왕의 둘째 아들이오. 모친은 몽고여자 야속진(也速眞)이다. 충렬왕 20년 갑오 7월 을묘일 생으로서 나이 5세에 강능군(江陵君) 승선사(承宣使)로 봉하였고 장성하여서는 강능대군(大君)으로 책봉되었으며 충선왕을 따라 원나라에 가 있었다. 충선왕 5년 3월 갑인일 왕이 원나라 세자에게 전위(傳位)할 것을 원나라 황제에게 요청하였으므로 황제가 이를 승인하였는데 그

308) 김종서, 『신편 고려사절요』(중), 민족문화추진회, 신서원, 2004. p, 812.

문책에 이르기를

<고려국 왕세자 도는 우리나라의 훈척(勳戚)으로서 대대로 우리의 번영(藩屛)이 되었다. 이제 당신의 부친이 왕위에서 물러나 안온하게 생활할 것을 희망하였으므로 당신이 이를 이어 가문을 빛낼 것이다. 이제 성대한 전래(傳來)에 의하여 인장(印章)을 보내며 이에 특별히 금자광록(金紫光錄)대부 정동행 중서성 좌 승상 상주국 고려국왕으로 봉하노니 충효의 성심을 더욱 굳게 다지고 길이 인민의 복리를 위하여 일할 것이다 라로 하였다.」[309] 충선왕은 충숙왕에게 왕의 자리를 물려주고 편안한 자리로 돌아간다고 원나라 皇帝에게 요청하였다. 그리하여 고려왕을 충숙왕이 왕위를 물려받았다. 고려는 국왕의 교체시기이었기 때문에 고려의 백성들에게 주어진 행복이라는 것은 존재하지도 않았다. 다만 국가에 대한 役割을 직시하고 있었다.

「태고 보우가 천리를 마다않고 가지산 보림사를 찾은 것은 1313년(충숙왕 원년)으로 그의 나이 13세가 되는 때이다 태고 보우의 수행과정 중 보림사 6년을 보낸 후 용문산 상원사와 성서의 감로사 불국사 그리고 개성의 전단원(栓檀園)을 마지막으로 구도를 통한 오도(悟道)의 역정을 마쳤다.」[310]태고보우의 문집이나 태고보우의 문도인 유창이 행장

309) 리외섭 역, 『고려사』(11), (3)고전연구소 고전연구실 사회과학원, 1964, p, 440.

310) 무공 서갑생 편저자, 『태고보우 국사인물론』, (태고사상제 4집), 불교춘추사, 2005, p, 72.

을 정리하였는데 이것은 분명히 말하자면 찬양일색의 기록이기에 고려 시대의 전 고려 말의 불교를 대표하여 태고 보우로 하여금 기록을 하였다. 회암사를 창건한 선사가 지공이라고 한다면 회암사에 대한 기록이 전혀 없으며 원나라 승려도 아닌데 고려에서의 역할을 할 수도 없었다. 지공이 창건할 일이 전혀 없다. 회암사도 지공이 창건을 하지 않았다는 것을 알 수 있다.

「충숙왕 원년(1314년) 6월 계미일 상왕이 묘련사(妙蓮寺)에 가서 제국공주의 초상에 참배하고 이어 민천사(旻天寺)에 가서 백관을 모아 놓고 원나라 황제가 왕을 책봉한 조서를 선포하였다.」[311] 충숙왕의 시대로 고려는 새롭게 시작하였다. 고려의 불교는 묘련사를 중심으로 천태종 소속의 승려들의 활동이 있을 뿐이었다. 기타의 사찰에서는 활동을 전혀 할 수 없었다고 말할 수 있다. 민천사가 얼마나 중요한 사찰이라는 것을 알 수 있다.

「충숙왕 2년(1315) 2월 승려 2천 명에게 5일 동안 연경궁에서 밥을 먹였다.」[312] 충숙왕은 승려 2천 명에게 공양을 대접하였다는 것은 불교적인 신앙심으로 정치를 실천하겠다는 그러한 서원이 있음을 알 수 있다. 고려 불교 교단은 자세히 밝혀지지 않았지만 불교 교단에 대하여 새롭게 할 수

---

311) 리외섭 역, 『고려사』(11), (3)고전연구소 고전연구실 사회과학원, 1964, p, 440.

312) 김종서, 『신편 고려사절요』(하), 민족문화추진회, 신서원, 2004. p, 18.

도 없었다고 보아야 한다

「충숙왕 2년(1315)에는 또 國淸寺에서 天台宗 산하의 승 3천여 명이 모여 10월 14일부터 3일간 국청사 金堂의 중수를 경축하는 落成法會가 열리게 되었는데 이 때 그 法華禮懺을 주관하는 등 無畏가 天台宗의 宗風을 크게 떨치는데 있어 담당했던 그 역할은 자못 컸다.」[313] 충숙왕 시대 1315년 대에는 천태종이 고려 불교를 주도했다고 말할 수 있는데 원나라의 불교와 교류를 하였다고 보아야 한다.

「충숙왕 3년(1316) 3월에 상왕이 황제에게 주청하여 심왕의 위를 세자 호(暠)에게 물려주고 스스로 태위 왕이라 일컬었다. 황제가 호를 개부의동삼사 심왕으로 삼고 양왕(梁王)의 딸에게 장가들게 하였다.」[314] 충숙왕은 고려에 돌아와서 상왕의 역할을 하였고 양왕의 딸에게 장가를 갔다는 것에 대하여 논할 필요는 없다.

「충숙왕 4년(1317) 경진일 위왕(魏王)의 객관 뜰에 내린 서리 발우에 햇빛이 비치니 광체가 아롱지었다. 이것을 본 어떤 사람이 왕에게 고하기를

"위왕의 객관 뜰에는 광채가 나는데 그것이 모두 모란이나 기타 여러 가지 파초 모양을 이루고 있으니 이것이 하늘에서 상서를 내리어 왕의 높은 덕을 표시하는 것이 아니겠습니까."라고 하였다. 왕이 매우 기뻐하며 그 사람에게 상을

313) 安啓賢, 한국불고사연구, 동화출판사, 1986, pp, 193-194.

314) 김종서, 『신편 고려사절요』(하), 민족문화추진회, 신서원, 2004. p, 19.

후하게 주고 이어 화공을 시켜 그 모양을 그리게 하였다. 이런 일이 있기 전에도 미륵사(彌勒寺) 승려가 이상한 풀을 바치면서 이것이 령지(靈芝)라고 말하였더니 왕이 귀중히 여기고 비밀히 간직하였으며 문사(文士)들에게 이 풀을 두고 시를 지으라고 하였다. "어떤 사람이 詩 한 수를 지어서 왕에게 바쳤는바 그 詩구에는 어떻게 하면 신선의 화초 가꾸는 술법을 배우고 다시 감로(甘露)를 뿌려서 뜰 안에 심어볼까."라고 하였다. 이 시의 뜻은 대체로 왕을 풍자한 것이었다.」[315] 고려 시대에 승려들도 수행에만 전념하는 것이 아니라 세상사의 풍자적인 면에 대한 역할을 하기도 했다. 고려 시대 미륵사에 대한 기록은 처음 접하게 된다. 미륵사에 대한 기록이 정확하지 않기에 지역이 어디인지 알 수 없다. 또한 미륵사 승려들이 禪僧인지 教宗의 승려인지 알 수 없다.

「충숙왕 5년(1318) 2월 제주백성 사용(使用)과 김성(金成)이 흉악한 무리를 불러 모아서 모반하여 성주 왕자를 내쫓았다. 검교평리 송영(宋永)을 보내 안무하게 하였다. 그가 제주에 도착하기 전에 반란군의 무리가 스스로 저희들의 괴수 2명을 참하고 와서 항복했다. 곧 송영을 목사로 삼았다.」[316] 충숙왕 5년에도 고려는 편안한 나라가 아니라는 것

315) 리외섭 역, 『고려사』(11), (3)고전연구소 고전연구실 사회과학원, 2004. p, 457.

316) 김종서, 『신편 고려사절요』(하), 민족문화추진회, 신서원, 2004. p, 25.

을 말해주고 있는데 제주도에서 반란이 발생하기도 했다. 일단 반란을 진압하였지만 정치적으로는 큰 타격을 받지 않을 수 없다.

「충숙왕 5년(1318) 겨울 10월 임진일 신언경(申彦卿)이 원나라로부터 돌아와서 전하기를

"한인(漢人)로 강충(盧康忠) 왕의(王誼) 왕영(王榮) 등 12명이 원나라 조정에 왕의 죄를 호소하여 나라를 없애 버리고 왕을 한개의 군졸이나 백성으로 만들려고 모략을 꾸미니 왕이 빨리 들어가 보는 것이 좋겠습니다."라고 하였다. 12 신묘일 왕이 압록강을 건너 원나라로 향하였다. 원나라 황제가 전왕이 근신하지 않는다 하여 본국으로 돌려보내 였다.」[317] 충숙왕은 왕위에 있으면서 왕의 역할을 제대로 하지 못하고 원나라 황제에게 당하기만 했다. 이러한 모든 것은 원나라에서 조작하는 면이 없지 않다.

「충숙왕 6 년(1319) 3월에 상왕이 황제에게 청해서 어향을 내려주게 하여 그것을 받들고 남으로 강절 지방을 유람하고 보타산(寶陀山)에 이르렀다가 돌아왔다. 권한공 이제현 등이 호종하였는데 호종하는 신하들에게 명해서 산천의 좋은 경치를 기록하여 행록 한권을 만들었다.」[318] 충숙왕 6년에는 원나라에 있는 보타산을 올라갔다. 보타산에 올라 고

---

317) 리외섭 역, 『고려사』(11), (3)고전연구소 고전연구실 사회과학원, 2004. p, 503.

318) 김종서, 『신편 고려사절요』(하), 민족문화추진회, 신서원, 2004. p, 28.

려를 생각하였을 것이며 고려의 불교를 깊이 성찰하였을 법하다. 마침 이 시기에 태고보우는 19살이었고 만법귀일 이라는 간화선 법인 화두를 들고 정진하였다. 간화선법은 화두를 타파하는 방법이기도 하다 화두를 타파하기 위하여서는 간화선의 방법을 실천하는데 그러한 방법이 간화선이다.

3. 태고보우의 수행

태고보우는 회암사 광지선사의 지도를 19세부터 받았다면 만법귀일 화두를 들고 수행을 하였던 것은 고려 말의 간화선법을 수행한다고 하는 것은 국가의 위기시대를 벗어나고자 함이며 선을 표방하고 있던 가지산 보림사계통의 선은 간화선법이고 만법귀일의 화두를 타파하는 수행법을 말함이다. 태고보우는 19세부터 만법귀일에 대한 화두를 타파하기 위하여 정진을 하였다. 19살에는 만법귀일이라는 화두를 들고 정진을 하였다. 고려 말에 불교 교단이 존재하지 않았던 시대이고 보면 비구계단이 있었을 수도 없다. 태고보우에 대한 비구계 다시 말해서 구족계를 수지했다는 기록이 전혀 언급이 없다. 만일에 승과에 합격하면 비구계에 대한 수지의 면제가 있다면 몰라도 태고보우의 문도가 작성한 태고보우의 행자에서도 태고보우에 대한 구족계인 비구계를 수지했다는 기록이 전혀 없다.

「충숙왕 6 년(1319)《태고록에는 태고보우가 모든 법이 하나로 돌아간다는 만법귀일(萬法歸一)의 화두를 참구(參究) 하였으나 늘 조용하여 대중들은 그 사실을 몰랐다고 전해진 다.」[319] 태고보우는 간화선의 수행방법을 택했는데 이것은 바로 선종의 수행법을 실천하고 있는 계통의 사찰이기에 그러한 수행을 택하였다.

「보우는 19세 때에 萬法歸一의 화두로 시작하여 무자 화두 1천 7백공안 등의 계속적인 참구를 통하여 점차 깨달음을 이루어 갔던 것을 알 수 있고 따라서 그의 수행과정에서 일관된 看話禪風을 짐작할 수 있다,」[320] 태고보우는 1700공안의 선(禪)의 논쟁인 화두공안을 타파하였음에도 불구하고 정진을 계속하기 위하여 고향으로 내려왔다. 고향으로 내려온다는 것은 마음에 고향을 찾고자 함이다. 태고보우는 깨달음을 증득한 이후에도 고향에 내려와 부모님을 모시고 용맹정진을 병행했다.

「충숙왕 7년(1320) 12월 원나라 황제가 상왕에게 불경을 공부하라는 명목을 붙이고 토번(土蕃) 살사결(撒思結) 지방으로 귀양 보냈다. 이 지방은 원나라 서울에서 15000리 떨어진 곳이었다. 상왕을 시중하던 재상 최성지(崔誠之) 등은 모두 도망하여 숨어서 나타나지 않고 오직 직보문각(直寶文

---

319) 무공 편저, 『태고보우 국사인물론』, (태고사상제 4집), 불교춘추사, 2005.p, 77.

320) 『태고집』, 서주 편, 김달진 역주, 세계사, 1991, pp, 296-297.

閣) 박인간(朴仁幹)과 전태호군 장원지(張元祉) 등이 상왕을 따라 유형지(流所)까지 갔었다.」[321] 고려 상왕을 원나라 황제는 토번까지 불교 경전을 학습하려고 유배지를 정하여 보냈다. 고려에 왕까지 지냈는데 원나라에서는 고려 왕위에 대한 불인정이며 고려를 통치하는데 있어 일종의 노리개 감으로 여기고 있었다. 그런 의미에서 본다면 국가를 바르게 지킨다는 것이 얼마나 소중하며 백성들을 바르게 돌본다는 것이 큰가를 알 수 있으며 국가의 역할을 다하지 못한 국왕의 처지가 이토록 냉정하다는 것이며 이러한 역사적인 비극의 고려 국왕이 될 줄은 상상을 하지 못했다.

「충숙왕 8년(1321) 승려들이 민천사에 많이 모이게 하여 상왕을 위하여 기도하였다.」[322] 상왕이 원나라에서 고통을 당하고 있는데도 불구하고 고려 불교계에서는 기도만 하고 있었는가 말이다 고려 불교 교단은 무엇을 하고 있었는지에 대한 의문이다.

「충숙왕 8년(1321) 가을 7월 상왕이 서번(西蕃) 독리리(獨知里)에 도착하여 최유엄 권부 허유전 조간 등에게 다음과 같은 내용의 서신을 보냈다. 내가 운명이 가박하여 이러한 우환을 당하였다. 혈혈단신으로 산 넘고 물 건너 15000리 길을 걸어 토번으로 항하고 있으니 우리나라에 대한 막대한

---

321) 리외섭 역, 『고려사』(11), (3)고전연구소 고전연구실 사회과학원, 1964, p, 468.

322) 김종서, 『신편 고려사절요』(하), 민족문화추진회, 신서원, 2004. p, 33.

수치이다 나는 잠자리에서도 편안히 잠을 이루지 못하고 먹어도 음식이 맛을 알지 못한다. 그래 여러 국로(國老)들도 역시 노심초사 하고 있으리라 하고 추축되니 송구하고 부끄러운 마음이 더욱 심절하다. 국왕이 나이 젊고 아는 것이 없는데 지금까지 나를 기탄하던 소인의 무리들이 반드시 내가 이렇게 된 것을 다행히 여기고 간교한 술책으로 농락 하여 우리 부자를 이간질 하지 않으리라고 어찌 단언하겠는가. 바라건대 여러 국로들은 일심협력하여 원나라 황제에게 호소하여 나로 하여금 속히 돌아가게 주선하라. 이 서신을 받은 허유전과 민지 등이 원나라에 가서 왕에게 귀국하기를 요청하였으나 심왕(瀋王)의 도당들이 저해하여 종내 성공하지 못하고 돌아왔다.」[323] 고려 상왕이 토번에 유배하여 있는데 대한 반감이 고려에서는 전혀 일어나지 않았다는 것은 참으로 불행한 민족이 아닐 수 없다. 물론 충숙왕은 어린 왕이기에 힘이 없었다.

「충숙왕 9년(1322) 심왕 호가 본국에서 왕의 처소에 돈과 재물을 많이 보내는 것을 미워하며 그의 신하 양성주(楊成柱)를 보내 황제의 명으로 재상 김이용(金利用)을 문책하고 수송한 돈과 재물을 징수하였다.」[324] 심왕은 충숙왕이 돈을 보내오는 것에 대하여 반대를 하였는데 원나라 황제가 고통

---

323) 리외섭 역, 『고려사』(11), (3)고전연구소 고전연구실 사회과학원, 1964, pp, 471-472.

324) 김종서, 『신편 고려사절요』(하), 민족문화추진회, 신서원, 2004. p, 40.

을 주기 위하여 벌을 주고 있다고 생각하고 있었다. 고려에서 보내오는 돈에 대하여 거부를 하였다고 말할 수 있다. 심왕은 돈이 필요하지 않았다.

「충숙왕 9년(1322) 원으로부터 삼장(三臧)의 호를 받은 義璇, 조인규의 제 4자는 그런 묘련사(妙蓮寺)과 천태종의 대표적인 귀족 승이다.」[325]충숙왕 9년에는 의선이라는 조인규 가문의 4자가 묘련사의 천태종를 중흥시키기도 하였다. 원나라 시대 고려불교는 천태종이 고려 불교를 주도했다. 그 가운데 조인규라는 가문이 적극적으로 후원하였던 원인이기도 하다.

「충숙왕 10년(1323) 12월 을유일 상왕이 11월 10일에 대도(大都)에 도착하였고 13일에 황제를 만나 보았다. 아직도 염려되는 것은 국왕이 연소하여 간사한 자들을 가까이 하며 옳지 못한 것을 많이 할 그 점이다 그대들은 녹봉만 생각하고 국왕의 잘못을 바로 잡지 못하였으니 그러한 재상이 무슨 소용 있겠는가. 이제부터는 조심하여 국정을 잘 보필하라 라고 하였다.」[326] 물론 태고보우는 국가의 위기에 대하여 알지를 못했다고 보아야 한다. 특히 선종에 대한 표방을 하고 있다면 국가의 위기에 대하여 알려고 하지 않았을 뿐만 아니라 간화선이라는 이론을 수용하다가 실패하였다. 아무리 선정에 들어 자아를 발견한다고 하여도 국가에 대한

325) 고익진, 『한국의 불교사상』, 동국대학교 출판부 1997, pp,49-6-.

326) 리외섭 역, 『고려사』(11), (3)고전연구소 고전연구실 사회과학원, 1964, p, 477.

이로움이 없을 시에는 의미가 없다.

「충숙왕 11년(1324) 12월 상왕이 재신과 추신에게 글을 부쳐 이르기를 과인은 11월 10일에 원나라 서울에 도착하여 지존(至尊:황제)을 뵈었다 돌이켜 생각하니 국왕이 나이 어려서 간사하고 아첨하는 사람들과 가깝게 사귀면서 불의한 일을 많이 하고 있는데 경등은 벼슬을 보존하기만 생각하여 바로잡지 못하니 그런 재상을 무엇에 쓴단 말인가 지금부터는 숙의하여 나라 일을 보필하라 하였다.」[327] 심왕은 대단히 화가 났던 모양이다. 왕이 나이가 어리어 간사한 무리들에 말만 듣고 있다는 것을 질책하고 있다.

「충숙왕 12년(1325) 9월 신유일 僧 조형(祖衡)을 왕사로 임명하였다.」[328] 충숙왕 12년에는 승려를 왕사로 임명을 하였다. 조형 왕사는 화엄종의 승려 특히 조형 왕사는 충숙왕의 명령을 받고 전 사원을 중수하는 소임을 수행하였다. 충숙왕 시대에는 華嚴選이 널리 유포되었던 것 같다. 그러한 결과로 인하여 태고보우도 선종의 승려이면서도 華嚴選에 대한 경전을 학습하였다. 태고보우가 26세 되던 해(1326 : 충숙왕 13년)에 국가시험인 華嚴選에 합격을 하였다. 태고보우는 선종의 선에 대한 정진만을 실행한 것이 아니라 교학적인 華嚴選에 대한 교학을 병행하였다. 태고보우에 대하여

327) 김종서, 『신편 고려사절요』(하), 민족문화추진회, 신서원, 2004. p, 57.

328) 리외섭 역, 『고려사』(11), (3)고전연구소 고전연구실 사회과학원, 1964, p, 484.

평가를 한다면 선승의 역할은 정진만을 실행한 것이 아니라는 점을 말할 수 있다. 태고보우가 華嚴選에 합격을 하였다면 선승만으로 볼 수가 없다. 태고보우만의 수행방법이 만법귀일의 화두 타파의 정진에서 돈오돈수 이론에서 점수돈오의 이론을 택한 것이라고 보아야 한다.

「충숙왕 13년(1326) 교종의 華嚴選과에 합격하고는 경전탐구에 매진했다. 그러던 중 하루는 이것 또한 고기 잡는 통발과 토끼 잡는 올노에 지나지 않는구나 옛날의 대장부는 그 목표를 세운 바가 높았다. 어찌 미련하게 있겠는가 난들 대장부가 아니랴」[329] 라는 글을 남긴 뒤 선승의 모습으로 정진을 강행했다. 태고보우는 26세가 되고 출가하여 선행을 수행했지만 華嚴選에 합격을 하였던 것을 보면 화엄경을 학습하였던 시험 준비기간이라고 말할 수 있다. 태고보우가 승과가 아닌 화엄선을 본 것이 특이하다. 태고보우가 속해 있는 가지산파는 화엄학파가 아니라 간화선종의 전승을 실천하고 있었다. 태고보우가 무엇때문에 화엄선에 합격을 하였는지에 대한 해답이 없다. 실지로 태고보우는 문자를 버리고 不立文字의 주장이 아니라 문자를 통해 교학 불교의 화엄경을 학습한 것이 아닌가 한다. 고려 말 화엄종의 위력이 있었던 것이며 고려 전 불교사회를 통해 정치적으로 화엄종 세력이 매우 강대했다. 충숙왕은 화엄종의 승려를 왕사에 임명함으로 신라 시대 전승하였던 화엄사상을 전개하

329) 유영숙, 「고려 후기 선종사연구」, 동국대학교 대학원 박사학위논문, 1994, p, 73.

려고 하였던 충숙왕의 새로운 고려 불교의 진기를 마련했다고 보아야 한다. 화엄종의 발전에 대한 역사성을 존중하였다. 조계종이라는 종파의 이름을 충숙왕 시대는 들어볼 수도 없다. 고려 충숙왕 시대 고려 불교는 백성들의 고난에 대하여 저항을 하지 않았고 몽고의 지배하에 있던 시대에는 수선사파인 조계종 소속의 승려들은 백성들을 위하여 저항하기도 했다. 원나라에서 조계종 선종의 승려들은 국가의 후원을 전혀 받지 못하고 있었으며 오히려 화엄종의 화엄사상이 더욱 기세를 올려 화엄종의 승려를 충숙왕의 왕사로 임명하였다. 태고보우의 활동에 대하여 유창이 쓴 행장에서는 고려 말 불교에 대하여 찬양을 하고 있는 면에서 비판하지 않을 수 없다. 과연 불교가 백성들을 위하여 무엇을 하였던가. 유창이 쓴 행장으로 보면 화엄종의 역사성을 부정하고 있다. 마치 태고보우가 화엄종의 후원을 받지 않고 대조계의 적자임을 기록하고 있는데 적어도 태고보우가 화엄선에 관심을 가진 것은 그 시기에는 화엄종이 주류를 이루었다는 점을 기록하지 않았다.

「충숙왕 14년(1327) 여름 5월에 첨의중찬 김이(金怡)가 죽었다. 김이는 성질이 활달하여 장자다운 풍도가 있었다. 충선왕을 따라 원나라에 들어가 오래동안 모시며 충성을 바쳤는데 처음부터 끝까지 한결 같았다.」[330] 김이라는 충신이 죽었는데 태고보우는 고려의 승려로서 선종이 아닌 화엄선

330) 김종서, 『신편 고려사절요』(하), 민족문화추진회, 신서원, 2004. p, 67.

에 합격을 하였다. 물론 충선왕이 원나라에서 고통을 당하고 있을 무렵에 태고보우는 화엄선에 합격을 하여 그 이름이 고려에 전해지고 있었다.

「26세에는 화엄선(華嚴選)에 합격하고 경전을 두루 연구하여 그 깊은 뜻을 알았다.」[331] 태고보우는 선종에서 실시하는 승과라는 제도를 통과하지 않았다. 고려시대 승과는 선승에게 주어진 최고의 지위를 부여한 승과였다. 그런데 華嚴選에 합격을 하였다는 것은 선에 대한 이론을 확립하지 않았다는 것을 단적으로 말해주고 있다. 태고보우가 華嚴選에 합격을 하였다. 태고보우가 간화선을 수행하다가 교종인 화엄종에서 실시하는 華嚴選에 합격을 하였다는 것은 경전을 학습하였다는 것이다. 또한 본 연구의 본래 목적이 아니지만 태고보우의 회암종의 승려의 소속이 중요하다. 그 이유는 태고 보우가 화엄선에 합격을 하였기 때문이다. 태고보우가 화엄선에 합격을 하였는데 화엄선 시험에 임하려고 하였던 문제에 대하여 그 이유를 기록하지 않았다. 태고보우가 선종의 선에 대한 시험을 행하지 않고 화엄선의 시험을 보았다는 것은 분명히 기록을 했어야 하지 않나 이점에 대하여서는 의문점이 없지 않다. 이러한 관점에서 본다면 회암사의 창건의 역사를 고찰할 수 있다. 충숙왕은 화엄종의 승려를 왕사에 임명하였고 화엄종의 승려들에게 고려 불교를 중흥하도록 하였던 것이 아닌가 한다. 태고보우는 19

---

331) 백련선서간행회, 『태고록』, 번역, 장경각, 2008, p, 208.

세부터 간화선을 탐구했다. 26살에는 화엄선에 합격을 하였는데 화엄선을 통과하려면 화엄경을 학습해야 했다. 그런데 화엄학을 학습했다는 기록이 없다. 고려가 원나라의 국호에 부합이라도 하듯이 고려 말 고려 승려들이 원나라의 국가에 충성심을 다하듯이 원나라의 불교에 대한 접근을 하려고 하였다. 태고보우는 초기에 원나라의 불교에 대하여 관심을 두지 않았다. 고려 말 불교는 정상적으로 불교의 역할을 하고 있지 못했다. 고려 불교는 전쟁을 통해 국토가 원나라의 지배 하에 있었기에 불교의 바른 관점으로 성찰할 수 없었다. 태고보우는 간화선을 수행하면서 華嚴選에 합격을 하였다는 것도 선종에서 실시하는 시험이 아니라 교종인 화엄선에 합격한 점이 이상한 점이 없지 않다. 고려 말 고려 불교는 한마디로 말하자면 국가 폭력에 준하는 폭력을 자행했다. 사찰마다 거대 농장과 거대 사찰 노비들을 거느리고 있었다. 사찰에 거대 농장을 운영하고 노비를 거느리고 있다는 것은 불타의 정신에 위배된다. 고려 말기의 불교인들은 전혀 모르고 있었다. 고려 말 시대에 있어서 출가인으로서 수행에 전념한다는 것은 사찰에 있어서는 하나의 이탈자였다. 무신시대에 정치적인 면에서 이탈하기 위한 하나의 방편인 수선사계통의 간화선법을 택했던 수선사파에 비하여 태고보우는 그러한 행을 하기 위하여 수행한 것이 아니다. 조계종인 수산사 계통의 지눌보조의 간화선법은 몽고의 침략과 더불어 쇠퇴하기 시작했다. 그러함에도 불구하고 태고보우는 최충헌 계통의 무신정권인 최우의 비호를 받았던 지눌보조의 수산사 계통 조계종과 같은 간화선인 화두를 탐구하는 수행법을 수용하였다. 태고보우는 조계종 선법이라는 수행을 실천하지 못했다고 보아야 한다고 말할 수 있다. 원나라 식민지 시대 조계종이라고 말한다면 그들은 몽고 고려 점령시대에 저항했던 조계종 승려들이라고 하여 원나라에서는 용인하지 않는다. 또한 불교 교단이나 국가에서의 출세의 길이 막힐 수도 있다. 하지만 선종의 승려가 선종에 대한 시험을 보지 않고 화엄종에서 실시하는 華嚴選에 합격을 하였던 점을 미루어보아 태고보우는 조계종 승려들 가운데 몽고에 가장 저항했던 승려들은 김윤후 승려를 들 수 있는데 그러한 조계종 계통의 선종불교와는 원나라 불교와는 친교 할 수 없다. 그러한 결과로 인하여 조계종 계통의 승려들은 공식적으로 이름을 올려 조계종 승려로 기록을 하지 못한다. 설사 조계종의 승려라고 하여도 이름이 오르게 되면 자신들의 명리나 지위에 손상이 갈 것을 생각해서 조계종의 승려로 기록을 하지 않는 면이 있을 수 있다. 태고보우에 대한 기록이 바로 그러한 면이 없지 않다. 태고보우가 조계종의 승려였다면 당당히 조계종의 승려로 기록해야 한다. 몽고와의 저항한 조계종이 원나라에서는 저항할 이유가 없다. 태고보우는 조계종의 승려가 아니라는 점이 여기에 있다는 것을 말하고자 한다. 태고보우는 조계종의 선종 승려에서 화엄종의 승려로 몸을 피신한 것이라고 말한다.

「충숙왕 15년(1328)년 7월 경일일 호승(胡僧) 지공(指空)이 연복사(演福寺)에서 불교의 계(戒)를 설교하였는데 선비들과 부녀들이 모여 들어 설교를 들었다. 계림부 사록(司錄) 리광순도(李光順)도 또한 무생계의 설고를 듣고 임지에 가서 그 지방 인민들로 하여금 성황제(城隍祭)를 지내는 데 육류를 쓰지 못하게 하였으며 돼지도 기르지 못하게 엄금하였더니 그 고을 사람들이 하루 동안에 있는 돼지를 모조리 죽여 버렸다.」[332] 고려 말에 활동했던 고려에서의 지공의 위치에 대한 학문적인 지공의 연구가 전혀 없다. 만일에 지공이 고려 말에 활동하였다면 그 시대의 역사를 바르게 논증할 수 없다. 태고보우는 충선왕 시대에 태어났고 출가는 충숙왕 시대에 출가를 하였다. 또한 지공이 고려에 온 것은 바로 충숙왕 시대로 보아야 하며. 충숙왕 시대 회암사라는 사명이 보이지 않는 점을 미루어 보아도 인도 승이라면 원나라 시대에 고려 말에 와서 회암사라는 거대한 사찰을 창건하였다면 그 명성이 고려 말에 전승되었을 법하다. 회암사를 인도승인 지공이 주도적으로 창건한 사찰이라고도 보기 힘들지 않나 하고 생각하지 않을 수 없다. 호승 지공이 아무리 힘이 있다고 하여도 원나라의 지지를 얻어 고려에 회엄사라는 거대 대형사찰을 건립한다는 것은 의문이다. 지공이 창건했다고 하는 회암사는 1328년이고 태고보우가 출가한 해는 1313년이다. 고려사에는 회암사 창건의 기록이 전혀 기록이 없다. 그러함에도 불구하고 회암사 선승이 태고보우의 광지선사라면 광지선사의 활동에 대한 기록이 현존해야 한

---

332) 리외섭 역, 『고려사』(11), (3)고전연구소 고전연구실 사회과학원, 1964, pp, 492-493.

다. 태고보우의 스승이 광지선사로 그리고 회암사의 승려로 기록을 하고 있다면 광지선사에 대한 기록이 있을 법하다. 광지선사를 후에 회암사에 속한 계보라고 말할 수는 있지만 태고보우가 회암사에서 출가한 사찰은 아니며 지공이 창건했다고 하는 창건의 역사도 고려사에 기록이 전혀 없다. 태고보우가 회암사에서 출가를 하였다고 하는 태고보우의 행장을 기록한 문인 유창의 기록은 태고보우에 대한 찬양의 기록은 잘못이며 태고보우의 출가사찰이 회암사로 기록한 역사에 대하여 잘못 기록을 하였다.

「보조체징((普照體澄 : 804~880)은 속성이 김씨로 호에 시호를 보조(普照)라고 하였다. 어려서 출가하여 화산 권법사(花山 勸法師)에게서 배웠고 설악산 억성사(億聖寺)의 염거(廉居) 밑에서 선(禪)을 닦았다. 837년(희강왕2) 정육(貞育) 허회(虛會) 등과 당나라에 가서 수도하고 840년(문성왕 2)귀국한 다음 헌안왕의 초청으로 경주에 갔다가 가지산 보림사를 중수하고 선종(禪宗)을 폈다.」[333] 보조체징은 가지산 보림사를 중건하고 실질적 창건한 선승이다. 보조체징을 가지산의 창건주로 보는 것도 역사적인 기록으로 말할 수 있다 특히 태고보우는 19살에 가지산 보림사에 있었다. 가지산 보림사의 역사성에 대하여서도 문헌에서는 오류적인 면이 없지 않다. 가지산 보림사를 창건하였다고 하는 도의에 대하여서도 믿을 수 없다. 도의는 가지산에 머문 적이 없다.

---

333) 무공 편저, 『태고보우 국사인물론』, (태고사상제 4집), 불교춘추사, 2005.p, 73.

가지산 보림사를 창건[334]하였던 신라 말기의 체징보우였다. 「19세 때에 가지산 총림에서 만법귀일 의 화두로 선지를 참구하였으나 대중은 아무도 그 사실을 몰랐다.」[335] 태고보우가 19세 되던 해 1319년에 까지 가지산 보림사 총림에서 수행하였다고 한다면 가지산에 입산한 것이며 태고보우는 가지산이 출가본사라고 말할 수 있다. 이러한 관점에서 본다면 태고보우는 회암사가 출가본사가 아니다. 회암사는 태고보우가 출가 한 이후에 창건하였는데 회암사에서 출가를 하였다고 행장에 기록은 잘못이다.

「가지산 보림사는 가지산파의 3대 법손인 보조체징에 의해 탄생된 남종 선으로 신라 말 원표(元表) 체징(體澄) 형미(逈微)와 고려 말 보우선사에 이르기까지 2대 왕조를 거쳐 남종선의 전통을 이은」[336] 가지산 보림사다. 대부분 태고보

---

334) 속성 김(金). 시호 보조(普照). 탑호 창성(彰聖). 웅진(熊津:公州) 출생. 어려서 출가하여 화산 권법사(花山勸法師)에게서 배웠다. 827년(홍덕왕 2) 가량협산(加良峽山) 보원사(普願寺)에서 구족계를 받고, 설악산(雪嶽山) 억성사(億聖寺)의 염거(廉居) 밑에서 선(禪)을 닦았다. 837년(희강왕 2) 정육(貞育)·허회(虛會) 등과 당나라에 가서 수도하고 840년(문성왕 2) 귀국, 무주(武州:光州) 황학난야(黃壑蘭若)에 있었다. 그 후 헌안왕의 초청으로 경주(慶州)에 갔다가, 가지산(迦智山) 보림사(寶林寺)를 중수하고 선종(禪宗)을 폈다. 보림사 보조선사창성탑(보물 157)과 김영(金穎)이 세운 탑비(보림사 보조선사창성탑비:보물 158)가 전라남도 장흥군 보림사 터에 남아 있다. - ⓒ 두산백과사전

335) 김방용, 「보조지눌과 태고보우의 선사상 비교연구」, 원광대학교 대학원, 불교학과,철학박사 학위논문, 1999, p, 71.

우에 대한 연구를 하고 있는 연구자들도 태고보우에 대한 기록은 행장에 있는 기록을 참조하고 있기에 행장에 대하여서는 과장일 수도 있다. 태고보우의 행장의 기록이 부정확한 면이 없지 않다. 태고보우가 출가를 하였던 해는 13세가 아니라 19세로 보아야 한다.

태고보우에게 있어서 정확한 기록을 해야 한다. 그런데 그 기록이 없다. 바로 태고보우의 구족계의 기록이다. 태고보우가 구족계를 수지한 기록이 전혀 없다. 구족계를 수지하지 않고서는 출가 수행자로 기록할 수 없다. 그러함에도 불구하고 태고보우에게 주어진 가지산문의 정통성을 주장하고 있는 禪僧이라는 칭호이기도 하다 정통적으로 선사의 칭호를 부여하려면 선과에 합격해야 한다. 고려 말 시대적인 상황을 전혀 고려하지 않고 태고문손인 유창이 태고보우의 행장의 기록에 의존하려는 이론을 통해 주장만을 내세운다면 그것은 일종의 학문에 대한 부정이기도 하다. 고려 초기 중기 말기의 시대적인 상황을 전혀 고려하지 않고 고려 불교의 정통성을 주장한다면 또한 그러한 이론에 대하여 비판하지 않을 수 없다. 고려 말의 고려 불교는 승려들뿐만 아니라 국가의 권력층에서도 불교를 이용하여 자신의 권리만을 유지했던 불교 시대이기도 했다.

「태고보우가 살던 고려 말기의 정치나 사회경제적인 상황이 전연 고려되지 못한 것은 말할 것도 없고 당시의 불교계

336) 무공 편저, 『태고보우 국사인물론』, (태고사상제 4집), 불교춘추사, 2005.p, 73.

상황조차도 간과됨으로써 새로운 철학 계발의 길이 완전히 막히면서 윤리적으로 타락하였고 사회경제적으로 농장의 확대라고 하는 모순이 극대화 되어 가던 고려의 불교계 상황과는 유리시켜서 실제 그 불교계를 대표하고 영도하던 태고보우만을 완전한 聖僧으로 이해하고 평가하려는 주장들만이 나오고 있는 바 이것은 분명히 객관성이 결여된 주장이며 논리적으로도 모순 된 주장이라고 아니할 수 없다. 태고보우 자신이 의도한 것이었든 의도하지 않았던 것이었든 간에 그의 행동이나 사상이 역사적으로 어떠한 의미를 갖는 것인가 하는 문제는 당시의 정치적 . 사회경제적 상황과 직결시켜 구체적으로 검토되어야 한다.」[337] 태고보우는 13살에 출가하여 19살 때 만법귀일의 화두를 타파하려고 정진하였던 간화선 수행자였다. 그런데 태고보우는 간화선을 버리고 염불 원각경 화엄선을 통과하였다. 태고보우가 출가하여 수행하던 시기 고려 말은 불교적인 변화기를 맞이한 시한 때였다. 태고보우에 대하여 의문시 되는 것 중에 하나가 구족계를 주지한 기록이 전혀 없다. 태고보우가 구족계를 수지하였다면 유창이 쓴 행장에도 기록이 되었을 것인데 유창이 쓴 행장의 기록에 구족계 수지에 대한 기록이 없다는 것은 교단의 구조를 무시한 행장이라고 말할 수 있다. 태고보우는 사미승으로서 간화선을 수행한 수행자였고 비구계를 주지한 적이 없다. 또한 가지산 보림사 총림에서는 구족계를

337) 최병헌,「태고보우의 불교사적 위치」,『태고집』, 서주 편, 김달진 역주,세계사, 1991, pp, 289--290.

설할 수 있는 조건은 되었으나 구족계를 설하려면 적어도 3사 7증이 보중해야 만이 성립될 수 있다.

「충숙왕 16년(1329) 봄 정월 왕이 평주(平州)에 있으면서 천신산 아래로 행차하여 임시 가옥을 짓고 거처했다. 우인에게 묻기를 집을 덮는 데 어떤 재로가 가장 좋은가 하니 우인이 대답하기를 떡갈나무 껍질이 가장 아름답습니다. 하였다. 왕이 즉시 벗겨오라 명령하니 백성들이 매우 괴로워 하였다. 왕이 사냥 다니기를 너무 좋아하여 지출하는 경비가 한없이 많았으며 우인은 모두 검교낭장이나 별방을 제수하고 의복과 곡식을 하사하는 양이 걸핏 하면 백(百) 단위로 계산하게 되었다.」[338] 충숙왕은 정치에 있어서 혼란기를 맞이하였는데 화엄종의 왕사가 충숙왕의 후원을 받아 전국의 화엄종의 사찰을 복권하게 된다. 또한 고려 불교는 원나라의 간섭에 의해서 통제되었다 원나라의 황제에 의하여서만이 불사를 할 수 있다. 태고보우는 30세 되던 해에 고려왕이 세자가 왕이 되었는데 이것은 바로 원나라 황제가 새로 탄생하였던 것에 영향이 있었다고 보아야 한다.

「충숙왕 17년(1330) 봄 2월 초하루 임오일 원나라에서 세자 왕정(禎)을 책봉하여 왕으로 임명하고 객성부사(客省副使) 칠십견(七十堅)을 보내여 국세(國勢)를 가져왔다.」[339] 충

338) 김종서, 『신편 고려사절요』(하), 민족문화추진회, 신서원, 2004. p,73.

339) 리외섭 역, 『고려사』(11), (3)고전연구소 고전연구실 사회과학원, 1964, p, 496.

숙왕 17년에 왕위에서 물러났다. 이것은 또한 원나라에서 왕을 새로운 세자에게 임명하였다. 고려는 또한 혼란기에 접어들었다 태고보우는 고려의 혼란기를 피하기 위하여 30살이 되던 해에 자취를 감춘다.

「태고보우는 30세 되던 해(1330)에는 경기도 용문산(龍門山) 상원암(上院庵)에 들어가 12가지 큰 서원을 세우고 관세음보살께 기도 정진하였지만 서원의 내용은 전해지지 않고 있다.」[340] 태고보우가 30세 되던 해에는 12가지 서원을 세우고 기도를 하였다고 한다. 이러한 서원을 세운 것은 가지산이 선만을 주장한 것이 아니라는 것을 알 수 있으며, 가지산 보림사 총림의 선풍의 선승의 모습에서 이탈하였다고 말할 수 있다. 태고보우는 관세음보살을 염송하는 염불을 행하였다 태고보우가 염불을 실천하기 위하여 12가지의 서원을 세우고 염불발원을 하였던 것인데 이러한 변모는 분명히 가지산 선풍에 대하여 부정적인 면이 없지 않다. 태고보우는 염불기도를 하였는데 이것은 바로 최초의 염불선을 수행하였다. 태고보우는 26세에 화엄선에 합격하고 30세에 정토 염불선을 수행했다.

「충숙왕 후 원년(1332) 봄 2월 갑자일 원나라에서 류수(留守)보수(寶守) 전리문 랑중(理問 郎中) 장백상(蔣伯祥) 등을 우리나라에 보내여 왕에게 복위하라는 명령을 전달하였다. 왕이 채홍철 림중윤을 찬성사로 윤 신걸을 평리로 김자(金

---

340) 무공 서갑생 편저자, 『태고보우 국사의 종지와 종풍 그 수행법』, (태고사상제 5집), 불교춘추사, 2006, p, 77.

資)와 김인윤을 밀직사로 조유와 민 상정(閔祥正)을 지밀 직사로 각각 임명하고 또 장백과 림중윤으로 하여금 정동성의 사무를 대행(攝行)하게 하였다.」[341] 충숙왕이 복귀하였는데 이것은 분명히 원나라 황제의 아첨꾼들에 의하여 자행된 행위라고 말할 수 있는데 이러한 풍토는 출세욕을 노리고 자행한 행위라고 말하지 않을 수 없다

2. 태고 보우의 수행과 오도송

태고보우는 가지산 보림사의 총림에서 만법귀일 화두의 수행선인 간화선 수행법을 버리고 화엄선과 정토염불선 원각경을 통해 자신의 불교사상을 확립하고자 하였다. 태고보우는 38세에 이르러 오도를 하였는데 오도를 하였던 의미를 알 수 없다. 태고보우는 만법귀일의 화두를 타파하고자 용맹정진을 하기도 했다. 화두를 탐구하려는 용맹정진 그것이 바로 수행이라는 것을 알았다. 화두를 타파하는데 정진만이 성취되는 것이 아니라는 것을 알았다.

「충숙왕 후 2년(1333) 3월 원나라 우승상 연첩목아(燕帖木兒)가 황태후와 황태자에게 고하기를 "고려는 왜국과 이웃하고 있는데 지금 그 나라 임금이 오래동안 우리나라에 체

341) 리외섭 역, 『고려사』(11), (3)고전연구소 고전연구실 사회과학원, 1964, p, 496.

류하고 있으니 그를 자기 나라로 돌려보내기를 바란다."라고 하였더니 황태후가 이를 승낙 였다. 당시에 원나라의 문종과 녕종(寧宗)이 계속해서 죽고 황태자가 즉위하지 못하였을 시기였다. 충숙왕은 문종의 옛 신하(臣下)로서 차마 갑자기 돌아오지 못하고 시일을 천연하고 떠나지 않으므로 원나라에서 그의 귀국을 독촉하였다.』[342] 원나라도 황제가 연달아 죽었기에 국가적으로 혼란기를 맞이하고 있었다. 원나라의 국토를 수호하는데 있어 힘이 들었을 법하다. 하지만 고려는 원나라의 명령에 복종이라도 하듯이 원나라에 명령을 따르고 있었다.

「충숙왕 후 2년(1233) 여름4월에 왕이 임강 난산채(卵山寨)에 이르니 이 때 심왕 호가 와서 뵙고 왕을 따라왔다.」[343] 심왕의 심정이나 충숙왕이나 서로 고통 속에 살았다. 고려왕은 원나라 황제의 명령에 복종이라도 해야 한다. 원나라 황제에 눈에 나면 고려왕의 존재는 있을 수 없으며 고려왕이 불법을 배우라고 유배지를 토반에 만들고 토반에까지 보낸 일이 있는데 원나라 황제의 위력은 고려에 있어서는 대단한 위력을 지니고 있다.

342) 리외섭 역, 『고려사』(11), (3)고전연구소 고전연구실 사회과학원, 1964, p, 498.

343) 김종서, 『신편 고려사절요』(하), 민족문화추진회, 신서원, 2004. p, 91.

1). 태고보우의 돈오점수 사상

태고록에 전하는 오도의 내용에 대하여 태고보우는 38세 때에 활연대오를 하였다고 한다. 태고보우가 大悟를 하였다고 하는 것은 간화선을 통해서 자아를 발견한 것이 아니다. 이러한 방법은 임제선의 정통적인 수행방법이기도 하다. 태고보우는 임제선의 방법인 간화선의 수행방법을 통해서 대오를 하였다. 태고보우는 임제선에 대하여 알지를 못했지만 임제선종의 간화선법으로 깨달았다. 태고보우가 간화선을 통해서 大悟를 하였다는 것은 의문이다. 태고보우가 또한 오도한 이후에 태고보우는 수행을 한 것이 아니라 고향에서 부모님을 보시고 살았는데 그러한 수행의 방법은 출가수행자로서의 역할을 포기한 것이나 다름이 아니다. 태고보우가 대오를 하였다고 한다면 대오에 대한 의미를 기록해야 한다.

「부모님을 모시고 1700 공안을 두루 참구(參究)하였는데 공안 가운데 암두가 비밀히 계합한 곳(巖頭密啓處)에 막혔다. 이 공안은 남송시대 무문 혜개(無門慧開)가 지은 무문관(無門關)에서 제 13칙(則)인 덕산탁발(德山托鉢)에도 나오며 여러 곳에 그 출처가 있다」[344).]태고보우가 38세 때에 부모님을 모시고 수행을 하였다는 것이 특이한 모습이기도 하다. 고향에서 농장을 경영하기도 했고 대해종교가 실천하였던 간화선법인 공안에 대한 의문을 품고 정진을 하였다. 고

344) 무공서갑생 편저자, 『태고보우 국사의 종지와 종풍 그 수행법』, (태고사상제 5집), 불교춘추사, 2006, p, 78.

향에서 농장을 경영하면서 용맹정진을 통해 화두를 타파하여 정각을 얻었다. 태고보우는 대오를 성취한 이후에 부모님하고 이별하고 홀로 자신의 정진을 실천 수행하기 위하여 소요산으로 들어갔다. 태고보우는 소요산에서 용맹정진을 병행하면서 백운가를 짓기도 했다.

「보우는 忠肅王 復位 2년(1333)부터 본격적으로 참선에 몰두하는데 城西에 있는 甘露寺 僧堂에 머물면서 그의 수행과정에 있어 첫번째 깨달음을 얻었다. 그리고 4년 뒤 가을에는 佛脚寺에서 《圓覺經》을 보다가 一切盡滅 名위 不動이라는 구절을 보고 두번째 깨달음을 성취했다. 同年 겨울 蔡洪哲의 권고로 그의 암자인 栴檀園에서 冬安居에 들었다. 이 때 보우는 趙州의 無 字 화두로 참선하던 중 이듬해 정월 문득 세번째의 깨침을 얻었다.」[345] 태고보우가 첫번째 깨달음을 얻었는데 간화선법의 수행법을 통해서 깨달음을 성취하였다.

「하나마저도 얻을 수 없는 곳에
밟아 깨치니 집안의 돌이러라
돌이켜 보니 깨친 흔적 또한 없고
본사람마저 적적(寂寂)하니
요요(了了)한 원(圓)은 뚜렷하고 뚜렷하며
현현(玄玄)한 빛은 맑게 빛나는 구나

345) 유영숙, 「고려 후기 선종사연구」, 동국대학교 대학원 박사학위논문, 1994, p, 74.

불조(佛祖)와 더불어 산하(山河)를
입이 없이 모두 삼켜버렸도다」[346].

태고보우가 첫번째 깨달음을 얻고 오도송을 지었던 것인데 오도송의 내용은 자신의 정진의 이념인 만법귀일의 의미를 알았다. 만법귀일의 화두는 공안이라도 한다. 화두공안은 전등록에는 1700 칙이라고 하고 설두 중현은 1700 공안 가운데 100 칙을 골라 게송을 달았고 원호극근은 각칙에 수시를 덧붙혀 백암록을 지었다.

「충숙왕 후 2년(1333) 6월에 타환첩목이(妥懽帖木爾)가 원나라 황제로 즉위하였는데 이가 순제(順帝)이다.」[347] 원나라에도 안정적인 절차에 의하여 황제가 새로 즉위하였다. 순제 황제는 기황후의 아들인데 기황후는 고려 여인이다. 고려의 여인이 난 아들이 원나라의 황제가 되었다. 이것은 엄청난 변화이기도 하다. 고려 여인이 낳았던 고려인이 원나라에 황제가 되었다. 원나라가 새로운 황제시대를 맞이하고 있는 가운데 고려에서도 변화가 일어났다 태고보우는 정진하는 동안에 간화선을 통해 화두선 정토염불정토 선 원각경을 읽다가 오도를 하였다. 태고보우가 용맹정진을 하던 그 모든 것을 다 버렸다. 태고보우는 경전인 원각경을 읽고 깨

346) 무공 서갑생 편저자, 『태고보우 국사인물론』, (태고사상제 4집), 불교춘추사, 2005, p, 83.

347) 리외섭 역, 『고려사』(11), (3)고전연구소 고전연구실 사회과학원, 1964, p, 499.

달음을 다시 얻었다. 태고보우라는 선승이 깨달음을 얻어 새로운 사상을 전개하고 있었다. 이것은 바로 고려 불교를 바르게 전승한다는 의미도 있지만 고려 불교의 역사를 새롭게 전승한다는 의미로도 볼 수 있다는데 그 의미가 있다.

「원통(元統)으로 연호가 바뀐 계유(1333) 가을에는 성서(城西)의 감로사(甘露寺) 승당에 계시면서 분심을 내어 한탄하되 성질이 나약하고 게을러 불법대사를 성취하지 못할 바에는 차라리 고행(苦行)하다가 죽느니 못하다 하시고 다시 결심하고는 단정히 않으셨다. 그런지 이레 되는 날 저녁에 어렴풋한 잠 속에 푸른 옷을 입은 두 아이가 나타나 하나의 병을 들고 하나의 잔을 받들어 더운 물을 조금 따라 권하기에 받아 마셨는데 그것은 감로(甘露)맞이었다.」[348] 염불선을 수행하던 태고보우는 33세 되던 해에 관세음 보살기도를 통해 감로수를 마시고 수행의 도를 얻었다. 태고보우가 염불선을 통해서 7일을 일심으로 염불기도를 했는데 관세음보살을 친견했다.

「충숙왕 후 4년(1335) 겨울 10월 경오일에 왕이 원나라의 사신이 왔다는 말을 듣고 해주에서 돌아와 국청사에 나갔는데 왕의 성품이 사람을 꺼려하여 측근들도 가까이 가지를 못하였지만 홀치 이서(李敍)가 왕이 혼자서 행차하는 것을 염려하여 그 뒤를 따랐더니 왕이 노하여 그를 죄주었다 다음날 동이 틀 무렵에 백간들이 영빈관에 모여 주사를 맞이하면서

348) 백련선서간행회, 『태고록』, 번역, 장경각, 2008, pp, 208-209.

비로소 어가가 먼저 온 것을 알고 놀라서 황급히 예를 행하니 왕이 사람을 시켜 이들을 쫓았으므로 백관이 모두 달아나 숨었다.」[349] 충숙왕은 원나라에서 사신이 온다고 하여 왔는데 언제나 왕의 뒤를 따라가는 것을 싫어했다. 그러한 성격이기에 왕에 대한 역사관이 부족한 면이 없지 않다.

「충숙왕 후 5년(1336) 3월 병진일 왕이 장치원 나라에 가기 위하여 해주를 출발하였는데 이때 왕이 입조(入朝)할 마음이 없어서 오fot동안 서경(西京)에 체류하였다.」[350] 충숙왕은 본래 사람들과 대화하는 것을 싫어했다. 그것은 원나라에서 온갖 고생을 하였던 것이 원인이기도 하다. 충숙왕은 자신이 왕위를 빼앗겼다가 다시 찾은 불행한 고려왕이기도 하다는 것을 자신이 잘 알고 있었다. 충숙왕 6년 시기에 1337년에 이르면서 고려는 국가적인 역사성을 모두 상실하기도 하다. 그 이유는 원나라 순제로부터 고려는 무장해제를 당하게 된다. 이러한 모습은 바로 국가의 해체를 말하고 있는 것이나 다름이 아니다. 또한 불교도 그 이유야 어떠한 변화인지를 잘 알 수 있다. 고려 불교는 독자적인 활동을 할 수가 없다는 것을 알 수 있다. 태고보우는 고려 불교의 변화에 대한 역사성을 탐구하지 않았다. 고려 말기의 불교는 거대한 사찰이 거란 몽고의 침략으로 인하여 터만 남았

349) 김종서, 『신편 고려사절요』(하), 민족문화추진회, 신서원, 2004. pp94-95.

350) 리외섭 역, 『고려사』(11), (3)고전연구소 고전연구실 사회과학원, 1964, p, 502.

다는 사실을 알지 않으면 아니 된다.

고려 말에는 종파들도 활동을 중지하고 각 종파의 종단도 활발히 활동할 수 있는 상황이 아니었을 것인데 마치 고려 말에 종파의 활동이 있는 것처럼 보고 있는데 이것은 잘못이다. 태고보우가 속해있는 가지산 보림사는 거란이나 몽고의 피해가 없는 것 같다. 가지산 보림사로 선종의 승려들이 집결할 수는 있지만 수선사 송광사 조계산의 조계종 선승들에게 있어서는 태고보우가 승려가 되었을 시기에는 활동을 전혀 하지 못하고 있었다. 원나라의 내정간섭을 받고 있던 고려는 정치적으로는 무장해제 되었고 고려 불교도 또한 독자적으로 활동할 수 없는 시대로 변모하였다. 특별히 불교의 활동 가운데 임제종만이 인정했을 뿐이다 조계종이란 해체된 상태로 있었다. 불교활동이란 원나라 황제를 위한 축원만이 있을 뿐 고려왕과 공주의 활동에 협력을 할 뿐 고려시대의 종파인 조계종의 활동은 전혀 없었다고 말할 수 있다 이러한 시대에 태고보우는 철저하게 수행을 하게 된다.

「충숙왕 6년,(1337) 여름 5월에 찬성사 원충(元忠)이 죽었다. 원충은 학문은 없으나 일을 잘 처리하였으며 왕이 원나라에 억류 당하였을 때 시종하던 대신이 모두 다른 마음을 품었으나 충심만은 한결같이 절조를 지켰다. 원에서 칙명이 있었다. 남송출신 한인 및 고려 사람들은 군기를 소지하지 말 것이며 관원들이 소지한 마필이외의 것은 모두 조사하여 정리할 것이다. 이리하여 백관들이 모두 일을 보지 못하니 정동성에서 세조의 본국의 풍속은 고치지 않는다는 조서에 의거하여 황제에게 아뢰어 병기를 소지하게 할 것과 백관이 말을 타고 다니게 할 것을 요청하니 이를 들어주었다.」[351] 태고보우가 정진하고 있던 시기에 충숙왕의 권위는 말이 아니었다. 백성들과 함께 할 수 없는 시대적인 비극의 시기였다. 태고보우는 간화선 특히 화두타파에 대한 실천 수행하던 수행법을 터득하고 있음을 알 수 있다

「고요하지만 천가지로 나타나고
움직이지만 한 물건 조차 없네
무(無) 무(無)라 이것이 무엇인가
서리 온 뒤에 국화가 무성하다」[352]

태고보우가 두 번째 깨달음을 성취하는데 태고보우 37세(1337) 불각사에서 원각경을 읽다가 깨달았다. 깨달음이란 의미로 보면 돈오점수라고 말할 수 있는데 수행하는 동안에 태고보우는 세 번째 깨달음을 성취하였다.

「태고보우는 37세(1337) 가을에는 불각사(佛覺寺) 독방에서 원각경(圓覺經)을 읽다가 일체가 모두 소멸하는데 이르면 이것을 부동(不動)이라 이름하며 소지(所知)의 경계를 벗어나는 것이다〃라고 한 대목에서 크게 깨달음이었었다

351) 김종서, 『신편 고려사절요』(하), 민족문화추진회, 신서원, 2004. p, 101.

352) 무공 서갑생 편저자, 『태고보우 국사인물론』, (태고사상제 4집), 불교춘추사, 2005, p, 90.

.」[353] 태고보우는 또한 원각경을 읽다가 자신의 부동의 경지에 이르렀다고 하는 기록을 보면 태고보우는 선승이 아니다. 태고보우는 가지산 보림사 총림에서의 선승으로서의 역할을 버리고 가지산 총림의 선승들과 반대되는 화엄선에 합격을 하였고, 화엄선에 대한 의미는 바로 교학을 중심에 두었다는 것을 의미한다. 교학을 중심에 둔 이후에 원각경을 탐독하였다. 태고보우는 원각경을 탐독하다가 새로운 경지를 얻었다고 한다. 이것은 바로 태고보우의 선교 양종에 대한 연구를 겸할 수 있는 학문의 기초를 다졌다. 불교학문의 기초를 다지지 않고서는 고려 말기 불교를 지도할 수 없다.

「충숙왕 후 6년(1337) 5월 경술일 원나라 황제가 글을 보내기를

《한남(漢南)에 있는 고려 사람은 공연히 군기를 가지고 있거나 활과 화살을 가지고 다니지 말 것이며 관원들이 가지고 있는 마필을 제외하고는 모두 조사하여 정리할 것이다.》라고 하였다. 그래서 우리나라의 각 관원들이 모두 일을 하지 않았다.」[354] 고려는 다시금 무장해제를 당한 것이나 다름이 아니다. 관원들이 무장을 하지 않는다면 국가의 존재가 부정 된다. 이러한 문제는 자국의 국가의 통치적인 문

---

353) 무공 서갑생 편저자, 『태고보우 국사의 종지와 종풍 그 수행법』, (태고사상제 5집), 불교춘추사, 2006, p, 77.

354) 리외섭 역, 『고려사』(11), (3)고전연구소 고전연구실 사회과학원, 1964, p, 503.

제가 있을 수 있다. 고려 말의 불교는 정법을 말할 수 있는 시기가 아니었다. 오래 동안 몽고의 침략을 받은 고려 사찰에 대한 방화로 인하여 개경에는 거의 터만 남았다. 불교의 존재는 이미 상실한 시대라고 말할 수 있는데 불교의 역할이란 있을 수 없다. 그런데도 불구하고 태고보우는 출가하여 조주의 무자화두를 들고 있었는데 이것은 무엇을 위하여 무자화두를 들고 있었는지 알 수 없다. 몽고의 침략으로 인하여 고려 국토는 불바다로 변해 버리고 말았다. 불바다로 변해 버린 고려 국토의 변방에서 조주의 무자화두를 들고 앉아서 정진을 하였다.

「태고보우의 생애에 있어서 특이한 점은 조주(778~897)의 무자화두를 통해 깨달음의 상태에 들은 이후 다시 임제선의 정맥을 찾아 자신의 깨달은 내용을 인가받아왔다」[355] 태고보우는 화두를 타파하는 수행을 통해서 자신의 마음에 대한 覺을 이루었다. 화두를 타파한다는 것은 당시에 임제선 승들만이 실행했다. 임제선은 바로 대혜종고가 창안한 내용인데 대혜종고는 자신의 스승인 원오극근 선사가 지은 벽암록을 불 질러 버리는 행을 자행하기도 하였다. 태고보우가 대혜 종고의 간화선법을 통해 정각을 이루었다면 문자를 또한 버려야 한다. 태고보우는 자신이 은거하여 아무런 생각도 없이 소요산에서 백운암가를 짓기도 했다. 백운암에서 백운암가를 짓고 있었던 것은 몽고의 침략에 초토화된 국토를

355) 김방용, 「보조지눌과 태고보우의 선사상 비교연구」, 원광대학교 대학원, 불교학과, 철학박사 학위논문, 1999, p, 74.

생각하지 않아도 걱정이 없는 그러한 곳이었다. 국토의 전반에 몽고의 침략이 미치지는 않았던 것 같아 태고보우는 한가한 시대의 수행자였다. 대혜종고가 자기의 스승이 지은 벽암록을 불 지른 의미에 대하여 고찰한다면 매우 잘못한 행위이기도 하다. 그런데 대혜종고의 행위에 대한 동경이라고 말할 수 있는데 대혜종고가 주장하고 있는 화두를 들고 앉아서 화두타파를 한다는 것이 무엇을 말하고 있는 것인지 알 수 없다.

「충숙왕 8년(1338) 태고보우가 깨달음을 얻었던 해이기도 하다. 태고보우가 깨달음을 성취한 것은 고려에 있어서는 새로운 불교역사를 기록하는 해라고 말할 수 있다. 이점에 대하여서는 고려 불교에 대한 역사를 바르게 기록해야 한다. 하지만 태고보우가 깨달음을 성취하였다고 하지만 고려의 국가는 정체성을 상실하고 말았다. 이러한 시대 태고보우의 깨달음에 대한 의미는 바로 고려 불교를 전승할 인물을 탄생하는 역사이기도 하다.

「태고보우는 38세 되던 해인 1338년 정월 7일 새벽 오경(五更)에 드디어 활연대오(豁然大悟)하였다. 태고록에 전하는 그의 오동송(悟道頌)은 다음과 같다.

> 조주(趙州)의 늙은 이가
> 앉아서 천성(千聖)의 길을 끊었다.
> 취모검(吹毛劍)을 얼굴에 들어댔으나
> 온 몸에 빈틈이 없다.

여우와 토끼가 자취를 감추더니
몸을 바꾸어 사자가 뛰쳐나온다
뇌관(牢關)을 타파한 후에
청풍(淸風)이 태고(太古)에 불고 있다.」[356]

태고보우가 오도송을 지었는데 이러한 오도송에 대한 기록은 태고 자신이 기록하였다. 태고보우가 자신의 오도송을 기록한다는 것은 자신의 기쁨을 말하고자 함이다. 그런데 오도송에 대하여 논한다면 태고가 깨달았다고 하는 오도송의 의미다. 태고가 깨달은 오동송이 진실로 깨달음을 말하고 있는 것인가 하는 점. 이것은 자신의 마음에 대한 기쁨이라고 말할 수는 있지만 부처님과 같은 지위를 획득하는 것은 아니라고 말할 수 있다.

「충숙왕 8년(1339) 봄 3월 계미일 왕이 침전에서 죽었다.

사신이 말했다.

충렬왕 충선왕 충숙왕 충혜왕에 이르기기까지 4대를 내려오면서 부자끼리 서로 알력을 일삼고 함께 천자의 조정에 송사까지 하여 천하 후세에 비웃음거리로 남게 되었다. 부자는 타고난 성품의 지천이요. 효는 모든 행실에서 으뜸이며 또한 정사의 근본이 되는 것이다. 이미 근본을 잃었다면 다른 것은 볼 것도 없다. 충숙왕은 만년에 나랏일을 버리고 교외에 머물면서 박청(朴靑) 등의 세 환관을 신임하여 권력이 아래로 옮겨졌고 그 아들과 손자가 모두 불행하게도 이

356) 무공 서갑생 편저자, 『태고보우 국사인물론』, (태고사상제 4집), 불교춘추사, 2005, p, 92.

상스럽게 죽음을 당했으니 한탄스러운 일이다.」[357] 고려 말의 고려정치는 정치라고 말할 수 없으며 또한 국가라고도 말할 수 없다. 왕이 있어도 고려 백성들의 생명을 지켜줄 생각을 하지 않았던 임금의 시대였다. 물론 고려에 一임금이 있다고 하나 몽고에 볼모로 잡혀간 왕자들이고 보면 고려의 왕은 일개의 성주에 불과했다. 성주에 불과했던 고려 왕이라고 하여도 고려인들이 받들 수 없었다. 또한 고려의 왕이라고 하여도 부자간에 다툼이 일어났는데 그것은 고려의 간신들의 음모에 의하여 자행되었는데 고려의 수치라고 말한다. 고려인들이 몽고의 간신배들이 되어서 국왕에 자리를 이간질하고 자신들의 자리보존을 위하여 음모를 자행한 이후에 고려의 국왕자리를 물러준 이들이 음모에 의하여 죽임을 당하기도 하고 불행한 왕이 되기도 했다.

「충혜왕 원년(1340)「충혜 헌효(獻孝) 대왕의 이름은 정(禎)이요 몽고 이름은 보탑실리(普塔失里)이며 충숙왕의 장남이요. 모친은 명덕(明德)태후 홍(洪)씨이다. 충숙왕 2년 을묘 정월 정묘일에 출생하여 15년 2월에 세자로서 원나라에 가서 숙위(宿衛)하였다. 16년 10월에 충숙왕이 왕위를 세자에게 물려줄 것을 원나라 황제에게 제의하였더니 17년 2월 초하루 임오일에 황제가 전서원사(典瑞院使) 아로위두만태(阿魯委頭蔓台)와 객성태사(客省太史)구주(九住)를 시켜 왕에게 책봉하는 글을 보냈는바 그 내용은 다음과 같다.

357) 김종서, 『신편 고려사절요』(하), 민족문화추진회, 신서원, 2004. p, 103.

《대대로 충성과 절조가 독실하였으니 족히 백성을 맡아 다스릴 수 있을 것이며 인자하고 겸손한 가풍이 이루어 졌으니 작위와 봉토(封土)를 계승하기에 적당하다 진실로 훌륭한 사람이 아니면 어찌 나라를 유지할 수 있겠는가. 아 그대 고려 국세자 왕정은 일찍부터 황실의 인척으로 큰 이름이 들어났다. 고려 왕실은 대대로 내려오면서 우리의 덕화(德化)를 가장 성실하게 받들어 왔으며 세월이 경과 할수록 자기의 도리를 준수함에 있어서 부족함이 없었다. 이제 그대는 자기 부친의 퇴위로 인하여 그의 직계로서 왕위를 계승하였다. 아 우리나라를 잘 보위하던 그대의 조상들의 충의를 계승하여 황하가 마르고 태산이 닳도록 영원히 우리나라의 융성 발전을 위하여 노력하라 그대는 더욱 덕을 닦아 번영과 행복을 크게 이룩하기를 부탁한다. 그대에게 개부의동삼사 정동 행중시성 좌 승상 상주국 고려 국왕의 직을 특별히 제수 한다》

그리고 이어 칠십견(七十堅)을 우리나라에 보내어 국왕의 인을 회수하였다.」[358] 원나라 황제는 고려 국왕을 일개성주로 여기면서 원나라 신하로 명령을 하였다. 이러한 시대 고려의 불교는 국가의 불교로 그 역할을 할 수 있는지에 대한 의문이다. 고려 불교는 한마디로 말하자면 불교라고 말할 수 없다.

「태고보우는 39세 되던 기묘년(1339)봄에 부모를 하직하

358) 리외섭 역, 『고려사』(11), (3)고전연구소 고전연구실 사회과학원, 1964, pp, 507-508.

고 소요산(逍遙散)의 백운암(白雲庵)으로 가시어 한가하고 자유로이 자연의 이치를 즐기면서 백운가(白雲歌)한편을 지었다.」[359] 태고보우가 고려 불교의 존재를 말할 수 있는 인물이라고 말한다면 참으로 불행한 시대의 인물이기도 하다. 실로 출가하였던 회암사에 살지 못하고 떠돌아다니던 것은 회암사에 대한 역할이 전혀 없다고 말할 수 있다. 그러한 면에서 본다면 회암사의 존재는 태고보우와 관련이 없다고 말할 수 있다. 태고보우가 회암사가 출가의 본사라고 한다면 소요산에 갈 필요가 없이 화암사의 강당이나 불교학을 학습하거나 구족계를 수지한 시기를 거치지 않았다. 태고보우가 부모님을 모시고 살았다고 한다면 비승비속으로 살았던 것이 분명하다. 고려시기에 출가자의 수행의 모습이라고 말할 수 있는데 부모를 보시고 수행자의 역할을 할 수 있었던 시기라고 말할 수 있다. 이러한 수행의 모습을 거론 한다면 고려의 불교 수행관에 대한 비판적인 면을 말할 수 있다. 부모님을 모시고 정진을 하였는데 이것은 고려 말기 불교의 모습이라고 보아야 한다. 태고보우는 대오를 한 뒤에는 자신의 수행법에 있어서 자유롭게 활동한 것 같다. 특히 소요산에 있는 백운암에서 백운가를 지었다. 태고보우의 게송이라고 말할 수 있으며 이것은 바로 태고보우가 새로운 세계 불교의 이치를 노래로 부른 것이나 다름이 아니다. 백운 암가는 9편으로 되었는데 선시라고 말한다. 태고보우가

---

359) 백련선서간행회, 『태고록』, 번역, 장경각, 2008, p, 213.

선시를 지은 것은 자신의 깨달음에 대한 관념적인 언어라고 말할 수 있다. 선시에 대한 이론을 바르게 알고 지은 것이 또한 아니다. 선시라고 말한다면 자신이 사물을 보고 깨달음의 시 세계에 들어가 시 세계에서 보고 느낀 점을 기록할 뿐인데 이것을 선시라고 말한다면 자신의 모습을 지우는 행위라고 말할 수 있다. 하지만 태고보우는 백운암에서 9편의 시를 지었다.

> 「소요산에 오르는 저 많은 흰 구름은
> 언제나 소요산 위에 달과 친구 되니
> 때로는 맑은 바람 좋은 일 많아
> 다른 산의 경치가 더 절묘하다고 알려주네」[360]

태고보우가 지은 시 9편 가운데 그 첫째의 게송이다. 이 게송으로 말하자면 자연과 하나인 몸을 노래했다고 말할 수 있다. 게송은 인간의 몸이나 하나인 자연으로 돌아가는 것이라고 말하고 있으며 인간의 몸과 자연의 몸이 상호 통하는 면이 없지 않다.

「충혜왕 원년(1340) 4월 원나라에서 기씨(奇氏)를 책봉하여 제 2황후로 삼았다. 황후는 본국 행주출신으로 충부실랑 기자오(子敖)의 딸인데 황태자 애유식리달랍(愛酭識理達臘)을 낳았다. 기식 기철 기윤 기원 은 모두 황후의 오빠이

360) 무공 서갑생 편저자, 『태고보우 국사인물론』, (태고사상제 4집), 불교춘추사, 2005, p, 105.

다.」[361] 충혜왕 후 원년에는 기황후가 원나라에 제2황후가 되었다. 고려의 기씨 여인이 원나라의 황제의 제 2의 황후가 되었다는 것은 또 다른 권력이 원나라에서 형성되었다는 것을 말하고 있는 것인데 고려 국에서는 대환영을 하였다. 태고보우가 한가한 가운데 시를 노래하고 있을 무렵에 원나라에서는 고려의 女人이 제 2의 황후로 책봉하는 경사스런 일이 일어났다. 그런데 경사스럽게 축하를 해야 할지 알 수 없는 일이지만 축하를 하는 이들은 원나라를 추종하는 세력들이라고 보아야 한다. 그들은 새로운 권력을 장악하기 위하여 고려의 여인이 제2의 황후가 됨을 축하하였을 것이고 반대로 고려를 진실로 아끼던 이들은 통곡하였을 법하다. 그런데 태고보우는 그러한 모습에서는 초월했다.

「충혜왕 1년(1341) 2월 임술년 승려 내원(乃圓)을 왕사로 임명하였다.」[362] 충혜왕은 왕사로 내원(乃圓)을 임명하였는데 고려사에는 어느 종파의 승려인지 기록이 나오지 않았다. 내원(乃圓)이라는 왕사는 이름도 소속 사찰도 없는데 왕사가 되었다. 충혜왕을 따르는 종파의 승려였을 것인데 내원(乃圓) 왕사는 분명히 지방의 토호족 가운데 추천한 왕사로 보지 않을 수 없다.

「태고보우는 오도 후에 고향 양근으로 돌아가 부모님의

---

361) 김종서, 『신편 고려사절요』(하), 민족문화추진회, 신서원, 2004. p, 113.

362) 리외섭 역, 『고려사』(11), (3)고전연구소 고전연구실 사회과학원, 1964, p, 515.

효양을 지성껏 하였으며 41세 때에 삼각산 중흥사의 주지로 있으면서 절 동쪽에 태고암을 짓고 오래 동안 주석하였다.」[363] 태고보우가 소요산에 은거하려고 한 것이 무엇인가. 태고보우의 존재를 알게 된 것은 바로 태고암가였다. 태고암가의 의미를 알았던 고려의 권세가들은 태고보우의 존재를 선전하기에 이른다. 일종의 후원세력이 형성되었다. 태고보우는 일종의 자력으로 세상에 등장한 인물이라고 말할 수 있는데 바로 이 시기였다 소요산에서 은거하고 있다는 소문을 들은 고려 말기의 권신들은 태고보우를 삼각산에 있은 중흥사에 모셔다가 간화선 수행을 중심으로 정진을 요청하기도 했다.

정승이었던 채하중의 후원세력이 된 태고보우였다. 채하중 이야말로 태고보우를 만나 고려의 선승으로 보았고 고려를 지도할 수 있다는 승려로 보았다. 그런데 고려의 정승인 채하중은 태고보우에게 삼각산의 중흥사를 창건하여 간화선의 수행법을 실천하도록 하였다. 기록에 의하면 태고암이라는 암자를 건립하여 태고보우로 하여금 간화선을 전승하도록 하였다. 이러한 관계를 통해 고려 불교를 고찰한다면 고려 불교는 재가들의 역할을 논할 수 있는데 재가불자들의 후원에 의하여 고려 불교는 전승되었다. 고려 불교의 지킴이라고 말할 수 있는 것은 바로 고려 불교를 중흥하게 하였던 재가불자들이 최초로 수행을 하게 되었다.

---

363) 김방용, 「보조지눌과 태고보우의 선사상 비교연구」, 원광대학교 대학원, 불교학과,철학박사 학위논문, 1999, p, 74.

「충혜왕 2년(1341) 여름 5월에 원나라에 사신을 보내서 왕제 강릉대군 기(祺)를 불러 조회하려 들어오게 했다. 정승 채하중 전임 참의평리 손기(孫琦) 박인간(朴仁幹) 등 30여명이 수행하였다.」364) 태고보우는 정승 채하중의 지원을 받았는데 어떠한 인연으로 도움을 받았는지 알 수 없다 고려 말에는 정승인 채하중을 비롯하여 30여명이 모여 재가불자들의 수행집단을 형성하였는데 이것은 분명히 제가불자들의 수행집단을 형성하였다고 말할 수 있으며 태고보우를 받들었다 태고보우가 41세 되던 해에 고려의 권신들과 함께 하였다. 채하중이라는 고려의 권신들 가운데 가장 영향력이 있는 인물인데 태고보우와의 관계에 대하여서는 알 수 없다. 물론 1341년 이후에 태고보우와 관계를 가졌던 것으로 말할 수 있다.

「태고보우를 사모하던 고려의 권신인 채하중과 김문귀 등이 삼각산 중흥사(中興寺)로 간곡히 모셔 수많은 납자들이 모여들었다 태고보우는 이 때 절 동쪽에 암자를 짓고 태고암(太古庵)이라 이름하였는데 그곳에서 자신의 오도를 노래한 것이 유명한 태고암가(太古庵歌)이다.」365) 태고보우는 삼각산 중흥사에서 정진을 하였다. 태고보우는 중흥사에 머물면서 태고암을 짓고 태고암가를 지었다. 태고암가는 고려

364) 김종서, 『신편 고려사절요』(하), 민족문화추진회, 신서원, 2004. p, 114.

365) 무공서갑생 편저자, 『태고보우 국사의 종지와 종풍 그 수행법』, (태고사상제 5집), 불교춘추사, 2006, p, 80.

불교계뿐만 아니라 고려 제상들도 관심을 가졌고 원나라에까지 알려졌다. 태고 보우가 지은 태고암가는 고려 불교계뿐만 아니라 국왕까지 알려져 태고보우는 고려 불교의 존재를 알게 하였다. 태고보우가 고려 불교계뿐만 아니라 원나라 불교계에도 알려졌던 태고암가다.

태고암가

내가 사는 이 암자 나도 몰라라
깊고 세밀하나 막힘이 없네
건곤(乾坤)을 모두 가두었으니 앞뒤가 없고
동서남북 어디에도 머물지 않네
주루(珠樓)와 옥전(玉殿)도 비길 바 아니고
소실(少室)의 풍규(風規)본받지 않았어도
8만 4천의 법문(法門)을 부수었거니
저쪽 구름 밖 청산이 푸르네.

산위에 흰구름은 희고 또희며
산속의 흐르는 샘은 흐르고 또 흐르고
흰구름의 형용을 누가 볼 줄 아는가
개이고 비오며 때로 번개치듯 하는구나
이 샘물 소리를 누가 들을 줄아는가

천구비 만구비 돌고 돌아 쉬지 않고 흐르네

생각이 일기 전에 그르쳤거니
다시 입을 연다면 어지러우리
봄비 가을 서리에 몇 해를 지났던고
부질없는 일이었음을 오늘에야 알겠네.
맛이 있거나 없거나 음식은 음식이라
누구나 마음대로 먹기에 맡겨두네
운문(雲門)의 호병(糊餠)이고
조주(趙州)의 차(茶)라해도
이 암자의 맛없는 음식만 하랴.

본래부터 이러한 옛 가풍(家風)을
누가 감히 그대와 더불어 기특하다 말할 건가
하나의 털끝에 태고암이나
넓어도 넓지 않고 아도 좁지 않네
겹겹한 세계들이 그 안에 들어있고
뛰어난 기틀의 길이 하늘을 찔러트리었네
삼세의 부처님도 전혀 알지 못하고
역대의 조사님들도 뛰쳐나오지 못했네.
어리석은 말을 더듬는 주인공은
함부로 마구 행하여 법도가 없네.
청주(淸州)의 해진 베 장삼 입고
능라(綾羅)의 그늘 속에 절벽을 의지해 있네.

눈앞에는 법도 없고 사람도 없어
아침저녁 부질없이 푸른 산을 마주하여
우뚝 앉아 일없이 노래 부르나니
서쪽에서 온 그 소리 더욱 분명하여라
온 세계의 그 누가 이 노래에 회답하리.
영산(靈山)과 소실(少室)은 부질없이 손뼉치네
누가 태고의 줄 없는 거문고를 가져와서
구멍 없는 피리에 지금 응답하리.

태고암 속 태고의 일을 그대는 보지 못하는가
오직 이것은 지금 밝고도 분명한데
배천의 삼매가 그 가운데 있어
만물을 이롭게 하고 반연에
음하면 항상 고요하네.

이 암자는 이 노승만 사는 곳이 아니라
진사(塵沙)의 불조들이 풍격(風格)을 같이하네
결정코 말하나니 그대는 의심치말라
지혜나 앎(識)으로 헤아리기 어렵네

빛을 돌이켜 비추어 보아도 오히려 아득하고
당장 그대로 알았다 해도 자취를 남기며
무엇인가 물어도 크게 어긋나거니
움직이지 않아 여여(如如)하기 굳은 돌과 같네

모든 것 놓아 버리고 허망한 생각을 말 것이
이는 곧 여래의 큰 깨달음(大圓覺)일세
오랜겁(劫)의 그 어느 때 이 문을 일찍 나왔던고
잠시 지금의 이 길에 떨어져 머물고 있네.

이 암자는 본래 태고라는 이름이 아닌데
오늘이 있으므로 태고라 하네
하나 속의 모두요 많음 속의 하나다
하나라 해도 맞지 않아 항상 분명하여라
모가 나고 또 둥글기도 하여
흐름 따라 변하는 곳 모두가 그윽하나니
그대 만일 나에게 산중 경지 물으면
솔바람 시원하고 달은 시내(川)에 찼네

도도 닦지 않고 참선도 하지 않고
침수향(沈水香)은 다 타 향로에 연기없네
그저 등등(騰藤)하게 이롷게 지나거나
무엇하려 구차스리 그러하기를 구하라
뼛속을 사무친 맑음이여 볏속 사무치게 가난하나니
살아갈 계책은 절로 위음왕불(威音王佛) 엎에 있네
한가하면 태고의 아름다움을 소리높이부르며
무쇠 소(鐵牛)를 타고 인전(人天)을 노니네

아이들 눈에는 모두가 광대놀이라

끌고 가지 못하고 부질없이 눈여겨보네
이 암자의 누추함은 그저 이러하여
거듭 말할 필요가 없는 줄로 알겠거니
춤을 그치고 삼대(三臺)로 돌아간 뒤에는
푸른 산은 여전히 임천(林泉)을 마주하리. 366)

태고암가를 통해서 태고보우는 깨달음을 고려 불교계에 전해 졌다. 태고보우는 오도를 한 후에 정진을 하였는데 태고보우는 바로 점수돈오 정진의 힘이라고 말할 수 있다. 그러한 돈오를 통해서 대오를 하였다고 한다면 간화선의 수행법인 깨달음의 수행 방법은 의미가 없다. 간화선은 돈오점수의 수행법이 아니다. 또한 간화선은 1700 공안을 타파해야 하는데 1700 공안을 타파한다는 법은 화두를 통해서 타파해야 한다. 화두를 타파한다는 것은 수행정진의 방법이지만 수행정진의 방법은 바로 自我완성의 이론이다 깨달음이라는 것은 태고보우가 점수정진을 통해서 성취하였다 간화선의 수행방법은 분명히 말하지만 간화선의 방법이 아니라는 점 그러한 방법을 택한 태고보우는 화두를 통해서만이 깨달음을 얻을 수 있다.고 말할 수 있다.

「충혜왕 3년(1342) 6월 신유일 왕이 홍법사(洪法寺)에 가서 승려 학선(鶴仙)을 만나보고 이어 장생하는 비결을 물으니 학선이 대답하기를 "사람의 명이란 정한 분한이 있어서

366) 『태고집』, 김달진 역주, 세계사, 1991, pp, 85-89.

그 한도를 넘을 도리가 없습니다. 그런데 다만 악한 일을 하여 수명을 단축시키지 말아야 합니다."라고 하였다. 이 때 왕이 술사(術士)의 말을 믿고 숭교사(崇教寺)를 철거하려고 하던 차이라 학신이 그 이유를 물으니 왕이 대답하기를

"서운관에서 이르기를 이 땅에 절을 두면 역적이 반드시 생각 것이라 하여 나는 조우 같은 자가 또 생길까 두려워하는 까닭에 철거하려고 하였노라고 하였다. 학신이 또 말하기를

"목종(穆宗-고려 7 대왕) 때부터 이 절이 있었는데 그 동안에 역적이 몇 명이나 있었습니까"라고 반문하였다.」[367] 고려 충혜왕 시대 태고보우가 태고암가를 짓고 이름을 고려에 알릴 때였다. 그러한 시기에 태고보우는 중흥사에서 태고암가를 짓고 태평국 인양 고려 말을 노래하고 있는데 이것은 잘못이다. 태고보우는 조계종이나 화엄종이나 법화종이나 선종에 대하여 논설이 전혀 없는 것을 보아서는 종파에 대하여서는 관심을 가지지 않았다. 또한 종파에 대한 관심을 가졌다면 태고암가 에서도 조계종이라는 이름을 시용하였을 것인데 조계종이라는 종명에 대한 기록이 전혀 없다. 만일에 태고보우가 조계종이라는 종명을 사용했다면 제상인 채하중과 김문귀 중 같은 권력자들과 함께 할 수 없다고 말할 수 있다.

「충혜왕 4년(1343) 4월 경자일 왕이 승려 학선을 옥에 가

367) 리외섭 역, 『고려사』(11), (3)고전연구소 고전연구실 사회과학원, 1964, p, 533.

두었다. 학선은 거문고 타기와 그림 그리기를 잘 하였고 의술에도 밝으며 또 한어와 몽고어도 통하였으므로 왕이 존경하고 소중히 여겨 스승으로 존칭하였더니 궁전 안에 들어와도 절하지 않기 때문에 당시 사람들이 그를 미워하였으며 그런데다가 이때에 거짓말로 왕의 명령이라고 하면서 죄수를 놓아 주었기 때문에 왕이 노하여 감찰사에 명령하여 그를 국문하고 제주도로 귀양 보냈다.」[368] 충혜왕 4년에는 학선이란 승려가 있었는데 학선이 어느 종파인지 알 수 없다. 하지만 학선이 주술을 부린 것을 보면 조계종이나 천태종은 분명히 아닌 것 같다. 조계종 승려가 아니기에 궁안에도 출입할 수 있으며 충혜왕과 대화를 할 수 있다는 것을 알 수 있다.

「충혜왕 4년(1343)8월 병신일에 왕이 묘련사(妙蓮寺)에 가서 시작하여 대체로 일간 계속하였으며 또 이때부터 자주 갔다.」[369] 충혜왕에 대하여서 원나라에서는 달갑게 여기고 있었던 같다. 그것은 바로 고려에 간신들이 있고 고려에 간신들이 원나라에 간신들과 내통하고 있다는 점이다

「충혜왕 4년(1343) 8월 경자일 원나라 사신 감승(監丞) 오라고(吾羅古)가 왕을 접대하기 위하여 초청하였더니 왕이 말하기를 오늘은 꼭 묘련사에 가사 즐겁게 놀아야 하겠다. 라고 하였다. 그리하여 오라고가 먼저 가서 기다리고 있었

368) 리외섭 역, 『고려사』(11), (3)고전연구소 고전연구실 사회과학원, 1964, p, 535.

369) 효탄, 고려사불교관계사료집(번역편), 민족사, 2001, p,256.

는데 왕이 두 궁인을 데리고 저녁때나 되여 도착하였으며 이어 절 북쪽 봉우리에 올라가 풍악을 잡혔다. 천태종(天台宗) 승려 중조(中照)가 일어나 춤을 추니 왕이 기뻐서 궁인을 시켜 마주 춤 추게 하고 왕도 역시 일어나 춤을 추면서 또 옆에 있는 사람들을 시켜 모두 춤추게 하였다. 그러다가 처용(處容)놀이도 하였다.」[370] 충혜왕은 자신이 춤추는 놀이를 좋아한 것인데 천태종의 승려가 춤을 추고 놀기를 청하였다. 승려가 춤을 추고 논다는 것은 잘못이지만 천태종의 승려에 대하여 비판하지 못했던 시대였다. 왕명이 있었기에 거절도 하지 못했을 법하다. 천태종의 승려에 대한 기록은 나오는데 조계종 승려의 명단이 보이지 않는다.

「충혜왕 5년(1344) 봄 왕이 원나라에 있었다. 원나라에서 류탁(柳濯)을 합포(合浦)만호로 임명하였다 그전의 만호였던 첨의 상서 양지수(楊之秀)는 교대하기를 즐겨하지 않아 오래 동안 지체하다가 겨우 투입하여 도내를 돌아다니며 놀기만 하였으나 아무도 문책하는 사람이 없었다. 무진일 재상들이 백관들과 국노(國老)들을 소집하여 원나라 중서성에 제출할 서한에 서명을 받으려고 계획하였으나 국노들이 대부분이 모이지 않았기 때문에 마침내 성사되지 못하였다 왕이 전거(傳車=역마 같은 것)에 실려서 급히 달려가는 도중에 천신만고를 겪으며 계양까지 못가고 병자일에 악양현(岳陽懸)에서 죽었다. 혹은 독살되었다하고 혹은 귤에 중독되어 죽

370) 리외섭 역, 『고려사』(11), (3)고전연구소 고전연구실 사회과학원, 1964, p, 539.

었다고도 하는데 본국 사람들은 이 소식을 듣고 슬퍼하는 사람들이 없었으며 가난한 백성(小民)들은 지어 기뻐서 날뛰면서 이제 다시 갱생할 날을 보게 되었다고 가지 말하였다 처음에 궁중과 항간에서 노래가 류행되기를

"아야 마고지나 이제 가면 언제오나(阿也 麻古之那從今去阿時來)"라고 하였다. 이때에 사람들이 이 노래를 해석하기를 "악양 에서 죽은 재난이 왔는데 오늘 가면 어느 때 돌아오나"라는 것이라고 말하였다. 왕은 왕위에 있는지 전후 6년 수명은 30세였다 6월 영구가 도착하여 8월 경신일에 영릉(寧陵)에 장사하였다.」[371] 충혜왕은 참으로 불행한 왕이다.

「이름은 흔(昕)이며 몽골이름은 팔사마타아지(八思麻朶兒只)이다. 충혜왕의 장자이며 어머니는 덕녕공주이다. 충숙왕 6년 정축 4월 을유일에 출생하였다. 천성이 총명했다. 재위 4년으로 12세를 살았다.」[372] 충목왕은 왕위에 오른 나이는 8세였다.

「충혜왕 5년 2월 정미일 고통보가 왕을 안고 황제에게 뵈었더니 황제가(충목에게)묻기를

"네가 아비를 본 받으려는가 그렇지 않으면 어미를 본받으려는가"라고 하니 왕이 대답하기를

"어머니를 본받으려고 합니다."라고 하였다.

---

371) 리외섭 역, 『고려사』(11), (3)고전연구소 고전연구실 사회과학원, 1964, pp, 543-544.

372) 김종서, 『신편 고려사절요』(하), 민족문화추진회, 신서원, 2004. p, 145.

황제가 그의 선한 것을 좋아 하고 악한 것을 미워하는 성격에 감탄하고 드디어 왕위를 계승하게 하였던 바 이때 왕의 나이 8세였다. 교지를 내려 국내에 있는 모든 신하들을 훈계하기를 "일제 패정을 혁신하고 백성을 위로하고 구조하라."고 하였다.」[373] 충목왕이 8세에 왕위에 올랐는데 황제의 이야기에 합당하여 왕위에 오르게 되었다. 충혜왕의 행실이 황제에게도 좋지 않는 모습이었던 같다. 그래서 황제가 어머니를 좋아한다고 하여 황제의 마음을 사로잡았던 것이 아닌가 한다. 고려왕에 대한 예우보다는 형식상의 왕인 8세의 왕이 탄생하였다.

「충목왕 원년(1345) 6월 왕이 내전에서 보살계(菩薩戒)를 받았다」[374]충목왕은 8살에 왕이 되었고 보살계를 받았는데 어느 사찰에 어느 종파인지 알 수 없다. 내전에서 보살계를 받도록 하였다면 왕사가 분명이 있었을 법하다. 그런데 왕사의 이름이 나오지 않고 있는 것은 특정 종파의 승려가 아닌가 한다.

「충목왕 2년(1346) 겨울 10월에 고서를 내렸다. 태조께서 개국한지 429년인데 그 사인의 법전과 문화와 좋은 말씀과 훌륭한 행실을 숨기고 전하지 않았다면 무엇을 후세에 보일 수 있겠는가. 그러므로 우리 충선왕께서 민지(閔漬)에게 명

373) 리외섭 역, 『고려사』(11), (3)고전연구소 고전연구실 사회과학원, 1964, p, 546.

374) 리외섭 역, 『고려사』(11), (3)고전연구소 고전연구실 사회과학원, 1964, p, 553.

하여 편년강목을 수찬하게 하였으나 아직도 빠진 것이 많으니 마땅히 내용을 보태어 찬술하여 중앙과 지방에 반포하라 곧 부원군 이재현 찬성사 안축 한산군 이곡 안산군 안진(安震) 제학 이인목(李仁復)에게 명하여 올리게 하였다.」375)
충목왕은 고서를 발표하였는데 태조가 고려를 개국한지 429년이 되었으나 법전과 문화 행실에 대한 기록을 책으로 만들라고 교지를 하였다.

2. 석옥청공의 법을 전승

태고보우가 45세 되던 해 1346년에 고려에 원나라의 선승인 무극이라는 원나라 선승이 고려에 왔는데 그는 고려의 선승들과 토론을 하면서 뛰어난 재주와 재능으로 고려의 승려들을 제압하고 있었다. 물론 원나라의 지배하에 있었던 고려의 승려들은 대항을 하지 못했을 법하다. 이러한 현상은 바로 고려 불교의 허약성을 드러냈다고 말할 수 있다. 고려 불교의 위상이 손상하였는데 그것은 바로 몽고가 고려를 침략하여 황룡사법당을 불 지르고 부인사에 있던 목판 팔만 대장경판을 모조리 불 지른 시대를 거치면서 몽고는 세계의 국가를 지배하였다. 그러한 결과로 고려에 원나라의 위성국을 세웠다. 원나라의 국가의 건설의 의미는 다음과

375) 김종서, 『신편 고려사절요』(하), 민족문화추진회, 신서원, 2004. p, 148.

같다.

「1271년 주역(周易)의 크도다 하늘이여 대재건원(大哉乾元)의 구절을 따서 국호를 대원(大元)이라 하고 중국 역대왕조의 제보를 있는 정통 왕조임을 내외에 선언하였다. 1274년에서 1279년에 걸쳐서는 회화강(淮河) 이남지역에 있던 남송(南宋)을 평정해 중국 전토를 장악하였다.」[376] 원나라는 남송을 통합으로 통일하는데 성공했다. 원나라를 건국하면서 중국에 존재하고 있는 불교 각종파의 활동에 대하여서는 인정하고 특히 서장의 불교를 통해 원나라의 정신적인 역할을 하였다. 서장의 불교는 원나라의 정치적인 지도이념이 되기도 했다. 임제종은 원나라를 정치적으로 추앙하고 있었던 시대였다.

「원 대의 禪사상은 기본적으로는 송대의 그것을 거의 그대로 계승했던 경향이기 때문에 선정쌍수 교선일치 삼교일치라는 사상적 흐름이 명・청시대까지 이어져 갔다. 나아가 이러한 경향은 간화선의 흐름에서도 거의 차이가 없다고 할 수 있다. 원대의 공안 집으로는 종용록(1224)허당집(1295) 공용집(1285) 청익록 종문 통요집(1320) 등이 편찬되기도 하였으나 남송 말 이후 대두되었던 공안참구의 정형화라고 말할 수 있다.」[377] 원나라 시대에 임제종 선승들은 송나라 시대의 모습을 그대로 지니고 있다고 말할 수 있다. 그런 의미

376) 무공 서갑생 편저자, 『태고보우 국사인물론』, (태고사상제 4집), 불교춘추사, 2005, p, 121.

377) 趙明濟, 『고려후기 간화선 연구』, 혜안 2004, p, 126.

에서 선종에 대한 역사를 논한다면 송나라 시대 임제종의 존재를 말할 수 있으며 임제종의 선승들은 임제종의 선승의 역할을 하였다.

「보우는 중국 승려인 무극을 만나는데 무극은 보우의 법력에 감복하여 그에게 입원해서 임제종의 18대손인 석옥청공으로부터 인가받을 것을 권유했다. 이것은 아마도 보우가 혼자 깨달은 자신의 견성을 인가해줄 고승을 찾고자 했던 의향을 무극이 미리 짐작했기 때문일 것이다. 당시 보우가 무극에게 준 글을 보면

> 西天서 온 한 곡조를 아는 사람 그리 없소
> 伯牙는 있건만 子期가 있지 않네
> 홀로 앉아 고요히 깊은 밤 지새울 제
> 지는 달만 주렴 뚫고 禪衣를 비쳐드네.」378)

태고보우 선사에게 원나라 선승인 무극이 태고보우의 명성을 듣고 자청하여 대론을 청했다. 무극은 원나라 임종종의 가풍을 지키려고 태고보우에게 대화를 시도했다. 대화를 하기도 전에 무극이 태고보우에게 굴복하고 말았다는 것을 말하고 있다. 태고보우에게 무극이 말했다는 내용을 보면 너무도 태고보우를 찬하였다. 원나라의 권세를 말로는 다할 수 없을 정도로 고려의 승려들에게 무시했을 법하다. 그런

---

378) 유영숙, 「고려 후기 선종사연구」, 동국대학교 대학원 박사학위논문, 1994, p, 74.

데 무극이 태고보우에게 대하에서 굴복을 하였다고 한다면 원나라의 불교에 대하여 학습할 필요가 없다고 말할 수 있다. 고려 초기에 고려에 전해졌던 5가 선종도 이미 상실한 이후였다. 고려 불교가운데 선종도 또한 마찬가지로 신라시대 당나라로 부터 고려 초기에 고려에 전래되었던 종파는 고려 말에는 이미 상실했다.

「무극이 말하기를 내가 본 바는 이것 뿐입니다. 어찌 다른 뜻이 있겠습니까. 그러나 중국의 남조는 임제(臨濟)의 종맥(宗脈)이 끊어지지 않았으니 거기서 인가를 받으십시오. 그는 임제의 직계로서 설암(雪巖)의 적손(嫡孫)이니 석옥청공(石屋淸拱) 등 몇 사람입니다. 라고 하였다.」[379] 태고보우는 고려에서 선을 지도받을 수 없을 정도로 선의 의미를 알고 스승없이 간화禪을 통해 깨달음을 얻었으나 자신의 깨달음에 대한 의미와 오도의 내용을 검증받고자 하였다. 무극의 진언이야말로 태고보우는 친우였다. 무극이라는 승려의 활동은 바로 친원적인 승려를 양성하는 하나의 조직적인 원나라에서 파견했다고 보아야 한다. 무극선사의 말을 듣고 있던 태고보우는 원나라에 고승인 석옥청공을 친견하고 싶었다. 무극선사는 태고보우에게 5가 선종의 선맥을 전승하고 있는 임제의 선맥의 존재성이 남송에 전승되고 있다는 무극의 말을 듣고는 태고보우는 한시라도 석옥청공 선사를 친견하고자했다.

---

379) 무공 서갑생 편저자, 『태고보우 국사인물론』, (태고사상제 4집), 불교춘추사, 2005, p, 108.

「원 간섭기 고려 불교계의 전체적인 구도는 무신 정권 기에 불교 교계를 주도하였던 수선사 백련사 계통이 퇴조하고 충렬왕 이후 선종의 가지산문 천태종의 묘련 계열 법상종 계통이 각각 등장하면서 불교계의 중심적인 교단으로 대두한 것으로 요약 된다.」[380] 태고보우는 원나라의 선불인 임제종의 임제선의 전승인 스승을 찾아 나서기도 마음먹었다. 또한 원나라는 임제종 계통의 선맥이 그대로 전승되었다고 보아야 한다. 원나라를 건국한 원나라 황제는 과거의 수나라 당나라 북종 남종계통의 선불교를 그대로 수용하고 선종 교종을 비롯한 불교 교단에 대하여 보호를 하였다. 이러한 시대의 원나라 불교를 태고보우는 탐구하고자 하였다.

「스승은 삼각산 중흥사(三角山 中興寺)에서 6년 동안 계시다가 지정(至正) 병술년 봄에 천하의 법을 구할 뜻을 품고 연도(燕都)에 들어갔다. 정해년 가을에 호주 하무산(湖州 霞霧山)을 찾아가 석옥(石玉)화상을 뵈옵고 법을 이어 받고 가사를 전해 받으셨다.」[381] 태고보우는 삼각산 중흥사 총립에서 간화선 법을 수행하고 있었다. 고려 말기 불교를 몸으로 저항하면서 수 많은 간화선 선승을 지도하였고 제방에서 간화선 선승들이 과거의 선종의 선맥을 전승하고 있었다. 원나라에는 아직도 과거의 5가 선종의 선승의 전통성을 실천 수행하고 있다는 무극의 말을 믿고 원나라에 석옥청공의 선맥에 대한 역사성을 전승하고자 서원을 세웠다. 무극

380) 趙明濟, 『고려후기 간화선 연구』, 혜안 2004, p, 128.

381) 『태고집』, 김달진 역주, 세계사, 1991, p, 15.

선사의 말을 듣는 태고보우는 주지로 있던 중홍사를 떠나 원나라를 항해 떠났다. 원나라는 불교의 힘으로 중국을 통일하여 남송까지 병합하였다. 중국의 역대왕조를 전승한다고 하였다. 원나라의 성립은 몽고의 강성함을 보여준 결과이기도 하다. 몽고는 고려에 반감을 가졌는데 몽고에 저항한 수선사계통의 조계종을 거부하였다.

「원묘는 원대 임제종의 대표적인 선승으로서 그의 법맥은 설암조흔(~1287) 고봉원묘(1238~1295) 중봉명본(1263~1323)으로 이어지면서 원대 선종계를 주도하였다. 원묘는 그의 이름이며 법호는 고봉, 속성은 서씨이며 남송 말기인 1238년 3월 23일 강소성 소주부 오강현에서 출생하였다.」[382] 원나라는 원묘 선사를 중심으로 원나라에 임제선풍이 일어나고 있었다. 태고보우는 고려에서 스승 없는 가운데 오도를 하였기에 원나라에 가서 선사들에게 인가를 받고자 하는 마음이 일어났다. 태고보우가 원나라에 도착하였을 적에는 이미 원나라 황제는 태고보우에 대하여 소상히 알고 있었다. 이것은 바로 고려에 와있는 원나라 선승 무극에 의하여 알았을 법하다. 고려에 와있는 무극은 원나라 임제종의 임제선사로서 고려 불교에 대한 연구를 하고 있던 선승이 아닌가 한다. 또한 정치적으로 원나라에서 파견한 정치승이었을 가능성도 있다. 태고보우가 원나라에 온 것은 원나라에 고승인 선승을 친견하려고 왔기에 원나라에서 가장 선지에 밝

382) 趙明濟, 『고려후기 간화선 연구』, 혜안 2004, p, 156.

은 선승을 찾아갔다. 태고보우는 원나라에서 파견한 무극의 말을 믿었고 또한 무극은 원나라의 불교를 총괄하고 있는 황제에게도 고려 후기의 선승인 태고보우에 대하여 보고를 하였을 법하다. 원나라 황제는 고려의 선승 태고보우를 황태자의 생일에 초청하여 반야경에 대한 설법을 들었다고 기록하고 있다. 태고보우가 원나라에도 도착했을 시기, 시대적인 상황을 고찰한다면 무극을 통해서 고려의 태고보우를 등장시킨 의도적인 면이 없지 않다. 무극은 선승이 아니고 정치 승이다. 원나라의 임제종의 무극선사의 소개로 원나라에 도착하여 극진한 대접을 받을 수 있는 것도 또한 무극의 도움이라고 보아야 한다.

「보우는 忠穆王 2년(1346) 원으로 가서 燕京 大觀寺에 머물렀다 그의 명성은 이미 원의 황실까지 미쳐서 동년 11월 태자의 생일에는 순제의 청을 받고 그 곳에서 <般若經>을 강설했다」[383] 태고보우의 명성은 元皇室 까지 알려졌다 하는데 이것은 바로 무극이라는 원나라의 승려의 소개가 있었을 것이라고 보았다. 원나라 황제의 태자의 생일날 설법한 것도 무극의 협력이 없이는 불가능하다. 태고보우는 원나라 황제 앞에서 설법을 하였다. 태고보우는 원나라에 온 목적은 석옥청공을 만나 자신의 견해를 묻고자 하여 한시라도 친견하고 싶었다. 태고보우는 원나라 임제선 중에서 소개하는 선사를 찾아 나섰다. 원나라에서는 축원성 선사를 소개

383) 유영숙, 「고려 후기 선종사연구」, 동국대학교 대학원 박사학위논문, 1994, pp, 75-76.

하였다. 축원성 선사에 대하여서는 알 수가 없지만 태고보우는 어떠한 선승인지 축원성 선사를 찾아갔다. 그런데 태고보우가 축원선 선사를 찾아갔을 때에는 이미 열반에 들었고 그 문인들이 거주하고 있었다.

「충목왕 3년(1347) 3월 무진일 정치 도감에서 기(奇)황후의 족제(族弟) 기삼만(奇三萬)이 남의 토지를 강탈한 사실과 관련하여 그를 곤장 쳐서 옥에 가두었더니 옥에서 죽었다.」[384] 충목왕 3년에는 기황후의 족속들이 그 기세가 등등하였던 것인데 기황후를 의지한 세력들이 고려에 늘어났다. 기황후는 이러한 사건에 대하여 분노하였고 고려국에 대하여 특별조사를 명하기도 했다.

「충목왕 3년(1347) 4월에 축원성(竺源盛) 선사가 남소(南巢)에 있다는 말을 듣고 찾아갔으나 선사는 이미 세상을 떠난 뒤였다. 그 문인 홍아종(弘我宗) 월동백(月東白) 등이 축원성 선사의 세 마디 법문(三轉語)을 가지고 스님에게 물었다. 즉 첫째는 출가하여 도를 공부하는 것은 다만 성품을 보기 위해서인데, 그 성품은 어디에 있는가. 둘째는 3천리 밖에서는 필시 그릇된 말을 할 수 있겠지마는 마주보면서도 왜 모르는가. 셋째는, 두 손을 펴보여라. 이것은 둘째 마디(第二句)이니 첫째 마디(第 一句)를 내게 一보여라. 하면서 하어(下語)를 청하였다. 스님은 바로 보는 듯 곁눈질하고 곁눈질하는 듯 바로 대하여 다음 한 게송으로 세 관문을 꿰

384) 리외섭 역, 『고려사』(11), (3)고전연구소 고전연구실 사회과학원, 1964, p, 567.

뚫었다.

고불의 길에 눌러 앉아서
사자의 외침을 크게 열었다가
저 늙은 남소((南巢)를 찾아왔더니
솜씨를 전혀 드러내지 않네.

드러내지 않으나 해 같이 밝고
숨기지 않으나 옻칠같이 검은데
내가 오자마자 서쪽으로 돌아갔나니
남은 독기가 꿀처럼 쓰구나.」[385)]

태고보우는 축원성 선사를 찾아갔으나 이미 세상을 떠났고 그 문인이 태고보우에게 그의 문인들이 선사가 질문하듯이 태고보우에게 질문을 하였다. 그 문인 가운데 홍아종 월동백 문인들이 태고보우에게 축원성 선사 때에 질문하던 방식대로 태고보우에게 물었다. 태고보우는 축원성 문인에게 게송으로 답을 하였는데 게송을 들은 문인들은 태고보우에게 자신들이 거주하는 도량에 머물게 하였다. 태고보우는 고려에서 원나라에 온 것은 선승을 만나기 위하여 온 것이지 원나라 사원에 머물기 위함이 아니다. 그래서 임제종의 선승을 찾아 친견하고자 하였을 때 축원성 문인들은 석옥청공을 소개하였다.

「사(師)의 법명(法名)은 청공(淸珙)이요 자는 석옥(石屋)이

385) 백련선서간행회, 『태고록』, 번역, 장경각, 2008, p, 215.

니 소주(蘇州)상숙(常熟)의 사람으로서 속성(俗姓)은 온씨(溫氏)이고 모(母) 는유시(劉氏)이다. 사(師)가 탄생하던 날 저녁에 신이(神異)한 광명(光明)이 있었으니 때는 송(宋) 나라 함순(咸淳) 8년(壬申)이었다. 사(師)가 장성(長成)함에 소주의 홍교(興教) 숭복사(崇福寺)의 영유(永惟) 스님을 의지하여 출가하였고 20세에 머리를 깎고 승이 되었으며 3년 뒤에 구족계(具足戒)를 받았다. 어느 날 장(杖)과 입(笠)을 갖춘 스님이 사의 문 앞을 지나가기에 사(師)가 어디로 가느냐. 고 물었다. 그 승이 대답하기를 내가 지금 천목산(天目山)에 올라가 고봉화상(高峰和尙)을 뵈우려 합니다. 그대도 같이 가는 것이 어떻습니까. 하였다. 사(師)가 기쁘게 여겨 같이 천목산(天目山)으로 가서 고봉화상을 뵈었다. 고봉화상이 물었다.

그대는 어찌하여 여기에 왔느냐

큰 법을 구하고자 왔습니다.

큰 법을 어찌 쉽게 구하려 하느냐 향(香)이나 피움이 어떻겠는가.

제가 오늘 화상을 직접 뵈었습니다. 큰 법을 어찌 숨겨두십니까. 고봉화상은 그를 은근히 법기(法器)로 여겨 만법귀일의 화두를 주었다.」[386] 석옥청공은 고봉화상의 법을 받았던 임제선의 종풍을 전승한 임제종의 최고의 고승이였다. 태고보우는 하무산 천호암(天湖庵)에 있는 임제종(臨濟宗) 선승인 석옥청공을 찾아 갔다. 석옥청공과의 대론을 하려는

386) 석옥청공 선사, 이영무 번역, 『석옥청공어록』, 불교춘추사, 2000, pp, 186-187.

마음에 태고보우는 기쁨이 넘쳤을 법하다. 스승을 친견한다는 것은 새로운 세계를 만나이며, 태고보우가 그토록 그리워하던 임제종의 선승을 친견한다는 것은 자신의 변화기를 맞이하는 것이라고 보아야 한다.

「임제의현(臨濟義玄)의 19대손인 석옥청공(石屋淸拱, 1271~1352)은 남송 도종(度宗)8년(1271)에 태어났으며 소주(蘇州) 상숙인(常熟人)이다. 그는 혜량(惠亮)의 법손이자 급암(及庵)의 법자로 하무산(霞霧山) 천호암(天湖庵)과 복원사(福源寺)에서 선객들을 제집 하였다.」[387] 태고보우는 원나라에서 최고의 선승인 임제종 임제의현의 19대 법손을 찾아갔다. 임제의현의 선법이 전승할 수 있는 것은 바로 권력 국가에 지원을 받았던 요인이 되기도 했다. 원나라에서 임제선을 추종한다면 국가의 비호를 받고 있는 중이었다. 원나라의 불교는 국가로부터 지지를 얻지 못한다면 지켜낼 수가 없었다.

「노을 속에 도인의 풍채는 기운이 늠름하였다. 스님은 위의를 갖추고 그 앞에 우뚝 섰고 석옥화상은 눈을 뜨고 바로 보았다. 스님도 눈을 뜨고 마주 바로 보다가 절하고 물러났다. 이튿날 다시 방장실에 나아가 깨달은 바를 말하고 태고암가(太古庵歌)를 올렸다. 석옥화상은 매우 장하게 여기고 석옥청공은 태고보우에게 선문답으로 시험하여 물었다. 태고는 석옥청공의 질문에 답하였다.

그대는 이미 그런 경지를 지났지마는 다시 조사의 관문이

387) 무공 서갑생 편저자, 『태고보우 국사인물론』, (태고사상제 4집), 불교춘추사, 2005, p, 134.

있는데 알겠소.

"어떤 관문이 있습니까."

"그대가 깨달은 바를 보니 공부가 바르고 지견(知見)이 분명하오. 그러나 그것은 모두 놓아 버리시오. 그렇게 하지 않으면 그것이 이장(理障)이 되어 바른 지견을 방해할 것이오."

"놓아 버린지 오래 입니다".

"그렇다면 쉬시오."」[388)]

태고보우가 원나라 임제종의 석옥 청공을 친견하고 나눈 대화인데 태고보우와 석옥청공은 일심으로 뜻이 통하였다. 또한 태고암가를 읽은 석옥청공은 태고보우에게 마음의 표상을 표시라도 하듯이 대하였다. 석옥청공은 만법귀일의 화두를 타파하였는데 태고보우도 만법귀일의 화두를 통해 선의 이치를 증득하였다. 상호 화두의 탐구의 공통점을 통해 의견이 부합할 수밖에 없다. 석옥청공은 태고보우를 만나고 자신의 법을 전할 수 있다고 판단하였는지 태고암가에 자신의 지론을 기술하였다. 태고암가를 석옥청공에게 보여준 것은 마음의 표상인 심법은 분명히 아니다. 태고암가를 받아 읽은 석옥청공은 마음의 뜻을 전한 것이나 다름이 아니다. 태고보우가 지은 태고암가를 보고 석옥청공은 태고보우에게 답변의 글을 내렸다. 이것은 마음에 심표로 태고보우는 석옥청공의 법을 받았다.

---

388) 백련선서간행회, 『태고록』, 번역, 장경각, 2008, pp, 216-217.

3. 태고보우에게 가사부법(袈裟付法)

석옥청공은 태고보우의 태고암가를 접하고 원나라의 최고의 선승 임제종의 선법을 고려 승려인 태고보우에게 전할 것을 결심한 듯이 미소를 지으며 태고보우에게 석옥청공 자신의 법을 전할 것을 깊이 생각하고 있었으며 태고보우는 원나라 임제선의 후손인 석옥청공의 법을 받았다. 이것은 고려에 전승한 원나라의 임제종의 임제선의 정법을 고려 태고보우에게 법을 전하였다. 태고보우는 석옥청공으로 부터 가사부법을 전해 받았다.

「석옥화상은 태고암가의 발문을 써 주면서 물었다.

"우두(牛頭) 스님이 사조(四祖)를 만나기 전에는 무엇 때문에 온갖 새들이 꽃을 입에 물고 왔던가.?"

"부귀하면 사람들이 다 우러러 보기 때문입니다."

"四祖를 만난 뒤에는 무엇 때문에 입에 꽃을 문새들을 찾아볼 수 없었던가.?"

"가난하면 아이들도 멀어지기 때문입니다."

"공겁(空劫)이전에도 태고(太古)가 있었던가. 없었던가.?"

"허공이 태고가운데서 생겨났습니다."

석옥화상은 미소를 지으며 불법이 동방으로 가는 구나하고는 다시 가사를 주어 믿음을 나타내며 말하였다.

이것은 노승이 평생 지니던 것이오. 오늘 그대에게 주니 그대는 이것으로 길잡이를 삼으시오. 스님은 절하고 받은 뒤에 물었다.

"지금은 이러하거니와 마지막(末後)에는 어찌하리까.?"

스승보다 지혜로운 사람은 천년을 가도 만나기 어려울 것이오. 만일 그런 사람을 만나거든 그에게 전해주시오. 무엇보다도 지금까지 내려온 불조(佛祖)의 명맥을 끊이지 않게 해야 하오.」389) 석옥청공은 태고보우에게 임제종 선법을 전하는 고려에 전하는 초조가 되었다. 원나라의 임제선의 정통성을 태고보우는 가사와 더불어 태고암가의 서문을 받으면서 전해졌는데 원나라 임제선맥이 고려 태고보우에게로 전했다. 태고보우는 석옥청공과의 선지의 대론을 통해 상호 의지가 통했다 또한 태고보우는 석옥청공에게 태고암가의 발문을 통해서 법을 전수받았고 석옥청공 선사는 태고보우에게 가사부법(袈裟付法)을 전하였다. 원나라 석옥청공 선사는 고려에 임제선을 전하는 법의 스승이 되었다. 석옥청공으로 부터 법을 받은 태고보우는 스승과 함께 이별을 고할 때가 되었다. 태고보우는 석옥청공 스승에게 다음과 같은 글로 마음에 표상을 전했다.

> 「제가 큰 스승 석가의 대원경지를 관찰하고
> 또 제자인 저의 평등성지를 관찰하매
> 원래 한 바탕으로 시방세계에 두루하여

---

389) 무공 서갑생 편저자, 『태고보우 국사인물론』, (태고사상제 4집), 불교춘추사, 2005, pp, 141-142.

훤히 밝고 트여 그림자 없습니다.
중생도 없고 부처도 없어 능소(능소)가 끊어졌고
신통하고 밝아 항상 고요한 가운데 비춤이 있습니다.
삼라만상이 그 속에 나타나니
물속의 달 같은 우리 스승의 얼굴도 드러나고
허공꽃 같은 이 제자의 몸도 있으며
더럽고 깨긋함과 괴롭고 즐거움이 다 거기 나타납니다.

지금 우리 스승인 큰 스님의 크고 둥근 거울 속 제자인 저는
제 거울 속에 계신 본사(本寺) 옛 부처님께 귀의하고 예배하면서
정선 스런 원을 내여 가피를 바라노니
세세생생에 언지나 이러 하여 지이다.

스승께서 화장(華藏)세계 주인이 되면
나는 맏아들 되어 그 이익한 일을 돕고
도솔천에 계시면서 법을 연설하실 때에는
나는 그 하늘 주인인 되어 항상 호위해 모시며
보리수 밑에 앉아 계실 때에는
나는 국왕이 되어 법보시를 행하오리다.

오늘 저의 이러한 본원으로
갖가지 장엄을 원만히 갖추어
시방세계의 다함이 없는 부처님과
대승보살 등 일체에 공양하오리다.

또한 법계의 모든 불자(佛子)와 더불어
여래의 항상 고요한 이치를 증득하고
번뇌를 남김없이 없애며
일체의 모한 행을 모두 성취하오리다.

미래의 모든 부처님 회상에서
서로 손과 주인이 되어 반드시 마나리니
스승님이 주인이 되면 나는 짝이 되고
스승님이 짝이 되면 나는 주인이 되어
미래 세상 다하도록 불사를 짓고
중생을 다 건지고 돌아간 뒤에는
위없는 큰 열반에서 같이 노닐되
마치 오늘 하무산에 노는 듯 하여 지이다.

내 몸은 변하는 물건이라 피차로 나뉘더라도
이 마음은 끝끝내 그 곁은 떠나지 않으오리라.」[390)]

태고보우는 스승인 석옥청공과의 이별을 고할 때에 게송으로 답하였다. 석옥청공의 스승에 대한 존경과 찬양함이 또한 말로는 다할 수 없는 간절함이 있음을 알 수 있다. 고려의 불교 교단에서는 자신을 지도할 스승이 없었는데 원나라서 자신에게 스승이 되어준 석옥청공 선사에게 마음의 표상을 전해 받았다. 스승을 만나서 법을 받아 지닌 그 마음이 참으로 간절하지 않을 수 없었던 것을 게송으로 전했다.

390) 백련선서간행회, 『태고록』, 번역, 장경각, 2008, pp, 171-172.,

「태고보우는 47세(1347)에 봄 연경의 대관사(大觀寺)에 머물렀다. 이때 태고보우의 명성이 원 황제에게도 알려져 그 해 겨울 태자의 생일 때 황제는 태고보우를 초청하여 반야경을 강설하였다.」[391] 태고보우가 연경에 도착했을 때에는 원나라에는 고려 승려에게 법을 전해주었다는 말이 원나라 전 지역에 전해졌을 법하다. 원나라 황궁에 있는 고려 왕족은 고려인들도 태고보우에 대한 고매함을 알았을 것이며 고려에 전했을 법하다. 태고보우가 47세(1347) 되던 해인 8월 1일 사법사(嗣法寺)인 석옥을 떠나 호주(湖州)를 경유하여 10월 15일에 연경에 도착하였다.

이때 석옥화상은 태고보우와의 만남에 대한 감회가 아직 가시지 않은 채로 앞일을 걱정하는 서신을 보내고 앞일을 당부하는 글을 보내왔다. 석옥 청공은 임제종에 대한 선법을 전한 그 의미를 바르게 지켜야 한다. 이러한 전법에 있어 원나라 황제는 고려에 대한 관심을 보였다. 원나라 황제의 관심은 바로 원나라를 안정적으로 통치를 해야 하기 때문이다. 석옥 청공은 태고보우인 법의 제자에게 글을 보냈다.

「생각해보니 7월에 장로(長老)는 만리의 험한 길을 꺼지지 않고 자기 문제를 해결하기 위해 이 산곡대기까지 나를 찾아왔습니다. 그때 서로 만나보기는 했지만 노승은 한 번도 말한 것이 없고 장로는 한 글자도 들은 것이 없었으니 이것이야 말로 진정한 만남이라 하겠습니다. 만일 그때 털

391) 무공 서갑생 편저자, 『태고보우 국사의 종지와 종풍 그 수행법』, (태고사상제 5집), 불교춘추사, 2006, p, 81.

끝만큼이라도 말한 것이 있었다면 그것은 다 견해의 가시가 됩니다. 이것이 예부터 고인들이 서로 만난 도리인 것입니다. 장로는 부디 스스로 몸을 보살펴 뒷사람들에게 보여 주어 그들이 사견을 따르지 않도록 해 주십시오. 섣달 17일에 해문홍(海門洪) 장로가 이 산에 와서 장로가 이미 대도(大都)에 갔다고 하기에 반가이 들었는데 하마 고향에 돌아갔는지 어떤지 궁금하여 간단히 이 글을 적습니다. 부디 대법(大法)을 존중하시기를 빌고 빕니다.」[392] 석옥청공은 태고보우 제자에게 마음의 표상으로 편지를 보냈다. 원나라 석옥청공의 법을 받은 제자로 인정한 것이며 고려의 법제자를 생각하는 글이라고 말할 수 있다. 고려의 제자를 생각하는 석옥청공의 마음의 편지는 태고보우에게 있어서 마음에 법을 전해준 근거가 되기도 했다. 그래서 태고보우는 화답을 하였다.

「제자 고려국 중흥선사(中興禪師)의 보우(普愚)는 구배(九拜)하고 본사 하무산 석옥대화상 좌하에 삼가 올립니다.

8월 1일에 하직하온 뒤로 우러러 사모하지 않는 날이 없었습니다. 좋은 여행을 마치고 10월 15일 대도(大道)에 돌아왔습니다. 주머니의 송곳끝이 주금은 나왔다 하여 온 산의 큰 스님 네와 주정의 대신들이 왕에게 아뢰어 왕의 명령으로 영녕선사(永寧禪師)의 주지로 있었습니다.

11월 24일은 태자의 생일 날이어서 금란 가사와 불자(拂子)

---

392) 무공 서갑생 편저자, 『태고보우 국사인물론』, (태고사상제 4집), 불교춘추사, 2005, pp, 163-164.

와 향을 내리시고 천사(天使)의 엄한명령으로 여러 곳에서 모인 사중(四衆)이 거의 만 명이나 되어서 둘러싸고 북을 치기에 할 수 없이 법좌에 올라갔습니다.

먼저 축리(祝釐)의 향을 사르고 다음에는 노화상을 위해 품에 품었던 향 한 개비를 내어 향로에 사르고 뒤에 종승(宗乘)을 연설하여 말법(末法)을 붙들고 드날렸으니 이것이 어찌 법유(法油)의 큰 은혜가 아니겠습니까. 감히 고하지 않을 수 없어 한바탕의 가추(家醜)와 두서없는 야비한 말을 삼가 적어 올리는 것입니다.

명년 봄에는 다시 나아가 종신토록 모시려 하옵니다만 혹 업연(業緣)에 얽매이어 원을 이루지 못하고 고향에 돌아가더라도 한결같이 교훈에 의지하고 분수를 따라 두 가지를 이롭게 하되 불법을 천하게 팔지 않고 나아가서는 후세에 이르기까지 부처의 종자가 끊이지 않겠습니다. 그러하오니 이것이 어찌 제 혼자만으로 될 수 있는 일이겠습니까. 바로 부처님과 조사님네들의 본원(本願)이 이끌어야 될 일일 것입니다.

지난번에 화상을 뵈온 것은 큰일을 이어 이어 받드는 데 있었삼고 오늘 조서(詔書)를 받들어 개당(開堂)하게 된 것도 그 때문이옵니다. 그러나 이 졸렬한 말로 이 마음을 어찌 다 할 수 있겠습니까. 살펴 주시기를 삼가 바라오며 다시 재배(재배)하면서 본사 대화상의 기후 만복하심을 축원하옵니다. 고향 사람들의 인편이 있거든 자비(慈悲)로 물어주시면 못내 위로되겠습니다.」[393] 태고보우는 석옥청공 선사에게 답서를 보냈다. 그리고 원나라에 머무는 동안 태고보우는 원나라 황제 앞에서도 설법을 하기도 했다. 태고보우는 원나라 황제의 신임을 얻었고 원나라 황제로부터 최고의 예우를 받았다. 이것은 고려 후기에 원나라의 속국임을 선언이라도 하는 면이 없지 않다. 특별히 석옥청공의 법을 태고보우에게 전했다는 사실에 원나라 황제는 통치적 차원에서 정치적으로 대하였다고 본다.

393) 『태고집』, 김달진 역주, 세계사, 1991, pp, 249-250.

5. 太古普愚의 王師 國師 時代

태고보우를 정치 승으로 보고자 하는 점이 여기에 있으며 고려의 역대 고승들 가운데 왕사는 그러한 역할을 하였다고 말할 수 있다. 태고보우와 공민왕은 정치적 관계에서 출발했다고 보아야 한다. 태고보우는 공민왕과의 친우적인 관계를 맺게 되는데 원나라에서 석옥청공 선사로부터 법을 받았을 때는 이미 중원에 태고 보우선사의 명성은 널리 펴져 있었다.「태고의 부법(付法) 사실이 알려져 명성이 이미 높았다. 태고는 원태자의 생일을 맞아 영녕사(永寧寺)에서 설법하였는데 황제의 스승과 황후 및 태자는 향을 선물하고 태고는 황후가 바친 금란가사(金襴袈裟)를 입고 설법하였다.

이때 볼모로 잡혀있던 고려의 세자 기(祺)가 참석하여 듣고 감탄하길 자신이 훗날 고려의 왕이 되면 태고를 스승으로 모시겠다고 약속했으니 그가 곧 공민왕이다.」[394] 태고보우는 원나라의 임제선을 전승하여 귀국하였다. 고려에 임제선을 전한 태고보우선사는 5가 선종으로부터 내려왔던 선종

---

394) 무공서갑생 편저자,『태고보우 국사의 종지와 종풍 그 수행법』, (태고사상제 5집), 불교춘추사, 2006, p, 83.

특히 임제선을 고려에 전수 받았다. 원나라에서는 황태자의 생일이라서 태고보우에게 설법을 요청하고 금란 가사를 내리기도 하였다는 것을 석옥청공 선사에게 자세한 내용을 편지로 적어 보냈다. 태고보우가 원나라에서 이미 정치적인 행위를 자행했다. 또한 원나라에서 황태자를 위하여 설법을 하였을 적에 고려에서 끌려온 훗날에 고려의 왕이 될 공민왕이 설법을 들었다. 그러한 인연으로 인하여 태고보우는 정치에 참여하게 되었다. 원나라 황제는 태고보우를 초청하였는데 마침 태자의 생일이었다. 태자의 생일잔치를 하고 있었는데 고려의 태자인 현능도 그 자리에 있었다. 그 날에 현능과 태고보우선사는 고려인들과 함께 고려 불교를 개혁하기 위한 인연을 맺었다.

1. 공민왕과 태고보우 관계

원나라의 황제는 불법을 신봉하고 있었기에 태고보우가 머물고 있는 영녕사 스님들이 황제에게 태고보우 선사의 명성을 전했다. 태고보우는 원나라 석옥청공으로 부터 법을 받아 임제종에 대한 역사성을 획득하였다.

「태고보우는 원(元)의 남방(南方)을 돌아 48세 봄 충목왕(忠穆王) 4년(1348)에 고려로 돌아왔다. 그는 귀국하자마자 석옥청공으로부터 법을 전해 받은 의발(衣鉢)을 가지고 삼각산(三角山) 중흥사(中興寺)에 가서 여름 결제를 하였다.」[395] 태고보우가 고려에 귀국하여 삼각산 중흥사에서 결제를 하였다는 것은 고려에 임제선을 전하는 역할을 하였다는 것을 말하고 있는 것이나 다름이 아니다. 태고보우는 석옥청공으로부터 임제의 법을 받은 뒤에 고려에 돌아와서는 원나라의 추종세력이 되었다. 태고보우는 고려에 귀국하여 중흥사에서 안주하였다. 태고보우는 임제선풍의 종풍을 전해 받고 고려에 귀국하여 삼각산 중흥사에 와서 원나라 임제선 종풍을 실천하였다.

「석옥청공으로 부터의 임제종의 전법을 강조하였다. 그리고 간화선의 선풍을 적극적으로 내세우면서 문도들을 지도함에 있어서는 특히 조주의 무자 화두를 즐겨 사용하였다.」[396] 원나라에서 귀국하여 중흥사에 주석하고 있을 때 많은 선승들이 집결하고 태고 보우의 임제 선맥 화두를 받고 정진을 하였다. 삼각산 중흥사에서 태고보우는 소설산 용문사에 들어가 세상을 멀리하고 수행정진에만 힘을 다하였고 용문산을 개간하여 터를 만들고 노동을 하기도 했다. 미원장에 땅을 하사 받아 말을 기르기도 했다. 용문산에 들어가서 정진하고 있는 동안에 고려는 정치적으로 혼란기를 맞이했다. 원나라의 간섭으로 인하여 고려는 왕위의 권한이

---

395) 무공 서갑생 편저자, 『태고보우 국사인물론』, (태고사상제 4집), 불교춘추사, 2005, p, 179.

396) 최병헌, 「태고보우의 불교사적 위치」, 『태고집』, 서주 편, 김달진 역주,, 세계사, 1991, p, 297.

약화되고 왕이라고 말할 수 없는 고려가 되었다. 평민들은 물론 원의 간섭으로 노예적인 삶을 살아가는 것이며 불교 또한 원나라의 지배하에 원나라 교단에 복종하면서 원나라를 추종하는 세력으로 전환되었다. 고려 말기의 고려는 충선왕이 폐정개혁 27개조를 발표하여 정치혼란을 바로 잡으려고 하였으나 권문세력의 거센 반발과 원나라의 내정 간섭과 정치적인 압력으로 실패하였고 충목왕(1347)에도 정치도감을 설치하여 정치와 경제 사회등 당면 문제들을 해결하려고 하였으나 역시 실패하였다. 불교계에서는 친원파의 종파가 탄생하기도 하였다. 대부분 최충현 무신정권하에서 소외받았던 종파들이라고 말할 수 있다. 원나라 시대는 큰 타격을 받은 것은 수선사 계통의 조계종 선승들이 큰 타격을 받았다. 수선사 계통 조계종 선승들은 몽고에 저항한 세력들인데 몽고가 원나라를 세운 이후 고려의 불교는 원나라를 추종하는 세력으로 전환되었다. 조계종 계통의 선승들은 비로 국가의 불교였다고 하지만 지눌 보조는 유학승이 아니고 자력으로 일종의 종파를 형성하였다고 말할 수 있다. 태고보우가 귀국하여 중흥사에서 활동하고 있던 시기에 나옹이 원나라를 향해 간다.

「충목왕 4년(1348년) 48세 되던 11월에 원(元)나로 향하는 만행 길에 올라 1349년 3월 13일 연도(燕都)에 이르렀다. 그곳에서 가섭(迦葉)존자로부터 법맥을 따져 서천(西天) 108대 조사로서 법원사(法源寺)에 주석하던 인도승 지공(指空)화상을 만난다.」[397] 태고보우가 원나라에서 지공을 만났다는 것을 보면 지공은 임제종의 승려가 아니다. 다만 석옥청공의 법을 받았다고 한다면 조계종의 선종의 전승된 임제종 계통의 종파의 소속이다. 고려에서는 임제종이라는 종파가 전해지지 않았던 시기로 보아야 한다. 고려에는 유일하게 종파로서 활동하였던 종파는 천태종 화엄종 조계종이었는데 원나라 지배 고려에서는 조계종 소속인 지눌 보조 계통의 조계종은 고려로부터 지지를 얻지 못했다.

「충목왕 4년(1348) 12월 을축일에 승려 종범(宗範)을 형장쳐서 제주도로 귀양 보냈다. 종범은 판사 임서생(任瑞生)의 아들로서 그 아비를 칼로 찌르려는 것을 그 아유 임기(任琪)가 제지하였는데 종법이 칼로 임기의 코를 베었기 때문이다」[398] 종법이라는 승려가 어느 종파인지는 알 수 없다. 높은 벼슬자리에 있는 아들이라면 천태종의 승려가 아닌가 라고 생각해보지 않을 수 없다.

「충목왕 4년(1348년) 12월 정묘일 왕이 김영돈의 집에서 죽었다 왕위에 있는 지 4년 이묘 향년 12세였다. 충정왕(忠定王) 원년 3월 정유일에 명능(明陵)에 장사하였으며 공민왕 6년 계해일에 시호를 올려 현효(顯孝)대왕이라 하였고 동 16년 정월 정해일에 원 나라에서 충목이라는 시호를 주었다.」[399] 충목왕은 12살로 왕위를 마감하였으니 이것은 고려의

397) 이종군, 『고려말 선시의 미학』, 불광출판사, 2008, p, 16.

398) 효탄, 고려사불교관계사료집(번역편), 민족사, 2001, p, 259.

399) 리외섭 역, 『고려사』(11), (4) 고전연구소 고전연구실 사회과학원, 1964, p, 562.

비극이 아닐 수 없다. 충목왕이 세상을 떠나던 시기에 태고보우는 원나라에 있었다. 태고보우의 역할이란 아무것도 없지만 원나라에서 임제종의 임제 선법을 전수받고 있었다.

「충정왕의 이름은 저(㫝)요 몽고 이름은 마사감라아지(迷思甘朶阿只)이니 충혜왕의 서자(庶子)이요 모친은 희비(禧妃) 윤씨이다 충목왕 4년 4월에 정창부원군으로 봉하였다. 12월에 충목왕이 죽으니 덕녕공주가 던성부원군 기철과 정승 왕후에게 정동성사(征東省事)를 대행(攝行)할 것을 명령하였다.」[400] 태고보우가 원나라에 있는 동안에 고려는 충목왕이 죽고 충정왕이 되었다.

「충정왕 원년(1349) 2월에 황제가 충혜왕의 아들 저(㫝)에게 입조토록 하였다. 경양부원군 노책 전임판사사사 손수경 전임찬성사 이군해(李君侅) 민평(閔評) 윤시우(尹時遇) 최우(崔濡) 등이 저를 모시고 원나라에 갔다 다간 전법들이 회의를 열고 가는 것을 제지하려 하였으나 되지 않았다.」[401] 원나라에서는 고려 왕을 볼모로 잡지 않고서는 원나라를 지키기 어렵다는 것을 판단하여 고려에 대한 감독을 철저히 하였던 것이라고 말할 수 있다.

「충정왕 원년(1349) 5월 무술일 원나라 황제가 원자(元子) 황저(㫝)에게 왕위를 이를 것을 명령하였다.」[402] 충목왕은

400) 리외섭 역, 『고려사』(11), (4) 고전연구소 고전연구실 사회과학원, 1964, p, 562.

401) 김종서, 『신편 고려사절요』(하), 민족문화추진회, 신서원, 2004, 165.

402) 리외섭 역, 『고려사』(11), (4) 고전연구소 고전연구실 사회과학원,

고려를 이끌어갈 필요를 느끼지 않았던 것이며 또한 서자가 왕위에 오른 것은 극히 드문일 이었다고 말할 수 있다.

「충정왕 원년(1349) 겨울 10월 계축일에 왕이 친히 강안전에 영보도량을 베풀었다」[403] 충정왕은 고려를 바르게 지켜나갈 수 있을지 의문이든다

「충정왕 2년(1350) 봄 정월 정오일 왕이 부왕의 제삿날이라 하여 신효사(神孝寺)에 갔다.」[404] 충목왕은 부왕의 제사를 모시기 위하여 신효사라는 절에 갔다는 것은 고려 불교의 모습을 말해주고 있는 것인데 선종 사찰인지 교종 사찰인지 알 수 없다.

「충정왕 2년(1350) 가을 8월에 왕은 탄일이어서 여러 신하들에게 잔치를 베풀었다 전임 찬성사 윤환과 제학 곽균이 무슨 일로 서로 힐난하다가 윤환이 팔을 걷어붙이고 곽균을 때렸다」[405] 충정왕은 대신들을 관리를 하지 못했다. 이러한 현상은 고려를 바르게 이끌지 못한다는 것을 단적으로 말해주고 있다.

「충정왕 3년(1351) 3월 을모일 왕이 광명사(廣明寺)에 가서 삼계(三界)에 기도하였다.」[406] 충정왕은 자신의 존재를

1964, p, 564.

403) 효탄, 고려사불교관계사료집(번역편), 민족사, 2001, p, 259.

404) 리외섭 역, 『고려사』(11), (4) 고전연구소 고전연구실 사회과학원, 1964, p, 367.

405) 김종서, 『신편 고려사절요』(하), 민족문화추진회, 신서원, 2004, p, 171.

바르게 성찰하지 못한 왕이 되었다. 물론 원나라에 있는 기철의 농간이 있었을 것으로 판단되는데 기철은 기황후의 힘을 믿고 고려를 능히 농간하였을 것이라고 확신한다. 충정왕이 원나라의 황제인 순제에 의하여 교체되었는데 이것은 잘못이 있다.

「충정왕 3년(1351)겨울 10월 임오일 원나라에서 강능대군 왕기(琪)를 국왕으로 책봉하고 단사관(斷事官) 완자불화(完者不花)를 보내여 모든 창고와 궁실 뜰을 봉인하고 국세(國勢)를 회수하여 가지고 돌아갔다.」[407] 충목왕은 원나라 황제에 의하여 폐위되었는데 그러할 만한 일이 전혀 없다. 고려왕에 대한 원나라에서 간섭을 하게 되었는데 이것은 엄연히 고려 국왕의 자리를 쟁취하기 위한 권력 투쟁이 전개되었다고 말할 수 있다.

「충정왕 3년(1351) 공민왕이 전임판사사 이제현을 섭정승 권단정동성사로 삼았다. 이제현이 모든 처리를 합당하게 하여 백성들이 그를 믿고 안심하였다.」[408] 공민왕은 원나라에서 왕이 되었으나 원나라에 있었던 관계로 고려의 섭정을 이제현이 처리하니 백성들이 안심하였다고 하는 글이 있다

406) 리외섭 역, 『고려사』(11), (4) 고전연구소 고전연구실 사회과학원, 1964, p, 569.

407) 리외섭 역, 『고려사』(11), (4) 고전연구소 고전연구실 사회과학원, 1964, p, 570.

408) 김종서, 『신편 고려사절요』(하), 민족문화추진회, 신서원, 2004, p, 173.

이제현 이야 말로 고려를 바르게 지키려고 하였던 제상 이였던 것으로 보인다.

「충목왕(忠穆王)이 즉위하여 그를(공민왕) 강능 부원대군으로 봉하였으며 충목왕이 죽자 나라 사람들이 그를 왕으로 세우려고 하였으나 원 나라에 머물러 두고 숙위하게 하였다.

이에 앞서 충정왕(忠定王)이 그를 윤택(尹澤)에게 부탁하여 두었던 바 충정왕 원년에 윤택과 이승로(李承老)가 글을 중서성에 보내여 그를 왕으로 세울 것을 청하였다. 이해 그는 로국공주(魯國公主)에게 장가갔으며 충정왕 3년 10월에 원나라가 그를 국왕으로 봉하고 완자불화(完者不花)를 보내 충정왕의 옥세를 회수하였으므로 충목왕은 왕위에서 물러나와 강화도로 가게 되었다.」[409] 원나라에 잡혀갔던 기(祺)가 고려의 왕위에 오르는데 있어 반대파들이 막고 있었다. 고려에 왕이 된다는 것은 원나라 황제의 명령에 복종하는 왕이다. 고려왕의 비극적인 시대이기도 하다.

1). 공민왕과 태고보우

태고보우는 원나라에서 고려에 돌아와 용문산 소설산에서

409) 리외섭 역, 『고려사』(11), (4) 고전연구소 고전연구실 사회과학원, 1964, p, 1.

간화선을 수행하고 있는 동안에 고려는 일대 변혁이 일어났다. 원나라에 있던 기(祺)가 고려왕으로 책봉되었다. 고려에 왕이 있는데 또다시 고려왕으로 임명한다는 것은 충목왕(1351)에게 문제가 있는 것이 아니라 원나라 황제에 의하여 고려왕 위기 결정되기에 원나라 황제의 의중에 의하여 고려왕은 정해진다.

「이름은 전(顓)이요. 옛 이름은 기(祺)이고 몽골이름은 백안첩목아(伯顔帖木兒)이다. 충혜왕의 동모제이다. 충숙왕 17년 경오 5월에 출생하였다. 성품이 염격, 중후하고 또한 자애로우며 어질어 여려 백성의 인심을 많이 얻었으나 만년에 이르러서는 시기심이 많고 음란하여 화를 당하는 데에 이르렀다 재위가 24년으로 45세를 살았다.」[410] 원나라에 강제로 이끌려갔던 기(祺)가 고려왕이 되었다. 고려에 왕이 된다는 것은 험난한 시련이 있을 것임을 공민왕은 알았을 법하다. 고려를 바르게 지키기 위하여서는 원나라로부터 식민지적인 정치상을 벗어나야 한다. 정치력이 없는 고려왕은 최충헌 무신정권이었기에 더욱 더 몽고의 침략을 받았던 고려는 너무도 많은 것을 잃어버렸다. 공민왕은 상실된 고려를 회복해야 할 책임이 있으며 고려백성들의 한을 풀어야 할 짐을 지고 있었던 공민왕이다.

「공민왕 원년(1352) 11월 임자일 왜적이 남해현(南海縣)을 침략하였다. 을해일 찬성사 조일신(趙日新)이 간부 등용 명

410) 김종서, 『신편 고려사절요』(하). 민족문화추진위,2004, 신서원, p, 175.

단을 가지고 원나라로부터 돌아왔다. 이제현을 도첨의 정승으로 이몽가(李冡哥)를 삼사사로 조익청(趙益淸)과 전윤장(全允藏)을 찬성사로 조일신과 조유를 참리로 강득룡(康得龍)과 최천택(崔天澤) 등」[411] 의 명단을 작성하여 원에서 왔다. 이것은 바로 원에서 고려국의 관리를 임명하였다. 이러한 모습을 지켜보면서 고려의 발전을 기대한다는 것은 있을 수 없다. 조일신은 이미 원나라 황제의 신임을 받고 있었다는 것을 알 수 있으며 원나라 황제인 순제의 감독하여 고려는 존재했다.

「공민왕 원년(1352) 12월 경자년 왕과 공주가(公主)가 원나라로부터 왔는데 원 나라 황제가 실독아 태자(失禿兒 太子)와 직성사인 아홀(牙忽)을 보내여 그들과 동행 보호케 하였다.」[412] 원나라에서는 공민왕을 인정하여 고려의 왕으로 책봉하였고 공민왕은 고려로 돌아와 고려의 왕위를 계승하였다. 하지만 고려왕의 지위는 원나라의 제후에 불과하다. 고려가 강성한 고구려의 정신을 이었다면 고려는 대국의 후예일 것인데 고구려를 전승했다고 한 고려가 신라의 지원을 받아 고려를 지켰다. 그러한 역사적인 관계에서 고려는 원나라로부터 자주적인 나라의 주권을 행사해야 한다. 이것이 바로 공민왕의 과제이기도 하다 공민왕은 백성들을 사랑해주

411) 리외섭 역, 『고려사』 (11), (4) 고전연구소 고전연구실 사회과학원, 1964, p, 2.

412) 리외섭 역, 『고려사』 (11), (4) 고전연구소 고전연구실 사회과학원, 1964, pp, 2-3.

어야 한다. 백성들이야 말로 전쟁에 시달리고 전쟁에서 전사한 가족들의 한을 해결할 수 있는 방안을 마련해야 했다.

「공민왕 원년(1352) 3월 신해일에 전왕이 강화도에서 독살되어 죽었다. 일찍이 왕이 왕위를 빼앗기고 강화에 갈때 전교령 신덕린(申德隣) 전교승 안길상(安吉祥) 등 4-5명이 시종하였는데 쫓아가 체포하여 순국옥에 가두고 박사신(朴思愼) 만이 따라갔다. 곡물은 충분치 못하였고 왕래도 또한 끊겨 근심에 싸여 울부짖을 뿐이었다. 전왕의 어머니 희비가 왕에게 청하여 가서 만나보고 며칠 머무른 뒤에 돌아왔다. 전왕의 부음이 이르자 도성 안의 사람들이 눈물을 흘리지 않는 이가 없었다.」[413] 충목왕은 강화에 유배되었는데 공민왕 원년 3월에 강화도에서 독약을 먹여 죽게 하였다.

「공민왕 원년(1352) 여름 4월 경술일 왕이 부처의 생일이라 하여 궁중에서 연등(燃燈)을 하고 승려 100명에게 음식을 주었으며 화산놀이(火山雜戲)를 시키며 기생에게 풍악을 연주시키고 구경하였다.」[414] 공민왕이 고려왕으로 명받은 첫째 부처님오신 날의 축제에 참여를 하였는데 이것은 불교의 바른 관점을 실천하기 위함이기도 했다. 그래서 공민왕은 불교적인 사상을 실천하고자 하여 생명존중의 의미로 물고기 방생을 실시했다. 이것은 바로 백성들의 생명을

---

413) 김종서, 『신편 고려사절요』(하). 민족문화추진위,2004, 신서원, p, 179.

414) 리외섭 역, 『고려사』(11), (4) 고전연구소 고전연구실 사회과학원, 1964, p, 9.

지키는 모습을 보여주기 위함이기도 하다. 공민왕의 생각으로는 물고기를 보호한다는 것은 또한 인간의 생명과 인간의 존재를 인정함이다. 살아있는 생명을 존중한다는 의미기도 하다. 공민왕이 고려에 국왕이 되어 돌아왔는데도 불구하고 태고보우는 공민왕을 찾지 않았다.

「중흥사에 머무시면서 여름안거를 지냈고 자취를 숨기기 위해 미원장(迷源莊)을 지나는데 선대(善大)라는 늙은 아전이 꿇어앉아 울면서 만류하였다. 그리하여 스님은 그와 함께 흐르는 물을 따라 용문산(龍門山) 북쪽 기슭에 이르렀다. 푸른 숲은 깊고도 빼어났으며 꽃다운 노을은 은은하였다. 터를 잡아 암자를 짓고 소설산(小雪山)이라 이름하고는 세상과 인연을 끊고 거기서 종신토록 살겠다 하며 산중자락가(山中自樂歌) 한 편을 지으셨다.」[415]

산중 자락가(山中自樂歌)

수염도 깍지 않고 머리도 깍지 않은
잘생긴 귀신 머리나찰
어리석고 어리석기는 돌대가리 같고
미련하고 멍청하기는 말뚝 같구나.
짚신이 다해지도록 조사께 참구했어도

415) 백련선서간행회, 『태고록』, 번역, 장경각, 2008, p, 220.

나쁜 소리 거짓말 화살 쏘듯 쏟아 내리네.
라라리 라라리 홀로와서 이곡조 즐거이 부르노라

대원(大元)의천자는 성인 중의 성인으로
내게 이 절을 주어 세월을 보내나니
산중의 이 즐거움 함께 할 이 아무도 없어
어설프고 옹졸함을 홀로 가여워하네
이물과 들과 함께 언제나 스스로 즐길지언정
세상사람 더불어 이 즐거움을 나누지 않으리라
다만 원하나니 거룩한 수명 만만세 누리시고
만만세 누리시되 언제나 만만세 즐기 우소서.

그제야 네게도 아무걱정 없으리니
바위 언덕 굽이치는 시내의 쓸쓸함을 즐기리라
바위 구석의 조그만 암자는 능히 내 몸 감싸나니
흰 구름에 모두 맡겨 서로 의탁하노라
이 곡조 속에는 무궁한 즐거움 들어 있나니
스스로 즐기며 스스로 부르는 노래 무엇하오리오
네 처지 편안히 여김이 함이 없는(無爲) 즐거움일래

어찌하여 스스로 노래하며 스스로 즐기는가
무슨 즐거움을 즐거워하는지 나도 모르네
그 속에 있는 뜻을 그대는 알겠는가
사람들이 날로 써도 부여잡기 어렵나니

연명(淵明)은 술에 취하면 무현금(無絃琴)을 희롱했고
보화(普化)는 장터에서 요령을 흔들었으며
한가한 승 포대(布袋)는 너무나 일리 없어
세속의 술집에서 술찌거기에 취했네

예로부터 성현들의 즐거움 이러했으니
부질없이 헛된 명성 남긴들 얼마나 쓸쓸하리.
좋은 줄 아는 이도 만나가 어렵거늘.
하물며 만들어 즐기고 행하는 이 있겠는가.
그대 보겠나 태고(太古)의 이 즐거움
두타가 취해 춤추매 광풍이 온 골짜기에 일어나니
스스로 즐거워 계절이 가는 줄도 알지 못하고
다만 바위꽃 피고 지는 것 볼 뿐이네. 416)

태고보우가 용문산 소설산에서 정진하고 있는 동안에 공민왕은 태고보우를 의지하여 고려를 정치적으로 개혁하려고 하였다. 물론 태고보우는 정치적인 힘이 있었다. 공민왕이 왕이 되기 전에 원나라 황제 앞에서 설법을 하던 것을 목격했다. 그리고 태고보우는 원나라에서의 최대의 종파인 임제선풍을 전승하기 위한 정진을 수행하고 있었다. 공민왕 자신은 철저한 불교 신앙심을 보이고 있었는데 오히려 고려불교는 종파들이 상호협력을 발휘하지 못하고 있었다. 물론

416) 무공 서갑생 편저자, 『태고보우 국사인물론』, (태고사상제 4집), 불교춘추사, 2005, pp, 180-181.

고려에서는 여러 종파의 발전도 이루어지지 못했다. 이러한 문제를 공민왕은 알고 있었던 것이며 원나라에서 불교를 보호하고 있는 모습을 목격하였던 공민왕이다. 그리하여 고려 불교에 대한 애정을 가지고 있었기에 고려 불교를 바르게 지키고자 하였을 법하다.

「공민왕 원년(1352) 5월 초하루 계유일 물고기를 서강에 가져다가 놓아주라고 명령하였다. 무인일 왕의 생일이었으므로 내전에 도장(道場)을 배설하고 3일간 기도하였다. 제상들이 왕의 만수무강을 축하하려 하니 왕이 말하기를 연회를 베풀면 반드시 생물을 죽이게 될 것이니 그 연회 돈으로 지장사(地藏寺)에서 스님 천여 명에게 음식을 주라)고 하였다. 그 때 왕이 바야흐로 불도를 믿고 있었으므로 뭇 관원들이 왕을 위하여 그 만수무강을 축원하는 재(齋)를 올렸던 것이다. 왕이 사람을 익화현(益和縣)에 보내여 승 보허(普虛)를 불렀다. 보허는 호가 태고(太古)인데 세상을 널리 돌아다니는 자로서 자기가 강남(江南)에 가서 의발을 석옥화상(石玉和尙)에게 전하였다고 말하였다. 광주(廣州) 미원장(迷元莊)에 가서 친척들을 모아 거기에서 가장을 이루고 살았다. 보허가 왕에게 말하여 미원을 현으로 승급시켜서 감무(監務)를 두었던바 일체지휘는 보허가 하고 감무는 단지 드나들 따름이었다. 밭과 들을 넓게 차지하였으며 온 들에 말을 놓아먹이면서 이것을 모두 내승(內乘)이라고 하였다. 그래서 그들이 곡식을 상하는 일이 있어도 사람들이 감히 쫓아내지 못하였다.」[417] 공민왕이 고려의 왕위에 오르고 있을 때에 태고보우는 자신이 머물고 있는 소설산 용문산 광주에 있는 미원장에서 친척들을 모아놓고 생활을 하였다. 태고보우가 원나라에서 귀국하여 삼각산 중흥사에 들어가 머물었다가 용문산으로 정착하면서 거대한 농장을 보우하였다. 태고보우의 정치적인 위상을 알 수 있다. 만일에 정치적인 위상이 없다면 그러한 농장을 보유할 수 없다. 태고보우를 권력의 전면에 내세우는 세력들이 있었다. 그들은 바로 정치적인 힘을 가진 친원 세력들이라고 말할 수 있는데 친원 세력의 강력한 정치적인 힘을 지니고 있음을 알 수 있다.

「공민왕은 원나라 영녕사 대당 법회에서 태고를 만났고 이 때 설법을 듣고 감화한 태자는 태고를 스승으로 모시겠다고 약속하였다. 태고 56세 되던 2월에 공민왕이 한가귀(韓可貴)를 시켜 태고를 맞도록 하였으나 불응하였다. 공민왕은 다시 태고를 불러 내불당(內佛堂)에 모시고 공양과 예배를 올리며 법회를 보도록 하였다.」[418] 태고보우는 석옥청공의 법을 받아와서 중흥사에서 용맹정진을 하고 있었는데, 공민왕은 태고보우를 스승으로 모시기 위하여 여러 번 청했으나 태고보우는 거절을 하였다. 태고보우는 거대한 농장에서 원나라에서 전수받은 인제선법을 수행하고 있었다. 원나라의 임제선법을 전수받은 태고보우는 자신이 원나라의 석옥청공

---

417) 리외섭 역, 『고려사』(11), (4) 고전연구소 고전연구실 사회과학원, 1964, pp, 9-10.

418) 무공서갑생 편저자, 『태고보우 국사의 종지와 종풍 그 수행법』, (태고사상제 5집), 불교춘추사, 2006, pp, 84-85.

의 법을 받았다고 선전하였다. 태고보우는 국가의 행정에 대하여서도 구역을 마음대로 나누었다. 이것은 왕만이 할 수 있는 일인데 태고보우는 자신이 거주하고 있는 지역을 현으로 요청하기도 했다. 그러한 요청을 공민왕이 들어주었으니 얼마나 힘이 막강한 가를 알 수 있다.

「보허가 왕에게 말하여 미원을 현으로 승급시켜서 감무(監務)를 두었던 바 일체지휘는 보허가 하고 감무는 단지 드나들 다름이었다. 밭과 들을 넓게 차지하였으며 온 들에 말을 놓아먹이면서 이것을 모두 내승(內乘)이라고 하였다. 그래서 그 말들이 곡식을 상하는 일이 있어도 사람들이 감히 쫓아 내지 못 하였다.」[419] 태고보우는 거대한 농장을 운영하고 있었는데 가축들을 길렀다고 한다. 보허의 농장에서 기르는 가축들이 일반인들의 농작물을 뜯어먹어 피해 많았다. 그러함에도 불구하고 말이 타인의 피해를 주는 일이 많았던 백성들은 태고보우의 농장에 말이 타인의 농장에서 곡식을 해치는 일이 있어도 말을 하지 못할 정도였다. 태고보우는 거대한 농장을 관리하고 있었던 것으로 보인다. 농민들을 보호해야 할 태고보우가 농민들에게 피해를 주었다는 것은 매우 잘못이다. 공민왕은 태고보우를 여러 번 청했는데 궁안으로 청했다. 태고보우는 그럴 때마다 거절을 하였다 그런데 공민왕과의 약속을 지키기 위하여 태고보우는 공민왕의 초청을 거부하지 못하였다.

---

419) 리외섭 역, 『고려사』(11), (4) 고전연구소 고전연구실 사회과학원, 1964, p, 10.

「공민왕은 태고보우를 왕궁으로 맞아 설법을 청하였으나 5월 17일 대내(大內)에서 설법하고 선사를 경룡사(敬龍寺)에 머물게 했다. 당시 공민왕은 태고보우를 모시기 전 미원장(迷原莊)의 아전 선대(善大)가 보우를 각별히 공격했던 것을 칭찬하고 미원장을 현(縣)으로 승격시켜 현사평현(賢司平縣)으로삼았다. 보우는 경룡사에서도 많은 대중들에게 법음(法音)을 전하며 여름까지 지냈다.」[420] 태고보우는 공민왕으로부터 예우를 받았는데 이것은 원나라에서의 약속을 지키기 위함이다. 태고보우가 고려에 귀국하여서는 농장을 관리하였다. 논장을 관리한다는 것은 토지를 소우하고 있다는 것을 말함이다. 태고보우를 공민왕은 경룡사에 머물게 하려고 하였으나 응하지 않았다. 태고 보우는 정치에 뜻이 없다는 것을 보여주기 위함이기도 했다. 공민왕 즉위 1351년에 태고보우를 왕궁으로 초청해 설법을 하게 하였다. 태고보우가 정치적인 발언을 하기도 했다. 만일에 정치에 뜻이 없었다면 공민왕이 청해도 참석을 하지 않았을 것이나 태고보우는 공민왕의 부름을 받고 왕궁으로 가서 설법을 하였다.

「공민왕 원년(1352) 5월 보허가 오자 왕이 안으로 불러들여 불도(法)에 대하여 물으니 보허가 말하기를 <임금 노릇을 하는 길은 덕을 닦고 사람을 교화하는데 있으며 반드시 불도를 믿어야 하는 것은 아닙니다. 만약 나라를 다스릴 수 없으면 부처를 아무리 섬긴들 무슨 공덕이 있겠는가. 부

420) 무공 서갑생 편저자, 『태고보우 국사인물론』, (태고사상제 4집), 불교춘추사, 2005, p, 294.

득이하거든 태조가 창건한 절만을 수축하고 새로 세우는 것은 삼가라고 하고 이어서 말하기를 임금이 간사한 자들을 물리치고 정의로운 사람을 쓰면 나라를 다스리기 어렵지 않다>고 하였다. 이에 왕이 말하기를 "내가 간사하고 정의로운 것을 모르는 바는 아니다. 그러나 그들이 원나라에서 나를 시중하면서 모두 많은 힘을 썼기 때문에 그것을 생각하니 경솔히 물리치지 못할 따름이다"라고 하였다.」[421] 공민왕은 태고보우의 설법을 듣고 바른 정치를 실천하려고 하였다. 한편공민왕은 태고보우의 설법을 듣고 정치에 있어서 자신감을 가졌다. 태고보우가 공민왕과 대신들 앞에서 국왕으로서의 바른 정치를 실행하라고 하는 설법을 하였는데 공민왕은 자신의 측근들에 대한 비판의 설법이라는 것을 알고 원나라에서 내정간섭을 자행하고 있는 세력들을 정치에서 제거하고자 하였다.

「당시 공민왕에게 추천된 승려는 각진 국사(覺眞國師) 복구(復丘)(1270~1355)였다. 복구는 10세에 출가하여 원오국사(圓悟國師)에게 구족계를 받고 도영(道英)에게 수학하였다. 1290년 승과(僧科)에 급제하였으나 명리를 버리고 명산을 찾아다니며 오로지 수도에 전념하였다. 백암사(白巖寺)에서 10년간 선학을 연구하고 조계산 송광사의 대 도량에서 40여 년간 주석했다. 그러나 복구가 공민왕에게 왕사로 추천되었을 당시 세수가 이미 82세의 고령으로 당시 불갑사(佛甲寺)에

421) 리외섭 역, 『고려사』(11), (4) 고전연구소 고전연구실 사회과학원, 1964, p, 10.

있었던 스님은 나이가 너무 많아 그의 초상화를 걸어놓고 왕사의 책봉의식을 거행하였다.」[422] 공민왕은 왕사를 82세나 되는 복구를 왕사로 책봉하였다. 복구의 왕사가 82세 이니 공민왕에게는 태고보우와 같은 젊은 왕사가 필요했다. 복구선사를 공민왕의 왕사로 추대한 것은 몽고에 저항했던 조계종 수선사와의 통합을 말함이다. 수선사와의 통합을 한다는 것은 고려 불교 교단의 정상적인 통합적인 면에서 선종의 통합을 말함이다. 고려 불교계의 분열된 종파를 하나로 통합 없이는 고려 불교를 바르게 지킬 수 없다고 보았다.

태고보우는 용문산 소설산에 은거하면서 임제선을 실천하기 위해 정진하고 있었다. 공민왕은 태고보우를 통해서 공민왕은 정치개혁에 대한 역할을 할 것을 요청하기도 했다. 태고보우로 부터 수선사 지눌 계통의 조계종 선승을 왕사로 추천을 받았는데 당시의 왕사의 나이가 82세였다. 태고보우가 나이가 많은 선승을 왕사로 추천한 것을 보면 고려에는 왕사가 될 만한 선승이 없었던 것으로 보아야 한다.

「공민왕 원년(1352) 8월 무신일에 왕이 공주와 더불어 복녕사에 갔었는데 왕은 봉은사에 가서 태조의 진전(眞殿)에 참배하였으며 이날 양천군(陽川君) 허백(許伯)의 집을 옮겨 앉았다.」[423] 공민왕은 공주와 함께 사찰을 방문하였다. 태조의 진전 앞에 참배하였다고 하는 기록인데 불교의 내적인

---

422) 무공 서갑생 편저자, 『태고보우 국사인물론』, (태고사상제 4집), 불교춘추사, 2005, pp, 300-301.

423) 효탄, 『고려사불교관계사료집 (번역 편), 민족사, 2001, p, 262.

발전에 대한 역할을 하려고 하는 것 같이 보이는데 공민왕의 심중에 남은 불심관이 무엇인가 하는 점을 알 수 있다. 공민왕은 자신이 행할 수 있는 역할을 하려고 결심하기도 했다.

「공민왕 원년(1352) 9월 임신일 송서(宋瑞)를 도첨의 정승 판 진리사로 조일신(趙日新)을 판 삼부사로 임명하였다. 왜적의 배가 50여척이 함포(合浦)에 침입하였다. 무자일 태오군 성사달(成士達)이 정방(政房)에 있으면서 40여명에게 사사로이 관직을 주었으므로 옥에 가두었다. 상장군 전보문(全普門)의 안해 송씨(宋氏)가 전보문의 조카뻘 되는 조복생(曺復生)과 관통하였으므로 옥에 가두고 취조하여 그들에게 모두 죄를 주었다. 기해일 조일신이 그 도당인 정천기(鄭天起) 최화상(崔和尙) 장승량(張升亮)을 모아 기원(奇轅)을 죽이고 또 시어궁(時御宮)을 포위하여 당직 중이던 판 밀직사사 최덕림(崔德林)등 수명을 살해하였다. 경자일에는 조일신이 왕에게 인장을 찍으라고 협박하여 자기를 우정승으로 임명하고 그의 도당인 정천기 등에게 각각 다른 벼슬을 주게 하였으며 또 의성창(義成倉)과 덕천창(德泉倉)을 봉하였다. 왕과 공주가 별궁으로 옮겼는데 호위인원이 대단히 적었고 따라가는 자는 다 이역적의 무리였으므로 나라 사람들이 왕의 안전을 우려하였다. 이날 밤 공주는 몰래 대비의 시어궁으로 옮겨 앉았다.」[424] 공민왕 원년에 일어난 조일신의 난을

424) 리외섭 역, 『고려사』(11), (4) 고전연구소 고전연구실 사회과학원, 1964, pp 13-14.

통해서 정치적으로 위상을 바로 잡을 수 있었고 자신의 지위를 상실할 수도 있었다. 조일신은 공민왕을 협박하여 공민왕을 따르는 세력들을 모조리 죽이고 조일신이 고려 국에 무신정권과 같은 의미로 친원세력으로 권력을 장악하였다. 여기에는 기철의 지원이 있었다고 보아야 한다. 공민왕은 조일신에 의하여 조정될 수 있었고 조일신은 공민왕을 허수아비로 만들고 말았는데 공민왕은 조일신에 대한 세력을 잡아내는데 전력을 다하였다.

「공민왕 원년(1362) 10월에 공민왕은 을사일 왕이 행성(行省)으로 가서 조일신을 죽이고 그 도당인 정을보(鄭乙輔) 리권(李權) 라영걸(羅英傑) 고충절(高忠節) 리군상(李君常) 등 28명을 옥에 가두었다. 그 때 련일 토우가 자욱하게 기었으나 조일신을 베고 나니 하늘이 맑게 개었다.」[425] 공민왕은 조일신 일파를 일시에 제거하는데 성공을 하는데 만일에 조일신 난을 공민왕이 제압하지 않았다면 공민왕은 고려국의 왕으로서 행사할 수 없이 폐위당했을지도 모른다. 조일신을 제거하는 바람에 공민왕은 고려왕으로서의 역할을 할 수 있었다. 본래 조일신 일파는 원나라에 있는 기황후의 내정간섭이 있었던 것이 아닌가 하고 의심을 해본다. 기황후 세력이 아니면 그러한 만행을 자행할 수 없다.

「공민왕 원년(1362) 12월 김용(金鏞)에게 곤장을 때렸다. 조일신의 난에 궁중의 호위군사가 많이 다쳤는데 김용만은

425) 리외섭 역, 『고려사』(11), (4) 고전연구소 고전연구실 사회과학원, 1964, p, 15.

홀로 면하고 적에게 저항하여 막지 않은 때문이었다.」[426] 김용과 조일신과의 연관이 필시 있었을 것으로 판단된다. 김용은 물론 원나라의 기황후 세력과도 연관이 있을 것으로 볼 수 있다.

「공민왕 2년(1353) 3월 갑오일 민천사(旻天寺)에 가서 인왕 도장을 베풀었는바 이것은 원나라가 보초(寶鈔)1백 정을 주어 도장을 차려 놓고 병난(兵難)을 예방하라 하였기 때문이었다.」[427] 공민왕에게는 정치적으로 힘이 되어 줄 노국공주가 있어 힘을 얻었다. 만일에 노국공주의 협력이 없었다면 공민왕은 왕위를 보존하지 못했을 정도였다. 당시 조일신 난을 제압하지 못했다면 공민왕은 정치적으로 위기를 맞이했을 정도였다. 공민왕에게는 가장 힘이 되어주었던 보호자가 원나라의 공주 노국공주였다.

「공민왕 2년(1353) 9월 무자일에 공주가 봉녕사에 가서 대를 이를 자식을 낳을 것을 기도하였다.」[428] 공민왕과 공주가 부처님전에게 불공을 드리고 자식을 낳기를 기도를 하였다. 고려시대에도 불교는 기복적인 신앙이 있었다고 보아야 한다. 신앙심이 없으면 부처님에 공덕을 찬탄할 수 없었다.

---

426) 김종서, 『신편 고려사절요』(하). 민족문화추진위,2004, 신서원, p, 191.

427) 리외섭 역, 『고려사』(11), (4) 고전연구소 고전연구실 사회과학원, 1964, p, 17.

428) 효탄, 『고려사불교관계사료집 (번역 편), 민족사, 2001, p,263.

「공민왕 3년(1354) 7월 계해일 류탁 렴제신 등 40여 명이 군사 2천명을 거느리고 원나라로 갔다 왕이 영빈관(迎賓館)에 나와서 친히 열병하고 정송하였다. 황제가 소환한 사람들은 모두 명망 있는 장령과 제상들이었으며 정예한 군대는 아따라서 전쟁에 나갔으므로 왕궁의 수위가 박악하게 되었다. 왕이 불안을 느끼고 서해도에서 궁수(弓手)를 모집하여 불의의 변에 대비하였다.」[429] 고려 군사들이 원나라에 파병하는데 공민왕도 군사들을 독려하였다고 한다. 고려가 원나라를 위하여 군사를 파병한다는 것은 잘못이라고 말할 수 있다. 원나라를 위하여 고려 군사들을 파병을 한다는 것은 원나라의 백성이 되어 원나라에서 죽임을 당하는 것에 대한 인정하는 것이 된다. 고려의 공민왕이지 원나라의 공민왕은 아니지 않는가. 전쟁에 나아가서 살아올 자가 과연 얼마나 될 지도 모르면서 병사를 파병한다는 것은 잘못이다. 공민왕은 고려의 군사들을 원나라에 파병을 한다는 것이 잘못인줄 알면서도 고려의 군사들을 원나라를 위하여 파병을 하였다.

「공민왕 4년(1355) 6월 을축일 왕이 대관을 불러서 지시하기를 "근자에 승 선근(禪近)이 저질을 일을 끝까지 추궁할 것 없다." 라고 하였다. 선근은 내원당(內願堂)의 승으로서 평시에 왕의 총애를 받고 있었으며 이번에 어떤 선비의 안해를 간통하여 헌부의 취조를 받고 있었으므로 왕이 그의 석방을 명령하였던 것이다. 그 때 승들이 제 마음 대로 음

429) 리외섭 역, 『고려사』(11), (4) 고전연구소 고전연구실 사회과학원, 1964, p, 25.

탕한 짓을 하고 있었다. 자은종(慈恩宗)의 승 영욱(英旭)이 환관(김불화(金不花)의 안해와 간통하였으므로 대관이 구속하고 처벌하려 하니 영욱이 말하기를 "만약 나를 처벌하려면 종문(宗門)에서 축출하여야 할 것인데 오늘날 종문의 승으로서 누군가 나를 비난 하겠는가." 라고 하였다.」[430] 고려 공민왕 시대에 불교종파의 이름이 등장한 유일한 종파가운데 종파의 명칭이 등장한다. 자은종 승려들이 당시에 문제를 일으키고 있었다. 공민왕은 자은종 승려 사건에 대한 종식을 명하였다. 자은종의 승려가 불교에 대한 비난받을 만한 역할을 하였는데 이것은 불교에 대한 국가의 위신을 손상하는 면이 없지 않다. 자은종 승려의 문제를 일으킴을 보고 공민왕은 왕사를 모실 것을 생각하고 고려 불교계에 제안을 하였다. 공민왕이 특별히 태고보우에 대하여 관심을 가졌던 것은 원나라에 있을 때에 원나라 황제앞에서 당당히 설법하였던 태고보우의 설법을 들었고 원나라에서 약속을 하였다. 만일에 자신이 고려에 왕이 되면 태고보우를 왕사로 모시겠다는 약속을 하였고 그 당시에 약속을 지키듯이 고려에 왕이 되었다.

「공민왕 5년(1356) 봄 정월 신묘일에 왕이 봉은사에 가서 태조의 진전(眞殿)에 참배하였다.」[431] 고려 시대에 봉은사는 태조의 진전을 모신 사찰이기에 매우 중요한 사찰이었다.

---

430) 리외섭 역, 『고려사』(11), (4) 고전연구소 고전연구실 사회과학원, 1964, p, 30.

431) 효탄, 『고려사불교관계사료집 (번역 편), 민족사, 2001, p,265.

그래서 공민왕은 고려왕으로서의 정통성을 인정받기 위하여 봉은사에 가서 태조의 진영에 참배를 하였는데 이것은 바로 고려왕으로서의 역할을 다한다는 뜻을 백성들에게 보여주기 위함이기도 하다. 공민왕에게 있어서는 가장 중요한 것이 고려 백성들에게 국왕으로서의 참모습을 보여주어야 한다는 내면의 뜻도 있었다고 보아야 한다. 공민왕 5년에는 정신을 가다듬어 정치에 대한 새로운 모습을 보여주기도 했다.

「공민왕 5년(1356) 2월 병자일 왕이 내불당(內佛堂)에서 승려 보우(普愚)에게 음식을 주었다. 보우란 즉 보허(普虛)이다. 3월 병술일 왕과 공주가 대비를 모시고 봉은사에 가서 보우에게서 선종(禪宗)의 설법을 들은 다음부터 발밑에 이마를 대여절하고 폐백과 은바리때(殷鉢) 그리고 수놓은 가사 등을 산처럼 쌓아서 시주하였다. 또 그의 제자 3백여 명에게도 각각 흰 포 두필과 가사 한 벌씩을 주었다. 좋은 가문의 남녀들이 물결처럼 밀려가서 경쟁이라 하여 이것을 본받았다.」[432]공민왕은 보허를 내불당으로 불러들여 대중공양을 베풀었는데 공민왕의 정치에서의 빈곤을 말함이기도 하다. 내불당에서 공민왕은 보허 승려에게 너무나 많은 시주를 하였다. 공민왕이 보허에게 시주를 함에 고관 대신들의 부녀자 들이 서로 다투어 보허에게 보시를 하였다. 보시를 받고 보시를 주는 것은 불교계의 미덕이지만 너무나 많은 것을 보시하게 되면 그것은 바로 병이된다.

---

432) 리외섭 역, 『고려사』(11), (4) 고전연구소 고전연구실 사회과학원, 1964, p, 33.

「공민왕 5년(1356) 3월 갑진일에 충숙왕의 제삿날이라 하여 왕이 신효사에 갔다.」433) 공민왕은 자신이 국왕으로서의 역할을 하기 위하여 원나라에서 고통을 받았던 시기를 생각하지 않으면 아니 되었다. 고려의 국왕으로서의 역할을 다할 수 있는 힘을 길러야 한다고 생각하였던 공민왕이다.

「공민왕 5년(1356) 4월 계유일 보우를 왕사(王師)로 봉하고 부(府)를 설치여 원융부(圓融府)라고 하고 좌우사(左右司) 윤승(尹丞) 사인(舍人) 주부(注簿) 좌우보마배(左右寶馬陪) 지유(指諭) 행수(行首) 등의 관속을 두었다. 무인일 왕이 보우를 영경궁에 맞아 들여 스승과 제자 간의 예로써 서로 대하였는데 그의 호위와 의장이 와의 출입 때의 로부와 비슷하였다.」434) 공민왕은 태고보우를 왕사에 책봉하고 왕사에게 승단의 권한을 부여하였다. 반면에 공인왕은 공민왕대로 태고보우가 필요하였으며 또한 태고보우도 공민왕의 요청을 더 이상 거부할 수 없었다. 태고보우 왕사는 당시 바른 정법을 실천하지 못하고 있는 고려를 보면서 고려를 바르게 개혁하라고 설법하기도 했다. 공민왕은 태고보우 선사를 1356년 4월 24일에 연경궁(延慶宮)에서 왕사에 책봉하였다. 왕사에 책봉된 태고보우 임제종 원나라에서 전승된 임제선을 선양하는 왕사가 되었다. 공민왕은 원나라 황제 앞에서 설법을 하였던 태고보우를 왕사로 추대하게 되어 자신을 보

433) 효탄,『고려사불교관계사료집 (번역 편), 민족사, 2001, p,265.

434) 리외섭 역,『고려사』(11), (4) 고전연구소 고전연구실 사회과학원, 1964, p, 34.

호해줄 수 있는 세력을 구축했다. 원나라 불교와 고려의 불교는 하나의 사상으로 전해왔고 임제선종의 선불교 사상을 고려에 전함에 상통할 수 있었다고 말할 수 있다. 불교계에서는 원나라에서 전승한 선종의 계보인 임제선종의 당위성을 선전이라도 하듯이 임제선종의 위력은 대단했다. 조계종과 임제종의 통합적인 사상적인 면은 발생하지 않았다. 태고보우는 조계종과 임제종과의 통합적인 모습을 보였어야 한다.

2). 공민왕의 왕사 태고보우

공민왕은 태고보우를 의지해 고려의 정치 고려 불교의 중흥을 염원하며 새로운 기운을 모습으로 팔관회 연등회를 대대적으로 거행했다. 그러한 역할을 할 수 있도록 한 것은 고려는 원나라의 속국으로 원나라 황제가 불교를 신봉하고 있기에 고려에서도 불교를 신봉하는데 있어 제약을 받지 않았다. 고구려시대 수나라와 같은 저항이 일어나지 않았다. 또한 불교를 통해서 원나라와 고려의 정치적인 관계에서 상호 소통할 수 있는 면이 있을 수 있다.

「당시 태고는 중흥사의 부원세력인 권신들과 연락을 끊고 소설산에 은거하였으며 원과의 교류도 중지하였다. 다만 공민왕의 요청으로 봉은사에서 원의 순제를 위한 축성도량을 베풀 때 원에서 여러 가지 시물(施物)을 보내온 적인 있을 뿐이다 태고는 공민왕의 포부인 자주적인 개혁정치에 부담을 느끼지 않도록 처신한 것으로 보인다.」[435] 태고보우는 임제선을 수행하고 있었는데 공민왕은 태고보우를 한시도 잊지 않고 있었다.

「왕의 명령으로 광명사(廣明寺)에 원융부(圓融府)를 세우고 거기에 관리를 두니 장관은 정삼품(正三品)이었으며 금옥으로 된 그릇에다가 온갖 생활도구를 모두 갖추었다 그리고 고향 홍주(洪州)를 목(牧)으로 승격시키니 그 도덕을 표창하는 지극한 마음에서 였다.」[436] 태고보우는 왕사가 되어 공민왕의 정치개혁에 대한 지지를 하였다. 공민왕이 고려를 개혁하려는 의도는 고려가 원으로부터 자주적인 나라가 되기 위한 개혁이었다. 특히 원나라에 기생하면서 고려를 배반하는 친원파세력들을 제거하려고 하였다. 공민왕의 원대한 꿈을 이루기 위하여서는 고려의 자주적인 국가의 권리를 원나라로부터 찾는 것이다. 이것은 바로 고려의 변화를 예고하는 것이나 다름이 아니다. 고려는 국가로서의 그 기능을 상실한 지 오래되었다.

「공민왕 5년(1356) 4월 을유일 왕의 생일이라 하여 왕이 보우를 내전에 불러 들었고 승 108명에게 음식을 주었다. 그 때 승으로 절의 주지(住持)자리를 구하는 자들은 다 보

---

435) 무공서갑생 편저자, 『태고보우 국사의 종지와 종풍 그 수행법』, (태고사상제 5집), 불교춘추사, 2006, p, 85.

436) 백련선서간행회, 『태고록』, 번역, 장경각, 2008, p, 222.

우에게 붙어서 청탁하였다. 왕이 말하기를 "지금부터는 선교 종문(禪教宗門)의 절 주지는 스승이 심사 배치하라, 나는 다만 임명서만 내리겠다."라고 하였다. 이리하여 승들이 앞을 다투어 그 지세로 되었는데 그 수를 헤아릴 수 없었다.」[437] 공민왕은 태고보우를 궁안으로 초청하여 고려 불교에 대한 책임성을 태고보우에게 전담하도록 하였다. 공민왕은 불교에 대하여서는 관여를 하지 않겠다는 것을 분명히 밝혔다.

「공민왕 5년(1356) 4월 정유일 대사도 기철 태감 권겸(權謙) 정양 부원군 로책(盧頙)이 반역을 도모하다가 처단되었으며 그들의 친척들은 모두 도망하였다. 궁성은 계엄 중에 있었으므로 정지상(鄭之祥)을 석방하여 순군제공(巡軍提控)으로 삼아왕을 호위케 하였다. 그리고 홍언박(洪彥博)을 우정승으로 윤환(尹桓)을 좌정승으로 원호(元顥)를 판 삼사로 허백(許伯)과 황석기(黃石奇)를 찬성사로 전보문과 한가귀를 삼사 우사와 삼사 좌사로 김일봉(金逸逢)과 김용(金鏞) 및 인당(印瑺)을 첨의 평이로 임명하였다. 얼마 안 가서 고의로 기철 권경 로책 도당을 방임하였다는 리유로 원호와 한가귀 및 면성군(沔城君) 구영검(具榮儉)을 옥에 가두었다가 죽이고 그들의 집을 몰수하였다.」[438] 공민왕에게는 두번째 정치

437) 리외섭 역, 『고려사』(11), (4) 고전연구소 고전연구실 사회과학원, 1964, p, 34.

438) 리외섭 역, 『고려사(11), (4) 고전연구소 고전연구실 사회과학원, 1964, p, 35.

적인 위기를 맞이하는데 원나라 황후의 친척들이 가담한 반란에 대한 책임을 추궁하여 기철 등 일파를 척결하였는데 반란의 주모자인 기철을 방면하는 일일 일어났다. 이에 공민왕은 철저하게 응징을 하였는데 조일신 난을 제압했던 공민왕이다.

「공민왕 5년(1356) 5월 공민왕은 강한전과 여려 사찰에서 동시에 전쟁에서 승리하기를 기원하는 국가적인 진병도량을 열었고 이어서 본격적인 반원 군사작전이며 대대적으로는 부원 세력의 제거를 통해 왕권을 강화하려는 것이었다. 공민왕은 그날로 정동행성리문소를 폐지시켰다. 이어 압록강 이어를 공략케 하여 8참을 격파하였고 6월에는 3참을 다시 격파하였다.」[439] 공민왕은 고려의 강한 나라를 건설하기 위하여 원이 차지하고 있는 지역을 공격하여 원의 세력을 모두 고려 밖으로 내보냈는데 고려가 국가의 주권을 상실한지 99년 이였다. 고려의 국가의 위상을 드높이려는 공민왕의 국가전력을 알 수 있다. 실로 고려가 고려 국가의 존재를 인정한 것은 몽고의 침략을 받아 굴복한지 99년만이다. 공민왕은 태고보우를 통해서 과거 고구려와 같은 고려를 강력한 힘을 가진 고려를 건설할 것을 다짐이라도 하듯이 공민왕과 태고보우는 마음이 뜻을 합하기도 했다.

「공민왕 5년(1356) 6월 을해일 지정(至正)년호의 사용을 정지하였다. 그 교서에 이르기를

---

439) 무공 편저, 『태고보우 국사인물론』, (태고사상제 4집), 불교춘추사, 2005, p, 316.

"우리 태조가 왕업을 창시하고 여러 임금이 대를 이어 내려오면서 모두가 그 유업을 계승 할 수 있었다. 의관과 례악이 찬연하게 빛나서 훌륭하였다. 그런데 근래에 와서 우리나라의 습속이 변하여 권세만을 따르게 되었다. 기철 등이 임금의 통제에서 벗어나는 권력을 빙자하고 나라 다스리는 법령을 문란 시켜 관리의 선발과 조동은 제 기분에 따라 결정하였으며 법령을 제 마음대로 신축(伸縮)하였다. 남에게 토지가 있으면 규율이 서지 않아서 그것을 통제할 수 없었기 때문인가. 아마 태평 세상과 난세는 서로 천지 이치가 그런 것인가 이런 점을 깊이 생각하면서 항상 조심을 하여 왔었다.

근일에는 다행히 선조의 신령의 힘을 입어 기철 등을 처단하였다. 또 석기(釋器)는 서자 일뿐만 아니라 남의 계집종의 몸에서 난 자식인데 분수에 없는 자리를 엿보고 반역을 도모하였다. 손수경(孫守卿) 같은 것들도 다 형에 처하였다. 지금부터는 정신을 가다듬어 정치에 노력할 것인바 법을 밝히고 규율을 바로잡아 우리 선조 때의 지도를 회복하여 온 마라가 다시 재출발하여 백성에게 진실한 은덕을 베풀고 천명을 다시 이으겠다. 참형 교형 이외의 모든 죄를 다 면제하여 주겠다. 그리고 기철 로책 손수경 등에 의하여 오도되어 련류된 자도 용서하여 즐 것이다. 태조와 역대 임금들에게는 존호(尊號)를 추가하고 그 제사들을 받들되 극히 정력하게 할 것이며 릉묘를 지키는 인호(人戶)들의 요역(徭役)을 면제할 것이며 사직과 산천(山川)의 모든 사우(祠)로서 사전

(祀典)에 기재되어 있는 것은 역시 덕호(德號)를 첨가할 것이요 잡신에 대한 제사는 일체 철패 할 것이다. 반역자의 졸도들이 자기 주인의 전세를 믿고 남의 토지를 빼앗았으며 평민을 강제로 일을 시키기도 하고 양가(良家)의 자녀들을 많이 모아 무리를 지어 행패를 부리는 일이 있다. 이런 자들에 대하여는 존무(存撫)와 검찰(撿廉)을 병행하여 그 괴수를 치죄하고 그 집을 헐어 버리며 죄에 따라 처벌할 것이다. 양가 자녀는 그 부모에게 돌려 보내 주고 그들의 재산을 몰수하여 국가 재정에 보태여 쓰게 하며 차지하고 있던 민호(民戶)는 자기 직업에 안착케 하여 국가 역역(力役)에 복역하라 또 수상 운수가 통하지 않아 일체 수송을 다 육로로 하니 해당 관리에게 명령하여 거리의 근원을 측정하여 원과 관(院, 館)을 설치하고 해당 민호에 대하여 복역을 면제해줄것다. 그리고 역적들과 행성(行省)이 차지하고 있던 민호들을 그 곁에 집을 짓고 살게 하여 속박에 편리하게 하라. 아 아 반란은 평정되었다. 관대한 은혜를 베풀며 현명하고 유능한 인재를 임용하여 융성한 태평 세상을 이루어 보고자 한다."라고 하였다.」[440] 공민왕은 원나라에서 지정하여 준 연호사용을 중지하고 반란을 도모하였던 기철 등과 그리고 석기에 대하여 철저히 응징하고 원나라에서 사용하라고 하였던 연호를 중지하는 등 고려 국가의 자존을 위하여 나섰는데 또한 반대세력들이 도처에서 등장하였다. 반역도당

440) 리외섭 역, 『고려사』(11), (4)고전연구소 고전연구실 사회과학원, 1964, p, 36-37.

들을 일시에 제거하고 자비심으로 용서하여주는 은덕을 베풀기도 하였는데 이것은 화합의 정치를 보여주었고 내부적으로 결속과 외부적으로 대항하기 위한 하나의 전략일 수 있다. 이러한 시기에 원나라에서는 고려를 80만 대군으로 침략하겠다는 협박을 하기도 했다. 그러한 시기에 공민왕은 태고보우 왕사에게 명하여 전국 사찰에 원나라의 침략에 대비하려는 기도를 하였다.

「공민왕 5년(1356) 7월 동북면 병마사 류인우(柳仁雨)가 쌍성을 함락시켰다. 총관(摠管) 조소생(趙小生)과 천호 탁 도경(卓都卿)은 도주하고 화(和) 등(登) 장(長)예(預) 고(高)문(文)의(宜) 등 각주(各州)와 선덕(宣德)원흥(元興) 령인(寧仁) 요덕(耀德) 정변(靜邊) 등 여러 진을 수복하였다 고종(高宗)무오년에 원나라에 빼앗겼던 함주 이북의 지방이 수복된 것이다」[441] 공민왕시대 처음으로 고려의 자주적인 국가의 위상을 드높혔다고 말할 수 있다. 고려의 위대한 승리 원나라로부터 자주적인 나라를 건설하기 위한 공민왕의 자주성을 높이 찬양하지 않을 수 없다. 공민왕의 자주성을 실천하기 위하여서는 고려 백성들의 단결이다. 백성들이 단결하지 않고서는 고려를 지켜낼 수 없다. 이러한 면에서 공민왕은 불교의 단결을 원했던 것이며 불교로 하여금 고려를 지키려고 하였던 것이 아닌가 한다. 원나라에서 기철 세력들이 공민왕을 비판하는 세력들이 등장하여 공민왕으로 하여금 정치

441) 리외섭 역, 『고려사』(11), (4)고전연구소 고전연구실 사회과학원, 1964, p, 39.

적인 발전에 저해하는 행을 계속하였는데 공민왕은 기철들의 반란 세력들을 제압하고 고려 국가의 위상을 드높이는 성과를 올렸다. 원나라에서는 공민왕에게 협박을 하였으나 원나라는 고려를 버리고 안정을 유지할 수 없다는 것을 알고 공민왕에게 협력을 구하였다.

「공민왕 6년(1357) 1월 15일 태고보우는 왕궁에서 다시 진병도랑을 베풀었다. 이 배경은 원나라를 추종하고 있는 친원 에서 80만 대군으로 침공하겠다는 의협을 하자 강온 작전을 펴며 한편으로는 전쟁을 준비했기 때문이다.」[442) 공민왕은 태고보우와 원의 세력을 몰아내는 운동을 전개하였다. 친원 세력들을 몰아낸다는 것은 불교계에서는 천태종의 불교였고 정치적으로는 기철의 친원 세력이였다.

「공민왕 6년(1357) 봄 초하루 병자일 조하(朝賀)를 만 두고 뭇 신하들을 위하여 연회를 베풀었다. 경인일 왕이 왕사(王師)보우를 내전에 맞아 들여 황금 50만 량과 금선(金線) 1필을 주었다. 신묘일 선대의 왕과 후(侯)들에게 존호(尊號)를 보내여 오렸다. 임진일 왕이 봉은사에 가서 태조 전전에 참배하고 한양(漢陽)에 천도할 테 대하여 점을 첫더니 왕의 손에 정(靜)자가 잡혔다. 다시 이 제현에게 명령하여 점을 치라 하였더니 동(動)자를 얻었다. 왕이 기뻐하여 <그대가 몸을 깨끗이 하고 제사하여서 길한 점꽤를 얻었으니 참으로 나의 마음이 흡족 하다. > 라고 하였다.」[443) 공민왕 6년에

442) 무공 편저, 『태고보우 국사인물론』, (태고사상제 4집), 불교춘추사, 2005, p, 316.

한양에 천도할 것을 계획하고 있던 것을 발표하고 기도했다. 한양 천도에 대한 진언이 태고보우에 의하여 진언했다고 하는데 그 말에 대하여서는 논증할 수 없다. 그러나 한양천도는 공민왕의 결단이며 공민왕의 전략일 수 있다는 점을 부인하지 못한다. 공민왕은 원나라의 정치적인 상황을 잘 알고 있었기에 원나라의 내부의 나약함을 알고 있기에 저항하였다.

「공민왕은 원의 국력이 이미 쇠약해지고 멸망의 기운이 높은 것을 꿰뚫어 보고 군사작전을 강행했던 것이다. 그러나 아직은 원이 고려에 대한 영향력을 행사하고 있는 현실에서 서로의 관계를 적대적으로 약화시켜 정면충돌이 일어나는 것을 피해야 했다. 반원정책을 수행하면서도 외교적으로는 형식적이나마 선린관계를 유지하려는 것이 바로 공민왕의 양면 정책이었다.」[444] 공민왕은 원나라와의 적대적인 대응을 하기 위하여 1357년 두 번째 전병을 설치했다. 원나라에서는 공민왕의 저항에 항의하기 위하여 고려를 침략하려고 원나라 병력 80만 병력으로 고려를 침략하려고 한다고 엄포를 내렸다. 공민왕은 태고보우에게 전병을 위한 설법을 요청하였다. 전병을 설치하려는 것은 원나라와의 전쟁도 불사하겠다는 결의이기도 하다. 공민왕이 원나라와 전쟁도 결

443) 리외섭 역,『고려사』(11), (4)고전연구소 고전연구실 사회과학원, 1964, p, 48.

444) 유영숙,「고려 후기 선종사연구」, 동국대학교 대학원 박사학위논문, 1994, p, 100.

사 하겠다는 것은 고려의 주권을 찾기 위함이기도 하다. 원나라와의 전쟁을 불사하겠다는 것은 공민왕의 자주적인 사상에서 기인한 것이라고 보아야 한다. 또한 태고보우는 공민왕과 대신들이 참여한 가운데 친원파적인 설법을 하였다.

「법좌에 올라서 축원하는 향을 사르고는 자리에 나아가 소문(疏文)을 드시고 모든 부처님의 삼매는 어떤 부처님도 알지 못합니다. 지금 국왕은 불법을 보호하여 삼매가 모두 있거늘 누가 그것을 분명히 아는가. 만일 자세히 알지 못하면 각번(却煩) 유나에게 천천히 읽게 하라 하였다

유나는 소문을 다 읽었다.

스승은 불자를 세워 들고 말씀하셨다.

「지금까지의 종승을 자세히 아는 사람이 있는가. 오교(五敎) 삼승(三乘) 십이분교(十二分敎)는 다만 노호(老胡)가 싸놓은 오줌이며 부처님이다. 조사님네는 다만 꿈속에서 꿈을 말하는 사람들이었습니다.

만일 도(道)의 이치로 헤아리면 종승을 파묻어 버림이 될 것이요. 세속 이치로 헤아리면 과거의 성인을 저버림이 될 것입니다. 이렇게 하여도 되지 않고 이렇게 하지 않아도 되지 않으며 되지 않는 것이 되지 않음도 또한 되지 않을 것이니 만일 본분의 납승이라면 사구백비(四句百非) 밖에서라야 볼 수 있을 것입니다.」

주장자를 가로 드시고

「삼세의 부처님 네도 이리했고 역대조사님도 이리했으나 만일 본국 대왕의 청이 아니었더라면 나는 이렇게 설파(說

破)하지 않았을 것입니다. 국왕이나 대신들이 여기서 이렇게 믿는다면 그 부처님네의 보호를 얻고 모든 하늘이 복을 내려 국왕은 수명이 길어지고 문관과 무신들은 왕의 교화를 도우며 어진 신하와 재상들은 수명과 녹(祿)이 더욱 늘어나 그 덕화가 백성들에게 미치어 집집마다 표창을 받을 것입니다. 그리하여 백천의 요괴(妖怪)들은 그 자취가 사라지고 간사한 혼과 원한을 품은 도적은 그림자와 얼굴을 감추어 건곤(乾坤)은 다시 변하고 일월(日月)은 더욱 맑으며 산하(山河)는 더욱 튼튼하고 사직(社稷)은 거듭 홍할 것입니다. 그리하여 때를 맞추어 비가 내리고 때를 맞추어 볕이 나 온갖 곡식은 잘 여물고 백성들은 즐거워하며 상서로운 기린과 고운 빛깔을 가진 봉황은 상서의 징조를 다투어 나타날 것입니다. 그렇게 되면 선조(先祖)의 성현들이 말씀하신 그 말과 같이 부처님을 믿고 하늘의 이치에 순종하면 저절로 큰 나라가 이루어질 것입니다.

이하에는 말이 깁니다. 주장자에게 부촉하여 국왕 공주 왕후 대신 장상 안 밖의 신하와 모든 관리들을 위해 다시 분명히 설파하리라.」 하고 주장자로 법상을 한번 내리치셨다가 다시 주장자를 드시고

「이 주장자는 의식이 없는 물건이라 어찌 시비가 있겠는가 청컨데 국왕이나 대신들은 마음을 거두어 잡아 잘 듣고 부디 빠트리지 마시오.」

하시고 또 한번 내리치시고

「지극히 공평하여 사정이 없으면 하늘이 보호할 것입니

다」

하고 또 한번 내리치시고

「부처를 공경하고 하늘을 두려워하면 누가 편안하지 안겠는가」

하시고 또 한번 내리치시고는

「여기에 어긋나면 입이 있어도 말하기 어려울 것입니다」

하시고 또 한번 내리치시고는

「만일 성군(聖君)이 한번 화를 버럭 내시면 온 백성이 모두 따를 것입니다.」

하시고 또 한번 내리치시고는 주장자를 세우셨다.

다시 주장자를 들고 말씀하셨다.

「옛날 소설산에 있을 때에도 사람은 위해 한 법도 말하지 않았고 지금 사나당(舍那堂)에 머무르면서도 남에게 다해 한 법도 말하지 않았습니다. 한 갖 나라의 은혜만 받고 조금이나마 갚을 덕이 없어 그저 이렇게 총망하게 날마다 부질없는 신(神)과 들 귀신들과 도깨비 따위와 더불어 한데 섞이리라 다만 이익을 도모해 생활을 도우며 뒤바뀐 망상으로 이렇게 뜬 세상을 헤아리면서 응대(應對)하기에 조금도 쉬지 못하였으니 이것이 어찌 과거의 업이 그렇게 시킨 것이 아니겠는가.」

주장자를 세워 한번 내리치시고는

이 두찬(杜撰)은 스스로 꾸짖은들 무엇하겠는가.

하시고 또 말씀하셨다.

태고가 지금 왕정(王政)의 달 15일에 왕궁으로 나아가 높은 보좌(寶座)에 앉았을 때 사람과 하늘이 한자리에 있었으니 도를 물어도 좋고 선(禪)을 물어도 좋습니다. 그러나 이치로는 그렇지마는 실제로는 그렇지 못합니다. 이 달은 찬 기운이 이미 물러가고 아침별이 빛을 날리니 우리 대군(大君)께서 명당(明堂)에 오르시어 총명을 두루 펴시매 아무리 멀어도 살피지 못한 것이 없으시며 정치를 펴고 인(仁)을 베풀며 선(善)을 상주고 악을 벌주는 것이 왕의 큰 정치입니다 국가에 일이 있을 때에는 불법의 힘을 의지하여야 비로소 그 거짓을 진압할 수 있는 것입니다 그러므로 먼저 불법의 일을 바르되 도가 있는 이를 상주여 가람(伽藍)을 맡아 대중을 거느리고 부지런히 수행하여 국가를 복되고 이롭게 하는 것은 곧 선왕(先王)이 행한 법이고 왕정의 이치입니다

그러므로 집을 떠나 도를 닦는 이는 이름을 구하지 않고 이익을 구하지 않으며 주지되기를 바라지 않고 의식을 꾀하지 않으며 남의 공경이나 찬탄을 구하지도 않고 즐겨 절도를 지켜 나쁜 옷과 나쁜 음식으로 바위 틈에 몸을 감추고 출세하기를 꾀하지 않아야 비로소 집을 떠나 도를 배우는 이의 할 일이라 할 수 있을 것입니다. 그런데 요즘 사람들은 제 힘으로만 구하는 것이 아니라 남에 세력을 의지해 구하고 있으나 낸들 어찌하겠는가

주장자로 법상을 한번 내리치시고 또 말씀하시길

「호랑이는 얼룩진 짐승을 먹지 않는데 그것은 제 무리를 해칠까 두려워하기 때문입니다.」 하시고 또 말씀하셨다.

「속인 가운데에도 임금께 충성하고 부모에게 효도하며 재

주를 품고 덕을 안았지마는 세상의 버림을 받아 초야에 묻혀 살면서도 시대를 걱정하고 나라를 근심하여 세상을 구제하고 백성을 구제하려는 사람이 있습니다. 태고가 비록 어리석고 어질지 못하나 끊이지 않는 슬픔을 참지 못하여 그 뜻을 아뢰는 것입니다.

어질고 착한 이를 상주고 간사하고 아첨하는 이를 벌주면 누가 충성하지 않고 누가 효도하지 않으며 누가 무도하고 누가 배우지 않으며 누가 제 몸의 덕을 닦지 않겠습니까. 그러므로 지금에 있어서 살을 빼는 힘과 세상을 덮는 기개를 가진 이가 있으며 나와 이 태고와 더불어 힘을 겨루고 승부를 다투면서 나라를 위해 몸을 버려 큰 공을 세우면 어찌 제후(諸侯)에 봉(封)해질 뿐이겠습니까. 그러나 그런 사람이 없으면 이 태고 노승은 한 마리의 말과 한 자루의 창으로 몸소 국경의 적을 지처 갈 것입니다. 그러면 말해보시라. 가지는 어렵지 않지만 어떤 것이 큰 공을 세운다는 그 한 글귀인가.」

한참 있다가

「막야를 비껴 잡고 바른 명령 받들어 태평천지에 미련한 놈베리라.」

하시고 주장자로 법상을 두번 내리치셨다」[445] 태고보우가 설법하는 모습을 공민왕이 청취하였다 이것은 바로 고려 불교를 회복하려는 운동이기도하다. 공민왕 이전의 고려 불교

---

445) 지정 17년 정월 15일 왕궁의 전병(鎭兵)을 위한 설법을 하였다. 『태고집』, 김달진 역주, 세계사, 1991, pp, 36-39..

는 종파적인 역할을 전혀 하지 못했고 종파불교의 기능을 상실한 지 오래되었다. 공민왕 시대 와서 고려 불교의 기틀을 바르게 잡기 위함이고 호국 불교의 위상을 설정하기에 이른다. 공민왕은 약해지고 있는 원나라의 세력을 고려에서 몰아내기 위한 하나의 조직운동이다. 공민왕의 뜻을 받들어 태고 보우도 진병을 통해서 국가에 충성하려는 의지를 보였다. 태고보우는 진병을 통해 군사조직인 승병을 양성한 것 같다. 공민왕은 태고보우를 의지하여 강력한 고려를 건설하고 싶었다. 태고보우와 함께 고려의 강력한 힘을 이룩하기 위하여서는 먼저 원나라의 세력들 고려인들이 원나라의 세력의 힘을 이용하고 있는 세력들에 대한 단절이다. 그런데 공민왕은 고려에서 원나라의 세력들을 단호하게 단절하지 못하였다. 공민왕은 고려의 최고 간신인 채하중을 귀양 보내기도 하였다. 채하중을 귀양 보낸다는 것은 원나라의 세력들을 단절하려는 공민왕의 위지이기도 하다. 그런데 채하중은 태고보우의 단월이기도 하다. 공민왕이 채하중을 귀양 보내는데도 막지 못했다. 이것은 권력의 무상함을 말해주고 있는 것이나 다름이 아니라는 것을 여실히 보여주고 있다.

「공민왕 6년(1357) 6월 승 달선(達禪)이 채하중의 귀양살이 하는 곳에서 와서 전찬(全贊)을 방문하여 말하기를 채하중이 공과 함께 대사를 도모하고자 합니다. 하였는데 말이 누설되어 달선을 순군옥에 가두고 신문했다. 전찬을 달아나고 채하중은 채포되었다. 이인복(李仁復) 등에게 명하여 그를 국문하였는데 수십 일 동안 고문에 거듭하니 채하중은 죄도 없이 허위 자백하고는 스스로 목을 매어 죽었다. 그리하여 나라 안에서는 거리에 끌어다 목을 베었다. 이인복이 탄식하며 말하기를 그 사람이 죄 없는 것을 알고서도 능히 그것을 변명하여 밝혀주지 못하고 옥사가 이루어졌으나 나는 아마도 자손이 없을 것이다 하였다. 달이 지나서 전찬을 잡아 목 베었다.」[446] 태고보우는 채하중이라는 정승이 반란에 연루되어 감옥에 갔었는데 태고보우는 채하중에 대하여 석방운동을 하지 않았는데 이것은 잘못한 일이라고 말하지 않을 수 없다. 태고보우를 위하여 채하중이 후원하여 중흥사에 거주하게 하고 태고암을 건립하여 주었던 공덕이 있는데 그러한 모습을 보고 석방운동을 전개하지 않았다. 태고보우는 왕사이고 한 마디만 하여도 살아날 수 있는데도 불구하고 침묵하고 있었다는 것은 잘못이다. 불교가 무엇인가. 억울하게 잡혀간 이들을 위하여 생명을 살리는 것이 불교인데 그러한 모습이 아닌데도 침묵하고 있었던 보우왕사의 방관적인 형태를 규탄하지 않을 수 없다. 고려 불교도에 대한 애정을 보이지 않고 어떻게 하여 불교의 역사의 전면에 서 있을 수 있단 말인가. 태고보우는 채하중을 석방하는 운동을 전개했어야 한다. 이러한 운동은 태고보우가 했어야 하는데 그러한 일에 대하여서는 무관심하게 여겼다. 태고보우에게 있어서는 무엇보다도 자신의 안위가 더 큰 사업이 있었을 것인데 그러한 문제를 해결하는 결단이 있었어야 한다

446) 김종서, 『신편 고려사절요』(하), 민족문화추진회, 신서원, 2004. p, 221-222.

고 말할 수 있다. 물론 태고보우에게는 고려 불교를 역사적으로 바른 관점에서 토대를 새로 만들어야 할 책임이 있었다는 것은 부정하지 못한다.

「고려 불교사의 가장 큰 과제였던 선, 교의 통합문제이고 다른 하나는 교단의 통합, 즉 선문구산과 그리고 나아가 五教兩宗의 통합문제라고 할 수 있다.」[447] 태고보우는 자신이 임제선을 고려에 전함에 있어 고려 불교를 회복하려는 의지를 갖고 있었다. 그러한 시대에 태고보우는 정치적인 문제에 참여하는 것이 아니라 고려 불교의 통합적인 문제에 관심이 있었다. 고려 불교는 몽고의 고려 침략과 국호를 변경한 원나라의 간섭으로 인하여 조계종 지눌 보조 선에 대한 부정적인 면이 없지 않았다. 지눌 보조의 선맥은 원나라의 고려 지배하에서는 퇴조하였다. 그 대신에 원나라의 지배하에 태고보우의 임제선에 대한 교단의 종파적인 입장에서 원나라에서는 적극적으로 지지를 하였다. 이것은 바로 원나라의 고승 석옥청공의 제자라는 점을 고려에서는 원나라에서 인정하고 있는 임제종 선을 적극적으로 활용하기도 했다. 실로 고려 불교는 원나라 황제를 위하여 기도하는 불교였다고 말할 수 있다. 원나라 황제를 위하여 기도하는 고려 불교 사찰 그리고 교단이었다. 원나라 고려지배 시에는 고려의 독자적인 활동을 하였던 종파는 임제종 승려들 밖에 없었다고 단언할 수 있다. 당나라 말에 형성되었던 5가 7종의

447) 최병헌,「태고보우의 불교사적 위치」,『태고집』, 서주 편, 김달진 역주, 세계사, 1991, p, 312.

선문가운데 원나라에서 인정한 임제종만이 고려에서 활동하고 있었으며 임제종만이 선에 대한 이론을 궁중에서 설법할 수 있었다.

「공민왕 6년(1357) 12월 왕이 이르기를 "사람의 목숨이란 지극히 중한 것이라 한번 끊기면 다시 이어질 수 없을 것이다 듣건대 옥관들이 형별을 자세히 살피지 않아 원통하게 죽은 이가 많다하니 지금부터 형별을 그릇되게 처리하는 자가 있으면 도평의사사와 어사대에서 아뢰어 규명하여 다스리도록 하라" 하였다.」[448] 공민왕이 억울하게 죽어간 사람들에 대한 교설이다. 이러한 말이 나오기 전에 태고보우 왕사가 먼저 진언했어야 했다. 그런데 태고보우의 왕사는 고려인들이 정치적으로 억을 하게 권력에 죽임을 당하고 있었는데도 침묵하고 있었다는 것은 왕사의 역할을 바르게 천했다고 말할 수 없다.

3) 홍건적 고려 침략

태고보우는 공민왕에게 왕사로서 진언을 하였는데 원나라에서 각 지방에서는 반란이 일어났다. 원나라의 정세를 살핀 태고보우는 홍건적이 고려를 침략할 것이라는 사실을 설명했을 것이며 공민왕은 태고보우 왕사의 의견을 수용하여 고려 전국에 비상사태를 산포하였을 것이라고 보아야 하며

448) 김종서, 『신편 고려사절요』(하), 민족문화추진회, 신서원, 2004. p, 225.

고려의 각 성을 쌓고 철저히 방비하도록 공민왕은 전쟁준비를 하였다. 또한 고려에는 태고보우의 스승인 석옥청공의 법을 받고 돌아온 나옹선사가 귀국을 하였는데 나옹선사는 임제종이라는 종파의 선종을 학습하였다는 설을 주장하지 않았다.

「나옹 선사는 원나라에서 10년 동안 명산대찰의 이름난 선사들을 두루 방문하면서 선문답을 할 때 거침없는 대기대용을 발휘하여 고려인으로서의 선풍을 드날렸다. 1357년 귀국길에 올라 1358년 공민왕 7년에 고려에 돌아왔다.」[449]고려불교는 원나라를 찬양하는 불교가 되었고 고려 국가 또한 원나라 황제를 섬기는 나라가 되었다. 고려 불교 교단에서는 유일하게 활동했던 종파는 천태종인데 천태종은 원나라 공주를 찬양하는 천태종이 되었다 최충헌 무신정권 시대에 고려 불교를 새롭게 백련사에서 백련결사를 주동했던 요세의 계통이 개경에 대형 사찰을 건립한 이후 원나라 공주를 섬기는 사찰을 건립하였다. 고려 말 불교는 원나라를 찬양하는 불교만이 생존하였다.

최우 무신 정권에서 권력의 비호를 받았던 수선사 조계종 계통의 교단을 대신하여 천태종이 개경에서 원나라를 찬양하는 교단으로 등장하여 활동하고 있었을 뿐 조계종의 선승들에 활동은 정지되었다. 오직 활동을 보장받았던 교단은 천태종뿐이었고 임제종 이라는 종파의 활동이었다. 그런데 임제

449) 이종군, 『고려말 선시의 미학』, 불광출판사, 2008, p, 17.

종은 하나의 교단으로 성립하지는 못했다. 임제종 교단이 성립하려면 사찰이 있어야 하고 사찰을 통해서 교단을 선포해야 한다. 고려에서 유일하게 종파를 선포했던 대각국사의 천태종이 있는데 태고보우는 임제종 이라는 종파를 선포하지 못했고 원나라의 석옥청공의 법을 받아온 고려의 최초의 임제종 선승이다. 태고보우가 고려 공민왕과 활동을 전개하고 있던 시기에 고려는 또 하나의 변란이 발생하는 사건이 발생하였다. 이러한 사건으로 인하여 고려는 개혁이 중단이 되고 공민왕의 마음에 병이 일어났던 원인이기도 하다.

「태고보우는 58세(공민왕 7년 1358)되던 해 홍건적(紅巾賊)이 침입할 것을 대비하여 왕에게 성을 쌓을 것을 간하였다. 61세 되던 해 마침내 홍건적이 침입하여 왕은 안동(安東)으로 피난하였다. 공민왕은 태고보우로 하여금 성주(尙州) 양산사(陽山寺)의 주지로 임명하고 왕의 뒤를 보살필 것을 청하였다.」[450] 공왕 7년에 홍건적은 대규모의 병력으로 고려를 침략 하였는데, 공민왕은 수도를 버리고 피난을 가지 않으면 아니 되었다. 태고보우로 하여금 호위를 하도록 하였다. 또한 공민왕은 홍건적의 침략으로 인하여 피난을 갔다는 것은 고려로 하여금 위기를 맞이하고 있다는 것을 단적으로 보여주고 있다. 고려에 개혁을 단행하고 있던 고려 시기에 홍건적의 침략이 얼마나 강대한 것인가를 알 수 있다. 홍건적의 침략으로 인하여 공민왕은 개혁을 중단하지

450) 무공 편저, 『태고보우 국사인물론』, (태고사상제 4집), 불교춘추사, 2005.p, 343.

않으면 아니 되었다. 그것은 바로 원나라에서 일어난 홍건적의 변란이다. 홍건적으로 인하여 공민왕은 개혁정치를 강행하지 못하고 후퇴하였다. 홍건적은 원나라에서 원을 반대하는 운동인데 홍건적은 오히려 고려를 두 차례나 침략하였다. 홍건적의 고려 침략으로 인하여 공민왕은 개혁정책이 무산되었다. 만일에 홍건적 난이 일어나지 않았다면 공민왕은 강력한 힘을 가진 군주가 되었을 것이며 고구려의 광개토대왕과 같은 원을 세웠다. 그런데 홍건적이 고려를 침범하는 것에 빌미가 되어 공민왕이 추구하려고 하였던 고려의 개혁은 소멸되고 말았다. 홍건적의 고려 침략으로 고려 백성들은 다시 한번 고난을 당하기도 했다. 고려의 백성들은 나라를 지키려고 생활의 터전에서 바르게 성찰할 수 없는 전쟁대비를 하지 않으면 아니 되었다.

「공민왕 8년(1359) 2월 을유일 홍도적(洪賊)이 글을 보내기를

"인민이 오래동안 이 민족의 기반 밑에 들어가 있음을 통분하게 생각하고 정의로운 군사를 일으켜서 중원을 회복하고 동으로 산동 지방을 넘어 나아갔고 서로는 감숙 지방에 들어갔으며 남으로는 북건 광동지방을 지나갔고 북으로는 동북지방에 이르렀다. 지난 곳마다 모두가 즐겨서 귀순하여 마치 굶주린 자가 음식을 얻어 본 듯 병든 자가 약을 본 듯 하였다. 지금 모든 장병들에게 명령하여 병사들이 민간을 괴롭히지 못하게 엄격히 단속시키고 있다. 순종하는 백성은 안아주고 완미하게 반항하는 자는 처벌할 것이다."라고 하

였다.」[451] 원나라 지역에서 일어난 홍건적은 원나라를 공격하지 않고 고려를 침략하려는 것은 바로 고려의 강성함에 대한 홍건적의 대비적 의미이기도 하다. 태고보우가 성을 방비하라고 공민왕에게 진언을 하였다고 한다. 태고보우는 고려에 대한 원나라의 침략에 대한 대비를 하려는 것이 아니라 원나라의 위기에 맞서 고려를 무장해야 한다고 공민왕에게 진언했어야 한다. 이미 원나라에서는 이미 각 지역에서 민란이 일어나 원나라의 방비가 자체의 수비를 하지 못할 정도였다고 말할 수 있다. 원나라는 압록강 부근에서 홍건적이 일어났다면 고려는 군사를 동원하여 원나라 지역으로 군사행동을 자행했어야 한다. 그런대 원나라 지역으로 고려 군사들이 군사행동을 할 수 없는 이유는 남쪽에서 일본 군인들이 고려를 노략질 하고 있었던 요인이기도 하다는 점이다. 만일에 일본 군인들이 고려의 남쪽을 침략하지만 않았어도 고려는 충분히 홍건적의 침략에 대비를 하였을 것이며 원나라 지역으로 고구려의 땅을 되찾을 수 있는 기회였다. 그런데 일본 군인들의 고려 침략에 의하여 고려는 고구려 땅을 회복하지 못하고 말았다.

「공민왕 8년(1359) 홍두적 3천여 명이 압록강을 건너와서 노략질해 가지고 돌아갔는데 도지휘사 김원봉(金元鳳)이 이 일을 숨기고 보고하지 않았다.」[452] 김원봉은 자신의 불찰에

451) 리외섭 역, 『고려사』(11), (4) 고전연구소 고전연구실 사회과학원, 1964, p, 59.

452) 김종서, 『신편 고려사절요』(하), 민족문화추진회, 신서원,2004, p,

대하여 보고를 하지 않았는데 이것은 바로 자신의 역할이 무엇인가를 성찰하지 못한 것이나 다름이 아니다. 공민왕은 태고보우의 예언이 맞았다. 고려에 홍건적이 원나라에서 궐기하여 원나라를 위태롭게 하더니 고려를 향해 침략하여 고려를 위태롭게 하였다. 공민왕에게 태고보우는 홍건적이 고려를 침략할 것에 대한 대비를 하라고 하였는데 그 예언이 맞아 공민왕은 태고보우를 더욱 더 신뢰하였다. 홍건적의 침입으로 공민왕의 개혁정치는 중단되고 말았다. 게다가 그들의 침략으로 인해 당시 고려가 안고 있던 사회경제적인 모순은 더욱 극명하게 드러나게 되고 신분 토지제도의 혼란이 가중되었다. 공민왕은 홍건적의 침략으로 혼란을 겪어야만 했다. 홍건적의 침략으로 인하여 고려를 개혁하려고 하였던 모든 계획이 중지되었다. 그동안 고려의 위기를 막고 강력한 힘을 가질려는 고려의 개혁에 제동이 걸렸다. 홍건적 4만의 병력으로 고려를 침략하였는데 그 위력는 대단한 힘을 가졌다.

「공민왕 8년(1359) 12월 정묘일 홍두적의 한 괴수인 가짜 평장(平章) 모거경(毛居敬)이 자칭 4만 명의 병력을 거느리고 압록강의 얼음을 건너 의주(義州)를 함락시키고 부사(府使) 의주 주영세(朱永世)와 의주주민 1천여 명을 죽였다 무진일 적이 정주(靜州)를 함락시키고도 지휘사 김원봉(金元鳳)을 죽였으며 드디어 인주(麟州)를 함락시켰다.」[453] 반면

233.

453) 리외섭 역, 『고려사』(11), (4)고전연구소 고전연구실 사회과학원,

에 고려의 대신들은 자신들의 영화를 위하여 노닐다가 홍건적이 고려를 침략하였는데 대한 방비를 하지 못했다. 순간에 원나라의 수비망을 뚫고 홍건적은 압록강을 건너 서경을 함락하고 개경을 향해 내려오고 있으나 고려에서는 저항할 힘이 없었다. 고려는 홍건적에 대한 막강한 세력들을 막을 여력이 없고 파죽지세로 고려의 수도인 개경을 향해 밀려오고 이었다. 공민왕과 태고보우는 승병들을 모아 홍건적을 몰아내는 전략을 짰다. 홍건적의 고려침략으로 인하여 공민왕은 고려의 개혁에 제동을 걸게 되었다. 공민왕은 홍건적과 대응을 하기 위하여 승병들을 동원하여 방어를 하였으나 공민왕은 개경을 버리고 피난을 가야 했다. 고려 공민왕 시대에도 승병들이 존재했던 것으로 보아야 한다. 시대에 승병들의 역할은 사원의 토지를 보호하려고 각 사원의 승려들로 구성되었다.

「이암은 겁이 많아서 전쟁을 하지 못한다 하여 평장사 이승경(李承慶)에게 그를 대신해서 모든 군사를 독려하여 전진하게 하고 전임 천장사 권적(權適)에게 명하여 승병을 거느리고 전쟁에 나가도록 하였다」[454] 이암은 전쟁에 나서지 않으려고 잔꾀를 부렸으나 천성사에 승병을 지휘하게 하였다. 천성사의 승병들에게는 고려의 불교를 통해 고찰할 때 승병의 위력은 대단하였다.

1964, p, 63.

454) 김종서, 『신편 고려사절요』(하), 민족문화추진회, 신서원,2004, p, 235.

「천성사 권적(權適)에게 명하여 승병(僧兵)을 거느리고 전방으로 나가게 하였다.」[455] 공민왕 시대에도 승병의 역할이 있었는데 각 사원마다 승병을 양성하기도 했다. 각 사찰에 승병들은 사찰마다에 승병들로 하여금 토지를 지키려는 승려군인의 역할 하였다. 또한 사찰마다 승병들에 사병화가 되어 종파를 수성하려는 면이 있어 승병의 피해가 고려 불교의 발전에 저해되기도 했다. 고려 불교는 국가를 위하는 불교가 되었다. 공민왕은 고려 불교 승려들로 하여금 국가를 방어하도록 하여 전국의 사찰에서는 승병이 동원되어 홍건적을 물리치는 일에 총력을 다 하였다.

「공민왕 9년(1360) 4월에 왕이 시정(西亭)에 나갔다가 어떤 여자가 매우 슬피 우는 소리를 듣고 사람을 시켜 까닭을 물으니 대답하기를 우리 오빠가 전쟁에 나가 죽었는데 어머니도 그 소식을 듣고 3일 동안 통곡하다가 죽었습니다. 그러나 집이 가난해서 장사를 지낼 수가 없으므로 웁니다. 하니 포목 50필을 하사하였다.」[456] 공민왕이 시정에 나가서 본 결과 백성들의 울음소리를 듣고 정치에 대한 비정함을 알았다. 백성들의 삶이 얼마나 전쟁에 의하여 피해를 당하고 있는 지에 대해 알았다.

「공민왕 9년(1360) 윤5월 초하루 병진일 왜적이 강화에

---

455) 리외섭 역, 『고려사』(11), (4)고전연구소 고전연구실 사회과학원, 1964, p, 64.

456) 김종서, 『신편 고려사절요』(하), 민족문화추진회, 신서원,2004, p, 239.

침입하여 300백여 명을 죽이고 쌀 4만여 석을 약탈하였다. 심몽룡(沈夢龍)이란 사람이 있어서 왜적 13 명을 베었으나 마침내 적에게 죽었다.」[457] 고려는 홍건적의 침략으로 고려는 위기를 맞이했는데 일본까지 고려를 침략하여 공민왕은 더욱더 정치적인 약화를 가져왔다.

「공민왕 9년(1360) 겨울 정몽주(鄭夢周) 등 33인에게 급제를 주었다.」[458] 홍건적이 고려를 침략하는 공민왕 9년에 정몽주에게 급제함을 명하였다. 고려국가의 인재를 발굴하기도 하였는데 정몽주의 출세는 바로 공민왕 9년이었는데 고려의 최고의 장군인 최영의 출세도 공민왕 9년이다.

「공민왕 10년(1361) 봄 정월 무진일 최영(崔瑩)을 서북면 순찰사로 임명하였다.」[459] 공민왕은 최영을 임명하여 고려를 안정적으로 이끌 수 있는 토대를 마련하고자 하였다. 하지만 홍건적으로 서경을 비롯하여 개경을 침략하여 공민왕은 남쪽지방으로 피난을 가지 않으면 아니 되었다.공민왕은 철저히 성을 방비하지 못했다. 홍건적은 고려를 침략하더니 개경을 함락시켰다. 고려는 홍건적을 대항할 방비도 없이 고려는 수도가 함락 당했고 공민왕은 개경을 버리고 남쪽으

---

457) 리외섭 역, 『고려사』(11), (4)고전연구소 고전연구실 사회과학원, 1964, p, 68.

458) 김종서, 『신편 고려사절요』(하), 민족문화추진회, 신서원,2004, p, 242.

459) 리외섭 역, 『고려사』(11), (4)고전연구소 고전연구실 사회과학원, 1964, p, 70.

로 피난을 가지 않으면 안 되었다. 홍건적에 대한 대비를 전혀 하지 못한 것은 원나라에서는 고려에 있어 무장을 하지 못하게 하였던 원인이기도 하다. 홍건적은 그러한 문제를 이미 알고 있었으며 홍건적에 대하여 원나라에서도 고려 침입에 대한 방비를 하지 못했다. 원나라는 홍건적에 대한 진압을 할 수 있는 능력이 이미 상실하였다. 그래서 홍건적은 고려를 침략하여 원나라를 추종하고 있는 고려를 제압하려고 하였던 것이며 고려 군사의 동원력을 차단하려는 홍건적 반란자들의 계산이 고려 공민왕 에게는 오히려 불리한 면이 없지 않았다.

「공민왕 10년(1361) 정유일에 홍두적의 위평장 반성(潘誠) 사유(沙劉) 관선생(關先生) 주원수(朱元帥) 등 10여 만의 무리들이 압록강을 건너서 삭주를 침범하니 추밀원부사 이방실을 서북면도지휘사로 삼고 동지추밀원사 이여경(李餘慶)을 보내 절령에 책을 세웠다.」[460] 공민왕 10년에도 홍건적의 기세를 꺾지 못했다. 홍건적이 고려에 침략한 이유에 대하여서는 알 수 없다. 문제는 원나라에 잔존세력이 아닌가 하지만 원나라를 공격하지 않은 것을 보아 원나라에서 고려를 경계하기 위한 홍건적이 아닌가 한다. 홍건적이 원나라를 공격하려고 했다면 고려의 도움을 얻어내야 할 것인데 원나라를 공격 하지 않고 그 대신에 고려를 침공하였던 것을 보면 홍건적은 한편 원나라를 추종하는 세력으로 보아야 한다

460) 김종서,『신편 고려사절요』(하), 민족문화추진회, 신서원,2004, p, 247.

는 점을 말하고자 한다. 홍건적의 침략으로 고려에 공민왕은 남쪽으로 피난을 기지 않으면 아니 되었다. 개성수도를 버리고 남쪽으로 피난을 간다는 것은 백성들을 버려야 한다. 고려의 백성들은 국가로부터 보호를 받지 못하고 북방의 침략자들에 의하여 한시도 편안한 날이 없었다는 점을 상기해야 한다. 공민왕은 공주와 함께 임진강을 건너 남쪽으로 내려갔다.

「병인일 왕과 공주가 태비를 모시고 남쪽으로 출발하여 림진강(臨津江)을 건너 두 솔원(도率院)에 머물렀다. 수행자는 시중 홍언박 이암 평장사 김용 경천흥 류탁 복야 김일봉 참정 정세운 판추밀원사 리춘부 첨사 김희조 지추밀원사 류숙 손든 지주가 원 송주(元松壽)승선(承宣) 김적명(金積命) 홍언유(洪彦猷) 리색 등」[461] 공민왕이 임진강을 건너 남쪽으로 피난하였다. 공민왕이 피난을 하는 사이 홍건적은 개성 안까지 내려와 주둔군을 배치하였고 개경 안에 있는 백성들은 홍건적에게 굴복하지 않으면 아니 되었다. 홍건적에 의하여 참으로 비참한 생활을 하였다. 특히 개경 안에 살고 있는 백성들 가운데 남자와 아이 밴 부녀자들의 피해가 컸는데 홍건적의 만행은 참아 볼 수가 없었다고 한다. 부녀자들에게 있어서 젖가슴을 오려내는 만행을 자행했다니 홍건적의 잔인함에 고려 백성들은 치를 떨었다 또한 이러한 소문을 들었을 적마다 공민왕은 분노와 아픔 속에서 피난을

461) 리외섭 역, 『고려사』(11), (4)고전연구소 고전연구실 사회과학원, 1964, pp, 75-76.

하지 않으면 아니 되었다. 고려 백성들의 한을 풀어줄 공민왕 인데 그러나 고려 백성들의 한을 풀지 못한 공민왕이라는 사실에 백성들을 생각하면 공민왕은 눈물을 흘리지 않으면 아니 된다.

「신미일에 눈이 내리는데 이천현에 다다르니 왕의 옷이 젖고 얼어서 모닥불을 피워 추위를 녹였다. 이날 적이 경성을 함락시켰는데 여러달 동안 둔병하면서 소와 말을 죽여 그 가죽을 벗겨서 성을 만들고 물을 부어 얼음을 얼리니 사람들이 올라가지 못했다. 또 사람을 잡아 굽거나 임신부의 젖을 구워서 먹는 등 잔학한 짓을 마음대로 하였다. 임진일에 왕이 음죽현에 다다르니 관리와 백성은 모두 도망해 숨었다. 판각문사허유(虛猷)가 쌀 두말을 바치니 왕이 안렴사 안종원(安宗源)과 암무사 허강(虛剛)이 음식과 장막을 마련하지 못하였다 하여 이지태(李之泰)를 안종원의 대림으로 삼았다」[462] 공민왕은 남쪽으로 계속해서 몽진을 하였는데 이천현에 도착했을 적에는 겨울이라 눈이 내리고 있었다. 공민왕은 눈이 내리는 눈 속을 향해 목적지인 복주로 피난하기 위하여 걸어가고 있었다. 고려 나라를 바르게 지키지 못한 고려왕의 모습, 피난을 통해서 눈물을 흘리지 않으면 아니 되었다. 눈물을 흘리면서 공민왕은 복주에 이르렀다. 공민왕이 피난을 가기 위한 곳이 복주이다 복주는 안동대도호부가 있는 곳이다. 고려 시대에 안동을 복주라고 하였다.

462) 김종서, 『신편 고려사절요』(하), 민족문화추진회, 신서원,2004, p, 250.

안동복주로 피난을 가는 공민왕의 형세는 참으로 불쌍한 모습이 아닐 수 없었다. 공민왕은 통한의 눈물을 흐리지 않을 수 없다. 원나라에서 세자로 있을 적에 고려왕이 되면 고려 백성들의 삶을 지켜주겠노라고 다짐했던 약속을 지키지 못하고 초라한 모습으로 남쪽 땅으로 몽진을 하였다는 것 자체가 부끄러움이 아닐 수 없다.

「공민왕 10년(1361) 12일 임진일에 왕이 복주에 이르렀다. 정세운은 성품이 충성스럽고 청백하였다. 왕이 파천한 뒤로 밤낮으로 근심하고 분히 여겨 홍두적을 소탕하고 경성을 수복시킬 것을 자기의 책임으로 여겨 여러 번 왕에게 청하기를 속히 애통교사를 내리시어 백성의 마음을 위로하시고 사신을 여러 도에 보내시어 징병을 독려시키시옵서 하였다. 이에 왕이 정세운을 총병관으로 삼고 교서를 내려 일렀다.」[463] 공민왕은 피난길을 떠난지 얼마 안 되어 경성이 함락되었다는 소식을 접했다. 공민왕은 피난길에 자신의 운명을 깊이 생각하였을 것이 아닌가 한다. 나라를 바르게 지키지 않으면 자신의 운명에 대한 비극적인 현상을 말할 수 있는 시기였다. 그러함에도 불구하고 공민왕은 복주에서 신년을 맞이했다.

「공민왕 11년(1362) 봄 정월 초하루 무신일 왕이 복주(福州)에서 신년을 축하 하였다. 갑자일 안우 이방실 항상 한방신 이여정 김득배 안우경 리기수 최영 등은 20만 병력을 거

463) 김종서, 『신편 고려사절요』(하), 민족문화추진회, 신서원,2004, pp, 250-251.

느리고 동교(東郊)에 주둔하였고 총사령관 정세운은 여러 장병들을 독려하여 나아가서 서울을 포위하고 을축일 새벽에 모든 장병들이 사면으로 전공하였다.(李成桂)는 휘하 친병(親兵) 2천 명으로서 맹렬히 공격하여 제일 먼저 성에 올라가서 크게 격파하였다. 이 싸움에서 홍두적의 괴수 사류와 판 선생 등의 목을 베였는데 적의 무리는 서로 짓밟히고 쓰러진 시체가 온 성안에 가득하였다. 도합 10여만 명의 목을 베었으며 원나라 황제의 옥세를 비롯하여 금보(金寶) 금은 동인(印)과 병기 등 물품을 노획하였다. 파두반(破頭潘) 등 잔당 10여만 명을 도주하여 압록강을 건너갔다. 이리하여 홍두적은 드디어 평정되었다.」[464] 공민왕이 복주에 있는 동안에 홍건적은 개성에 주둔하고 있었는데 고려의 장수들이 개성안에 있는 홍건적은 개성에 주둔하고 있었고, 고려의 장수들이 개성안에 있는 홍건적 토벌하는데 온 힘을 다하였다. 또한 개성 안에 있는 홍건적의 정세운이 총사령관이었다. 정세운은 20만의 대군으로 홍건적을 지휘하며 개성안에서 치열한 전투를 전개하였다. 결과는 홍건적들이 살아서 돌아간 사람은 얼마 되지 않았다.

「공민왕 11년(1362) 김용이 왕의 명령이라 거짓말 하고 몰래 안우 이방실과 김득배에게 지시하여 총사령과 정세운을 죽였다.」[465] 김용은 정세운을 시기 질투하였는데 홍건적

464) 리외섭 역, 『고려사』(11), (4)고전연구소 고전연구실 사회과학원, 1964, p, 79.

465) 리외섭 역, 『고려사』(11), (4)고전연구소 고전연구실 사회과학원,

의 난을 제압하게 되면 정세운에게 모든 공이 갈 것이라고 여겨 죽인 사건이다. 김용의 사건이야 말로 고려 공민왕에게 있어서는 슬픈 사건이다. 공민왕은 자신의 지도력이 부족함을 느끼지 않을 수 없다.

「공민왕 11년(1362) 일찍이 김용은 정세운이 왕의 총애를 받는 것을 시기했고 안우 이방실 김득배 등이 큰 공을 이루어 왕의 신임이 두터워질까 두려워 안우 등에게 정세운을 죽이게 하고 왕에게 참소하여 그들에게 죄를 씌워 모두 죽이려 하였다. 이에 왕의 교지를 위조하여 글을 써서 조카전임 공부상서 김림(金琳)을 시켜 비밀히 안우 등을 달래 그들이 정세운을 죽일 것을 도모하게 하게하고 말하기를 정세운이 본래 경들을 싫어하니 적을 물리친 뒤에는 반드시 그대들이 화를 면하지 못할 것인데 어째서 먼저 그를 죽이지 않는가 하였다.」[466] 김용이라는 자는 임금의 총애를 받고 있는 정세운을 죽이려고 음모를 하고 있는데 이것은 고려 국가에 대한 충성심이 아니라 원나라의 기득권 세력이 되어 있는데 문제가 아닐 수 없다. 고려가 처해 있는 현실은 홍건적이 고려의 산천을 점령하고 있어 왕이 복주에 피난 가 있는데 전쟁터에서 전쟁이 끝날 무렵에 서로 공과를 올리기 위하여 정세운을 죽이려고 하는 김용의 용심을 볼 수 있다. 공민왕은 정세운이 김용에게 왕의 밀서로 죽임을 당한지 알

1964, p, 79.,

466) 김종서,『신편 고려사절요』(하), 민족문화추진회, 신서원,2004, pp253-254.,

지 못하고 있었는데 정세운이 역으로 죽임을 당할 행을 하였다.

「공민왕 11년(1362) 계묘일에 2월 왕이 상주(尙州)에 머물렀다. 목사 최재(최재)는 왕의 접대는 원만하였으나 선물의 진정이 없었으므로 왕의 측근자들의 비난을 받았으므로 드디어 파면 당하였다.」[467] 공민왕이 상주에 머물렀는데 상주지역에는 홍건적이 내려갈 수 없다. 상주지역으로 내려간다면 고립을 당할 수 있다고 판단한 것 같다. 홍건적이 고려의 내막을 잘 알고 있는 것은 홍건적에게도 고려인들이 참여하고 있다는 것을 알 수 있다. 고려 군사들과 고려 백성들과 고려 불교 승려들이 조직이 되었던 백성들의 단결된 힘으로 홍건적을 고려에서 완전히 몰아내고 고려에서는 전쟁이 종결되어 공민왕은 복주에서 개성으로 환궁을 준비하였다. 고려에서는 유일하게 불교 교단이 합심할 수 있는 것은 각 사찰에서 승려들이 참여하는 승병의 조직이다. 고려 불교는 승병만이 존재할 수 있다. 승병조직은 각 사찰의 토지를 보호하기 위하여 가병들같이 양성되었다고 말할 수 있다. 승병들은 수행집단이 아니며 각 사찰에 토지를 보호하는 사찰 조직이다.

467) 리외섭 역, 『고려사』(11), (4)고전연구소 고전연구실 사회과학원, 1964, p, 80.

2. 태고보우의 승관 임명

홍건적의 고려 침략으로 인하여 공민왕은 피난을 가 있는 동안에 태고보우는 양산사에 가있었는데 양산사를 새로 중수하기도 했다. 태고보우가 양산사에 머무는 동안에 제자들과 함께 양산사를 복구하였다. 태고보우에게 승려들을 통제하는 승권의 권한을 부여하였다. 공민왕은 태고보우로 하여금 승려들을 통재할 수 있는 권한을 부여하였는데 그것은 바로 홍건적이 고려를 침략할 때에 승병으로 하여금 막아준데 대한 보답이었다. 공민왕은 고려를 강한 나라로 건설하기 위하여서는 불교의 힘이 필요했고 불교도 국왕의 도움이 절실했다.

「공민왕 11년 임인년(1362) 봄에 적이 피해 물러갔다. 그 해 가을에 왕은 청주(淸州)에 있으면서 사신을 보냈으므로 스님은 양산사 머무시게 되었다. 스님은 대중을 거느리고 밤낮으로 애써 옛것은 다 헐어내고 새로 중수하니 밭과 농막이 복구되고 목어와 복이 울게 되었다.」[468] 공민왕은 태고보우로 하여금 고려의 승려들을 책임을 부여하는 승권의 권한을 주었고 승권을 부여받은 태고보우는 고려 불교를 발전시키려고 하였다. 공민왕에게는 태고보우는 공민왕을 위

468) 백련선서간행회, 『태고록』, 번역, 장경각, 2008, p, 225.

하여 헌신하려고 하였던 불교 승려였다. 고려 불교의 진면목을 보여주고 있는 불교 교단인데 가지산 계통의 선종 다시 말해서 조계종이라는 혜능 계통의 선종이다. 조계선종의 전통성을 지켜야 할 목적이 있다. 태고보우는 가지산 계통의 선종 승려였다. 태고보우는 양산사에서 제자들을 양성하고 있으면서 임제종의 위력을 보여주기 위한 정진을 하였다. 태고보우는 임제선종의 선승이지만 가지산 계통의 선종의 전통을 전승하려고 하였다. 공민왕 시대는 화엄종 계통과 천태종 계통의 교종이 있고 선종 계통의 선종은 수선사 계통이 선종과 가지산 계통의 선종이 있으며 원나라에서 태고보우가 전승한 임제종이 있다. 태고보우는 고려 불교를 이끌어가는 불교의 대표적인 승관의 최고의 지도자였으며 고려 불교를 지도하고 고려 불교를 관리하는 공민왕의 명령이 복종하는 고려승려들 대신에 태고보우에게 복종하는 승관의 책임자였다. 고려의 종파나 각 사찰의 주지들은 자신들의 권력을 유지하기 위하여서는 태고보우에게 아첨하지 않고서는 사찰의 토지를 관리할 수 있는 승려들을 양성할 수 없었다. 태고보우시대의 종파는 임제종만이 활동할 수밖에 없다. 고려의 전통적으로 내려왔던 조계종 천태종은 태고보우로 하여금 정지되었다.

「공민왕 11년(1362) 12월 계유일 왕이 원나라가 덕흥왕(德興王)탑사첩목아(塔思帖木兒)를 국왕으로 세웠다는 말을 듣고 조정 신하 중에 두 가지 마음을 가진 자가 있을 것을 의심하여 이부 상서 홍사법을 서북면 채복사(蔡復使)로 파견하여 그 진위(眞僞)를 살피게 하였다.」[469] 고려 국가의 위기는 언제나 조장되고 있는데 이것은 바로 원나라의 황실 내에 고려의 권신들이 음모를 자행하고 있었던 것이며 고려의 정치적인 위기를 조장하였다. 항상 정치적인 힘의 배경이 되었던 세력은 기황후의 세력들이 있었다.

「공민왕 12년(1363) 봄 정미일 왕이 량부(兩府)와 원로(元老)들을 불러서 환도(還都)에 대하여 의논하니 모두 "송도는 종묘가 있는 곳이며 나라의 근본이니 국왕이 빨리 돌아가서 백성의 기대에 부합되게 하야야 합니다." 라고 하였다. 그러나 서운관(書雲觀)에서는 음양상 금기(禁忌)할 바가 있다하여 왕에게 주달하기를 "먼저 성남 쪽의 홍왕사(興王寺)에 일시 머물라 있으면서 강안전(康安殿)이 수축 될 때까지 기다리기를 바랍니다."고 하였다. 왕이 이제 이를 좇았다.」[470] 공민왕이 청주를 떠나 환도의 길에 이르렀는데. 홍건적의 침략으로 인하여 피난을 갔다가 다시 환도하는 공민왕이다. 그러함에도 불구하고 백성들이 공민왕의 환도를 축하하기도 했다. 공민왕은 환도하는데 백성들이 축하를 하려고 하였을 때에 환도에 대한 축하에 대하여 금지를 하였다.

「공민왕 12년(1363) 계미일 홍왕사에 이르니 백관들이 환도를 축하하고 서울에 머물러 있던 재추들이 왕을 축수하는

---

469) 리외섭 역, 『고려사』(11), (4)고전연구소 고전연구실 사회과학원, 1964, p, 92.

470) 리외섭 역, 『고려사』(11), (4)고전연구소 고전연구실 사회과학원, 1964, p, 93.

술을 올리니 왕이 이르기를 오늘 경성에 돌아오리라고 생각하지 못했는데 돌아왔으니 이 모두 경들의 공이로다 하고 마음껏 즐기다가 파하였다.」[471] 공민왕은 홍왕사에서 왕궁을 새로 건설할 때까지 머물렀다. 홍왕사에 머문다는 것은 불교의 힘이 있었다는 것을 말해주고 있으며 홍왕사는 고려불교를 대표할 수 있는 대형사찰이었다.

「공민왕 12년 계묘일(1363) 정월에 왕은 서울로 돌아와 성균관 제주 한천(成均館 祭酒 韓蕆)을 보냈으므로 스님은 가지사(迦智寺)로 옮겨 종풍을 크게 떨쳤다.」[472] 공민왕이 서울에 돌아와서 왕궁을 건설하기까지 홍왕사에 거주하였다. 홍왕사는 고려의 정치적인 사찰이라고 말할 수 있다.

「공민왕 12년(1363)윤달 신미일 밤 5경에 적 김수(金守)조련(曹連) 등 50명이 행궁인 홍왕사로 침입하여 문지키던 자를 주기고 바로 안으로 들아가 말하기를 나는 황제의 명령을 받들고 왔다. 하고 지름길로 왕의 침전에 이르러 지개문 밖에서 환관 강원길(姜元吉)을 죽이니 숙위하던 군사들이 모두 도망해 숨었다. 이 때 환관 이강달(李剛達)이 왕을 업고 창문 밖으로 나가 대비의 밀실로 달려가 담요를 뒤집어 씌워 숨겨놓고 공주가 지개문 앞에 막고 앉아 있었다. 적들이 침적으로 들어갔다. 환관 안도치는 용모가 왕과 비슷하므로 자기 몸으로 왕을 대신하고자 왕의 잠자리에 누웠는데

---

471) 김종서, 『신편 고려사절요』(하), 민족문화추진회, 신서원, 2004, p, 269.

472) 백련선서간행회, 『태고록』, 번역, 장경각, 2008, p, 226.

적은 왕인 줄 알고 죽이고서 좋아 날뛰면서 만세를 불렀다.」[473] 공민왕은 김용의 무리들에 의하여 죽임을 당하는 순간에 죽음을 면하게 된다. 김용은 본래부터 원나라의 세력들과 야합을 하고 있던 자인데 공민왕은 그들을 전혀 알지 못했다. 공민왕의 죽음을 면할 수 있었던 것은 노국공주에 의하여 죽임을 면했다고 말할 수 있다. 노국공주의 역할이 있었다.

「공민왕 12년(1363) 3월에는 金鏞 등에 의해 行宮으로 사용하고 있던 興王寺에서 국왕을 살해하려는 사건이 발생하여 왕의 측근 중의 측근이었던 洪彦博 등이 살해되었다.」[474] 공민왕이 고려 개경에 도착하여 집무를 보고 있을 시 원세력들에 의하여 살해의 위기를 맞이했다. 이것은 분명 친원세력의 준동이라고 말할 수 있다. 친원파들의 준동이란 바로 공민왕이 원나라와의 전쟁을 강행하고 있기에 측근들에 의하여 죽임을 당할 뻔 했다. 공민왕은 자신을 살해하려는 친원파들의 잔당을 일소에 척결하였다. 이러한 사건으로 인하여 친원파들에 있어서 몰락을 예고하고 있는 것이나 다름이 아니다.

「홍왕사에서 난을 일으킨 적당의 무리 90명을 체포하였는데 김용이 재조가 되어 한사람도 신문을 하지 않으니 사람

---

473) 김종서, 『신편 고려사절요』(하), 민족문화추진회, 신서원, 2004, pp, 271-272.

474) 유영숙, 「고려후기 선종사연구」, 동국대학교 대학원 박사학위논문, 1994, p, 102.

들이 모두 의심했다. 왕이 김용을 불러 이르기를 너를 순군옥에 내려 정성을 신문해야 마땅하지만 다만 전일의 공을 생각하여 우선 죄를 감하노라 하고서 명하여 밀성군(密城郡)으로 귀양 보내고 그의 도당 대호군 고환(高換)과 전리정랑 화지원(華之元)등 몇 사람도 외지로 귀양 보냈다」[475] 홍왕사에 머물러 있는 동안에 공민왕을 시해하려는 음모가 발생했는데, 그 주모자를 색출하는데 김용을 임명하였다. 김용은 공민왕을 시해하려는 자들을 체포했음에도 불구하고 조사를 하지 않아 김용이 오히려 귀양을 갔다. 물론 김용은 원나라의 세력이였다. 원나라의 세력을 믿고 공민왕을 시해하려고 하였다. 그것도 홍원사에 공민왕이 참배하려는 시기를 택했다. 공민왕에 대한 살해에 대하여 실패를 하기는 했지만 공민왕에게는 고려에서 개혁에 대하여 반감이 있다는 것을 알았다. 공민왕은 홍왕사의 살해의 위기를 맞이했음에 불구하고 공민왕은 정치적인 개혁에 대하여 멈추지 않았다.

「공민왕 12년(1363)년 태고보우는 다시 공민왕의 청에 의해 가지산(迦智山) 보림사(普林寺) 주지로 초대되었다.」[476] 태고보우가 자신이 수행을 하던 보림사 주지로 추대된다는 것은 고려의 선종에 대한 주권을 부여하기 위함이라고 말할 수 있으며 선종의 지도력을 발휘할 수 있는 힘을 부여하기

---

475) 김종서, 『신편 고려사절요』(하), 민족문화추진회, 신서원,2004, p, 274.

476) 무공 편저, 『태고보우 국사인물론』, (태고사상제 4집), 불교춘추사, 2005. p, 347.

위함이기도 하다. 원나라의 세력을 견제하기 위하여 공민왕은 태고보우 임제종 선사를 가지산 보림사의 사찰 주지로 임명을 받고 아래와 같이 취임사 하였다.

「산문에 이르러 말씀하셨다.

석가 늙은이가 나는 이 법문을 국왕과 대신에게 부탁하노라 하셨으니 이는 진실한 말씀이다. 오늘 이 태고 노승이 대중 스님일행과 회양산 밑에서 가지산까지 왔으니 그 중간의 거리는 천리요 길에 오른 지 열나흘 만이다. 남쪽을 항해 걸어올 때 언제나 길에는 어려움이 없었고 여기 이르러 원통(圓通)의 넓은 문이 활짝 열렸으니 이것은 오로지 국왕과 대신이 보호하고 도와주시는 은혜를 입는 것이다. 대중들이여 오기는 왔지마는 앞으로 어떻게 해나가야 위로 그런 무거운 은혜를 갚겠는가.」[477] 태고보우 선사는 가지산 보림사에 주지로 취임하였다. 공민왕은 다시금 위기를 맞이하였다.

「공민왕 13년(1364) 봄 정월에 최유(崔濡)가 원나라 군사 1만 명을 거느리고 덕흥군(德興君)을 받들고 압록강을 건너와서 의주의 궁고문을 포위하니 조지휘사 안우경(安遇慶)이 일곱번 싸워 이를 물리쳤다. 최유가 산에 올라 우리 군사의 수효가 적고 후원군이 없는 것을 엿보고는 군사를 일곱 부대로 나누어 북을 치고 떠들썩하게 나오니 우리 군사가 도망해 돌아와서 문 안으로 들어왔다. 중랑장 최흑려(崔黑驪)가 말에서 내려 창을 쥐고 문밖에 서 있으니 최유가 전진하

477) 백련선서간행회, 『태고록』, 번역, 장경각, 2008, p, 47.

지 못했다. 최혹려가 우리 군사를 뒤에서 호위하여 천천히 몰아서 문 안으로 들어갔다. 우리군사가 다시 나가서 싸웠는데 적군이 도병마사 홍선(洪瑄)을 사로잡으니 우리 군사는 패하여 달아나서 안주를 지켰다 최유가 선주에 들어가 점거했다. 왕이 천성사 최영에게 명하여 도순위사로 삼아 정예 군사를 거느리고 급히 안주로 달려가서 모든 군사를 지휘하게 하였다 길에서 도망가는 군사를 만나면 목을 베어 군중에 도리니 군령이 비로소 엄숙해졌다.」[478] 원나라에서는 고려 공민왕을 위기에 처하게 하기 위하여 원나라에 머물고 있는 최유가 원나라 황제의 명을 받아 공민왕을 폐하려고 고려를 침략하는 사건이 발생했다. 이것은 바로 공민왕을 폐하고 새로운 고려왕을 임명하기 위함 이었다 이러한 모든 사건은 공민왕에게는 정치적으로 위기를 맞이하게 하는 행위였다. 그럴 때마다 공민왕은 불타의 가르침을 더욱 신앙하였다. 공민왕은 정치적인 위기를 맞이할 때 마다 노국공주가 나서 보호하여 주었다. 공민왕은 노국공주의 덕이라고 보아야 한다. 공민왕에게는 오로지 부처님의 정치적인 가호와 노국공주의 협력이 힘이 되어주었다.

「공민왕 13년(1364) 4월 신축일 연등(煙燈)을 하고 궁전 뜰에서 왕이 호기(呼旗)놀이를 구경하고 포를 주었다. 나라 풍습에 4월 8일을 석가여래의 생신이라 하여 집집마다 연등을 하고 수십일 앞서부터 뭇 아이들이 종이로 호려서 막대

478) 김종서, 『신편 고려사절요』(하), 민족문화추진회, 신서원,2004, p, 283.

기에 붙여서 기를 만들어 가지고 서울 거리를 외치고 돌아 다니면서 쌀과 포를 얻어 그 비용으로 썼으니 이것을 호기라 하였다.」[479] 공민왕은 자신이 정치적인 위기를 맞이할 때에도 부처님의 가르침을 한시도 잊지 않았다. 그것은 자신의 정치력을 불타의 가르침에서 찾고자 하였기 때문이다. 원나라의 친원세력들은 공민왕의 개혁정치에 대하여 결사적으로 반대를 하였는데 그것은 바로 공민왕의 정치력을 약화시키려는 행위였다. 공민왕의 존재를 부정하려고 하였던 음모를 조장하려고 하였던 최유를 통해 공민왕의 정치력을 무력화 하려고 하였던 사건을 자행했는데 공민왕의 저항이 오히려 강하다는 것을 알고 원나라에서는 덕홍군의 존재를 인정하지 않았다.

「공민왕 13년(1364) 9월에 호군 장자온(張子溫)이 원나라에서 돌아와 말하기를 승상 패라첩목아(孛羅帖木兒) 등이 이르기를 고려왕이 공은 있고 죄는 없는데 소인에게 곤욕을 치르니 어찌 소인을 먼저 다스리지 않으랴 하면서 황제에게 아뢰어 왕을 복위하게 하고 최유를 함거에 실어 본국으로 송치하게 하였습니다. 하니 왕이 크게 기뻐하여 장자온에게 금띠와 쌀 배 등의 물품을 내려주고 상호군으로 임명하였다.」[480] 공민왕은 최유의 고려 침략으로 인하여 위기를 맞

479) 리외섭 역, 『고려사』(11), (4) 고전연구소 고전연구실 사회과학원, 1964, p, 118.

480) 김종서, 『신편 고려사절요』(하), 민족문화추진회, 신서원,2004, p, 292.

이했는데 원나라에서 다시 공민왕을 인정하고 본국으로 최유를 송환한다는 말을 듣고 공민왕은 매우 기뻐하였다. 물론 이 시기에 원나라에 있던 문익점도 고려에 돌아왔다. 원나라에서 고려에 돌아온 최유를 감옥에 가두었다. 감옥에 가둔 최유를 처단하였다. 고려에서는 최유를 처단하지 않을 수 없다. 최유를 처단하지 않고서는 친원세력들의 준동을 막을 수 없다는 것을 공민왕은 알았다.

「공민왕 13년(1364) 11월 신유일 최유(崔濡)가 처단되었다.」[481] 원나라에서 덕홍군을 옹립하여 고려임금으로 추대하려고 하였던 사건이 종결되었다. 고려에서 자행되었던 반란 세력은 원나라에 가있는 고려인들이며 또한 기황후의 세력들이었다. 기황후 세력들은 고려를 자신들의 측근 세력들로 장악하기 위한 음모적인 행위를 자행하였다.

1) 노국공주의 죽음

공민왕시대 가장 큰 사건은 공민왕을 시해하려고 하였던 친원파들이었고 친원파들 가운데 고려왕을 새로 옹립하려는 세력들이었다. 그러한 세력가운데 공민왕은 최유를 처단하였다. 그리고 공민왕은 고려에 왕이라고 자청하고 있는 덕홍군을 고려에 속히 돌려보내 줄 것을 요청하기 위하여 김

481) 리외섭 역, 『고려사』(11), (4) 고전연구소 고전연구실 사회과학원, 1964, p, 119.

유를 원나라에 보냈다. 물론 공민왕은 정치적으로 항상 불안함을 느끼지 않을 수 없었다. 원나라가 언제 어떻게 변할지 모르기 때문이다. 공민왕은 자신에 대한 원나라의 내정간섭을 물리칠 수 있는 방안을 찾고 있었는데 이것은 하나의 빌미가 되기도 했다. 공민왕은 고려의 내란을 주도했던 세력인 최유를 처단한 이후에 더욱 자신감이 생겼다.

「공민왕 14년(1365) 봄 정월 무진일 밀직 부사 김유(金庾)를 원나라에 보내어 덕홍군을 잡아 보낼 것을 청하였다. 김유가 료양까지 가니 직 추밀원사 흑려(黑驢)가 김유에게 말하기를

"황제가 나에게 탑사접목아를 형장 처서 본군으로 보내라고 명령하였다. 그런데 그가 지금 등창이 나서 앓고 있으니 낫기를 기다려 형장을 쳐서 돌려보내겠다."라고 하였다. 김유가 그 말을 듣고 돌아왔다.」[482]공민왕은 원나라에서 덕홍군을 고려에 보내겠다는 말을 듣고 정치에 자신감을 가졌다고 말할 수 있다. 공민왕은 후사가 없던 차 노국공주가 아이를 가졌기에 힘을 내었다.

「공민왕 14년(1365) 2월 정유일 공주가 임신하여 만삭이 되였으므로 죄수를 사면하였다. 공주가 난산으로 병이 심해지니 또 대사하였다. 공민왕 14년(1365) 2월에 공주가 얼마 뒤에 죽으니 왕이 매우 슬퍼하여 4감과 13색(色)을 설치하여 상사에 이바지하게 하고 각 관청에 명하여 진을 차리게 하

482) 리외섭 역, 『고려사』(11), (4) 고전연구소 고전연구실 사회과학원, 1964, p, 121.

여 풍성하고 정결하게 차리는 자에게는 상을 주었다. 참경회를 빈전에 설치하였다. 왕이 본래 불법을 믿었는데 이때에 와서 맹신하여 불사를 크게 일으켰다.」[483] 고려 시대에는 장자의 아들이 왕위를 계승하는 제도에 의해서 장자인 아들에 또한 중요했다. 노국공주가 아들을 탄생하지 못해 걱정을 하였는데 노국공주가 늦게 아이를 가졌다. 노국공주가 아이를 가졌을 때 살생하는 것 또한 금하였고, 죄수들을 사면하여 노국공주의 아이 탄생을 기도하고 있었다. 그런데 노국공주는 아이를 낳다가 죽었다. 공민왕은 노국공주를 진실로 사랑하였고 노국공주에 의하여 공민왕 자신이 죽을 고비를 여러 차례 모면하였는데 자신을 지켜줄 노국공주가 죽었다. 이것은 공민왕에게 있어서는 커다란 충격이 아닐 수 없다. 공민왕은 노국공주가 난산으로 죽었는데 이로 인하여 공민왕은 고려의 개혁에 대한 정치적인 개혁을 중단하고 공주의 죽음에 대한 실의에 빠졌다. 공민왕은 정치에 있어서 그 모든 것을 중지하고 공주의 죽음에 슬퍼하고 있었다. 공주를 위하여 전각을 건립하는 일에 몰두하고, 공주가 죽음 이후에 공민왕의 개혁의 목표는 중단하고 말았다.

「태고보우가 65세(1365)되던 해 왕후(王后)가 돌아가시어 고려의 조정과 모든 백성들이 비통해했다. 왕후는 원래 원(元)나라 위왕(魏王)의 딸 노국대장 공주(魯國大長 公主)로 공민왕이 왕위에 오르기 전 원나라에 갔을 때 공주와 결혼

483) 김종서, 『신편 고려사절요』(하), 민족문화추진회, 신서원,2004, p, 295.

하였다」[484] 공민왕이 고려를 개혁하려고 원나라에 대항하고 있던 시기에 노국공주가 난산하여 죽음으로 갔다. 이제 공민왕은 고려를 더 이상 개혁할 수 없다는 것으로 판단하였다. 공민왕은 노국공주의 죽음에 있어서 자신이 실행하고자 하는 고려의 개혁적인 정치의 개혁에 전념하지 않고 노국공주의 죽음에 대한 비통함을 탄하여 노국공주의 진영을 앞에 날마다 눈물로 세월을 보냈다.

「공민왕 14년(1365) 3월에 왜적이 교동과 강화에 침범하므로 동서강도지휘사 최영에게 명하여 군사를 거느리고 나가서 동강을 지키게 하였다.」[485] 공민왕은 원나라의 정치적인 면에서 내정간섭에도 걱정이지만 공민왕을 정치적으로 더욱더 혼란을 유발한 것은 바로 일본의 고려 침략이라고 말할 수 있다. 일본이 고려를 침략하지 않았다면 공민왕은 정치에 있어서 개혁적인 정치를 행하였을 것인데 일본의 고려 침략으로 인하여 나라가 혼란스러웠다. 하지만 공민왕에게는 최영장군이 있어 일본의 고려 침략에 대항하여 일본의 침략을 물리쳤다. 최영장군이야말로 공민왕에게는 절대적 후원세력이었다.

「공민왕 14년(1365) 공주를 정능에 장사지냈는데 왕이 불교의 설에 미혹되어 화장을 하고자 시중 류탁에게 물으니

484) 무공 편저, 『태고보우 국사인물론』, (태고사상제 4집), 불교춘추사, 2005.p, 353.

485) 김종서, 『신편 고려사절요』(하), 민족문화추진회, 신서원,2004, p, 295.

옳지 않다하므로 그쳤다. 왕이 손수 공주의 초상을 그려 밤낮으로 마주 대하여 밥 먹으면서도 슬피 울고 3년 동안 고기반찬을 먹지 않았다.」[486] 공민왕은 자신을 가장 믿었던 노국공주의 죽음으로 인하여 자신을 지켜줄 수 있는 세력을 잃어버린 것에 대한 슬픔이었다. 이러한 실의에 빠져있을 때 공민왕은 꿈을 꾼다.

「공민왕이 하루는 웬 사람이 칼로 자기를 찌르는 것을 어떤 승 하나가 곁에 있다가 구원해 주어서 화를 면한 꿈을 꾸었다. 이튿날 태후에게 꿈 이야기를 했다. 그런데 그 때 마침 김원명(金元命)이 신돈을 데리고 왕에게 헌신했는데 그 모습이 꿈에 본 승과 흡사해서 왕은 크게 이상히 생각하고 데리고 이야기해 본 즉 대단히 총명하고 지혜스러웠다. 매사에 명백하게 논증했고 제 말로 도통(道通)했다고 하면서 고담준론으로 궤변을 토하여 왕의 마음에 꼭 들었다.」[487] 공민왕과 신돈의 만남은 공민왕의 꿈에서 인연을 맺은 것인데 이러한 역사적인 기록은 아마도 고려사를 쓴 이들의 비판적인 역사관에서 비롯된 것이라고 말할 수 있다. 공민왕은 노국공주의 죽음으로 실의에 처해 있을 무렵 신돈을 만나 새로운 정치적인 힘을 얻었다.

「공민왕 14년(1365) 5월에 요괴한 승려편조(遍照)를 사부

---

486) 김종서, 『신편 고려사절요』(하), 민족문화추진회, 신서원,2004, p, 295.

487) 리외섭 역, 『고려사』(11), (4) 고전연구소 고전연구실 사회과학원, 1964, p, 502.

(師父)로 삼고 국정을 자문하였다.」[488] 공민왕은 편조를 사부로모실 정도로 불교학을 연마한 승려가 아니라는 것을 알면서도 스승으로 삼고 공민왕의 정치적인 자문을 하였다. 이것은 고려의 정치사에 있어서 가장 혁명적인 인제를 채용하였다고 말할 수 있다.

「신돈은 靈山 사람이요 그의 모친은 계성현(桂城縣) 옥천사(玉泉寺) 여종이다. 신돈은 어려서 승려가 되었다. 이름은 편조(遍照)요 자는 요공(耀空)이다. 신돈은 그 어미가 천하여서 승려들 사이에서도 한축에 들지 못하고 항상 산방(山房)에 기처하고 있었다.」[489] 신돈은 공민왕과의 친근함에 매료되었는데 이것은 공민왕의 마음을 알아줄 대상이 없었다고 말할 수 있다. 공민왕은 수시로 신돈을 궁 안으로 불러들여 정치에 대하여 협의하였던 것으로 말할 수 있다.

「공민왕 14년(1365) 가을 7월 계미일에 편조를 진평후(眞平侯)로 봉하였다.」[490] 편조는 공민왕의 명령에 복종이라도 하듯이 공민왕은 편조를 고려의 최고의 정치가로 보았다. 그래서 편조를 진평후로 봉했다는 것은 고려의 정치사상 처음 있는 일이다.

「공민왕 14년(1365) 신돈은 밀직 김난(金蘭)의 집에 기숙하고 있었는데 김란은 매사에 세심하고 출세할 욕심이 강하

---

488) 효탄, 『고려사불교관계사료집 (번역 편), 민족사, 2001, p, 271.

489) 리외섭 역, 『고려사』(11), (4) 고전연구소 고전연구실 사회과학원, 1964, p, 502.

490) 효탄, 『고려사불교관계사료집 (번역 편), 민족사, 2001, p, 271.

였으며 남을 칭찬하가나 헐뜯기를 좋아하였다. 그가 신돈에게 처녀 두 명을 주었으므로 최영은 김란을 책망하였다.」[491] 김란의 전략에 최영은 당하였는데 최영은 신돈의 모함에 오히려 간직에서 삭탈당하는 신세가 되었다. 특히 편조에 의하여 정치적인 결단을 공민왕이 내리게 된 사건은 바로 최영의 사건이다.

「요승 편조(遍照)가 최영을 참소하니 계림윤으로 좌천하였다. 편조가 이때 밀직 김란(金蘭)의 집에 주인을 정하고 있었는데 김란이 두 처녀를 들여보내 잠자리를 시중들게 하였다. 이 일로 최영이 김란을 꾸짖자 편조가 영을 미워하였는데 최영이 교외로 나가서 사냥하니 편조가 드디어 참소하였다. 왕이 판개성부사 이순(李珣)을 보내 최영을 꾸짖기를 경이 동서강 도지휘사가 되어 왜적이 창룡에 들어와서 세조의 초상을 가져가도 경은 모르고 있었다. 김속명으로써 경을 대체하였음에도 경은 군사를 김속명에게 넘겨주지 않고 그 군사를 거느리고 아무 때나 사냥하는 것은 무슨 까닭인가. 내가 말하지 않더라도 대간이 경을 용서하겠는가. 지금 경으로 계림윤을 삼으니 급히 임지로 갈지어다 하였다.

최영이 명을 듣고 탄식하기를 오늘날에 죄를 지은 자로서 몸을 보전하는 이가 적은데 나는 계림윤이 되어 가게 되니 이도 왕의 은혜이다 하면서 떠나갔다. 이전에 왕이 꿈을 꾸니 어떤 사람이 칼을 뽑아 왕을 찌르려 하는데 어떤 스님이

491) 리외섭 역, 『고려사』(11), (4) 고전연구소 고전연구실 사회과학원, 1964, p, 503

왕을 구원하여 죽음을 면하게 되었다. 이튿날 왕이 대비에게 이 사실을 알렸다 때마침 김원명(金元命)이 편조를 왕에게 보였는데 모습이 꼭 같았다 왕이 이를 크게 이상하게 여겨 이야기 하닌 총명하고 말 잘하며 스스로 불도를 깨달았다고 하면서 큰소리치며 궤변을 늘어놓아 왕의 뜻을 맞추었다. 왕이 꿈을 꾸고 불교에 미혹되었으므로 이후로 여러번 비밀리에 편조를 내전으로 불러들여 불법의 이치를 강설하였다 편조는 영산현 옥천사의 종이다. 글을 한자도 알지 못하는데 승려가 되어 서울에 와서 돌아다니며 보시를 권하고 여려 과부들을 속이고 꾀어 간음하였다. 왕을 뵈 온 후로는 그 형체를 도인(道人)처럼 하여 가식에 힘써 몹시 더운 여름과 몹시 추운 겨울에도 해진 납의(衲衣) 한벌로 지내니 왕이 그를 더욱 존중하여 그에게 주는 의복과 음식을 반드시 극히 정결하게 하며 버선까지도 머리위에 이고 공경을 표시한 뒤에 편조에게 보냈다. 이승경(李承慶)이 이를 보고 말하기를 국가를 어지럽힐 자는 반드시 이 승려로구나 하였다. 정세운이 요사스러운 승려라 여겨 편조를 죽이고자 하니 왕이 비밀리에 피하게 하였다. 이승경과 정세운이 죽으니 편조가 머리털을 기르고서 두타가 되어 다시와서 왕을 뵈었다. 이 때야 비로소 궐내에 들어와서 권세를 부렸다.」[492] 편조는 최영의 행위에 대하여 비판적인 모습이었다. 신돈으로 하여금 개혁에 건립이 되는 세력들 가운데 먼저 제거하기 시작하였다. 신돈을

492) 김종서, 『신편 고려사절요』(하), 민족문화추진회, 신서원,2004, p, 296.

공민왕과의 친우적인 관계에 대하여 자세히 기록이 없다는 것은 공민왕과 신돈과의 관계가 불교적이라든지 특별한 인연이 없던 것으로 보아야 한다.

「공민왕 14년(1365) 6월 편조가 또 양천군 허유(許猷)전임 전공판서 변광수(邊光秀) 판사홍인계(洪仁桂) 참의평리 김귀(金貴) 춘성군 박희(朴禧) 허유의 아들 전리판서 허서(瑞)를 참소하여 귀양 보냈다.」[493] 편조는 공민왕에게 저항하는 세력들에게는 단호하게 정치적인 모습을 보였는데 정치적으로 공민왕 개혁적인 실천행을 결행하였다고 말할 수 있는데 편조의 개혁의 칼은 고려의 친원파들에 대한 대대적인 숙청작업을 실천하였다.

「공민왕 14년(1365) 7월에 최영 이수구 양택일 서문성 백준의 3품 이상의 벼슬을 삭탈(削奪)하고 김수만은 제명하였으며 동시에 그 전민(田民)을 몰수하였다.」[494] 공민왕은 최영에 대한 모든 직책을 삭탈관직을 당했다. 최영에 대하여 공민왕이 삭탈관직한 것은 편조에 의하여 자행된 사건인데도 불구하고 진상을 바르게 조사하지 않고 단행한 것은 공민왕의 잘못이라고 보아야 한다. 공민왕은 자력의 힘이 없었다고 보아야 한다.

「공민왕은 신돈을 청한거사라고 부르며 그를 사부로 대우

---

493) 김종서, 『신편 고려사절요』(하), 민족문화추진회, 신서원,2004, p, 298.

494) 리외섭 역, 『고려사』(11), (4) 고전연구소 고전연구실 사회과학원, 1964, p, 126.

하면서 국정의 자문을 맡겼다. 신돈은 국왕의 사부로서 신분을 버리고 세상 개혁에 참여해주기를 청하자 신돈은 본격적으로 정치권력 전면에 부상하게 되었다.」[495] 편조는 공민왕의 명을 받고 정치에 참여를 하였는데 승려의 신분이 아니었다. 승려의 신분이 아니기에 정치에 참여를 한다고 하여 비판적으로 보아서는 아니 된다.

「공민왕 14년(1365) 7월 계미일 편조를 진평후(眞平侯)로 봉하였다」[496] 신돈이 고려의 제상이 되었다. 신돈이 재상이 되었다는 것은 공민왕이 실천하려고 하였던 고려의 개혁 정치를 강력하게 단행하도록 신돈 에게 명하였다

「편조라는 법명 대신에 신돈이라는 속명으로 기록하고 있다.」[497] 신돈은 공민왕이 청안거사라고 불렀을 때로부터 편조라는 불명은 신돈이라는 이름으로 불러지게 되었다.

「공민왕은 14년 신돈이 僧錄司提調 및 功臣號와 최고의 官階인 三重大匡 세속의 관직인 領都僉 議使司 判監察司事를 겸하여 權王이라 불린 정도로 일반 관직에 참여하였다.」[498] 공민왕은 신돈에게 주어진 직책을 최고의 직책이었

495) 유영숙, 「고려 후기 선종사연구」, 동국대학교 대학원 박사학위논문, 1994.p, 106.

496) 리외섭 역, 『고려사』(11), (4) 고전연구소 고전연구실 사회과학원, 1964, p, 127.

497) 유영숙, 「고려 후기 선종사연구」, 동국대학교 대학원 박사학위논문, 1994.p, 106.

498) 허홍식, 『고려불교사연구』, 일조각, 1986.p, 412.

는데 이것은 바로 왕의 권한과 같은 힘을 부여하였다.

「공민왕 14년(1365) 신돈에게 속세에 내려앉아 구세(救世)하라고 청하니 신돈은 짐짓 거절함으로써 왕의 결심을 공고히 하려고 하였다. 왕이 굳이 청하니 그제야 신돈이 말하기를 일찍이 듣건대 왕과 대신들이 참소하여 리간을 잘 듣는다는 데 그러지 말아야 세상에 복리를 가져 올 수 있습니다."라고 하였다. 이에 왕이 친필로 서약서를 써서 이르기를 스승은 나를 구원하고 나는 스승을 구원하여 어떤 일이 있어도 남의 말을 듣고 의혹을 품지 않을 것이다」[499] 신돈은 공민왕으로부터 스승의 예를 올렸다. 공민왕은 신돈을 스승과 같이 여겼던 것이며 신돈에게 주어진 권한이 막강하였다. 태고보우 왕사보다도 신돈의 권한은 막강한 권한을 부여하였다.

2) 공민왕의 개혁과 좌절

고려는 원나라에서 일어난 반란군인 홍건적의 침략으로 나라는 안정되지 못하고 있는 반면에 원나라도 또한 홍건적에 의하여 타격을 받았고 원나라를 멸망하게 하는 농민들의 지지를 받은 주원장은 원나라를 위협하고 있었다. 그러함에도 불구하고 고려는 공민왕의 개혁적인 활동이 진행되었다. 태고보우는 고려 말기 불교를 바르게 지키려고 하였다. 공

499) 리외섭 역, 『고려사』(11), (4)고전연구소 고전연구실 사회과학원, 1964, p, 505.

민왕은 태고보우에게 대형사찰을 주지로 임명하기도 했고, 태고보우를 대형사찰에 주지로 임명한 것은 공민왕의 정치적인 모험이었다. 그러나 공민왕이 개혁적인 입장을 취하고 있을 때 마다 개혁을 반대하는 원나라 세력들의 저항이 시작되었다.

「공민왕 14년(1365)왕은 이때 승 편조를 사랑하여 이를 師傳로 삼아 국정을 맡기었다.」[500] 공민왕은 신돈에게 정사를 맡길 정도로 신임했다. 신돈은 어떠한 이유로 공민왕과 인연을 맺었는지에 대하여서는 기록이 없어 알 수 없다. 신돈은 친원파 가운데 장군들까지도 개혁의 대상이었다. 그 당시에 최고의 권력을 쥔 최영에게까지 개혁의 칼을 들어냈을 정도로 신돈의 위세는 대단하였다. 태고보우와 신돈은 이러한 가운데 상면하게 되고 태고보우와 신돈은 대결을 하게 된다. 태고보우는 임제선종이고 신돈은 화엄계통의 화엄종 승려였다. 고려 말기 불교계에서는 태고보우와 신돈의 관계는 극과 극으로 보아야 한다. 태고보우는 승려로서의 전통적인 교육을 받았지만 신돈은 노비의 아들로 교육을 전혀 받지 않은 화엄종 승려라는 점에서도 드러났다. 고려 말기에 고려 불교의 위기를 맞이했는데 불교계뿐만 아니라 고려마저도 멸망하는 위기에 처하게 된다. 개혁적인 인물중에서 공민왕이 찾고자 한 인물이 바로 신돈이었다. 친원파들에 의하여 죽임을 당할 것을 노국공주의 힘으로 죽음을 면

---

500) 진단학회 『한국사』, (중세편), 을유문화사 1981.p, 664.

했던 과거를 항상 생각하지 않을 수 없다.

「신돈이 정치에 관여하면서부터 공민왕과 보우의 관계는 전과 같이 않게 되었다. 그리고 신돈이 정치실권을 장악하고 표면에 나서자 보우의 입지는 불투명해지고 이에 따라 보우와 신돈 사이도 심각한 알력이 생겼다.」[501] 태고보우는 신돈이 정치에 참여하자 공민왕과 거리를 두었다. 태고보우에게 주어진 모든 승려들의 관리권이 태고보우에게 있음에도 불구하고 신돈에게 승록사의 권한을 부여하였다. 이러한 일은 고려 사회에서는 없던 일이다.

「공민왕 15년 병오년(1366) 4월 신돈이 재추와 함께 광주 천왕사의 불사리를 맞이하여 왕룡사에 두었다. 왕이 백관을 거느리고 가서 보고 황금과 채색비단을 보시하고 승려에게 배 8백 필을 내려주었다 재추이하의 관원이 관대하고 뜰에 섰는데 신돈은 반비의를 입고 손에는 둥근 부채를 들고 왕과 나란히 어상에 앉았다. 왕이 사리를 보고 절하니 신돈도 절하였으며 신돈이 연화문을 소매 속에서 꺼내 서서 왕에게 주니 왕이 이것을 받으면서 더욱 공손하였다.」[502] 공민왕은 불타의 사리를 보시고는 절을 하였는데 신돈도 절을 하였다고 한다. 본래의 기록은 신돈은 사리에 절을 하지 않았다고 해야 비판의 문장이 될 수 있는데 신돈이 왕과 같이 따라서

501) 유영숙, 「고려 후기 선종사연구」, 동국대학교 대학원 박사학위논문, 1994.p, 107.

502) 김종서, 『신편 고려사절요』(하), 민족문화추진회, 신서원, 2004, pp, 309-400.

절을 하였다고 한다.

「공민왕 15년 병오년(1366) 5월 정혜일에 왕의 생신이라 하여 내전에서 승려 7백 명에게 음식을 베풀고 포 1천여 필을 주었다.」[503] 공민왕의 생일이라고 하여 승려들에게 공양을 대접하였는데 이 자리에는 물론 신돈이 참석하였다.

「공민왕 15년 병오년(1366) 6월 노국공주의 영전을 왕륜사의 동남쪽에 크게 짓는데 백관으로 하여금 나무와 돌을 실어 운반하게 하였다. 수 백 명의 인부가 큰 목재 한 개를 끌고도 앞으로 나아가지 못하고 어허야 어허 하는 소리가 천지에 진동하고 밤낮으로 끊이지 않으며 죽은 소리가 길게 죽 널렸다.」[504] 공민왕은 노국공주의 영정을 앞에 두고 살았던 것을 보면 노국공주에 대한 애정이 있었던 것으로 보이는데 실로 공민왕은 노국공주의 덕으로 살았다고 말할 수 있다.

「공민왕 15년 병오년(1366) 7월 기유일 왕이 불복장(佛福藏)에까지 걸어가서 승 천희(千禧)를 방문하였다.」[505] 공민왕은 천희가 머물고 있는 곳까지 방문하였다. 천희는 신돈에 의하여 왕사로 등용된 화엄종의 승려였다. 공민왕에게는 태고보우에 비견되는 승려를 찾고자 하였다. 태고보우는 신

503) 효탄, 『고려사불교관계사료집(번역편), 민족사, 2001, 272.

504) 김종서, 『신편 고려사절요』(하), 민족문화추진회, 신서원,2004, p, 313.

505) 리외섭 역, 『고려사』(11), (4) 고전연구소 고전연구실 사회과학원, 1964, p, 131.

돈의 등장으로 인하여 공민왕과의 거리를 두지 않을 수 없다.

「공민왕 15년(1355) 7월, 그 무렵 원에서 귀국해 불복장에 있는 천희를 국왕이 방문하여」[506]공민왕과의 친밀감을 보여주었다. 천희가 원나라에서 귀국하였고 신돈이 공민왕에게 국사로 천거하였다. 태고보우는 신돈에 대하여 불만이 많았다. 태고보우는 임제종의 승려이고, 천희는 화엄종의 승려였다. 공민왕이 찾고자 한 인물이 바로 신돈이며 신돈은 화엄종의 승려였다. 신돈은 화엄종의 승려의 몸으로 공민왕의 마음을 사로잡았다. 노비출신 모친으로 인하여 신돈의 성장은 학문적으로 미천하였으며 승과시험 또한 합격하지도 못했다. 그러한 공민왕에게는 신돈의 등장은 하나의 힘이 되었다. 공민왕은 신돈의 파별이 없는 점을 활용하려고 하였다. 고려 불교는 친원파인 천태종이 그 힘을 발휘하고 있었던 반면에 조계종인 지눌 보조계통의 조계종은 그 힘을 발휘하지 못하고 원나라로부터 임제종을 전수받은 태고보우에게 그 자리를 물려준 시기였다는 것을 알 수 있다. 공민왕은 고려를 개혁하려고 하였던 것과 홍건적의 고려 침입으로 개혁은 전면적으로 중단하지 않으면 아니 되었다. 고려는 위기를 맞이하였다. 공민왕이 고려를 개혁하려고 한 것은 친원파들을 청산하고 고려의 자주적인 나라로 만들기 위하여 나서고 있을 무렵에 홍건적이 고려를 침략함에 있어서

506) 유영숙, 「고려 후기 선종사연구」, 동국대학교 대학원 박사학위논문, 1994, p, 108.

개혁이 중단되었다. 그러나 공민왕은 신돈에게 정치적 힘을 부여하여 개혁을 단행했다.

「공민왕 15년 병오년(1366) 8월 덕녕공주가 태후를 위해 무예부에서 진치를 베풀었는데 왕이 모시고 있었다. 신돈이 왕을 따라 들어가서 태후를 뵈었는데 태후가 앉을 지리를 내주지 않으니 신돈이 빨리 나가버렸다. 왕이 태후에게 아뢰기를 첨의는 나라의 주석인데 어찌하여 앉을 자리를 내주지 않습니까 하니 태후가 정색 하면서 이르기를 미망인이 어찌 감히 외간 스님과 자리를 같이 할 수 있겠소 하였다. 왕은 잠자코 말이 없었다. 이로 말미암아 신돈이 태후에게 원한을 깊이 품었다. 이 때 공경과 구신들이 모두 내쫓겨서 신돈이 꺼려하는 사람은 태후뿐이므로 온갖 계책을 써서 참소하고 이간하였다.」[507] 신돈과 태후와의 관계에 있어서 문제를 일으킨 것은 덕녕공주가 태후를 위하여 위안의 행사를 하였을 적에 앉은 자리로 문제를 삼았는데 그러한 자리 때문에 국가를 관리하는 신돈에게 반감을 가졌다는 것은 잘못이라고 말할 수 있다. 신돈은 그러한 문제를 가지고 앙심을 가질 필요는 없다. 그런데 신돈은 앙심을 가졌다.

「腐敗한 귀족사회의 勢力을 덜기 위하여 이공수 경천흥 이수산과 같은 世祿의 臣을 陶汰하고 될 수 있는 데로 자기와 연고가 있고 門地의 寒微한자를 登用하고 또 王에게 청하여 田民辨正都監이란 관청을 두고 스스로 그 判事가

507) 김종서, 『신편 고려사절요』(하), 민족문화추진회, 신서원,2004, pp, 313-314.

되어 權勢家와 富豪들의 占奪한 田民을 推整하여 각각 그 本主에게 돌려보내고 또 노비로서 良을 呼訴하는 자는 解放하였다.」[508] 신돈은 공민왕이 실시하지 못했던 정치적인 개혁을 단행했다. 신돈은 무소불휘의 정권을 휘둘렀다. 고려사회에서 가장 큰 병패는 귀족들이 차지하고 있는 토지였고 토지를 보유한 세력들이 거느리고 있는 노비들 이였는데 신돈은 자신이 노비출신이라는 점을 들어 가장 먼저 토지를 소유하고 있는 노비들의 문제를 해결하려고 전민변정도감을 설치하여 자신이 판사가 되어 노비문제를 해결하였다. 노비들에게 있어서 신돈은 성인이나 다름이 없는 인물이었다. 신돈은 천민 출신으로 노예해방을 선언하기도 했다. 신돈이 노예해방을 하는 바람에 그 동안 사원의 노비와 지주들이 거느린 노비의 해방에 대하여 비판의 목소리가 고려를 뒤흔들었다.

「공민왕 15년 병오년(1366) 겨울 신돈의 독한 마음을 아시고 인장을 돌려 왕사의 지위를 하직하고 도솔산에 들어갔다가 구름처럼 노닐면서 전주 보광사로 가서 머무셨다.」[509] 고려 시대는 강력한 힘을 가진 세력이 대부분 친원세력이다. 신돈이 고려를 개혁하는데 있어 반대를 하고 있는 세력들은 또한 거대 농장을 보유하고 있는 세력 친원 세력과 거대사찰을 거느리고 있는 승려들이었다. 태고보우에 대하여서도 신돈의 눈에는 개혁의 대상으로 보았다. 태고보우는

508) 진단학회 『한국사』, (중세편), 을유문화사 1981. pp, 665-666.

509) 백련선서간행회, 『태고록』, 번역, 장경각, 2008, p, 226.

신돈의 비난이 일어나자 왕사를 하직하였다.

「공민왕 16년 정미년(1367) 봄 원나라에서 신돈을 집현전 태학사로 삼고 의복과 술을 내려주니 신돈이 제 집에서 받아 자리 곁에 두고는 말하기를 이 물건이 무엇이냐. 다만 그가 주는 것이니 버릴 수는 없다 하였다. 신돈의 교만함이 이와 같았다.」[510] 원나라에서 신돈에게 집현전 태학사자격을 부여하였는데 이러한 것이 무엇을 말하고 있는 것인가라는 문제이기도 하다. 공민왕은 개경의 운세가 다했다는 설을 믿었다. 친원파들과 친원 권세가들은 신돈이 개혁하려고 하는 개혁에 대하여 비판하였다. 신돈의 개혁적인 부분에 대하여 고려의 백성들은 신돈을 찬양하기도 했다. 태고보우는 이미 왕사로서의 거대한 농장을 보유하기도 했다. 공민왕에게 있어서는 고려를 개혁함에 있어서 협력할 수 없었다는 것을 알았다. 태고보우도 친 원파의 임제종의 법을 받았기에 친원파로 보아야 한다.

「신돈은 공민왕 16년에 자기의 지지를 받은 화엄종의 千熙와 종파미상의 禪顯을 각각 국사와 왕사로 봉하였다.」[511] 신돈은 왕사나 국사를 임명하는 것은 왕이나 하는데 신돈은 태고보우가 왕사로 있는데 왕사를 새로 정한 것은 신돈의 권한이 왕권에 이르고 있다는 것은 논증하고 있다. 태고보우 국사에게도 공민왕과 신돈의 입장에서는 친원파들의 횡

510) 김종서, 『신편 고려사절요』(하), 민족문화추진회, 신서원,2004, p, 319.

511) 허홍식, 『고려불교사연구』, 일조각, 1986.p, 412.

포야 말로 공민왕에게 있어서는 걸림돌이 되었다. 신돈은 친원파들을 개혁하기 위하여서는 태고보우의 협력을 얻어야 하지만 신돈의 입장에서는 태고보우도 개혁의 대상이 되었다. 태고보우는 신돈의 정치적 행위에 대하여 불만을 가졌다.

「공민왕 17년 4월 여름 왕이 9재에 행차하여 이천(李詹) 등 7명에게 급제를 주었다. 처음에 왕이 신돈을 총애 하니 이제현(李齊賢)이 왕에게 아뢰기를 신이 신돈을 한번 보니 그 골상이 옛날의 흉인과 같아오니 전하께서는 가깝게 하지 마옵소서 하였다. 신돈이 이제현에게 감정을 품고 온갖 방법으로 헐뜯 었으나 그가 늙었기에 해치지는 못하고 왕에게 아뢰기를 유자(孺子)들은 좌주나 문생이니 하면서 서울과 지방에 포열하여 서로 청탁하여 하고싶은 대로 하니 이제현의 문생의 문하에서 대를 이어 문생을 보게 되어 온 나라에 도적이 가득 차니 유지의 해로움이 이와 같습니다 하였다.」[512] 이제현은 신돈에 대하여 공민왕에게 잘못을 지적하였다. 공민왕은 이제현의 진언을 바르게 듣지 않았다는데 이제현의 문생들의 권력이 도처에 있음을 알 수 있다.

「공민왕 17년 무신년(1368) 여름에 신돈은 말을 퍼트려 스님을 매장시키려 하였는데 그 음모와 간사한 꾀로 못한 짓이 없었다. 너무나 절박하게 말했기때문에 공민왕은 할 수 없이 그 말을 좇았다. 신돈은 제 마음대로 스님을 속리

512) 김종서, 『신편 고려사절요』(하), 민족문화추진회, 신서원,2004, p, 326.

산(俗離山)에 가두었다. 스님은 나무 껍질을 먹으면서도 그것에 편안해 하여 조금도 원망하는 빛이 없으셨다. 어느 날 저녁에는 선정에서 일어나 나는 죽으면 그만이지만 신돈이 가련하구나 하셨다.」[513)]

「공민왕 17년 무신년(1368) 6월에 왕륜사의 영전과 불전이 좁고 작아서 승려 3천 명을 수용할 수 없었으므로 즉시 명하여 헐어버리고 마암(馬岩)에 옮겨 짓게 하닌 백성들의 원망이 크게 일어났다.」[514)] 공민왕은 왕륜사 법당을 크게 증축하라고 명령을 내렸는데 그것은 바로 백성들에게 원성을 받을 만하다. 백성들은 고통에 신음하고 있는데 불당을 건립한다는 것은 잘못이며 또한 3천 명이라는 수가 작은 수가 아닌데 대형 법당을 건립한다면 그것은 바로 백성들의 고혈을 짜내는 일이 아니고 무엇인가. 백성들이 있지 않고 법당만 있다면 필요없는 행위라고 말할 수 있다.

「공민왕 17년 무신년(1368) 8월 을미일 왕이 명나라 군사가 원나라 수도를 포위하여 대단히 위급하다는 말을 듣고 좌상시(左常侍) 조민수를 의주(義州)와 정주(靜州) 등 처의 안위사(安慰使)로 전전리 판서 림 견미(林堅味)를 안주(安州) 순무사로 임명하였다.」[515)] 신돈이 개혁을 추진하고 있을 시

513) 백련선서간행회, 『태고록』, 번역, 장경각, 2008, p, 226.

514) 김종서, 『신편 고려사절요』(하), 민족문화추진회, 신서원,2004, p, 327.

515) 리외섭 역, 『고려사』(11), (4) 고전연구소 고전연구실 사회과학원, 1964, p, 141.

기에 원나라 황제가 북경을 도망하였다 그리하여 원나라를 대신하여 명나라를 택할지에 대한 공민왕의 선택이 또한 중요하다고 말할 수 있다. 공민왕은 원나라의 세력을 단절하기 위하여 개혁을 시도했으나 원나라가 망하려는 시기였고 명나라의 등장으로 인하여 고려에서는 명나라에 사신을 보내기도 했다.

「공민왕 17년 무신년(1368) 왕이 원나라의 황제가 북경으로 도망하였다는 소식을 듣고 백관을 모아 명나라에 사신을 보내는 일의 가부를 의논하게 하였다.」[516] 원나라 황제가 명나라를 선포하였던 주원장의 군대에 밀려 북경으로 도망을 갔다는 것은 공민왕으로 하여금 반가운 소식이라고 판단을 하였던 같다. 그리하여 공민왕은 원나라로부터 해방되는 그러한 기분 있었을 법하다

3. 태고보우와 신돈의 관계

태고보우와 신돈의 관계에 있어서 논 한다면 신돈은 공민왕의 정치적인 면에서 공민왕을 대신하여 고려를 원나라로부터 벗어나려는 개혁의 실천자이고 태고보우는 개혁의 대상이였다. 신돈이 개혁하려고 하였던 것은 고려의 친원 세력들이 차지하고 있는 농장이었다. 공민왕은 그러한 세력들

516) 김종서, 『신편 고려사절요』(하), 민족문화추진회, 신서원, 2004, p, 331.

을 개혁하는 문제가 최고의 이상이었는데 태고보우가 그들과 같은 개혁의 대상으로 신돈이 지목하였던 인물이다 그 이유는 태고보우는 거대 농장을 소유하고 있었고 태고보우의 농장에서는 수천 마리의 말과 가축들을 기르고 있었는데 그 가축들이 일반 백성들의 농장에서 피해를 당해도 막을 수가 없었다. 그것은 공민왕이 왕사이기에 말할 수가 없었다. 혹 말씽이 있으면 도성에 바치는 말이라고 하여 백성들의 피해를 막지 못하였다. 그만큼 태고보우는 권력을 누리고 있었다고 말할 수 있다. 신돈은 태고보우를 속리산에 유배시켰다. 속리산에 거주에 대한 제한을 한 것은 신돈의 권한이 얼마나 컸던가를 감히 짐작하지 않을 수 없다.

「공민왕 18년 정묘일(1369) 여름 신돈이 문수회를 연복사(演福寺)에 차렸다. 왕이 가서 그것을 보고 승려들에게 포 5천 5백 필을 주었다.」[517] 신돈이 문수회를 통해서 고려 불교를 바르게 성찰하려고 하였다. 신돈이 행하려고 한 개혁에 대하여서는 도처에서 신원 세력들은 신돈에게 저항했고 태고보우 왕사도 공민왕의 개혁적인 행에 대하여 반대를 하며 이탈하게 하였다. 공민왕은 신돈이 속해있던 화엄종 계통의 승려를 활용하고자 하였던 같다.

「공민왕 18년 정묘일(1369) 11월 신돈이 고인기(高仁器)의 머리털을 깎아 금강산으로 내쫓았다. 고인기는 본래 승려 석온(釋溫)인데 신돈에게 붙어 판소부 감사에 임명되었다.

517) 리외섭 역, 『고려사』(11), (4) 고전연구소 고전연구실 사회과학원, 1964, p, 145.

이 때에 와서 신돈의 역모를 누설시키니 신돈이 스스로 왕에게 변명하고는 고인기의 머리를 깎아 내쫓았으니 실상은 그를 몰래 보호한 것이다.」[518] 신돈의 운명은 공민왕 18년에 이미 시작되었고 신돈의 개혁정책은 실패로 돌아간 것이나 다름이 아니다. 이런 시기에 신돈은 태고보우에 대하여 비판적인 모습을 보였고 화엄종의 승려를 왕사로 등용하였다.

「신돈은 불교계의 거대한 조류인 임제종과 결합된 조계종의 보우를 축출하면서 교종인 화엄종의 千熙를 등장시켰으므로 불교세력은 크게 와해된 상태였다.」[519] 화엄종 승려들은 권력에서 이탈하였는데 신돈에 의하여 화엄종이 등장하게 된다. 화엄종을 활용하고자 하였던 신돈은 천희가 친원파가 아니라는 점을 활용하고자 하였던 것이 아닌가 한다. 그러나 공민왕이 고려의 정치적인 관점에서 고려를 개혁하려고 하였으나 성공을 이룩하지 못하였다. 마침 원나라의 세력이 약화되고 명나라가 성장하여 고려는 두 개의 강대국을 섬기는 세력이 등장하였다. 물론 불교의 통합적인 면에서도 실패를 하였다고 본다. 그 이유는 원나라의 임제종의 태고보우를 신돈이 축출하였고 종파의 기능을 상실한 화엄종의 승려를 왕사로 책봉한 이유다.

「공민왕 19년(1370년)9월 신축일 왕이 광명사에 가서 승

518) 김종서, 『신편 고려사절요』(하), 민족문화추진회, 신서원, 2004, p, 342.

519) 허홍식, 『고려불교사연구』, 일조각, 1986.p, 414.

려들을 모아두고 승려 혜근(惠勤)에게 명령하여 그들의 공부를 시험보아서 선발하라고 하였다.」[520] 공민왕 19년 9월에 혜근을 시켜 승과를 보게 하였는데 태고보우의 역할을 찾아볼 수가 없다. 혜근의 등장으로 인하여 화엄종 계통의 승려들이 신돈으로부터 밀려났고 신돈에 의하여 조계종 계통의 승려들이 승과를 감독하였다고 말할 수 있다. 신돈이 화엄계통의 승려라고 한다면 고려의 정신적인 지도력이 있었던 것은 사실이나 수선사계통과 요세 계통의 천태종과 태고보우를 중심으로 가지산파의 위력에 비하여 세력이 없었던 것으로 보인다. 신돈은 친원파들의 저항으로 인하여 개혁이 바르게 추진이 되지 못하였다. 고려의 존재를 위하여 신돈은 공민왕에게 천도할 것을 진언하기도 했다.

「옛날의 妙淸과 같이 所謂 道詵秘記의 松都氣衰說을 이끌어 王에게 遷都를 勸하여 혹은 平壤(西京)을 선택케 한일이 있고 또는 忠州를 그 후보지로 혹은 三蘇의 巡住를 勸한 일도 있었다.(以上은 모두 恭愍王 18年의 일)」[521] 신돈을 모함하는 지주들과 세도가들이었는데 친원세력들이 절대다수 반대를 하였다. 신돈이 추진하고자 하는 개혁은 바로 공민왕이 추진하려고 하였던 개혁이었다. 그런데 신돈은 새로운 개혁을 추진하려고 하였다. 신돈이 개혁하고자 하는 것 중에 가장 큰 것은 수도를 옮기려는 계획이었다.

---

520) 리외섭 역, 『고려사』(11), (4) 고전연구소 고전연구실 사회과학원, 1964, p, 176.

521) 진단학회, 『한국사』, (중세편), 을유문화사, 1891, p, 667.

「기유년(1369) 3월에 공민왕은 후회하고 승록사원 혜기(僧錄司員惠琪)를 보내 스님을 청하여 소설산으로 돌아오게 하였다.」[522] 신돈이 태고보우를 속리산에 가둔 것은 일대사건이 아닐 수 없다. 공민왕은 태고보우가 국사인데 국사를 속리산에 가둔 것은 고려의 개혁을 실천하기 위함이였다. 태고보우와의 결탁한 세력들을 개혁하지 않고서는 고려를 개혁하지 못한 다는 것을 신돈은 알았다.

「공민왕 신해년 20년(1371) 여름 4월에 권적대(權迹大)가 신돈을 위하여 잔치를 베풀면서 화산대를 설치하니 신돈이 불안하게 여겨 시원한 대청으로 옮기고 왕을 청하여 이를 구경하게 하였다.」[523] 신돈은 자신에 행한 사건에 대하여 불안하고 있었는데 이것은 바로 원나라가 명나라로 전환되는 가운데 정치적인 결단이 필요한 것이었다. 신돈은 공민왕을 시해하려고 하였던 것은 명나라 세력과 연대를 하려고 한 것이 아닌가 한다. 그러한 음모가 아니면 신돈이 공민왕을 시해하려고 계획을 하였다는 것에 대하여 이해가 가지 않는다.

「공민왕 신해년 20년(1371) 7월 가을 선부의랑 이인(李靭)이 신돈이 반역을 모의한 사실을 알고 성명을 숨겨 한림거사라 일컫고 글을 써서 밤에 재상 김속명(金續命)의 집에 던졌다. 김속명이 이 사실을 아뢰니 왕이 명하여 신돈의 당

522) 백련선서간행회, 『태고록』, 번역, 장경각, 2008, p, 226.

523) 김종서, 『신편 고려사절요』(하), 민족문화추진회, 신서원,2004, p, 359.

기현(奇顯) 최사원(崔思遠) 정귀한(鄭龜漢) 진윤검(陳允儉) 기중수(奇仲修) 등을 잡아 목 베었다.

왕은 성품이 시기심이 많고 잔인하여 심복대신일지라도 권세가 강성해지면 반드시 꺼려 목 베었다. 신돈이 자신이 포악을 떨침이 너무 심함을 알고 자기를 꺼릴까 두려워 반역을 도모했다. 왕이 헌릉과 경릉의 두 능에 배알할 적에 신돈이 그 당을 나눠보내 길가에 매복시켜 두고 큰일(弑害)을 행하기고 약속하였다. 그러나 무사히 왕이 궁에 돌아오니 신돈이 무리에게 말하기를 어째서 약속대로 하지 않았느냐 하니 그 무리가 말하기를 왕의 의장의 위엄이 심히 성대함을 보고 차마 범하지 못했습니다 하였다. 신돈이 노하여 꾸짓기를 너희들은 참으로 겁이 많아 쓸모가 없는 자들이다 하였다. 이후로 밤낮으로 모여서 모의하고 다시 날을 정하여 일을 거사하기로 했다 이때 관직을 구하는 자는 모두 신돈에게 붙었는데 이인(李靭)이 신돈의 문객이 되어 흉악한 계책을 자세히 알고 몰래 명부를 만들어 이를 기록하였다. 일이 급박해지자 상세히 교변하고는 곧 변장하고 도망쳐버렸다. 왕이 처음에는 이인이 무고한다고 의심하였으나 신돈의 당을 잡아 이들을 국문하니 모두 증거가 있었다. 드디어 신돈을 수원으로 귀양 보내고는 왕이 탄식하며 말하기를 익재(益齋 : 이제현)가 일찍이 신돈은 바른 사람이 아니므로 반드시 후환을 끼칠 것이라 말하더니 선견의 밝음은 미칠 수 없구나 했다. 또 근신에게 이르기를 내가 일찍이 신돈의 집에 가서 시비와 관계하여 아들을 낳았으나 그 아이를 놀라게 하지 말고 잘 보호하라 하였다. 아들은 곧 모니노(牟尼奴)이다.」[524] 신돈이 공민왕을 시해하려고 계획을 하였다는 것은 이해가 가지 않는다. 신돈이 공민왕을 시해하려고 하였던 것이 어떤 이유인지 알 수 없다. 그러나 신돈이야 말로 국왕의 지위를 얻은 것이나 다름이 아닌데 신돈이 공민왕을 시해하려는 의도가 있을 것인데 그것은 분명히 의문이다. 신돈이 공민왕을 시해하려고 하였던 것은 신돈을 모함하려는 세력들의 계획이라고 보아야 한다. 신돈이 공민왕을 시해할 이유가 없다. 신돈이 공민왕을 시해하려고 하였다는 고발에 의하여 신돈을 일시에 제거하는데 문제가 있다고 본다. 신돈이야말로 공민왕의 충실한 신하의 역할을 하고 있으며 신하로서 역할을 하고 있음이 보인다. 그러한 지위에 있는 신돈이 국왕을 시해한다는 것은 정치의 모함적인 기록일 뿐이다. 공민왕이 일시에 신돈의 측근이라고 하여 제거하는데 있어 문제가 있다. 공민왕은 이미 정치에 있어서 기능을 상실했고 신돈은 또한 신돈이 정치에 있어서 통치적인 능력이 없었다. 다만 군을 통제할 수 있는 권한을 상실했는데 그 군권의 전반에 이성계가 있었다는 점 신돈이 국왕의 시해에 대한 책임을 전가한 이유가 바로 명나라 추종세력들의 등장이다.

선부의랑 이인은 바로 명나라 추종세력으로 보아야 한다. 고려에 새로운 세력 명나라 추종세력들의 등장 이인은 바로

524) 김종서, 『신편 고려사절요』(하), 민족문화추진회, 신서원,2004, pp, 360-361.

공민왕 시대 신돈의 수하로서의 역할을 다하였고 이인은 명나라의 새로운 고려 정치의 후원세력이라고 보아야 한다. 그래서 명나라의 등장과 함께 신돈은 제거의 대상이 되었다고 보아야 한다. 분명한 사실은 신돈은 원나라를 추종한 세력이고 이인은 명나라의 추종세력이라는 점을 말하지 않을 수 없다. 신돈은 이인의 일파에 의하여 국왕을 시해하려고 하였다는 음모를 자행했다고 보아야 한다. 이인의 추종세력들이 신돈의 측사가 되었다고 말할 수 있다. 이인은 명나라의 추종세력이다.

「旽의 遷都 및 巡駐運動은 결국 그 效를 秦 치 못 하고 王이 最初의 기대와 속망의 어그러지는 일이 많아서 왕은 이로부터 점점 旽의 專恣 威福을 싫어하게 되었다. 旽이 自己의 行狀이 甚함을 알고 王이 自己를 물리칠까 저어하여 秘密裏에 王을 弑害하려고 도모하였으나 그것이 發露되어 旽은 水原에 流하였다가 未久에 伏誅되고(공민왕 20년)」[525] 공민왕은 신돈이 자신을 시해하려고 하였던 음모가 들어난 이상 신돈을 무지하게 주살을 하였다. 신돈에 대하여서는 용서가 없었던 것을 알 수 있다. 그런데 의문이 가는 것은 신돈이 공민왕을 시해하려고 하였던 의도가 무엇이냐 하는 것인데 그러한 의문에 대하여 해결할 방도가 전혀 없다.

「공민왕 20년(1371) 기유년 3월에 현능이 후회하고 승록사원혜기(僧錄司員惠琪)를 보내 스승을 청하여 소설산으로

525) 진단학회, 『한국사』, (중세편), 을유문화사, 1891, p, 669.

돌아오게 하였다. 홍무(洪武) 4년 신해 7월에 신돈이 분외(分外)의 일을 넘겨보므로 현능은 그를 베어죽이면서 내 스승이 어찌 거짓말을 하겠는가 하고 예부상서 홍상재(禮部尙書 洪尙載)와 내시 이부(內侍李簿)에게 명하여 예를 갖추어 국사(國師)로 승진해 봉하고 법호를 내리고는 다시 양근은 스승의 모향(母鄕)으로서 본래 익화현(益和縣)이던 것을 군(郡)으로 승격시켰다. 그런 뒤 영원사(瑩原寺)에 머무르기를 천하였으나 스승은 병을 청탁하고 사양하셨다.」[526] 공민왕은 신돈에 의하여 속리산에 유배되었던 태고보우를 즉각적으로 속리산에서 풀려 나왔다. 공민왕이 신돈의 말을 듣지 않고 태고보우의 진언을 청해들었다면 신돈과 같은 비정상적인 정치를 시행하지 않았을 것이라고 말할 수 있다. 만일에 태고보우가 신돈이 주살되었을 시기에 국사로서의 소임을 다하였다면 신돈과 같은 요승은 출현하지 않았을 것이며 공민왕에 의하여 고려는 발전하였을 것으로 본다.

「공민왕 신해년 20년 (1371) 7월 좌시중 이춘부 참지문하부사 김란(金蘭) 동지밀직 홍영통(洪永通)승지 김진(金鎭)이 사죄하기를 신등이 신돈과 일을 같이 본 지가 오래 되었습니다. 이제 신돈은 귀양갔는데 신들만이 면했으니 국내의 공론을 어찌하겠습니까 하니 왕이 이르기를 우선 돌아가서 일을 보라 하였다.」[527] 신돈에 대한 국왕 시해사건에 대하

---

526) 『태고집』, 김달진 역주, 세계사, 1991, p, 273.

527) 김종서, 『신편 고려사절요』(하), 민족문화추진회, 신서원,2004, p, 361.

여서는 공민왕이 방관한 점도 있을 수 있다. 실로 신돈이 공민왕을 시해할 계획을 세우고 있었다는 것은 문제가 있으며 신돈은 공민왕을 시해하려고 하였던 점을 찾을 수 없다.

「공민왕 신해년 20년 (1371) 8월 정혜일에 승려 혜근(惠勤)을 왕사로 삼았다.」[528] 공민왕은 혜근을 왕사로 삼음으로 인하여 고려 불교를 조계종이라고 논하는 원인이 되었다. 혜근도 물론 석옥청공의 법을 받았다고 하나 태고보우를 전통적인 법의 전승자로 본 반면에 혜근에 대하여서는 전승자로 보지 않았다.

「공민왕 신해년 20년 (1371)10월 왕이 여러 신하를 모아 잔치를 베풀었는데 초저녁이 되자 화살이 뜰에 떨어지자 궁성에 계엄을 내렸다.」[529] 공민왕을 시해하려는 사건이 발생한 이래 공민왕은 너무도 태연하였으며 공민왕을 시해하려던 음모를 발견했음에도 불구하고 신돈의 일파만 제거하고 또한 신돈에 대한 죽임을 강행할 뿐이었다. 공민왕은 신돈에 대한 책임 추궁을 하지 않고 수원에 유배한 뒤에 신문도 하지 않고 죽임을 강행하였다는 점을 들어 신돈의 공민왕 시해 사건은 일종의 친위적인 사건이라고 보아야 한다. 신돈사건이 발생한 뒤에도 공민왕은 여러 신하들에게 잔치를 했는데 화살이 떨어져 궁성 안에만 계엄을 선포할 뿐이었다. 고려사에는 신돈의 모반에 대하여 자세한 기록이 없다.

---

528) 효탄, 『고려사불교관계사료집(번역편), 민족사, 2001, 282.

529) 김종서, 『신편 고려사절요』(하), 민족문화추진회, 신서원,2004, p, 365.

1) 공민왕의 죽음과 고려

공민왕은 자신을 믿고 신뢰하였던 개혁을 강하게 추진하던 역사를 단절하고 개혁은 단절시켰다. 그동안 공민왕이 추진하려고 하였던 고려의 개혁은 중단되고 명나라 세력과 뜻을 같이 하려고 하였던 새로운 세력에게 공민왕은 말려들었다. 공민왕은 분명히 원나라의 지지를 받았던 친원 세력이라는 사실이다. 그러나 신돈을 주살한 이후에는 공민왕을 지지할 수 있는 세력이 아무도 없다는 사실이다. 신돈의 죽음으로 인하여 공민왕이 신돈에게 명하여 고려를 개혁하려고 하였던 고려 정치개혁은 좌절되고 말았다. 만일에 신돈이 개혁하려고 하였던 정치개혁이 성공했다면 고려 시대는 분명히 사람이 주인 되는 평등 세상이 되었을 것인데, 신돈이 추구하고자 하였던 개혁은 좌절되고 개혁을 추진하려고 명령했던 공민왕도 비참히 자신의 측근에 의하여 죽임을 당하고 말았다. 신돈이 추진하려고 하였던 개혁은 바로 공민왕이 개혁하려고 하였던 개혁이다 그 대상은 친 원 파인 기득권을 가진 세력이며 그 세력들은 공민왕의 개혁에 대하여 명나라를 의지하여 생존의 논리를 찾기 위하여 결사적으로 반대하였다. 신돈이 없는 공민왕은 자신의 존재를 부측일 수 있는 후원세력이 없다. 그래서 공민왕은 자위적인 행동으로 나아갔다고 보아야 한다.

「공민왕 21년(1372) 겨울 10월에 자제위(子弟衛)를 설치하여 나이 어리고 얼굴이 아름다운 자를 뽑아서 여기에 소속시키고 대연 김흥경(金興慶)이 맡게 하였다. 홍륜 한안 권진 홍관 노선 등이 음란함으로써 왕의 사랑을 얻어 항상 침실에서 모셨다. 왕이 대를 이을 아들이 없음을 걱정하여 홍륜 한원의 무리로 하여금 여러 비와 강제로 관계시켜 사내 아니를 낳게 하여 자기 아들로 삼으로 하였다. 정비(正妃) 혜비(惠妃) 신비(愼妃) 세 비는 죽음을 항거하고 따르지 않았다. 대전보마배행수조준(趙浚)이 탄식하여 말하기를 인도가 없어졌으니 다시 무엇을 말하겠는가 더구나 왕이 형벌을 주고 은전을 베풀어 벼슬을 주기도 하고 빼앗기도 하는 모든 일을 항상 여러 많은 소인들과 의논하고 군자와는 의논하지 않으니 오늘날의 사태는 매우 위태하다 했다.」[530] 공민왕은 자신이 아들이 없는 관계로 아이들을 뽑아서 궁중에 있는 궁녀들로 하여금 음난한 행을 하도록 하였다. 마치 이러한 행을 즐기는 모습으로 기록한 것은 공민왕을 비하 하는 행위이다. 공민왕이 그러한 행을 하였다고 한다면 대신들에게도 문제가 있다. 이러한 행에 대하여 막았어야 한다. 그러나 조준이라는 대신의 글에 의하면 정비나 혜비 신비는 그러한 정조를 지키기 위하여 그런 행을 거부하여 자결하였고 후궁들에게도 얼굴을 가리고 공민왕은 그러한 모습을 즐겼다고 한다.

---

530) 김종서, 『신편 고려사절요』(하), 민족문화추진회, 신서원,2004, pp, 370-371.

「공민왕 22년(1373) 3월 홍안부원군 이인복(李仁復)이 죽었다. 이인복은 인품이 정대하고 근후하며 예로써 몸을 닦고 학문에 힘스며 글을 잘 지어 그의 손으로 지은 국가의 사명이 많았다. 왕이 신돈을 총애할 적에 이인복이 비밀리에 아뢰기를 신돈은 마음이 바른 사람이 아니므로 훗날에 반드시 변을 일으킬 것이오니 멀리하십시오 하였으나 와이 듣지 않았다. 뒤에 신돈이 죽임을 당하니 왕이 그의 선견지명에 탄복하였다 이 때에 와서 등창을 앓아 거의 죽게 되었는데 아무 이인임(仁任)이 염불하기를 권하니 대답하기를 내가 평생 본래 부처에게 아첨하지 않았는데 이제 어찌 스스로 속이겠느냐 했다. 시호는 문충(文忠)이다.」531) 공민왕은 이인복이 말하는 소리를 듣지 않았다는 말을 하기 위함인데 본래 공민왕은 자신이 행한 사실에 대하여 알지 못하고 있는 것이며 신돈이 그러한 자임을 생각하면서도 자신의 역할을 할 수 있는 사람을 찾았던 것인데 이임복이 진언을 한다고 하여도 들어 줄 수 없었다. 만일에 공민왕이 신돈을 가까이 하지 않았다면 공민왕은 원나라 세력에게 죽임을 당했을 수도 있다. 어쩌면 공민왕의 생존의 술책이라고 말 하지 않을 수 없다.

「공민왕 22년(1373) 가을 을사일 모니노(牟尼奴)에게 우(禑)라고 이름 지어주고 그를 강녕 부원대군(江寧府院大君)으로 봉하였다. 백관이 이 책명을 축하하였으며 성당 문학

---

531) 김종서, 『신편 고려사절요』(하), 민족문화추진회, 신서원,2004, p, 382.

백 문보(白文寶) 전록생(田祿生) 대사성 정추(鄭樞) 등에게 명하여 그들 교양하게 하였다.」[532] 공민왕 22년에 우를 왕위를 이을 수 있는 교양을 지도하였다. 공민왕이 이러한 절차를 이행하는데 철저한 계획으로 실천하였다면 신돈과 공민왕에게 개혁의 대상이 되지 않았을 것인데 태고보우는 신돈의 개혁대상에서 벗어날 수 없었다.

「공민왕 23년(1374) 9월 갑신일 환자 최만생(崔萬生)과 행신 홍륜 등이 왕을 시해하였다. 하루 전날에 최만생이 왕을 따라 변소에 가서 비밀리에 아뢰기를 익비가 아기를 밴 지가 벌써 5개월이 되었습니다. 하니 왕이 기뻐하면서 이르기를 내가 일찍이 영전을 부탁할 사람이 없음을 염려하였는데 비가 이미 아기를 배었으니 내가 무슨 근심이 있으랴 하였다. 조금 뒤에 묻기를 홍륜이라고 비가 말합니다. 하였다 왕이 이르기를 내가 내일 창릉에 배알하고 주정하는 체 하면서 홍륜의 무리를 죽여 입막음을 하겠다. 너도 이 계획을 알고 있으니 마땅히 죽음을 면하지 못할 줄 알고 알아라 하니 최만생이 두려워하였다. 이날 밤에 최만생이 홍륜. 권진 홍관 현안 노선 등과 모의하고 왕이 술에 몹시 취한 것을 틈타 칼로 찌르고는 부르짖기를 적이 밖에서 들어왔다 하였다. 위사들은 겁을 내어 떨면서 감히 움직이지 못하고 재상과 백관들도 변고를 듣고도 오는 사람이 한 사람도 없었다. 이른 새벽에 태후가 강녕대군 우(禑)를 데리고 내전에 들어

532) 리외섭 역, 『고려사』(11), (4) 고전연구소 고전연구실 사회과학원, 1964, p, 210.

와서 상을 숨기고 발표하지 않았다 이인임은 승려 신조(神照)가 상시 대궐안에 있으면서 완력이 있고 간사한 꾀가 많음으로 난을 일으켰는가 의심하여 옥에 가두었다. 조금뒤에 병풍과 최만생의 옷 위에 뿌려진 피 흔적을 보고 최만생을 옥에 가두어서 국문하여 그 진상을 모두 알았으므로 드디어 홍륜 등을 옥에 가두었다.」[533] 공민왕과 함께 있었던 승려 신조가 어떠한 역할을 하였는지 알 수 없다. 특히 공민왕은 최만생에 의하여 죽임을 당했다. 공민왕의 슬픈 시대를 마감을 하였는데 이것은 또한 태고보우의 역할이 부족한 면이 있다는 것을 말할 수 있다. 태고보우는 공민왕이 신돈을 주살했을 적에 공민왕을 위하여 봉사했어야 한다.

「공민왕 23년(1374) 9월 갑신일 왕이 갑자기 죽었다. 왕위에 23년 있었으며 나이는 45세였다. 왕의 성질은 본래 엄격하고 신중하였으며 행동이 예의가 맞았다. 그러나 만년에 와서 의심이 많고 조포하여 질투가 강하였고 황음에 빠졌다.」[534] 공민왕은 최만생에 의하여 죽임을 당했는데 이것은 있을 수 없는 사건이다. 물론 왕궁에서 자행된 사건에 대하여 평할 수는 없다. 하지만 공민왕이 왕궁에서 그러한 행을 하였을 적에 태고보우는 무엇을 하고 있었던가. 태고보우국사가 나서 국가의 장례를 위하여 진언했어야 한다. 특히 이

533) 김종서, 『신편 고려사절요』(하), 민족문화추진회, 신서원,2004, p, 387.

534) 리외섭 역, 『고려사』(11), (4) 고전연구소 고전연구실 사회과학원, 1964, p, 241.

색 정몽주 정도전 등은 무엇을 하였던가. 공민왕에게는 충성을 다하는 신하가 없었다는 것을 단적으로 말해주고 있다. 신돈이 고려 개혁을 성취하고 공민왕이 그러한 생활을 하지 않았다면 고려는 발전하였을 것인데 신돈의 개혁적인 활동이 중단되고 말았기 때문이다. 공민왕은 신돈을 이용하여 자신이 고려의 정치를 개혁하려는 의지를 신돈에게 위임통치 하였음에도 불구하고 신돈을 비참하게 희생자로 만들어 죽임을 결행하였다. 만일에 공민왕 자신이 바른 정신으로 고려를 개혁하였다면 신돈과 같은 인물이 등장할 수도 없었다.

2) 우왕 시대 국사

태고보우는 신돈의 모함을 받고 속리산에 유배를 당한 뒤에 신돈이 주살된 이후에 속리산에서 벗어났다 태고보우는 공민왕으로부터 왕사에서 국사로 승진했으나 참여를 하지 않았다. 소설산으로 돌아와 정진을 하였다. 공민왕이 시해된 뒤에도 태고보우는 소설산에 있었다. 소설산에서 정진하고 있는 동안에 우왕은 태고보우를 국가로 삼고 양산사에 거주하기를 청하였다 공민왕이 죽임을 당하고 난 뒤에 공민왕의 죽음에 대하여 발표를 하지 않았다. 그것은 누구를 고려왕으로 추대할 것인가에 대한 의견이 있었다.

「공민왕 23년(1374) 9월 혜일에 태후와 시중 경복흥은 종친을 왕으로 세우고자 하고 시중 이인임은 우를 세우고자 하여 의논이 주저주저하며 결정을 내리지 못하니 도당에서도 서로 쳐다만 보고 감히 말을 꺼내지 못하였다. 판삼사사 이수산이 말하기를 오늘날에 계책은 마땅히 종실 영년군 유(瑜)에게 있어야 된다 하였다. 밀직 왕안덕(王安德) 등이 이인임의 뜻에 맞추어 크게 말하기를 왕이 이미 대군을 후사로 삼았니 이를 버리고 어디서 구할 것이냐 하였다. 이인임이 백관을 거느리고 우(禑)를 왕으로 세웠으니 나이 10세였다.」[535] 공민왕이 최만생에 의하여 죽임을 당한 이후에 우를 왕으로 추대를 하였는데 당시의 나이가 10세였다.

「우왕 즉위년(1273) 9월 계해일에 왕륜사 영전에 행차하였다가 돌아와서 화원에서 잔치 하였다.」[536]우왕은 10세인데 고려의 국왕이 되었는데 이것은 바로 정통성을 확인하였다. 고려의 모든 법을 집행할 수 있는 권한이 주어졌다.

「우왕 즉위년(1273) 9월 백관이 거리에서 최만생 홍륜을 사지를 수례에 매고 끌어당겨 찢어 죽이고 한안 권진 홍관 노선과 그들의 여러 아들을 목 베어 머리를 매달고 가산을 적몰하였다. 또 처와 첩들은 나누어 관비로 삼았다. 한안의 아비 한방신 노선의 아비 노진(稹) 권진의 아비 권용(권鏞) 홍관의 아비 홍사보(師普)는 곤장을 쳐서 도륜안에 적어 넣

---

535) 김종서, 『신편 고려사절요』(하), 민족문화추진회, 신서원,2004, p, 388.

536) 효탄, 『고려사불교관계사료집(번역편), 민족사, 2001, 284.

어 먼 곳으로 귀양보내고 친숙질과 종형제도 모두 곤장을 쳐서 귀양보냈다. 환관 김사행(金師幸)은 대행왕에게 아첨하고 미혹하게 하여 토목의 역사를 일으킨 죄로 몰입하여 익주의 관노로 삼고 그 가산을 적몰하였다.」[537] 공민왕은 자신이 스스로 정치적인 악행에 의하여 최후를 마감하고 말았다. 공민왕의 생애를 어떻게 기록을 해야 할 것인가에 대한 역사적인 기록은 비극의 고려왕이라고 말할 수 있으며 고려왕의 존재를 말할 수 없다. 공민왕은 고려왕으로서의 역할을 다하지 못하고 역사의 뒤편으로 숨도록 기록을 하여야 한다. 공민왕의 비극적인 삶을 역사에 남길 수 없다.

「우왕 즉위년(1374) 10월 경신일 현능(玄陵)에 장례를 지냈다. 이날 무지개가 해(日)를 둘러 쌌으며 해 곁에 또 크고 작은 해가 둘이 보였다.」[538] 우왕은 공민왕의 장례를 치르고 왕으로서의 역할을 하기도 했다. 우는 고려의 왕위를 계승하여 고려를 이어갔다. 우왕은 10살인데 고려를 통치할 수 있었을 지 의문이다. 우왕에 대한 관심은 진실로 우왕이 신돈의 아들인지 아닌지에 대하여서는 아직도 논쟁이 있을 수 있다. 우왕은 신돈의 아들이 아니라고 보아야 한다.

「우왕 즉위년(1374) 11월 김홍경이 처형되었다. 일찍이 오헌(吳獻)이 홍륜 등의 음모를 듣고 김홍경에게 알리니 김홍

---

537) 김종서, 『신편 고려사절요』(하), 민족문화추진회, 신서원,2004, p, 389.

538) 리외섭 역, 『고려사』(11), (4) 고전연구소 고전연구실 사회과학원, 1964, p, 245.

경은 홍륜 등이 왕의 총애를 받았으므로 왕이 이를 믿지 않으면 도리어 그들에게 해를 당할까 두려워하여 망설이면서 감히 왕에게 아뢰지 못하였다. 난이 일어나자 오헌이 최영에게 자세히 알리므로 최영이 오헌을 김홍경의 귀양간 곳에 보내 대질을 하게 하였다 김홍경이 오헌을 돌아보며 말하기를 일찍이 너의 입에서 젖냄새가 날 때 내가 너를 선왕에게 천거하였는데 네가 도리어 나를 해치고자 하느냐 하니 오헌이 말하기를 내가 홍륜 등의 역모를 공에게 알린 것이 곧 공의 은혜에 보답한 것입니다 했다. 김홍경이 대답하지 못했다.」[539] 김홍경은 신돈과 같은 역할을 하려고 하였으나 내시들의 시기질투로 인하여 공민왕은 죽음을 당하고 말았다. 공민왕의 행위에 대하여 비판하지 않는 자는 없을 것이며 왕으로서의 역할을 다하지 못한 왕이라고 말할 수 있다.

「우왕 1년(1375) 어렸을 때의 이름은 모니노(牟尼奴)인데 신돈의 비첩반야(般若) 소생이다 혹자는 말하기를 반야가 낳은 아이는 죽고 다른 아이를 훔쳐다 길렀는데 공민왕이 자기 아들이라고 일컬었다고 했다. 왕이 죽으니 이 인이 세워서 임금으로 삼았는데 공양왕이(恭讓王) 즉위하자 그를 죽였다. 참람하게 왕위를 차지한 기간이 14년이다.」[540] 우왕은 공민왕의 소생이 아니라고 하지만 믿을 수 없다. 우왕은 10

539) 김종서, 『신편 고려사절요』(하), 민족문화추진회, 신서원,2004, p, 389.

540) 김종서, 『신편 고려사절요』(하), 민족문화추진회, 신서원,2004, p, 393.

살 때에 고려의 왕위에 오르게 된다. 신돈이 낳은 반야의 아들이라고 말한다면 공민왕의 역할은 없다.

「우왕 원년(1375) 정월에 신우가 보제사(普濟寺)에 가서 백일재(百日齋)를 올리고 상복(喪服)을 벗었다. 판종부시사(判宗簿寺事) 최원(崔源)을 명나라 서울로 보내여 상사를 고하고 시호를 청하였으며 왕위의 계승을 고하였다. 신우가 처음으로 서연(書筵)을 설치하고 전록생(田綠生)과 이무방(李茂方)으로 스승(師傅)을 삼았다.」[541] 우왕은 공민왕의 뒤를 이어 왕위를 이었고 왕이 행할 수 있는 교육을 받도록 하였다. 한마디로 말하자면 스승이 정해졌다 스승이 정해지므로 정치를 바르게 할 수 있는 토대를 마련했다.

「우왕 원년(1375) 나하추가 사신을 보내 우왕이 왕위를 계승한 것을 무렀다. 이 때에 복원에서 현능이 아들이 없다 하여 심왕 호(暠)의 손자 탈탈불화(脫脫不花)를 봉하여 왕으로 삼았기 때문에 이 물음이 있었다.」[542] 우왕은 10세에 고려왕이 되었지만 심왕의 손자를 왕으로 삼으로려고 하였던 세력도 있었다.

「우왕 원년(1375) 2월에 동지밀직(同知密直) 한방언(韓邦彦)으로 양광도 부원수(楊廣道副元帥) 겸 도순문사(都巡問使)로 삼았다.

---

541) 리외섭 역, 『고려사』(11), (4) 고전연구소 고전연구실 사회과학원, 1964, p, 247.

542) 김종서, 『신편 고려사절요』(하), 민족문화추진회, 신서원,2004, p, 394.

우가 다음과 같은 글을 내렸다.

"내가 어린 몸으로써 선왕의 기업(基業)을 계승하여 신민(臣民)의 위에 있으면서 정사할 줄을 잘 모르기 때문에 천재와 지변이 여러번 나타나니 돌이켜 볼 때 미약한 내가 어떻게 이를 감당해 나갈 것인가 이것이 어찌 정사와 형벌이 정당하게 시행되지 못하고 백성들이 자기 생활에 안도하지 못한데 기인한 것이 아니겠는가 아 서울과 지방의 모든 대소신하들은 각기 자기의 힘과 마음을 다하여 자기의 직무 수행에서 빈문자만을 삼지 말고 실효를 거두기에 노력하여 풍년과 태평을 가져오게 하라.」[543)]

우왕이 교지를 내렸는데 자신의 역할이 무엇인지 알지를 못하고 있는 것을 알 수 있다. 우왕이 진실로 정치를 잘 할 수 있을지 예견하기가 어렵다. 이것은 바로 태후의 간악함이 말해주고 있기 때문이다. 태후는 우왕에 대하여 너무도 잘 알고 있었던 것이며 공민왕의 정치적인 모습도 태후의 방관자적인 행위에서 일어났다고 보지 않을 수 없다.

「우왕 2년(1376) 2월 신돈의 첩 반야가 밤에 몰래 태후궁에 들어가 울부짖으며 아뢰기를 "제가 실상 주상을 낳았는데 어째서 한씨(韓氏)를 어머니로 합니까" 하였다. 태후가 쫓아내니 이인임이 반야를 옥에 가두었다. 대사헌 안종원(安宗源) 등이 상소하였다 연성군 김현(金玄)이 궁중의 일을 오

543) 리외섭 역, 『고려사』(11), (4) 고전연구소 고전연구실 사회과학원, 1964, p, 247.

로지 맡고 있는데 반야가 바로 궁중에 들어와도 금지하지 않아 태후를 놀라게 하고 여러 사람의 이목을 해괴하게 했으니 법관에 회부시켜 국문하여 죄를 다스리게 하소서. 이에 김현을 희덕현에 귀양보냈다.」[544] 신돈과의 관계가 있다면 반야는 그러한 행을 하여서는 아니된다. 만일에 우왕이 반야의 아들이라고 한다면 왕이 되었다는 것 하나로 최고의 가치를 생각해야 했다. 반야가 그러한 행을 하였다면 우왕에게도 정치적으로 타격을 받지 않을 수 없다.

「우왕 2년(1376) 4월 여름 승 나옹(懶翁)을 밀성군으로 내쳤다. 이 때 나옹이 양주 회암사에서 문수회를 베풀었는데 중앙과 지방의 남녀들이 귀한 사람 천한 사람 할 것 없이 다투어 포백 과실 떡을 싸가서 보시하기 위해 서로 먼저 이르려고 절의 문이 메워질 지경이자 추방한 것이었는데 가다가 여홍 신륵사에 이르러 죽었다.」[545] 나옹이 회암사에서 문수회를 베풀다가 사헌부에서 추방을 당했는데 조계종의 승려로 추앙한다는 것은 있을 수 없다. 신륵사에서 나옹은 죽임을 당했다고 보아야 한다. 나옹의 죽음은 고려불교에 대한 狀況을 바르게 성찰할 수 있다. 고려 불교는 한마디로 국가에서의 관리적 통치적 차원에서 이탈하고 있음을 알 수 있다. 또한 회암사가 조계종의 거찰이라고 말하지만 원나라

544) 김종서, 『신편 고려사절요』(하), 민족문화추진회, 신서원,2004, p, 408.

545) 김종서, 『신편 고려사절요』(하), 민족문화추진회, 신서원,2004, p, 410.

시대에서 명나라를 섬기는 고려의 입장이 다름을 말해주고 있다는 것을 알 수 있다.

「우왕 2년(1377) 7월 승려 소영(小英)이 연화(緣化-불사를 경영한다는 불가의 말)한다는 핑계로 그의 수하 몇 명을 북방에 보내여 비밀히 심왕에게 서신을 전하여 말하기를 “이제 나라의 형편이 신하가 임금을 죽이고 또 임금이 신하의 아첨에 넘어 가서 국권이 오로지 권세 있는 신하의 수중에 있으니 만약 이 때에 군사를 인솔하고 오기만 하면 대사를 성취할 수 있을 것이다,” 라고 하였다. 김서가 그 글을 보고 와서 보고하였으므로 소영을 옥에 가두고 국문하니 과연 그랬다고 자백하였다 그리하여 소영을 벽란도(碧瀾渡) 물속에 던져 죽였다.」[546] 우왕 2년에는 소영이라는 승려가 심왕에게 고려에 군사를 보내기만 하면 점령할 것이라는 문건을 전달하였는데 그 곳에 있던 첩자가 그 문건을 보고 고하여 소영은 옥게 가두고 심문하여 자백을 받아내고 소영을 바다에 던져 죽게 하였다. 그러한 시기에도 불교계에서는 아무런 저항도 없었다. 우왕 시대에도 불교계에서는 고려 불교를 바르게 지키지 못하고 권력의 하수인과 같은 역할을 하였는데 소영이라는 승려는 어느 종파의 승려인지 알 수 없다.

「우왕 3년(1377) 2월 북원에서 한림승지(翰林承旨)패라적(芇喇的)을 파견하여 왕을 책봉하는 명령과 술과 해동청(海

---

546) 리외섭 역, 『고려사』(11), (4) 고전연구소 고전연구실 사회과학원, 1964, p, 257.

東靑)을 가져왔다. 그 조서(詔書)의 내용은 다음과 같다. 하늘의 명을 받은 황제인 나는 모니노에게 분부한다. 생각컨데 우리나라가 천명을 받고 만방을 통솔하고 있다. 세조(世祖)는 거룩한 덕행과 신령한 공적으로 그 혜택이 천하에 미치었다. 그 때에 고려는 비록 바다 한 쪽에 있었으나 능히 덕을 우러러 보며 대의를 지키며 솔선하여 귀의한 후 잘 순종하였으므로 세조가 고맙게 여기여 공주를 시집 보내주었고 당신의 조상으로 하여금 삼한(三韓)의 국호를 개척케 하며 우리의 동쪽 백안 접목아가 세상을 떠났을 때 당신들이 왕위를 계승할 때 대한 글만 해당 관원에게 보내었고 왕자가 있다는 것을 말하지 아니하였으므로 우리나라에서는 고려 왕실의 세대가 끊어질 것을 근심하여 당신의 일가 중에서 쓸만한 사람을 골라서 왕대를 계승케 한 것이 바로 탈탈불화에 대한 책명이었었다. 그런데 이제 듣건대 백안점복아는 아들 모니노가 있다하기에 사신을 보내여 물어보니 모니노의 조모 홍씨(홍씨-공민왕의생모 명덕태후)의 편지도 함께 와서 모든 일을 알게 되었다. 무릇 아버지가 죽으면 아들이 계승하는 것은 고금에 통하는 도리다. 이치에 합당하다면 결정된 일이라 한들 시정하기가 무엇이 어려우랴. 이제 모니노를 정동성 좌승상과 고려 국왕(海東省左丞相高麗王)으로 임명한다. 아 옛 법을 잘 다스리려고 하는 것이니 당신은 그 마음을 더욱 가다듬어 나의 백성을 보호하고 다스리라 그리하여 당신들의 조상들이 우리나라를 보위하던 의리에 어긋남이 없게 한다면 충효(忠孝)의 도가 바로 여기에 있는 것이니 더욱 조심하여 은총을 더욱 빛내도록 하라. 이때에 또 윤한(尹慣) 등 6명에게 평장사(平章事)벼슬을 주었다. 납합출이 문합라불화(文蛤喇不花)를 파견하여 왔다. 북원에서 두마달(豆亇達)을 파견하여 경효대왕(敬孝大王)신위에 제사를 지냈다. 이때부터 북원(北元)의 년호 선광(宣光)을 썼다.」[547] 우왕 3년에 북원에서 해동성주고려왕이라고 인서를 받았는데 이 시기는 원나라는 북경으로 피신한 이후였다. 그러함에도 불구하고 고려는 북원으로부터 왕의 책봉을 받았다는 것은 참으로 어리석은 고려였다. 고려는 멸망하는 원나라를 추종하지 않고 배반을 하여도 되었는데 그러한 행을 할 수 없는 고려였다. 그러나 고려국왕의 현명한 국왕이 있었다면 고려의 옛 통일 된 강력한 힘을 발휘할 수 있었다. 그런데 그러한 힘을 발휘하지 못한 고려가 되었다. 북원은 이미 멸망하는 시기였고 고려 국토를 회복할 수 있는 기회가 왔다. 그런데 고려는 국왕이 어리고 고려를 통치할 수 있는 힘이 없었다. 만일에 고려를 통치할 수 있는 강한 힘을 가진 국왕이라면 고려는 예국토를 회복하였을 것이라고 본다. 고려는 혼란스런 시기였는데 일본이 고려 남쪽 지역을 쳐들어와 고려 남쪽 백성들을 죽이고 노략질 하였다. 일본이 고려를 침략하는 행위를 하지 않았으면 고려는 북쪽지역을 공략하여 고려 국토를 회복하였을 것인데 일본은 고려 남쪽으로 점령이라도 하듯이 혼란을 주었다.

---

547) 리외섭 역, 『고려사』(11),(4) 고전연구소 고전연구실 사회과학원, 1964, pp267-268.,

「우왕 3년(1377) 10월 처음으로 화통도감(火㷁都監)을 설치하였는데 이것은 판사 최무선(崔茂宣)의 건의에 의한 것이었다. 최무선이 원나라 화약제조 기술자(技術者) 리원(李元)과 한 동리에 살면서 대우를 잘해준 다음 그에게 은근히 화약제조 기술을 물어 보고 자기 집 하인 몇 명에게 이를 전술시켜 시험해 본 결과 마침내 나라에 건의하여 화통도감을 설치한 것이다.」[548] 우왕 3년(1377)에 최무선은 원나라 화약제조를 하는 기술자와 가까이 하여 기술을 빼내 화통도감을 설치한 것은 강력한 군사력을 발휘하려고 하였다. 우왕 시대에 화통도감을 설치하여 최무선이 원나라에서 화포에 대한 개발을 하였다.

「우왕 3년(1377) 11월 인해(印海)를 청주옥에 가둬 이산(伊山)에서 패한 죄를 다스렸다. 우왕이 시중 경복흥 이인임에게 토지 2백결과 노비 15명을 주었다. 장씨는 죽은 동지밀직 김황(金鈜)의 종이었다. 김횡이 신돈에게 장씨를 뇌물로 주었는데 신돈이 그를 시켜 우왕에게 젖을 먹이게 하였다.」[549]우왕도 자신에게 젖을 먹인 장씨에게 보답을 하는 것을 보니 자신의 존재를 말하려고 하는 것을 알 수 있다.

「우왕 3년(1377) 12월 승려 달명(達明)이란 자가 안주등지로 돌아다니면서 자칭 충숙왕의 동복 아우 덕흥군(德興君)

548) 리외섭 역, 『고려사』(11), (4) 고전연구소 고전연구실 사회과학원, 1964, p, 279.

549) 김종서, 『신편 고려사절요』(하), 민족문화추진회, 신서원,2004, p, 441.

의 아들이라고 하면서 반역을 음모하고 있으므로 판개성부사(判開城府事) 경보(慶補)를 보내어 붙잡아다가 문초한 즉 그 자는 본시 선주(善州)지방의 백성왕가물(王加勿)이었다 그리하여 그의 도당 5명과 함께 처단하였다.」[550] 고려의 불교는 정신을 차리지 못하고 있었는데 자신이 덕흥군의 아들이라고 하면서 다닌 승려 달명을 척결하였다는 기록이다. 이러한 기록으로 인하여 불교는 자기의 역할을 다하지 못하고 말았다. 달명이라는 승려의 종파는 과연 어느 종파인지 알 수 없다.

「우왕 4년(1378) 3월 판선공시사 류번(柳藩)을 남경에 보내 사은하고 예의 판서 주의(周誼)는 공민의 시호와 왕위 계승을 요청하게 했다.」[551] 고려 우왕은 명나라에 공민왕의 시호와 왕위 계승에 대하여 요청을 하였다. 물론 원나라와는 단절이라고 보아야 한다.

「우왕 4년(1378) 6월 명나라 황제가 우리 측 사신(行人) 최원(崔源) 전보(全甫) 이지부(李之富)를 석방하여 돌려보내었다.」[552] 명나라는 고려의 사신을 감옥에 보냈고 석방하여 고려에 돌려보냈는데 이것은 고려와 명나라와의 관계를 말

---

550) 리외섭 역, 『고려사』(11), (4) 고전연구소 고전연구실 사회과학원, 1964, p, 281.

551) 김종서, 『신편 고려사절요』(하), 민족문화추진회, 신서원,2004, p, 443.

552) 리외섭 역, 『고려사』(11), (4) 고전연구소 고전연구실 사회과학원, 1964, p, 285.

하고 있는 것이나 다름이 아니다. 우왕 4년에는 고려는 명나라를 섬기는 나라가 되었다.

「우왕 4년(1378) 6월 일본 구주(九州)절도사 원요준(源了浚)이 승려 신홍(信弘)에게 그의 군사 69명을 인솔시켜 와서 왜적을 체포하게 하였다.」[553] 우왕 4년에 일본의 승려가 와서 일본인들을 체포해 갔다는 것은 참으로 이상한 일이 아닐 수 없다.

「우왕 4년(1378) 7월 북원의 사신이 와서 그의 임금(北元主)두줄구첩목아(豆陀仇帖木兒)가 새로 즉위하였다는 것을 보고하려 하니 우가 병을 핑계로 하고 마중하지 않으려 하였으나 사신이 강요하므로 우가 행성(行省)에 나가서 맞이하였다.」[554] 고려 우왕도 북원의 임금이 새로 되었다고 하여 사신이 왔는데도 나가는 것을 거부하였는데 이것은 바로 고려가 명나라와 가까이 하지 않고 있다는 것을 단적으로 말해주고 있다.

3). 태고보우의 열반

우왕 4년(1378)에 고려는 명나라와의 국가적인 협력이 있었다고 말할 수 있다는 것을 알 수 있다. 우왕은 원나라의 멸망을 목격하고 원나라를 대신하여 명나라를 섬기는 시대가

553) 효탄, 『고려사불교관계사료집(번역편), 민족사, 2001, p,291.

554) 리외섭 역, 『고려사』(11), (4) 고전연구소 고전연구실 사회과학원, 1964, p, 285.

되었다. 태고보우는 우왕의 요청으로 인하여 국사에 임명되기도 했다. 그런데 신돈에 의하여 권위가 상실되었던 시기라 용맹스런 불심이 소진되었다.

「우왕 4년(1378) 가을 7월에 정몽주가 일본에서 돌아왔는데 구주절도사 원료준 이주맹인(周孟仁)을 보내 함께 왔다.」[555] 우왕 4년에는 정몽주는 우왕을 최고의 국왕으로 섬긴 것 같다. 정몽주가 일본에 사신으로 간 것도 우왕의 특명이었을 것이고 일본에 대한 정세에 대하여 바르게 고찰하기 위함이라고 말할 수 있다. 일본은 우왕 시대 고려를 침략하는 행을 자행했는데 이것은 바로 일본의 정치적인 위기를 만회하려고 하려던 것이라고 보아야 한다.

「태고보우 국사의 78세 되던 해(우왕 4년, 1378) 겨울 태고보우는 우왕의 요청으로 영원사에서 1년간 절을 돌보았다」[556] 태고보우는 우왕 4년에 영원사에 주지로 임명을 받았다. 우왕으로부터 주지직을 명 받았다는 것은 복권이 되었음을 말하고 있다. 자씨산 형원선사(慈氏山 瑩禪師)의 주지로 취임하면서 설법을 하였다.

「산문에 이르러 말씀하시기를

「온 땅덩이가 바로 해탈문(解脫門)인데 대중 스님네는 보는가. 만일 보지 못한다면 이웅(利雄)이 대중 스님네를 위해

555) 김종서, 『신편 고려사절요』(하), 민족문화추진회, 신서원,2004, p, 444.

556) 무공 편저, 『태고보우 국사인물론』, (태고사상제 4집), 불교춘추사, 2005.p, 360.

보여주리라」

하시고 주장자로 한 번 내리치시고는,

「해탈문이 활짝 열렸으니 대중 스님네는 부디 의심하지 말라 여러분은 나를 따라오라」 하시고 곧 그 문으로 들어가셨다.

방장에서 말씀하셨다.

「여기는 하나의 좋은 공왕(空王)의 방이다 옛날에는 명리(名利)를 찾아 운곡(雲谷)의 굴이더니 오늘에는 청빈(淸貧)한 도인이 산다. 부처가 오거든 조사가 오거나 전연 관계하지 않고 눈이 밝은 짐승도 가까이 갈 수 없다. 그러면 말해보라 누가 당장에 모든 것을 그대로 끊어 버리고 부처를 대해 교화를 드날리며 사람을 대하고 사물에 접촉하겠는가. 돌이 무슨 부질없는 말인고.」[557] 태고보우는 우왕의 명을 받고 형원사 주지가 되었다. 태고보우가 우왕으로부터 명을 받아 주지가 되었는데 이것은 태고보우의 복권을 의미한다. 공민왕 시대 신돈에 의하여 고난을 당하던 시대 원나라의 석옥청공의 법을 받아 고려를 임제종의 종풍을 드날리게 하였던 석옥청공이 법이 고려 우왕 시대에 다시 활동을 하게 하였는데 이것은 바로 우왕의 덕이라고 말할 수 있다. 물론 원나라에서 인정하고 있는 임제종은 명나라에서도 인정하고 있는지 알 수 없지만 우왕은 태고보우를 다시 왕사로 임명하여 우왕의 정책을 지원하고자 하였다

557) 『태고집』, 김달진 역주, 세계사, 1991, p, 45.

「우왕 5년(1379) 4월에 호군 주겸(周謙)이 명나라로부터 돌아와서 말하기를 "황제가 주저저(周姐姐)를 시켜 나를 보고 묻기를 고려국왕이 전왕(前王)의 아들인가라고 하기에 전왕의 정비(正妃) 노국공주(魯國公主)는 왕자를 낳지 못하고 지금 임금은 궁인이 낳았다." 라고 대답했다." 라고 하였다.」[558] 명나라에서도 우왕에 대하여 공민왕의 아들인가에 대한 의문이 있었다. 그것은 바로 고려국의 통치적인 의문을 제기한 것이라고 보아야 한다. 그러한 역사적인 모습에서 고려의 통치에 문제를 제기하였다.

「우왕 6년(1379) 4월 최영에게 해도도통사를 겸하게 하였다. 최영이 우왕에게 아뢰기를 "신이 일을 맡은 것이 이미 많은데 또 해도를 도통(道通)하면 신이 감당하지 못할 듯 합니다. 또 지금 전함이 겨우 1백 척밖에 안되며 수졸이 겨우 3천 명입니다 만일 군사를 출동시킨다면 1만 명은 써야 하겠는데 창고가 모두 비었으니 어떻게 공급한단 말입니까 하였다. 우왕이 이르기를 방비하고 먹을 일이 급하므로 부득이 경으로 겸하게 하는 것이니 군이 사양하지 말라 또 우리나라의 군수품으로써 1만 여명의 군사를 먹이기가 참으로 어려우니 경은 3천명의 군사를 써서 한명이 1백 명을 감당하게 하라" 하였다.」[559] 우왕은 최영에게 너무나 많은 것을

---

558) 리외섭 역, 『고려사』(11), (4) 고전연구소 고전연구실 사회과학원, 1964, p, 296.

559) 김종서, 『신편 고려사절요』(하), 민족문화추진회, 신서원,2004, pp, 467-468.

맡겼다. 최영이 감당할 수 있는 일이란 한계가 있는데 우왕은 그러한 전략을 모르고 있는데 문제가 있다.

「우왕 6년(1379) 8월 을축일 근비(謹妃)가 아들을 낳았으므로 이름을 창(昌)이라 짓고 1등 죄(慘刑) 이 외의 죄인을 용서해 주었다.」[560] 우왕이 아들을 낳았다. 우왕이 아들을 낳았기에 정치에 있어서 바른 정치를 결행해야 한다. 그러나 우왕은 정치를 바르게 결행하지 못하고 정치에 소홀 하면서 아버지로서의 군왕으로서의 역할을 다하지 못한 낭인처럼 사냥에만 정신이 팔렸다. 우왕은 자신의 처지를 생각한다면 고려를 바르게 이끌어가야 했다.

「우왕 7년(1380) 봄 2월에 이인임을 문화시중으로 최영을 수시중으로 삼았다」[561] 최영이 우왕을 보필하는데 있어 최영의 말을 청취하였던 것 같다. 우왕이 정몽주의 의견을 더욱 더 많이 반영했어야 한다. 그런데 그러지 못한 것이 아닌가 한다. 고려 우왕 시대에 일본은 침략의 횟수가 많아졌다.

「우왕 7년(1380) 4월에 서울 사람들이 석가여래 생일이라 하여 등불들을 달았다. 우가 평복으로 걸어가서 구경하려 말에서 내렸는데 말꾼이 말을 좀 늦게 끌고 물러갔다 하여 신우가 채찍을 들고 말을 치다가 말에게 채여 얼굴을 상하

---

560) 리외섭 역, 『고려사』(11), (4) 고전연구소 고전연구실 사회과학원, 1964, p, 312.

561) 김종서, 『신편 고려사절요』(하), 민족문화추진회, 신서원,2004, p, 481.

였다. 헌부(憲府)에서 내승별감(內乘別監) 변별개 등이 내구(內寇)의 말을 맡고서 말을 잘 길들이지 못하였을 뿐만 아니라 또 규정 시간 이외에 말을 내주어서 임금을 경동케 하였다. 하여 그 죄 줄 것을 요청하니 변 별개 등 5명을 형장시키고 귀양 보내었다.」[562] 우왕 7년 4월 8일이라 시민들이 등불을 켜고 행사를 하고 있는데 우왕이 행사장에 나아가서 구경을 하려고 하였는데 말을 잘못 다루어 말에 얼굴이 채이는 변고가 일어났다. 그런데 말을 잘못 다룬 이들에게 죄를 주는 행을 하였다.

「우왕 7년(1381) 태고보우는 영원사로부터 다시 소설산으로 돌아와 국사를 하직하였다. 세수 81세 되던 해(우왕 7년 1381) 다시 소설산으로부터 양산사로 옮겼는데 이때 우왕은 태고보우를 다시 국사로 봉했다.」[563] 태고보우는 우왕 7년에 양산서로 명을 받았는데 국사로 봉하였다. 우왕의 정치력을 바르게 설정하기 위하여서는 태고보우 국사가 필요했다. 물론 태고보우 국사도 우왕이 불러주기만을 기다렸는지도 모른다는 생각이 든다.

「우왕 8년(1382) 여름에 스님은 돌아가자 돌아가자 하시고 곧 소설산으로 돌아가시니 대중은 어찌할 줄을 몰랐다.」[564]태고보우 국사는 우왕으로부터 정치적인 협력을 구

562) 리외섭 역, 『고려사』(11), (4) 고전연구소 고전연구실 사회과학원, 1964, p, 323.

563) 무공 편저, 『태고보우 국사인물론』, (태고사상제 4집), 불교춘추사, 2005. p,361.

하려고 하였으나 힘이 되지 못했다. 우왕은 정치적으로 태고보우와 함께 할 수 있는 정치적인 성향이 되지 못했다. 태고보우는 원나라시대 석옥청공의 법을 받았고 원나라의 몰락과 친명파들이 우왕의 주변에 있었다. 불교의 힘과 불교의 역할에 있어서는 그래도 소멸하지 않았다. 하지만 불교는 국가의 변란에 대하여 종파적인 협력이 되지 못하고 있었다.

「우왕 9년(1383) 2월 승 혼수(混修)를 국사(國師)로 삼고 찬영(粲英)을 왕사(王師)로 삼았다.」[565] 우왕 9년에 국사와 왕사를 동시에 임명하였다. 태고보우가 국사로 있는데 임명한다는 것은 태고보우의 정치력이 소멸된 것으로 보아야 한다. 한편 정치적인 힘이 소멸하고 친원적인 세력에 대하여서는 단절하고 있던 시기로 보지 않을 수 없다. 혼수는 선종으로 기록을 하였는데 조계종이라는 종명을 기록하지 않았다. 선종이라고 기록을 한 것은 물론 선종이라는 종명은 조계종만이 아니라 임제종도 선종이라고 말할 수 있지만 대각국사가 천태종을 창종 할 때에 선종으로 남아있던 선종일 수도 있는데 임제종이라는 종명을 사용하지는 않았다. 고려 우왕 시대 종명에 있어서도 조계종이라는 종명을 선종이라고 기록을 한 것 같다. 명나라를 건국한 주원장은 불교인 이면서도 원나라시대 주원장에게 박절하게 대하였던 승려들

564) 백련선서간행회, 『태고록』, 번역, 장경각, 2008. p,227

565) 리외섭 역, 『고려사』(11), (4) 고전연구소 고전연구실 사회과학원, 1964, p, 339.

에 대하여 탄압을 가하였다. 이러한 관계로 인하여 고려 우왕은 불교적인 관계에서는 특별한 지지를 얻어낼 수가 없었다. 원나라는 라마교를 신봉하였고 선종, 특히 임제종에 대하여 활동을 보장하였기에 석옥청공이 임제종이라는 종파에 속해있었다. 北元에서는 불교를 인정하고 있지만 명나라는 불교를 인정하지 아니었다.

「우왕 9년(1383) 3월 전하가 오로지 노는 것만 일삼고 동작에 절도가 없어 낮이나 밤이나 기사 두어 명을 데리고 길을 달리시니 백성이 용안을 바라보고 아는 자는 깜짝 놀라 실망하여 전하가 어찌 이렇게까지 하시는가 하며 알지 못하는 자는 난봉꾼으로 생각하여 손가락질하며 모욕하고 있습니다. 지금 사방에 병란이 일어나고 흉년이 거듭 들어서 백성들이 생업이 탕진되고 나라 형세가 장차 위태롭게 될 것이니 이 때야 말로 밤낮으로 근심하고 부지런히 정신을 가다듬고 정사를 할 때 입니다.」[566] 권근이 우왕에게 상소를 하였는데 우왕은 권근의 상소에 대하여 알지를 못했다. 권근의 상소를 받아들이고 권근의 의견을 바르게 수용하였다면 우왕은 자신에게 쏟아지는 비난을 막을 수가 있었다. 이러한 역사적인 시대에 태고보우는 국사의 자리에서 물러나겠다는 진언을 하였다. 태고보우는 자신에게 죽음이라는 것을 느끼었다.

「우왕 9년(1383) 4월에 우가 국사(國師)와 왕사(王師)를 높

---

566) 김종서, 『신편 고려사절요』(하), 민족문화추진회, 신서원,2004, pp, 501-502.

이여 봉하고 화원으로 나가서 그들이 있는 것을 향하여 갔다」[567]. 혼수 국사와 찬영 왕사가 있는 사원으로 간 것이 아닌가 한다. 화원이라는 곳이 지명인지 알 수 없지만 화원에 우왕이 갔다는 것은 불교에 있어 관심을 가지고 있었다고 말할 수 있다.

「우왕 9년 계해년(1383) 연못에는 연꽃이 마르고 소나무가 여덟 그루 중에서 네 그루가 말랐다. 겨울 12월 17일 가벼운 병을 보이시더니 23일에는 문인들을 불러 내일 유시(酉時)에는 내가 떠날 것이니 지군(知郡 : 군수)을 청하여 인장을 봉하도록 하라."하셨다.」[568] 태고보우는 자신이 열반에 들 것을 알렸다.

「사람의 목숨은 물거품처럼 빈 것이어서
팔십여 년이 봄날 꿈속 같았네.
죽음에 다 달아 이제 가죽 푸대 버리노니
수레바퀴 붉은 해가 서산으로 넘어가네.
人生命若 水泡空
八十餘年春夢中
臨終如今放皮帒
一輪紅日下西峰」[569]

567) 리외섭 역, 『고려사』(11), (4) 고전연구소 고전연구실 사회과학원, 1964, p, 341.

568) 백련선서간행회, 『태고록』, 번역, 장경각, 2008.p, 227.

569) 백련선서간행회, 『태고록』, 번역, 장경각, 2008.p, 228.

태고보우는 臨終偈를 남기고 열반에 들었다. 태고보우 국사의 열반은 고려 불교를 바르게 세우지 못하고 공민왕을 지키지도 못하고 우왕을 바르게 교육하지 못했다. 고려 말 1383년에 고려 불교는 조계종이라는 종명을 사용하기도 했다. 하지만 고려 말 1383년 태고보우가 열반에 들 시기에는 임제종 승려였다. 태고보우시대 신돈의 교단인 화엄종 출신의 등장은 원나라 불교의 강력한 힘을 얻었던 태고보우 국사에게 있어서는 충격적이었다. 태고보우로 하여금 원나라에서 임제종의 종풍을 단절시키려는 신돈의 저항이 있었다. 태고보우는 신돈에 의하여 완전히 제압을 당하기도 했다. 한마디로 말하자면 지도력을 발휘하지 못한 공민왕의 왕사 국사가 공민왕 시해를 막지 못한 책임도 물론 없는 것은 아니다. 태고보우야 말로 고려 말에 원나라 석옥청공의 법을 받아 고려에 임제종을 전했고 공민왕대 왕사. 국사를 역임하였고 우왕 대에 국사를 역임했다. 태고보우야 말로 출가하여 승려가 된 이래 자신이 얻을 수 있는 불교계에서 최고의 이상을 실현하였던 고승이라는 것은 사실이다. 태고보우 국사는 우왕 9년 1383 정월 12일에 열반에 들었다. 태고보우 국사의 세수는 82세이고 법납(法臘)은 69세였다.

「다비하는 날 밤에는 그 광명이 하늘에 뻗쳤고 사리가 수없이 나왔다. 그 사리 1백과를 왕에게 올렸더니 왕은 더욱 공경하고 존중하여 유사(攸司)에게 명하여 원증(圓證)이란 시호를 내렸다. 중흥사 동쪽 봉우리에 탑을 세워 이름을 보월승공(寶月昇空)이라하고 석종(石鐘)을 만들어 세군데에 사리를 간직하였다. 가은(加恩)의 양상사(陽山寺)와 양근(陽根)의 사나사(舍那寺)가 이 절부도 옆에다 석종을 세운 뒤에 석탑을 만들어 간직한 곳은 미원(迷原)의 소설산(小雪山)이다」570) 태고보우 국사는 소설산을 가장 찾았던 것 같다. 태고보우는 소설산에서의 불교의 깨달음을 성취한 산이기도 하다.

4) 태고보우의 선사상

태고보우는 고려 공민왕과 우왕 시대 왕사 국사를 지내면서 고려 공민왕의 왕사와 우왕의 국사를 역임한 선사다. 그런데 문제는 태고보우를 선사로 볼 것이냐 정치적인 정치승으로 볼 것이냐에 따라 공민왕의 사상성을 정리할 수 있다. 고려 말에 태고보우는 華嚴選에 합격을 하여 화엄종에 대한 이론을 학습한 것으로 알고 있지만 출가하여 초기에는 만법귀일의 화두를 들고 정진하였다. 만법귀일이라는 화두는 간화선인데 간화선을 택하게 되었던 것은 태고보우가 속해있던 교단이 선종의 교단이었다. 신라 하대에 전승되었다고 하는 구산선문의 역사를 연구해야 알 수 있지만 신라하대 전승한 구산선문의 활동에 있어 태고보우가 속한 사찰이 구산선문 가운데 하나였을 뿐 전체의 선사상을 통합한 것은

570) 『태고보우국사, 역대고승총서 (7)대륜불교문화연구원, 1998, p, 959.

아니다. 고려 시대 선종이 발전한 것은 5가 7종의 종파의 사상을 고려에서도 전승했던 각종파의 선승들의 활동에 따라 흥하기도 하고 소멸하기도 했다. 이러한 관점에서 고려 무신시대 전승한 선종의 종파를 탐구하야 한다.

본 연구자의 의견으로는 신라 하대에 전승한 구산선문의 선사상은 당나라시대 당나라에서 5가 7종의 선종의 발전에 따라 고려 시대 선종이 전승되었다. 크게는 5가 7종 가운데 선종의 사상을 전승한 선종을 지속적으로 이어왔던 선사상적인 선종은 지눌 보조의 선종의 역할이라고 말할 수 있다. 고려는 지눌보조가 택한 선종은 5가 7종 가운데 조계산을 중심으로 하여 발전하였던 선종을 통합하여 선종의 역사성을 전승하였다. 물론 지눌보조는 조계산이라는 선종을 택하였으니 조계산의 전승이라고 본다.

지눌보조는 조계산을 전승하였던 5가 7종의 통합적인 선종의 선승의 전승인 동시에 조계종의 반전을 실천하였던 조계산 계통의 선승이라고 확신한다. 그런데 문제는 지눌 보조는 조계종의 선종 가운데 일파를 통해 정혜결사의 실천을 수행하여 조계종의 정통성을 이어왔다. 이점에 대하여서는 문제가 될 수 없다. 지눌 보조는 조계종이라는 종파를 전승하는데 최선을 다했다.

「임제종 가운데 고려에 먼저 들어온 것은 黃龍派의 선인데 仁宗代 毅宗代의 學一과 坦無 등이 비록 간접적이나마 중국 黃龍派 계통의 승려들과 교류하고 있었다. 그 뒤 무신집권기에 들어가서는 임제종 가운데 楊岐派의 선풍이 새로

들어오기 시작했는데 修禪寺의 知訥의 楊岐派의 大慧宗杲의 看話禪의 영향을 강하게 받고 있었고」[571] 최충헌 무신정권 이후에는 지눌 계통의 선종이 힘을 상실하고 말았다. 최충헌 무신정권 이후에 조계종의 역할은 정지되었다고 말할 수 있는데 그 이유는 몽고의 침략 시기에 조계종 계통의 선승들이 몽고에 저항하였던 것이 그 이유라고 보아야 한다. 고려가 몽고의 침략을 받아 도읍을 강화도에 이전한 100년간에는 종파의 기능은 상실하고 강화도에서 국사 왕사를 임명할 때에는 선종 교종의 승려들을 임명하였기에 특종 종파를 주로하지는 않았다.

엄밀이 말하자면 태고보우는 고려 무신정권이 몽고 시대에서 원나라 시대 강화도에서 개성으로 수도를 옮긴 이후 출가하여 수행 과정에서 선종 계통의 수행 실천행인 조계 선법의 실천을 수행하는 방법을 택한 것이지 조계종의 종지를 실천한 것이 아니다. 특히 선종인 5가 7종의 선종 가운데 大慧宗杲가 택한 간화선법인 화두를 통해서 정진을 하였는데 정진하는 가운데 무자화두 만법귀일이라는 화두선을 수행하다가 화두선을 버리고 원각경을 학습하고 또한 화엄선을 통해 변신을 거듭하여 고려 시대 최고의 간신인 최하중의 후원을 받아 중흥사에서 태고암을 짓고 정진하다가 원나라에 법을 구하려 원나라에 가 원나라에 전승한 석옥청공의 종파인 임제종의 선법을 받아왔던 태고보우다. 석옥청공의 행장에서는

571) 최병헌, 「태고보우의 불교사적 위치」, 『태고집』, 김달진 역주, 세계사, 1991, p, 297.

고려 승인 태고보우를 행장에 기록을 하였다.

「사(師)의 제자에 태고 보우(太古普愚)가 있으니 고려 사람이다 친히 사(師)의 종지(宗旨)를 얻었기에 게송을 설하여 인가한 글에 금린(金鱗)이 곧은 낚시에 올라온다는 시구(詩句)가 있었다. 고려왕이 국사의 칭호를 주어 존경하였다. 사(師)의 도행(道行)을 듣고서 뜻에 갈앙(渴仰)의 정성을 기울여서 표(表)를 조정에 올리어 조명(詔命)으로 사(師)에게 불자혜조선사(佛慈慧照禪師)의 시호(諡號)를 주었고 이러한 글을 강호(江湖)에 널리 옮겼다. 정자(淨慈)의 평산처림공(平山處林公)을 청하여 함께 천호암에 와서 사(師)의 사리를 가지고 관반(館伴)으로 본국에 돌아왔으니 평상처림(平山處林) 선사가 사(師)의 동참(同參)이 된 것은 모두 보우공(普愚公)의 본뜻이었다.」[572] 석옹청공의 제자 가운데 고려 태고보우를 지칭하여 기록을 하였던 것으로 보아 태고보우는 5가 7종 선종파인 임제종의 선법을 고려에 전승하였다 그래서 태고보우의 선사상은 임제종 사상이다. 고려에 전승한 임제종 선법이다. 그런 의미에서 본다면 태고보우는 조계종이 아니라 임제종임에 틀림이 없다.

「한편 보우는 무자(無字)화두를 참구하여 깨달음의 소득이 있게 되면 지혜 없는 사람 앞에서는 함부로 말하지 말고 반드시 본색종사를 만나보고 은밀히 결택할 것을 언제나 당부하고 있었는 바 이점은 불교 전통의 계승이라는 면에서

---

572) 지유 역, 이영무, 『석옥청공선사 어록』, 불교춘추사, 2000. pp, 190-200.

주목할 만한 것이다 보우가 말하는 본색종사는 법을 이어받을 만한 스승으로서 단순히 깨달음을 이룩한 선지식을 가리키는 것이 아니고 임제종의 법통을 이은 조사를 말하는 것이었다. 좀더 구체적으로 말하자면 臨濟義玄의 법통으로 雪巖祖欽의 嫡孫으로 칭하여지던 석옥청공 같은 승려를 가리키는 것이었다.」[573] 태고보우에게 있어서 선법을 잇게 하는 방법 가운데 가장 중요시 한 것은 바로 禪脈에 대한 선법을 잇는 법이 가장 중요하다고 보았다. 선법을 잇는 것은 은밀히 지혜 있는 선승의 법을 찾아가 잇는 것이라고 하였다. 태고보우는 원나라 석옥청공의 법을 은밀히 찾아가 잇이었다. 그런데 태고보우는 임제종 선법을 음밀히 전한 제자가 없다. 이것은 바로 태고보우의 임제종 선법은 태고보우로 하여금 종결되었다고 보아야 한다.

573) 최병헌, 「태고보우의 불교사적 위치」, 『태고집』, 김달진 역주, 세계사, 1991, p, 306.

6. 결 론

본 연구 논문에서는 고려 중기 무신정권을 통해 고려의 위기와 고려 불교의 전승과정에서 고려가 금나라 몽고 원나라의 내정 간섭을 받으면서 지켜왔던 불교 특히 고려의 도읍을 강화도로 이전하면서까지 권력을 유지하려고 하였던 무신정권의 고려 그 가운데 고려의 멸망과 함께 살았던 역사적인 불교 태고보우가 살았던 시대사를 연구함에 있어 태고보우의 생애와 수행과정을 고찰할 수 있다. 고려 불교계의 시대상을 고찰함에 있어 태고보우의 활동이 또한 중요한 연구의 기초가 된다고 말할 수 있다. 고려 불교에 대한 역사성을 바르게 연구하지 않고서는 불교사에 대한 역사관을 고찰할 수 없다. 태고보우는 유창이 쓴 태고보우의 행장에 대한 문제점을 지적하지 않을 수 없는데 유창이 쓴 행장에 문제가 있다. 태고보우의 출가연대(1313년)와 출가사찰 회암사(1328년)의 창건의 연대에 대한 문제이기도 하다.

태고보우 시대의 출가수행의 전 生涯에서 고찰해 본다면 불교 사상으로 국가와 민중 그리고 종파에 대한 역사관을 통치하지 못했다. 고려 말 정치에 있어서 불교가 전혀 협력하지 못했다. 물론 정치적인 사상의 빈곤을 고찰해 볼 수 있다. 고려 말의 주변국의 고려 침략에 대한 국가의 위기와 고려 말기 불교의 역사성을 성찰 할 수 있다. 고려 말 원나라의 선종인 임제종 종파가 고려에 전승하여 활동하게 하였던 태고보우의 전법의 과정을 점검해 보고 고려 말 국가사회에 끼친 영향에 대한 의미를 바르게 조명해보고자 한다.
공민왕, 우왕 고려 말 고려 불교를 지키려고 하였던 불교 승려들은 과연 노력을 하였던가 의문이다. 고려 시대에 고려불교는 종파적인 면이 강했는데 그 강한 종파의 책임승려들은 국가의 통치자에 의하여 성하기도 하고 소멸하기도 했다. 원나라 시대 원나라에서 선불교로 활동할 수 있는 국가로부터 인정받은 임제선종이 고려에 전승할 수 있는 것은 참으로 소중한 전법의 성과였다. 원나라에서 임제선종에 대하여 인정해 줌으로 임제선종이 존재했다.

태고보우에 의해서 원나라 석옥청공의 법손인 임제선종을 고려에 수용함에 고려 불교는 새로운 종파를 받아들였다. 고려 공민왕 시대 태고보우로 하여금 최고의 지위 왕사 국사로 활동하면서 고려 불교를 이끌었다. 그러함에도 힘을 발휘하지 못한 시대적인 배경을 바르게 고찰해 보았다. 고려불교는 몽고의 침략으로 인하여 신라시대 웅장했던 불교적 가치는 소멸되었다. 그러한 가치적인 신라 불교를 회복하지 못했다. 하지만 고려 불교가 살아남았던 것은 통치자와 불교와 정치적인 결탁에 의하여 살아남을 수 있었다. 최충헌 시대 무신정권에 비호를 받았던 수선사 계통의 조계종이었다. 조계종은 최충헌 무신정권의 비호를 받으면서 지탱했으나 원나라가 중원 대륙을 장악한 뒤에는 원나라의 비호를 받았던 천태종 계통 소수의 종파들이 득세하였다.

최충헌의 지지를 얻었던 수선사 계통의 조계종은 태고보우의 임제종에 의하여 자취를 감추고 말았다. 태고보우도 최충헌 시대 소외되었던 가지산 파 보림사 계통의 선불교를 추앙하고 있는 계통이었다. 태고보우도 초기에는 정치적으로 도움을 받지 못하고 자력으로 수행자의 길을 걸었다. 그러한 가운데 원나라 무극임제선종의 승려에 의하여 태고보우는 다시 태어나 원나라에 법을 받으려고 원나라에 간다. 실로 태고보우는 원나라 승려에게 도움을 받았다. 만일에 원나라 승려인 무극을 만나지 않았다면 태고보우의 존재는 보잘 것 없는 이름 없는 수행자로 신라 시대 전승된 종파불교를 학습하면서 수행하였을 것이라고 본다. 원나라 임제종 선승 무극을 만남에 원나라 임제종 선종의 전승인 석옥청공의 임제종 선종의 법을 태고보우에 의해서 고려에 전승하였다. 태고보우는 출가수행자로서의 지위라고 말할 수 있는 왕사 국사를 공민왕 시대 우왕 시대에 역임한 최고의 정치승이었다.

본 연구자는 태고보우에 대한 시대적인 수행관과 실천성에 대한 부분을 다음과 같이 논해보고자 한다. 태고보우는 고려 말기 고려불교의 정치적인 빈곤의 시대에 등장하여 고려 후기 국가적인 혼란의 시대에 살았던 원나라 시대 원나라에서 활동을 인정받았던 임제종 선종 특히 석옥청공의 법을 받아온 태고보우였다. 태고보우는 자신의 힘으로 깨달음을 성취하였고 화두를 통해 정각을 이루었고 선종 계통에 과거 시험을 치르지 않고 교종 계통의 화엄선을 통과하였던 선승이다. 특히 태고보우 국사는 탄생하여 출가한 시점부터 깨달음을 이루기까지 원나라에서 석옥청공의 임제선을 고려에 전하는 과정에서의 역사성과 고려에 귀국하여 왕사 국사로서의 역할을 다 하였다. 하지만 고려의 정치적인 변동의 과정에서 국사로서의 주체를 세우지 못하고 화엄계통의 화엄종 승려 편조(辛旽)에게 밀려나 국사의 지위를 버리고 신돈에 의하여 권리를 박탈당하는 수난을 겪기도 했다. 하지만 태고보우의 죽음 특별히 열반에 이르는 출가 수행자의 전 생애에 대한 역사성을 중심으로 고찰해 보고자 하는데 다섯 단계로 구분하여 살펴보고. 태고보우에 대한 연구는 출가 수행자의 수행과정에서 얻어질 수 있는 사상성의 조명이라는 점을 밝혀두고자 한다.

첫째는 태고보우가 출가하였던 시대적 배경과 태고보우가 출가하였다고 하는 회암사 광지선사의 회암사 출신이라는 시대적 회암사 창건의 시점을 바르게 고찰해야 하며, 태고보우의 출가 연대와 회암사 창건의 연대가 다르게 기록이 되어있는데 이것은 태고보우의 문도 유창에 의하여 태고보우의 사후 태고보우의 행장에 대한 기록의 오류라고 보기에 회암사 창건의 연대에 태고보우의 출가사찰에 회암사라는 기록에 대하여 수정해야 한다. 회암사의 창건의 연대는 태고보우가 출가한 시기와 유창이 기록한 태고보우의 행장과 시기적으로 차이가 난다는 것을 밝히고자 한다. 회암사의 창건은 1328년이고 태고보우가 출가한 시기는 1313년이다. 태고보우와 회암사와는 아무런 관련이 없는 것 같다. 만일에 태고보우가 회암사에 출가를 하였다면 회암사에서 수행을 할 것이지 멀리 가지산 보림사까지 가지 않았을 것이라고 보기 때문이다. 또한 회암사는 태고보우가 출가한 이후에 건립한 사찰인데 태고보우의 스승인 광지선사가 회암사에 거주하지도 않았던 것으로 본다. 광지선사가 주석하였던 회암사 승려로 칭하고 있는데 그것도 잘못이다. 회암사는 태고보우가 출가한 이후에 회암사를 창건하였다는 것만은 분명한 사실이다.

둘째, 태고보우는 출가하여 간화선법인 화두를 통해 깨달음을 얻었다고 하나 태고보우는 염불을 하여 깨달았고 원각경을 읽고 깨달았으며 특히 고려시대 선승들은 선종에 의한 승과시험에 합격이 아닌 교종인 화엄선을 통해서 합격을 하였다. 화엄선에 합격하였다면 태고 보우는 신라 후기에 전승하였던 구산선문 계통의 선승이 아니다. 특별히 화엄선을 거처 합격한 이후에 화엄선을 버리고 관음기도와 간화선 수행법인 화두를 들고 정진하여 깨달음을 증득하였다. 태고보우의 출가이후 수행과정에서 본다면 통합적인 수행관을 가지고 있으며 선. 교의 통불교 적이라고 말할 수 있다.

셋째는 태고보우는 자신이 증득한 깨달음을 인정받고자 하였는데 원나라에 고려에 온 임제종의 선승인 무극 선사로부터 원나라에 임제종의 법을 전승한 석옥청공 선사에게 법을 청하는 것이 어떠한 가에 대한 제안을 받고 태고보우는 원나라에 가서 석옥청공의 법인 임제종 임제선종의 법을 받아 고려에 전승하여 크게 활동하였던 임제선종 법을 실천했다. 특히 임제종은 중국선종의 5가 7종에서 전승된 임제종의 법을 전승한 석옥 청공의 가사부법으로 법맥을 태고보우가 이었다. 원나라에서 석옥청공의 법을 전수받고 원나라 황제 앞에서 설법할 때에 고려에서 볼모로 잡혀온 공민왕을 만나게 되어 공민왕이 고려에 왕으로 책봉되어 고려국에 왕으로 등극하고 고려에 귀국하여 왕으로서의 역할을 할 시기에 태고보우는 왕사로서의 역할을 다하였다.

넷째는 태고보우가 왕사로서 활동하고 있을 무렵에 고려 주변국의 변란과 일본의 고려 침략으로 인하여 고려후기 고려는 정치적으로 타격을 받았다. 또한 원나라에서 발생한 홍건적의 고려 침략으로 인하여 고려는 정치적인 타격을 받았고 그로 인하여 원나라의 국가적인 위기와 고려의 국가적인 위기에서 공민왕의 정치적인 힘의 상실로 말미암아 고려의 위기를 자초하였다. 공민왕의 정치적인 지도력의 부재가 아니라 시대적인 상황의 역사이기도 하다. 물론 고려의 주변에는 원나라의 내정간섭이 있고 일본이 조선의 침략적인 시도가 말해주고 있다. 주변 환경의 변화로 인하여 공민왕은 정치적인 바른 사관에서 멀어졌다. 물론 국가의 위기에서도 공민왕은 정치적인 힘을 발휘하지 못하고 친원파들의 공민왕에 대한 권력의 쟁취에 의해서 공민왕이 취해야 할 특별한 조치는 취하지 못하고 또한 공민왕의 유일한 후원

세력인 노국공주의 난산으로 인한 노국공주의 죽음과 더불어 정치에 방관자로 임했다는 점을 들지 않을 수 없다. 공민왕이 정치적인 도의를 지키고 바른 정치를 결행하였다면 고려의 역사를 지킬 수 있었을 것인데 통치자의 정치적 결함으로 인하여 공민왕은 정치력을 발휘할 수 없었다. 고려국의 내치적 정치에 부실한 점이 없지 않았다.

다섯째 공민왕의 정치적인 위기를 바르게 지도했어야 함에도 불구하고 태고보우는 그러한 역할을 다하지 못했다. 그러나 고려국의 운명을 좌우하였던 노국공주의 죽음과 공민왕의 내치에 있어 방관함에 공민왕의 정치적인 힘을 부여하지 못한 것은 태고보우 국사의 책임도 있다 그러한 시기에 등장하여 공민왕의 정치적 동반자로 고려국의 정신적인 지도자로 국사의 역할을 하였던 신돈을 들 수 있다. 초기에 신돈에 대하여 비판할 수는 없다. 공민왕은 신돈의 개혁적인 의지가 필요했다. 이러한 시대적인 역사적 사실이라고 한다면 국가를 위하여 통치자로서의 자질이 전혀 없는 인물을 등장시킨 공민왕의 잘못이 매우 크다고 말할 수 있다. 한편 생각해 본다면 신돈이 고려의 정치사에서 가장 잔인한 행동을 하였다고 말할 수 있는데 그 가운데 장점이란 노비들을 해방하였던 성과다. 고려 건국과 더불어 내려오던 노비문제에 대하여 신돈에 의하여 노비문서가 불 질러졌다. 이것은 고려 건국의 공신들에 대한 부정이라고도 말할 수 있다. 신돈이 취했던 노비문서의 소각은 과연 혁명적이었다고 말할 수 있다. 그러함에도 불구하고 신돈의 평가는 태고보우와 공민왕과의 관계에서 인정받지 못한 인물이 신돈이다. 신돈의 등장과 공민왕 태고보우와의 정치적인 면에서 상호 통하면서도 통하지 않는 면이 없지 않다. 공민왕과 태고보우 신돈의 등장은 공민왕의 정치적인 혼란을 가져다주었다. 노국공주의 죽음에 공민왕은 자신의 정치적인 발전의 저해를 가져왔고 정치적인 결단을 바르게 세우지 못함에 공민왕 자신이 스스로 절망에 빠지기도 했고 고려의 정치적인 발전상을 완전히 정치적 위기를 자초하고 말았다.

여섯째, 공민왕이 내시들에 의하여 불의에 시해를 당한 이후에 우왕이 왕위에 올랐다. 우왕은 공민왕의 아들인지에 대하여 논란이 있으나 공민왕의 아들이라고 하여 왕이 되었다. 우왕 시대에는 명나라와 북원이라는 국가적인 위기 속에서 우왕은 10세의 나이로 왕위에 오르지만 통치의 능력을 상실한 우왕이다 또한 우왕 시대에는 일본이 고려국토를 침략하기에 이르러 고려는 혼란기를 맞이하기도 했다. 이러한 가운데 고려 불교계의 동향은 임제종을 표방하면서 고려 불교를 주도했던 임제종이 고려 불교를 지도하지 못하고 말았다. 그런데 우왕 이후에는 임제종 대신에 조계종이 고려 우왕 이후에 제 등장하게 된다. 원나라의 퇴조와 명나라가 등장하면서 고려 불교계는 임제종에서 조계종으로 다시 그 맥을 이었다고 하면서 나옹이 등장하게 된다. 나옹은 회암사를 중심으로 고려국의 국가의 존망을 예고하면서 무학에게 조계종이라는 종명의 전승을 등장하게 한다.

원나라 시대에는 조계종이라는 이름으로 종파의 기틀을

잡지 못하고 있었고 또한 조계종이라는 종파의 명칭을 사용할 수 없었던 시기이기도 하다. 조계종이라는 종파의 명칭 사용은 불가했다. 다만 조계종이라는 이름으로 고려 우왕 시대에서는 사용하게 된다. 이러한 가운데 태고보우는 우왕 9년 12월에 열반에 들었다.

태고보우가 살았던 시대에는 조계종이라는 종파의 명칭을 사용할 수도 없었다. 이러한 시대사 연구를 통해서 태고보우시대를 바르게 조명함에 고려 불교의 역사를 탐구할 수 있다. 분명히 말하자면 고려 말의 불교는 우왕 시대 명나라와 북원과의 관계 속에서 고려를 지키지 못하고 고려의 멸망의 한을 지켜보면서 우왕은 명나라의 추종세력들에게 비참하게 죽임을 당하는 비운의 왕이 되었다.

본 연구에서는 태고보우의 등장과 함께 고려 불교를 탐구함에 있어 태고보우가 출가하기 이전의 고려 무신정권의 불교사와 고려 무신들의 고려 탄압의 시대사 연구이기도 하다. 특히 태고보우 국사는 공민왕 우왕의 시대 왕사 국사를 역임하여 고려의 후기의 최고의 고승이다. 그러나 국사왕사로서의 역할을 다했어야 한다. 그런데 공민왕의 국사로서의 정치적인 면에서 실패하였고 고려 불교에 대하여서도 불교적 통합을 이루어내지 못했다는 점을 밝히면서 고려 말기의 정치적인 국가의 위기와 더불어 태고보우의 활동성에 대하여 책임이 전혀 없다. 특히 원나라에서 법을 받았다고 하는 임제종의 법통이 고려에 전승되지 못했다. 고려에 임제종을 전승했어야 함에도 불구하고 전승하지 못한 것은 태고보우에게 문제가 있는 것이 아니라 고려국가의 정치적인 위기를 극복하지 못한 점이 있다. 태고보우는 임제종이면서도 조계종의 전승으로 전하고 있는데 이것은 잘못이라고 보며 태고보우는 선종이지 조계종의 종도는 아니며 임제종의 종도라는 사실을 밝히면서 태고보우 시대사를 조명함에 고려불교의 역사성을 바르게 고찰할 수 있다. 이 점을 밝히면서 고려 말기의 불교사에 대한 고찰이 필요한 때이기도 하다. 태고보우의 역사적인 활동성에 대한 조명[574]이 있어야 한다고 보기 때문

574) 본 연구에서는 다루어야 할 과제는 아니지만 태고보우의 전 생애를 고찰함에 있어 현존하는 조계종의 종명에 대한 기득권의 분쟁은 종주문제에 있어 통합적인 불교에서 분열하는 시대로 분열하는 시대에서 국가 권력의 비호를 받아 태고보우를 조계종의 종주로 강제명령을 내리고 말았다. 태고보우가 조계종의 종주가 아니라 임제종의 종주로 종명을 변경했어야 한다. 고려 후기의 불교사에서 가장 비극적인 시대의 인물 태고보우 신돈 공민왕. 그들에게 주어진 시대적인 조건을 바르게 성찰하고 그 시대에 있었던 불행한 역사를 조명하고 태고보우 공민왕 신돈과의 관계를 고찰해 보았다. 조계종의 종주라고 논하고 있는데 조계종의 종주가 될 수 없다. 조계종의 종주가 아니라고 말할 수 있으며 원나라에서 고려에 전해온 임제종의 종주로 보아야 한다. 태고보우는 임제종인데 조계종에서 종주로 채용하여 불교의 혼란을 가져온 반면에 종파불교가 발생한 이래 태고종이라는 고대에도 없던 태고종을 창종하여 태고종이라는 종파의 종주가 되었다. 태고보우는 임제종의 임제종 승려이다. 한국불교에서 조계종 태고종이라는 종명의 논쟁으로 인하여 한국불교는 분열하였다. 분명히 태고보우는 원나라에서 석옥청공의 법을 받은 임제종이지 조계종의 종주가 아니다. 조계종의 종주는 보조 지눌이라고 확신한다. 태고보우는 조계종의 종주가 될 수 없다. 태고보우에 대해 조계종의 종주라고 하는데 있어 학문적으로 부족한 면이 없지

이다. 태고보우를 종조로 정했다면 한국불교 정화운동 이전의 조계종이 되었을 것이며 한국불교 분쟁은 일어나지도 않았다. 만암 종정이 태고보우로 정했던 것을 파기한 부존재의 역설에 있어 환부역조에 대한 선언이 합법적일 수밖에 없다. 이러한 과정에서 대한불교 조계종 종주의 논쟁에 대한 시각에 차이가 있는 것은 태고보우에 대한 역사적인 활동에 관해서 전혀 연구되지 못한 오류에서 온 결과가 아닌가 한다. 태고보우의 출가 시에서부터 열반에 이르기까지의 전 과정을 바르게 고찰하는 것이 또한 태고보우 연구의 근본정신이 여기에 있다. 한국불교 정화운동은 일어나지도 않았고 당시 조계종 종정이었던 만암 종정의 사퇴도 없었을 것이며, 한국불교는 합일된 통합종단 조계종 종주로 정했던 태고보우였다고 말할 수 있다. 그런데 문제는 조계종의 종주가 태고보우가 아니라 지눌보조를 택했던 선학원파가 있었다. 선학원 파는 조계종의 종주는 지눌보조이었다.

-끝-

않다는 이론에 대하여 제고해야 한다고 보며 임제종의 승려를 조계종의 승려라고 비논리성에 대한 논지를 비판하고 태고보우에 대한 조계종의 종주 논리가 성호 인정하지 못한 문제에 대하여 연구되어야 한다.

참고 문헌

논 문

권기종, 「고려후기의 선사상 연구」, 동국대학교대학원 박사학위논문, 1986.

김방용, 「보조지눌과 태고보우의 선사상 비교연구」, 원광대학교 대학원, 불교학과, 철학박사 학위논, 1999.

최병헌, 「태고보우의 불교사적 위치」, 『태고집』, 김달진 역주, 세계사, 1991.

유영숙, 「고려 후기 선종사 연구」, 동국대학교 대학원 박사학위논문, 1994.

김영태, 「五敎九山에 대하여」 -신라대 성립선의 부당성 규명, 『한국조계종의 성립사연구』, 불교학회, 1986.

단행본

박윤진, 『고려시대 왕사, 국사연구』, 고려사학회연구총소 15, 경인문화사, 2006.

고익진, 『한국의 불교사상』, 동국대학교 출판부 1997.

한기두, 『한국불교사상사연구』, 일지사, 1980.

김영태, 『특강 한국불교사상』, 경서원, 1997.

金光植, 『高麗武人政權과 佛敎界』, 민족사, 1995.

------- 『근현대불교의 재조명』, 민족사, 2000.

김달진 역주, 『태고집』, 세계사, 1991.

박용운, 『고려시대사』, 일지사,2002.

무공 편저, 『태고보우 국사인물론』, (태고사상제 4집), 불교춘추사, 2005.

------ 『태고보우 국사의 종지와 종풍 그 수행법』, (태고사상제 5집), 불교춘추사, 2006.

趙明濟, 『고려후기 간화선 연구』, 혜안 2004.

석옥청공 선사, 이영무 번역, 『석옥청공어록』, 불교춘추사, 2000.

허홍식, 『고려불교사연구』, 일조각, 1986.

이종군, 『고려 말 선시의 미학』, 불광출판사, 2008.

지 유, 이영무 역, 『석옥청공선사어록』, 불교춘추사, 2000.

종 호, 『임제선 연구』, 경서원, 2001.

외국번역서

키무라 키요타카, 장휘옥 역, 『중국불교사상사』, 민족사, 1991.

자료집

대한불교조계종 교육원 불학연구소, 『조계종사 고중세편』, 대한불교조계종 교육원, 2004,

『태고집』, 김달진 역주, 세계사, 1991.

백련선서간행회, 『태고록』, 번역, 장경각, 2008.

진단학회, 『한국사』, (중세편), 을유문화사, 1891.

리외섭 역, 『고려사』 (11), (3)고전연구소 고전연구실 사회과학원, 1964.

------------------ 『고려사』 (11), (4)고전연구소 고전연구실 사회과학원, 1964.

김종서, 『신편 고려사절요』 (중), 민족문화추진회, 신서원, 2004.

---------- 『신편 고려사절요』 (하), 민족문화추진회, 신서원, 2004.

효 탄, 『고려사불교관계사료집(번역편), 민족사, 2001.

『태고보우국사, 역대고승총서 (7) 대륜불교문화연구원, 1998.

太古普愚 臨濟宗 研究

불기 2554(2010)년 7월 20일 초 판 인쇄
불기 2554(2010)년 7월 25일 초 판 발행

지은이 지원 / 진관 공저
펴낸이 이 규 택
펴낸곳 경 서 원
110-170 서울시 종로구 견지동 55-2
등록번호 제 1-37호 (1980. 7. 22)

☎ 편집부 02) 733-3345
영업부 02) 733-3346
전 송 02) 722-7787

파본은 바꾸어 드립니다.
값 30,000 원
ISBN 978-89-92062-68-8